JACQUES LACANT

MARIVAUX EN ALLEMAGNE

✳

L'ACCUEIL

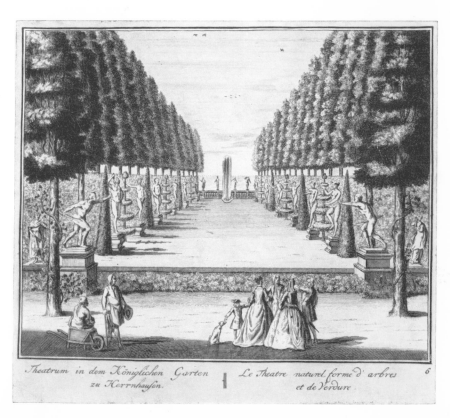

Theatrum in dem Königlichen Garten zu Herrnhausen. Le Theatre naturel formé d'arbres et de Verdure. 6

ÉDITIONS KLINCKSIECK

MARIVAUX EN ALLEMAGNE

PUBLICATIONS DE L'UNIVERSITE DE PARIS X NANTERRE

Lettres et Sciences Humaines

———————————— Série A : *Thèses et Travaux* : N° 29 ————————————

Déjà parus :

1. Paul-François Dubois (1793-1874), Universitaire, journaliste et homme politique, par Paul GERBOD, 1967, 320 p.
2. Vie spirituelle et vie sociale entre Rhin et Baltique au xviie siècle (de J. Arndt à P. J. Spener), par J.-B. NEVEUX, 1967, 934 p.
3. La correspondance de Charles Brunellière, socialiste nantais, 1880-1917, publiée par Claude WILLARD, 1968, 278 p.
4. Cent dix-neuf lettres d'Emile Guillaumin (dont 73 inédites), 1894-1951, autour du mouvement littéraire bourbonnais, éditées par Roger MATHÉ, 1969, 320 p
5. L'adaptation des Romans courtois en Allemagne au xiie et au xiiie siècle, par Michel HUBY, 1968, 500 p.
6. Fénelon et la prédication, par Marguerite HAILLANT, 1969, 246 p.
7. L'acquisition des structures tonales chez l'enfant, par Michel IMBERTY, 1969, 226 p.
8. Banque et crédit en Italie au xviie siècle, par José-Gentil DA SILVA.
   Tome I : Les foires de change et la dépréciation monétaire, 1969, 776 p.
   Tome II : Sources et cours des changes, 1969, 296 p.
9. LOPE DE VEGA, *El Acero de Madrid*. Texte établi avec une introduction et des notes par Aline BERGOUNIOUX, Jean LEMARTINEL et Gilbert ZONANA, 1971, 172 p.
10. Vulci étrusque et étrusco-romaine, par Alain HUS, 1971, 228 p., 18 fig. et 24 pl. h.-t.
11. Phénomène et différence. Essai sur l'ontologie de Ravaisson, par François LARUELLE, 1971, 268 p.
12. Sémantique du discontinu dans l'*Allegria* d'Ungaretti, par Gérard GENOT, 1972, 284 p.
13. Poly-Olbion ou l'Angleterre vue par un Elisabéthain, par Alice d'HAUSSY, 1972, 188 p.
14. Une affinité littéraire : le *Titan* de JEAN-PAUL et le *Docteur Faustus* de Thomas MANN, par Stéphane MOSES, 1972, 144 p.
15. Le revenu agricole et la rente foncière en Basse-Normandie. Etude de croissance régionale, par Maurice LÉVY-LEBOYER et coll, 1972, 224 p.
16. Langage et métaphysique dans la philosophie anglaise contemporaine, par Pierre DUBOIS, 1972, 164 p.
17. L'homme-objet chez Colette, par Marcelle BIOLLEY-GODINO, 1972, 172 p.
18. Les langages de Jarry ; essai de sémiotique littéraire, par Michel ARRIVÉ, 1972, 384 p.
19. Le carnet B, les pouvoirs publics et l'antimilitarisme avant la guerre de 1914, par Jean-Jacques BECKER, 1973, 227 p., 12 pl. h.-t.
20. La phénoménologie de Merleau-Ponty, une recherche des limites de la conscience, par Gary Brent MADISON, 1973, 284 p.
21. Problèmes socio-culturels en France au xviie siècle : Marginalité et exclusion, le traitement administratif des Bohémiens, par Henriette ASSÉO. — Public et folies dramatiques, la Comédie française (1680-1716), par Jean-Pierre VITTU : préface de Robert MANDROU, 1974, 148 p.
22. Ville et commerce. Deux essais d'histoire hispano-américaine, par Bernard KAPP et Daniel HERRERO ; préface de Frédéric MAURO, 1974, 212 p.
23. Le même et l'autre dans la structure ontologique du *Timée* de Platon, par Luc BRISSON, 1973, 591 p.
24. LOPE DE VEGA, *Santiago el Verde*. Texte établi avec une introduction et des notes par Jean LEMARTINEL, Charles MINGUET, et Gilbert ZONANA, 1974, 200 p.
25. Madame de STAEL. Choix de textes. Thématique et actualité, par Georges SOLOVIEFF, 1974, 278 p.
26. Le berger en France aux xive et xve siècles, par Marie-Thérèse KAISER, 1974, 212 p.
27. Le verbe *devoir*, étude synchronique et diachronique, par Hélène HUOT, 1974, 198 p.
28. Le poète et l'oiseau, ornithomythie poétique, par Brigitte LEVEL, 1975, 188 p.

JACQUES LACANT

MARIVAUX EN ALLEMAGNE

Reflets de son théâtre dans le miroir allemand

TOME PREMIER

L'ACCUEIL

ÉDITIONS KLINCKSIECK
11, rue de Lille, Paris - 7ᵉ
1975

A PARAÎTRE ULTÉRIEUREMENT

Tome II : La critique.

Tome III : Rapprochements : Goethe et Marivaux.

PQ
2003
.Z5
L25
t.1

ISBN 2-252-01738-4

A la mémoire d'Albert Schulze Vellinghausen
Pour ma femme et mes enfants

Avant-propos

L'étude qu'on va lire a exigé de longues recherches, ingrates parfois, parfois passionnantes, dans les bibliothèques et les archives d'Allemagne ; est-il besoin de rappeler que ce pays ne dispose pas de l'équivalent de la Bibliothèque Nationale et que les documents, manuscrits ou imprimés, y sont souvent fort dispersés ? Nous avons dû rendre visite à de nombreuses bibliothèques d'Universités, d'Instituts de sciences théâtrales, d'anciennes Résidences, aux archives de tel *Land*, telle ville ou tel théâtre ; pour être complet, nous aurions dû en fréquenter beaucoup d'autres... Mais l'attrait propre aux études sur l'Allemagne des multiples royaumes, duchés et principautés, c'est justement que la documentation en est pratiquement illimitée, qu'elles restent donc toujours ouvertes.

Ces nombreuses haltes signifient que nous avons fait souvent appel à une qualité bien allemande, *die Gastfreundschaft*, cet empressement à se mettre à la disposition du collègue ou simplement du visiteur étranger qu'on ne rencontre guère à ce degré dans d'autres pays. Ne pouvant nommer tous ceux qui nous ont aidé et reçu, nous devons nous contenter de citer deux exemples de franche hospitalité, l'un à l'ouest : le Prof. Badenhausen et ses collaborateurs du *Theaterwissenschaftliches Institut* de l'Université de Cologne, chère à notre souvenir ; l'autre à l'est : le Prof. Holtzhauer et ses collaborateurs des *Nationale Forschungsstätten der deutschen Literatur*, autrement dit des Archives Goethe-Schiller à Weimar, chères à tous les germanistes. Que tous ceux qui nous ont amicalement accueilli soient ici remerciés !

Nous avons entrepris ces recherches tardivement, après nous être consacré aux relations culturelles franco-allemandes d'une autre manière. Nous éprouvons la plus vive reconnaissance envers ceux qui ont éveillé notre premier intérêt pour l'Allemagne : Maurice Vidil, modeste et admirable professeur d'allemand à l'E.P.S. Jean-Baptiste Say, Georges Bernheim, mort en déportation dans le pays qu'il avait aimé, puis à l'égard de ceux qui nous ont fait découvrir les richesses de la pensée et de la littérature allemandes : Edmond Vermeil, Maurice Boucher, si différents l'un de l'autre, si éminents l'un et l'autre.

Maint germaniste — c'est bien connu — se laisse tenter par la littérature générale et comparée ; pour subir cette mutation, nous avons bénéficié du précieux patronage de notre maître et ami Charles Dédéyan, auteur de ces belles études sur ce que de grands poètes de l'un des deux pays doit à l'autre : *Gérard de Nerval et l'Allemagne, Rilke et la France, Victor Hugo et l'Allemagne* (récompensé par le prix de l'Association France-Allemagne).

Enfin, il est juste de dire que c'est la lecture de la thèse de Frédéric Deloffre sur *Marivaux et le marivaudage*, pour les besoins d'une revue allemande d'études romanes qui nous en avait demandé le compte rendu, qui a ranimé en nous une vieille flamme pour le théâtre de Marivaux. Avant d'entreprendre le présent ouvrage, nous avions déjà mis à l'épreuve cet amour renaissant en secondant notre regretté ami Albert Schulze Vellinghausen, alors critique dramatique à la *Gazette de Francfort*, dans les efforts qu'il déployait — et non sans succès — pour faire revenir Marivaux sur les scènes de Rhénanie, de Hesse et de Westphalie, où son crédit d'expert en matière de théâtre français était grand. La publication par F. Deloffre, en 1968, d'un *Théâtre Complet* de Marivaux si riche de renseignements précis, d'aperçus et de jugements pénétrants, a apporté à notre propre travail une aide qui allait devenir constante.

Ne nous berçons point d'illusions : notre étude de « fortune littéraire » ne peut fournir à la connaissance de ce théâtre que quel-

ques modestes compléments, dont certains apparaîtront sans doute
plus curieux que réellement utiles, dans la mesure où l'accueil d'une
œuvre aussi française que celle-là a suscité en Allemagne des réactions qui ne sont pas toujours à son diapason. Toutefois nous nous
sommes efforcé de ne jamais borner notre horizon aux menus faits,
de ne négliger aucune occasion de faire intervenir l'œuvre vivante,
qui finalement seule compte. Le lecteur dira si nous y avons réussi.

Jacques Lacant

ancien élève de l'E.N.S., agrégé d'allemand,

ancien directeur de l'Institut Français de Cologne,

professeur de Littérature Comparée à l'Université de Paris-Nanterre.

N.B. — Le présent volume, pour être plus maniable, ne contient
que la première partie de notre ouvrage, soit l'Introduction générale,
dont on voudra bien excuser la nécessaire longueur, et l'ensemble
des faits — que nous avons réunis sous le titre *L'Accueil* — relatifs
au règne des répertoires comiques français dans l'Allemagne de
l'*Aufklärung*, et plus particulièrement au succès du théâtre de Marivaux en pays de langue allemande. Cet ensemble comprend notamment la rénovation de la scène allemande grâce à la réforme gottschédienne, la grande querelle d'Arlequin, dans laquelle l'œuvre de
Marivaux a joué un premier rôle, les conditions de vie du théâtre
allemand à cette époque, des « bandes » ambulantes aux « Théâtres
Nationaux ». Ce qui constitue en effet l'attrait de ce cas de « fortune littéraire », c'est qu'il est à la fois typique et très original ; on
ne peut valablement l'étudier qu'au sein d'un phénomène plus général, qu'il illustre et dépasse ou même dément tour à tour. Une quatrième division, la plus copieuse, est consacrée aux traductions des
pièces de Marivaux : leur inventaire d'abord, puis l'enquête sur leur
qualité et leur succès, qu'il s'agisse des essais de transposition
fidèle qu'on trouve dans une première phase, ou des « germanisa-
tions » — c'est-à-dire des adaptations au goût du jour, du pays et
de leur auteur — qui ont suivi. L'étude attentive de ces remaniements, dont le moindre mérite n'a pas été de valoir au théâtre de
Marivaux un regain de crédit bien au delà de la limite du siècle,
permet de suivre dans ses péripéties l'essai d'assimilation d'une
manière et d'un style considérés en France même comme « singuliers », si peu faits apparemment pour entrer dans le moule d'une
langue moins affinée et pour plaire à ceux que Frédéric II appelait
dans sa correspondance « nos tudesques » ; significative paraît à
cet égard l'analyse de trois versions tardives du *Jeu de l'Amour et*

du Hasard (« Les avatars du *Jeu* »). A une publication ultérieure
sont réservées la critique, exposée sous deux grandes rubriques :
Marivaux moraliste, ou l'immoralité de Marivaux ? et *La « futilité »*
de Marivaux, ainsi qu'une enquête historique et thématique sur *Goe-*
the et Marivaux : les problèmes du couple. A nouveau, notre préoccupation n'y sera pas seulement de fixer quelques points de l'histoire littéraire de l'Europe, mais encore d'éclairer les œuvres d'un
jour inhabituel en découvrant ce qu'elles ont pu signifier pour d'autres, comment elles ont été interprétées, jugées, utilisées à l'étranger.

   Nous userons de peu d'abréviations ; en voici pourtant quelques-unes que nous avons parfois employées pour alléger développement et notes : *Th.C.* pour *Théâtre Complet* (éd. de F. Deloffre,
Garnier, 1968), *J.O.D.* pour *Journaux et œuvres diverses* (éd. de F.
Deloffre et M. Gilot, Garnier, 1969) ; le *Jeu* pour *Le Jeu de l'Amour*
et du Hasard ; UB pour *Universitätsbibliothek, SB* pour *Stadtbi-*
bliothek ; titres des libelles ou revues abrégés quand ils ont déjà
été cités (ex. : le libelle de Löwen intitulé *Freundschaftliche Erin-*
nerungen an die Koch'sche Schauspielergesellschaft bei Gelegenheit
des Hausvaters des Herrn Diderots réduit à ses deux premiers mots,
même amputation pour le périodique de Gottsched *Neuer Büchersaal*
der schönen Wissenschaften und freien Künste etc. ; ouvrages critiques auxquels nous faisons les plus fréquents emprunts : *Drama-*
turgie (*Dramaturgie de Hambourg,* de Lessing), *C.L.D.* (*Cours de Lit-*
térature dramatique, d'A.-W. Schlegel, dans la traduction de Mme
Necker de Saussure). Les citations sont dans notre traduction, sauf
indication contraire.

INTRODUCTION

I. — *L'INVASION DES SCENES ALLEMANDES.*

Marivaux en Allemagne : ce sujet, pour une recherche de longue haleine, peut surprendre. A première vue, rien ne paraît plus étranger à ce qu'on sait ou ce qu'on imagine du goût allemand que la manière de Marivaux et même les sujets qui lui sont les plus familiers. Il est permis d'ailleurs de se demander si ce prince de la nuance n'est pas le moins « exportable » de tous les auteurs français ; en pays latin, peut-être... mais *Marivaux en Italie* n'a fait l'objet, à notre connaissance du moins, que d'une note succincte, avec des résultats à peu près négatifs quant aux comédies[1]. Pourtant, quelques raisons poussaient à faire une telle enquête. Nous avons vécu nous-même, après la seconde guerre mondiale, cette période de la vie théâtrale allemande où les répertoires étrangers, et notamment français, occupaient la scène : phénomène semblable à la grande invasion de l'époque des *Lumières*, mais il s'agissait alors de combler un vide et de trouver des modèles, tandis qu'en 1945 il y avait surtout un retard à rattraper et des contacts à renouer. Or, un auteur très comparable à Marivaux par le pétillement de son esprit, son goût de la nouveauté en matière d'expression et même son penchant à philosopher sur l'amour, sur la formation et le destin du couple — c'est de Jean Giraudoux bien entendu qu'il s'agit, qui ne cachait d'ailleurs pas ses affinités avec Marivaux[2] — a rem-

---

1. *Note sur Marivaux en Italie*, par Natalia Melloni, *RLC*, 1923, p. 109. L'auteur ne connaît pas, au 18ème siècle, une seule traduction d'une œuvre théâtrale de Marivaux dans cette Italie pourtant « littéralement inondée de traductions ». Deux comédies seulement sont traduites (*Le Jeu* et *Le Legs*) au moment où a été rédigé l'article.

2. Nous aurons l'occasion d'évoquer notamment au cours de nos études sur la critique l'*Hommage à Marivaux* que Bastide et Fournier ont placé en tête de leur édition du Théâtre aux Editions Nationales.

porté, au milieu de l'engouement général pour le théâtre d'origine française, un succès personnel considérable ; la difficulté de refléter dans une traduction les prestiges de son style, quelques réserves d'une critique qui — comme jadis pour Marivaux ! — s'inspirait d'objections nées en France : théâtre plus riche de paroles que d'action, esprit étourdissant, un peu de faux-brillant (pour Marivaux, au 18e siècle, on disait *affectation*)... n'empêchèrent nullement son étoile de briller[3]. Ce n'était pas simple curiosité, mais une attirance pour ce produit spécifiquement français : la combinaison d'un intarissable jaillissement de fantaisie et d'esprit avec des arrière-plans sentimentaux, philosophiques et moraux des plus sérieux séduisait le public allemand cultivé.

Cet exemple encourageait à étudier un précédent : celui de Marivaux, d'autant plus que les scènes allemandes du 18e siècle étaient grandes ouvertes au théâtre français : dans la comédie surtout où, sauf quelques pièces de Mme Gottsched, de Johann Elias Schlegel, de Krüger, de Gellert et d'un tout petit nombre d'auteurs vraiment mineurs puis de Lessing, mise à part encore l'œuvre comique du Danois Holberg[4], on peut dire que le répertoire allemand, à un certain niveau de décence et de valeur littéraire, a été constitué par les répertoires du Théâtre Français et du Théâtre Italien de Paris, du moins pendant une période qui commence peu avant 1730 et va au-delà de la moitié du siècle[5]. Cette période est marquée par l'ef-

---

3. *Elektra, Der trojanische Krieg findet nicht statt, Die Irre von Chaillot*, etc. sont des titres que nous avons vus bien souvent à l'affiche des théâtres de Rhénanie et de la Ruhr.

4. Le *Théâtre Allemand* de Gottsched présente dans chacun de ses trois premiers tomes une comédie de Ludwig Holberg, traduite par Georg Aug. Detharding (*Der Deutschfranzose, Bramarbas, Der politische Kannengiesser*, 1740-1742). Trois séries de six comédies (traduction : J.G.L.v.A.) furent ensuite publiées en 1743-1744 à Hambourg ou Copenhague et Leipzig. C'est dire le succès du « Molière danois » qui, lors d'un second voyage à Paris, en 1725, avait constaté la corruption du goût comique français : affadissement ou mièvrerie. Il criblera de critiques la comédie « sérieuse », de *L'Irrésolu de* Destouches à *La Mère Confidente* de Marivaux. De même, les démêlés entre amants, « si latins », ne lui paraissent pas convenir aux scènes nordiques — idée qui sera reprise par plusieurs de ses contemporains allemands (cf Francis Bull, *Un grand disciple de Molière : Ludwig Holberg, RLC*, 1922, pp 164-166)

5 Löwen, premier historien du théâtre allemand, écrit à propos des représentations de la Compagnie Neuber à Leipzig : « C'est à l'année 1728, et à coup sûr pas plus tôt, que l'on peut faire remonter l'ère des pièces supportables données sur une scène allemande » (*Geschichte des deutschen Theaters*, 1766, réédition de Hans Stümcke dans la série *Neudrucke literarischer Seltenheiten*, Berlin, 1905, p. 26). Il précise que ces pièces, bien sûr, n'étaient encore que des traductions et évoque l'action de Gottsched en faveur du théâtre français. L'autorité de ce dernier — que d'aucuns accusè-

fort pour se dégager, à coup de traductions hâtives et d'imitations, des étranges tragédies issues du baroque (*Haupt-und Staatsaktionen*) et des farces vulgaires, où le héros le plus prisé du public, dans l'un comme dans l'autre genre, était le bouffon *Hanswurst* (« Jean-Saucisse ») ; or, ce sont les pièces françaises qui, par leur « régularité » héritée des Anciens, paraissaient les plus aptes à opérer cette cure. Dans la seconde moitié du siècle même, au cours d'une nouvelle phase de libération qui visait cette fois à écarter le modèle pour accéder à la création originale, les comédies traduites du français, qu'elles soient en vers ou en prose, gaies, sérieuses ou « larmoyantes », ne cessèrent d'alimenter le répertoire des troupes : il suffit de parcourir la *Dramaturgie de Hambourg* (1767-1768) pour s'en convaincre, alors que les feuilletons de Lessing concernaient le premier « Théâtre National » allemand !

Les raisons en sont multiples, mais qu'on songe d'abord au rayonnement de Paris et à l'inépuisable richesse de la production comique française à cette époque. Si la bourgeoisie intellectuelle allemande avait les meilleurs motifs pour aspirer à l'indépendance, les petites et grandes Résidences ou les simples châteaux lorgnaient vers les fastes de Versailles, vers le théâtre et le salon parisiens, achetaient les éditions françaises, jouaient les comédies dans l'original, et cette orientation souvent exclusive de l'aristocratie, même déplorée et amèrement critiquée par quelques-uns, stimulait l'intérêt des *Principaux* (directeurs des « bandes » de comédiens) et la curiosité du grand public pour tout ce qui arrivait avec l'auréole de Paris. Il faut ajouter que les nombreuses troupes qui parcouraient les Etats en tournées régulières jouaient la comédie bien plus souvent que la tragédie, que les ardentes campagnes contre le bouffon allemand *Hanswurst* et le « pitre welche » Arlequin (qui tendait à le remplacer) privaient petit à petit ces troupes d'un répertoire commode et toujours prêt. Où trouver cette comédie *littéraire* que, de Leipzig, la férule académique de Gottsched et la troupe exemplaire de Caroline Neuber, pépinière des futurs acteurs, directeurs, traduc-

---

rent d'exercer une véritable dictature — fut jalonnée par la publication de *L'Art Poétique critique pour les Allemands* (1730) et des six volumes de son recueil de pièces traduites et originales intitulé *Le Théâtre allemand* (*Die deutsche Schaubühne*, 1740-1745) ; elle se prolongea au-delà de 1750, mais contestée et affaiblie, les *Lettres sur la Littérature moderne* de Lessing, en 1759, lui donnant le coup de grâce. Une date nous semble importante pour fixer la limite d'une période où les traductions de comédies françaises dominaient presque sans partage : c'est, en 1755, l'introduction du théâtre de Goldoni, qui allait connaître une vogue extraordinaire, malgré les protestations indignées de Gottsched contre ces « Arlequinades défraîchies ».

teurs et même auteurs notoires de l'Allemagne, cherchaient à imposer à l'ensemble des pays allemands[6] ?

Certes, ni dans la grasse bouffonnerie locale, ni dans les canevas italiens, bâtis pour l'improvisation autour de types que les rationalistes de l'*Aufklärung* jugeaient absurdes, ni dans « l'ordure » ou la « scélératesse » anglaise[7] ! Il ne pouvait d'autre part être question que de nouveaux auteurs, dociles aux règles et animés par les bons modèles, fournissent rapidement aux troupes ce dont elles avaient besoin ; malgré les exhortations de Gottsched — adressées d'abord à sa femme, sa « laborieuse et savante amie »[8] — un tel répertoire ne pouvait s'édifier en quelques années, d'autant plus que les Allemands sont moins doués pour le genre que les peuples latins[9], et

---

6 Nous avons essayé, dans un article publié par la *RLC* de janvier-mars 1970 (pp 5-29), de définir hors de toute polémique le rôle de ces personnages Rappelons que Johann Christoph Gottsched, né en Prusse Orientale en 1700, enseignait à l'Université de Leipzig la « poésie » (les belles-lettres), la logique et la métaphysique : personnage imposant, d'une activité inlassable, assez hardi pour compromettre la dignité académique avec de vils comédiens, fondant des sociétés savantes, légiférant sur la langue, la littérature et le théâtre, recrutant des disciples et les ramenant au devoir quand ils s'écartaient. Son rôle essentiel d'*unificateur*, en ce qui concerne la langue et la culture, se heurta cependant aux particularismes et à des susceptibilités, très marqués dans certains pays de langue allemande : ainsi, les Zürichois Bodmer et Breitinger devinrent bientôt ses ennemis, et les Viennois admettaient difficilement que la « Magnificence latine » d'une « petite ville de province » eût la prétention de leur faire la leçon. Le maître, nommé souvent à tort « saxon », avait pris sous sa coupe, pour mener à bien sa réforme du théâtre, Caroline Neuber (*die Neuberin*), directrice artistique de la troupe qui jouait alors à Leipzig ; leur entente semble avoir duré quelque dix ans, si l'on admet après Lessing que la fameuse solennité du bannissement d'Arlequin des scènes allemandes, en 1737, a été organisée « sous les auspices » de Gottsched (cf *RLC* de janvier-mars 1970, p. 7). Cette conjonction insolite fut sans contredit d'une grande importance pour l'avenir du théâtre allemand : des étudiants se vouèrent à la profession jusqu'alors décriée de comédien, ceux qui allaient donner son essor à la vie théâtrale allemande reçurent leur formation au sein de cette troupe (Schönemann, Koch, Ekhof, etc.).

7. Voir à ce sujet notre article précité, pp. 22-25.

8. *La Gottschedin* était, d'après la notice de Goedeke (*Grundriss...* t, III, p. 361 dans la 2e éd.) « l'auxiliaire de ses travaux et une maîtresse de maison exemplaire » ; le maître « saxon » n'a manqué aucune occasion de vanter son zèle et sa science ; elle s'était spécialisée dans la comédie, d'abord traduite (Destouches, Mme de Graffigny), puis originale, suivant le processus indiqué par son époux.

9. En 1758, dans la *Theatralische Bibliothek*, Lessing reconnaît que « nous autres Allemands, c'est sans conteste possible dans ce genre littéraire que nous avons le plus besoin de ressources empruntées aux autres pays civilisés » et il ajoute que cette constatation l'a amené à collectionner les meilleurs canevas de comédies italiennes non imprimées et à établir ainsi « une sorte de magasin pour nos auteurs comiques ». Cette importante

que toute tradition manquait. Restaient les Français : on apprenait
leur langue, prépondérante en Europe, leurs théoriciens classiques
s'étaient appuyés sur les *Poétiques* d'Aristote et d'Horace, le renom
de Molière attirait l'attention sur eux. Il y avait bien dans son œuvre
d'extravagantes farces à l'italienne, non exemptes de vulgarité, mais
il y avait aussi *Le Misanthrope*. Ce qui importait le plus aux yeux
de Gottsched, qui était un strict partisan des Anciens pour les
règles et des Modernes pour les sujets et les idées[10], comme aux
yeux de la *Neuberin*, qui tenait à suivre l'actualité — pour déshabi-
tuer le public du gros rire facile, ne fallait-il pas l'appât de la nouveauté ? — c'est que Molière n'était pas un sommet isolé, qu'il avait
en France toute une descendance, assez diverse pour qu'on pût y
faire un choix éclairé : sans doute Dancourt n'était-il guère édifiant,
Regnard aimait trop les péripéties romanesques et sa gaîté était un
peu folle, mais, au moment où des mains fermes prenaient en Allemagne la barre du théâtre comique, il y avait le rassurant Destouches, qui suivait les meilleures traces de Molière[11], et le fin Marivaux, qui s'en écartait. Cette rivalité allait-elle se retrouver dans une
Allemagne avide de modèles ? Une comparaison faite par Erich
Schmidt, le grand biographe de Lessing, éclaire bien cet épisode de
l'histoire du théâtre allemand, capital si l'on estime avec Lessing
que la doctrine d'imitation représentait une fausse route[12] : « L'Allemagne du 18e siècle contrefait la comédie venue de France comme
Rome contrefaisait la comédie attique : en en grossissant les traits

---

confidence a été reproduite par Erich Schmidt (*Lessing, Geschichte seines
Lebens und seiner Schriften*, 2e éd., Berlin, I, pp. 127-128). Gherardi avait
également noté le manque de vocation comique des Allemands. C'est un
fait qu'il y a peu de bonnes comédies allemandes ; un professeur réputé
dont nous suivions jadis les cours à Berlin chiffrait leur nombre à trois,
à savoir : *Minna von Bernhelm*, de Lessing lui-même, *La Cruche cassée* de
Kleist, *Le Manteau de Castor*, de G. Hauptmann. Nous aimerions toutefois inscrire sur cette liste étroite quelques pièces de Brecht, Frisch,
Dürrenmatt (ces deux derniers Suisses il est vrai), voire de Sternheim.

10. En publiant ses premières feuilles morales (*Les Frondeuses raisonnables*, 1725-1726), Gottsched s'était placé sous la bannière « d'un savant
archevêque de Cambrai ». Comme celle de Fénelon encore, sa position
entre « Anciens » et « Modernes » était proche du « juste milieu ».

11. C'est-à-dire que Destouches faisait des comédies de caractère, en cinq
actes et en vers, sans outrance du comique ni concession au parterre.

12. La dix-septième *Lettre sur la Littérature moderne* (1759) le soutient, mais
c'est surtout la tragédie qui était en cause (cf. la traduction partielle que
nous en avons donnée dans *Littérature Allemande*, de M. Boucher et
J. Lacant, Encycl. « Clartés », vol. 15, fasc. 10, p. 8) : en publiant l'année
suivante sa traduction (d'abord anonyme) du *Théâtre de M. Diderot*,
puis en commentant avec faveur dans sa *Dramaturgie* le répertoire de
comédie d'origine française, Lessing montrait que son opposition n'était
pas générale.

et én laissant dans la transposition s'affadir le sel »[13]. Ainsi sont marqués à la fois le poids des influences françaises et le rôle des traductions.

II. — IMPORTANCE DES TRADUCTIONS.

C'est ce problème du passage de l'original à la version allemande qui a accaparé l'attention, aussi bien celle des historiens de la littérature au vingtième siècle que celle des contemporains. Pour ces derniers, on comprend qu'une tâche aussi épineuse ait donné du souci et provoqué des débats — et la prose de Marivaux était-elle réellement plus facile à traduire dans un allemand encore mal dégrossi que les vers de Destouches ou de Nivelle de La Chaussée ? Or, du degré de réussite de tels travaux dépendaient non seulement le succès d'une pièce, le renom d'un auteur, mais aussi le sort de tout ce mouvement déclenché par Gottsched et destiné à établir à l'usage des troupes un recueil-type (*Die deutsche Schaubühne*) où les traductions combleraient le vide en attendant que les pièces originales, qu'elles ne manqueraient pas de susciter par émulation, les remplacent progressivement. Tel était en effet le plan de Gottsched, et il attribuait aux traductions un rôle essentiel à la charnière de l'évolution du théâtre allemand, puisqu'elles devaient gagner le public à des plaisirs plus nobles tout en échauffant chez certains le zèle créateur ; pour ridiculiser plus tard Gottsched et son entreprise, Lessing n'aura d'aileurs qu'à dauber sur cette « fureur » de traduire et de recruter pour ce faire « tout ce qui savait rimer et comprenait *Oui, Monsieur* »[14].

Pendant tout le siècle, les problèmes de la traduction ont obsédé les Allemands : rien de plus naturel dans une période d'emprunts massifs. Fallait-il respecter les pièces, leur donner seulement un léger « travesti », ou bien fallait-il les plier aux mœurs allemandes, les germaniser ? Le public, attendant de la comédie une observation plus aiguë de la vie quotidienne, préfère-t-il y retrouver en tout cas un « air de chez soi »[15], ou pouvait-il être séduit davantage par un certain vernis d'origine, qui lui donnait l'impression d'être introduit dans une compagnie plus raffinée ? Si la germanisation ne posait d'autre problème — la propriété littéraire, l'intégrité d'une œuvre ne faisant pas partie à cette époque du lot des idées communes — que de trouver des écrivains capables de s'en acquitter

---

13. *Lessing*, I, p. 108.
14. Dans la dix-septième *Lette sur la Littérature moderne*, vide supra.
15. Nous traduisons l'expression de Lessing : « *das einheimische Ansehen* ».

avec doigté, la fidélité s'avérait beaucoup plus difficile : pour traduire ces comédies du 18e siècle où se reflètent la vie mondaine et
les prouesses de la conversation, il aurait fallu disposer d'une expérience de ces milieux ou de sociétés équivalentes, manier une langue également assouplie par la lecture et l'entretien. Or, on n'a
cessé de se plaindre, en Allemagne et même à Vienne, au 18e siècle, du manque de ces compagnies raffinées ou de leur mépris de
la langue nationale, ou de ce que les auteurs, traducteurs et acteurs
n'eussent aucun contact avec elles, et encore des insuffisances de
l'allemand par rapport au français, le premier n'ayant pas eu pour
l'affiner, comme le second, cette grande littérature qui distingue les
notions et cultive la nuance, ni la conversation pratiquée comme un
art. De tout cela on trouve encore l'écho dans l'ouvrage de Mme de
Staël, *De l'Allemagne*, écrit pourtant à une époque où la littérature
allemande avait comblé son retard.

Nous aurons bien sûr à revenir sur ces problèmes que nous
jugeons aussi fort importants et attrayants, surtout lorsqu'il s'agit
de Marivaux : les cas extrêmes ne sont-ils pas souvent les plus intéressants ? L'auteur a lui-même exposé que l'apparente monotonie de
ses pièces vient de ce qu'il a « tâché de saisir le langage des conversations » entre gens d'esprit, dans le monde[16]. Il est vrai que cette
intention a été démentie — ou que tout succès, du moins, lui a été
refusé dans ce domaine — par des contemporains notoires : au
point que d'Alembert, au cours de l'*Eloge* académique qu'il lui a
consacré, prétend qu'on croit entendre dans ses comédies des
étrangers[17], tandis que d'autres critiques affirment qu'un tel style
ne pouvait avoir cours que dans quelques sociétés d'originaux[18] ;
mais peut-on dénier à l'auteur qui l'a illustré, même si l'on admet
ces griefs, l'éclat, la finesse et la grâce[19] ? Cette langue, si souvent

---

16. Avertissement des *Serments Indiscrets*, cf. *Th. C*, I, p. 971.
17. *Eloge de Marivaux*, cf. *Th. C.*, II, p. 986 : « On croit entendre dans ses piè-
    ces des étrangers de beaucoup d'esprit, qui, obligés de converser dans
    une langue qu'ils ne savent qu'imparfaitement, se sont fait de cette lan-
    gue et de la leur un idiome particulier, semblable à un métal imparfait,
    mais faussement éclatant, qui aurait été formé par hasard de la réunion
    de plusieurs autres ». Appréciation qui nous paraît aujourd'hui bien
    singulière !
18. C'est ce qu'affirme Palissot dans son *Nécrologe* (cf. *Th. C.*, II, p. 968) et
    ce que présume La Harpe dans son *Lycée* (t. 11, p. 3).
19. Il est notable qu'en condamnant Marivaux pour son style, plusieurs cri-
    tiques français ont exprimé le regret et la peine qu'on en éprouve, la ten-
    tation qui vous prend de l'absoudre (La Porte, d'Alembert, cf. *Th. C.*, II,
    pp. 973 et 987). De même, Marmontel trouve un grain de séduction dans
    « l'affectation » propre à Marivaux, et plus encore dans celle qui distin-
    gue le style de Fontenelle (*Eléments de Littérature*, article *Affectation*).

décriée au 18ᵉ siècle comme un « jargon singulier » ou « hétéroclite », et qui nous semble aujourd'hui, au contraire, l'expression la
plus accomplie et la plus heureuse d'un milieu et d'une époque, n'a-
t-elle pas éveillé en Allemagne, sous son déguisement plus ou moins
seyant, dans un public qui n'était en aucune manière préparé à suivre cette escrime prompte et délicate, une impression analogue à la
nôtre : celle du produit le plus pur de cette société brillante qu'on
enviait, sans qu'on se fît faute d'en condamner d'ailleurs l'artifice
et la frivolité ? Le mot de Faguet rappelé par Thomas Mann :
« *l'étranger, cette postérité contemporaine...* »[20] vient naturellement
à l'esprit ; peut-être trouve-t-il ici son application.

L'*Eloge de Marivaux* où d'Alembert, malgré le souci de ménagement, de nuances et d'équité qui sied au philosophe et qui appartient au genre, n'en a pas moins recueilli tout ce qui avait été écrit
de plus malveillant sur le théâtre et le style de son auteur[21], nous
oriente du reste vers l'idée d'une fortune plus heureuse à l'étranger,
non pas en pays latin, mais auprès des Anglais et des Allemands.
Voilà encore un bon garant pour l'étude que nous entreprenons. Le
correspondant de Frédéric le Grand, qui fut aussi président de l'Académie de Berlin[22], était plus attentif que la plupart de ses compatriotes aux opinions émises en Allemagne, et ses propres jugements n'y
passaient pas inaperçus. Le paragraphe qu'il consacre aux étrangers qui « font le plus grand cas des ouvrages de Marivaux » nous
inspire toutefois deux réserves : la première concerne les explica-
tions ingénieuses qu'il en donne et qui s'appuient paradoxalement
sur les défauts de l'auteur, pour en fournir en somme la confirmation[23]. La seconde a trait au fait lui-même : les Allemands dont on
connaissait en France les préférences, avec lesquels parfois on cor-
respondait, étaient ceux des Résidences, et il est vrai qu'aux fêtes

---

20. Le mot est cité avec approbation par Thomas Mann, dans *Esquisse de ma
vie*, trad. de Louise Servicen, N.R.F. 1967, p. 138.

21. D'Alembert est moins sévère pour les romans et son jugement est même
nettement positif sur le *Spectateur* (il semble ignorer les périodiques
suivants). C'est à cet endroit qu'il enchaîne sur l'estime des étrangers,
celle des Anglais étant due d'abord à l'imitation du *Spectator* d'Addison
et Steele.

22. Constituée en 1746, avec le français comme langue officielle, l'Académie
royale de Prusse, après la mort de Maupertuis, fut dirigée de Paris par
d'Alembert.

23. Cf. *Th. C.*, II, p. 991. Le critique ne se contente pas de plaider l'incompétence des étrangers quant à la qualité de la langue française, il voit dans
leur admiration une conséquence de l'obscurité de Marivaux : ils seraient
fiers d'avoir su le déchiffrer. Cette explication subtile, qui met en vedette
l'amour-propre des lecteurs, est un peu à la manière de l'écrivain dont il
brosse le portrait.

des Cours, par exemple, le théâtre de Marivaux fut souvent à l'honneur[24] ; mais les autres, ceux qui blâmaient la *francomanie*[25] des princes et de leur entourage, et qu'en France on ignorait, avaient des réactions différentes, volontiers même inverses : pour eux, voir en Marivaux le peintre minutieux et exact, l'interprète complaisant de la société élégante sous la Régence et le règne de Louis XV, ce n'était pas forcément lui donner plus d'estime qu'on ne lui en accordait en France ; nous en avons trouvé des témoignages significatifs.

Ce simple aperçu montre que l'enquête ne saurait se limiter au dénombrement et à l'évaluation des traductions ; sans doute fallait-il reprendre ce travail, puisque les listes que nous avons eues en main, anciennes et modernes, sont toutes incomplètes, et que le regard sur les traductions est resté en surface : jugement général sans commentaire ou accompagné d'un échantillon, citation de quelques réjouissantes bévues... c'est ainsi que Golubew, dans une dissertation agréable et assez mince[26], a glissé sur les choses. L'étude des traductions — ou plutôt de quelques traductions ou adaptations importantes en raison de la personnalité de leur auteur, des choix qu'il a été amené à faire, de leur fréquence et de leur permanence dans les répertoires — exige en réalité une connaissance approfondie de l'œuvre et *doit même apporter un complément non négligeable à cette connaissance* : c'est en cela seulement qu'au-delà de la curiosité, de l'amusement, de la comparaison des capacités expressives de deux langues — qui peut être faite à propos d'autres textes et qui trompe toujours un peu, puisqu'on passe d'une œuvre achevée à ce qui n'est jamais qu'un essai pour s'en rapprocher — une étude de ce genre, faite sur un ouvrage précis, peut être utile, surtout si plusieurs essais sont susceptibles d'être confrontés. A une époque où les pièces de théâtre, les comédies

---

24. Nous en avons trouvé plusieurs exemples dans les fastes des Cours. Il est évident que celles qui se réglaient sur le goût de Voltaire (celle de Prusse par exemple de 1740 à 1786, au temps de Frédéric II) évitaient Marivaux.

25. F. Gaiffe, s'appuyant sur un passage de la *Correspondance Littéraire* de Grimm (XIV, pp. 359 et suiv., mai 1786), fait remarquer que l'*anglomanie*, surtout dans la seconde moitié du siècle, s'était solidement implantée en France, tandis que la *francomanie* régnait en Allemagne (entendons : dans les Résidences d'Allemagne... Cf. *Le drame en France au 18ème s.*, p. 46). Dès les années 1760, la *Französelei* des princes avait été attaquée par Löwen, et l'Epilogue de la *Dramaturgie* de Lessing (feuilles 101-104), dans l'amertume de l'échec du « Théâtre National », incrimine également la crédulité de la bourgeoisie hambourgeoise devant le sentiment de supériorité affiché par les Français en matière d'esprit et de goût.

26. Viktor Golubew, *Marivaux' Lustspiele in deutschen Uebersetzungen des 18. Jahrhunderts*, dissertation de Heidelberg, 1904.

particulièrement à cause d'un rang jugé inférieur, étaient considérées comme des objets qu'on peut remanier et utiliser à sa guise — la doctrine de la *germanisation* nécessaire donnant d'ailleurs, dans la seconde moitié du siècle, une solide assise à la liberté de tronquer, d'allonger, de remodeler — les avatars d'une comédie comme *Le Jeu de l'Amour et du Hasard* doivent permettre de mieux saisir et apprécier ce qui fait le chef-d'œuvre : rien ne saurait y être retouché sans dommage.

L'histoire des traductions garde donc son importance, surtout si l'on essaie d'aller un peu au delà du simple défilé des noms et des dates, assortis de quelques lignes de commentaire pour caractériser chacune et, à l'occasion, de la reproduction d'un passage. Il est vrai que les ambitions de Golubew étaient d'emblée modestes, et il s'en explique fort bien au début de son petit livre : (après les monographies analogues qui ont été faites sur les traductions de Molière, de Racine, etc.) « ... je voudrais — écrit-il — faire un essai d'enquête sur le sort qu'ont connu les comédies de Marivaux en passant en allemand, constater quelles variations a subies la forme de l'original français, avec son fin polissage, en se coulant dans l'esprit de la langue allemande. Mon principal souci fut d'examiner quels points de vue ont guidé le traducteur face à l'original français. Tirer des conclusions générales, alors que mon étude ne portait que sur un auteur, eût été trop risqué. Cela ne sera possible que lorsqu'on disposera de matériaux plus abondants, à la suite de la multiplication de ces études particulières »[27]. On ne peut que louer cette prudence tout à fait conforme aux méthodes de la philologie allemande : en effet, on ne saurait tirer d'un tel examen un jugement sur l'art de traduire tel qu'il a été pratiqué en Allemagne au 18e siècle, encore que toute étude sérieuse, même particulière, oblige à prendre connaissance des principes de traduction pour la scène tels qu'ils ont été exposés par de nombreux éditeurs de recueils de pièces étrangères[28]. Le « fin polissage » (*feingeschliffen*) inquiète d'ailleurs un peu, car la traduction de Marivaux posait d'autres problèmes, concernant notamment la hardiesse de l'expression — « ces expressions détournées, qui n'ont de piquant que la singularité de leur association », disait l'abbé de La Porte, mi-réprobateur, mi-

---

27. Golubew, *op. cit.*, VI.
28. Voir notre étude des traductions. Ces principes prennent une valeur capitale quand Pfeffel en 1765, Dyk en 1777 prêchent la germanisation ou la « nationalisation » du répertoire français. L'adaptation des *Fausses Confidences* par Gotter (1774), du *Jeu* par Jünger (1794) réfléchit cette évolution.

séduit[29] — et, finalement, l'auteur n'a pas fait cette étude minutieuse d'une scène bien choisie qui, seule, eût permis peut-être de voir au prix de quels sacrifices le style de Marivaux « se coulait dans l'esprit de la langue allemande » ; car vraiment, on ne peut tenir pour telle la longue citation qu'il fait de la scène du *Jeu* où Arlequin avoue son identité véritable à Lisette, avec la traduction trop fidèle de Krüger qui, pour garder l'effet comique de la rime (*Arlequin — faquin*) a imaginé *Bourguignon-Coujon*[30] ! Exemple pittoresque, sans doute, mais peu significatif.

Nos préoccupations sont nettement différentes de celles de Golubew. D'une part, dans les traductions, nous nous intéressons beaucoup plus aux initiatives qui modifient les pièces (par exemple une fable remaniée, une scène entre amants écourtée, une scène entre valets prolongée, etc.) qu'aux mésaventures d'un traducteur consciencieux mais inexpert. En ce qui concerne les erreurs, les maladresses, les sottises, il vaut mieux dire une fois pour toutes que Marivaux est des plus difficiles à traduire, par la hardiesse, la précision, la richesse allusive de sa langue, que les comédiens qui, les premiers, se sont attaqués à une telle tâche, n'avaient ni la culture générale, ni la culture sociale, ni le loisir qui eussent été nécessaires à la réussite, ni d'ailleurs de gratitude à attendre de la part de leur *Principal*, de leurs collègues de la « bande » et du public s'ils l'avaient mieux achevée. L'instrument n'était d'ailleurs pas accordé : l'usage du français dans les milieux aristocratiques avaient retardé l'épanouissement de l'allemand comme langue de conversation au sens où Mme de Staël entend « l'esprit de conversation » ; d'une façon plus générale, le baron viennois Josef von Sonnenfels notait que la langue allemande répugne à la préciosité (*Ziererei*)[31]. D'autre part, nous estimons que, malgré l'importance du style quand il s'agit de Marivaux, il est d'autres aspects, liés plus ou moins étroi-

---

29. Cf. *Th. C.*, II, pp. 972-973. Ce sont ces hardiesses que l'abbé « ne condamne qu'à regret ».

30. Golubew, *op. cit.*, pp. 23-25. On se rappelle qu'Arlequin, redoutant la rime « coquin » quand Lisette apprendra son nom, s'entend crier « Faquin ! » (III, 6) ; Krüger, qui, pour ménager Gottsched, a préféré appeler le valet Bourguignon, devait trouver deux rimes à ce nom pour traduire fidèlement son auteur : Bourguignon craint d'être traité de *Hurensohn,* (fils de p...) et Lisette lui lance *Coujon* ! Disons que le traducteur a eu la main lourde, mais le public n'a pas dû être choqué.

31. On peut noter de nombreuses opinions du même genre exprimées au cours du siècle, soit pour déplorer la rigidité de la langue, son inaptitude à rendre la politesse française, soit au contraire pour vanter la virile franchise des Allemands, qui fait que leur langue ne se plie pas aux compliments fleuris, aux flatteries galantes, etc.

tement d'ailleurs au degré d'habileté de l'adaptateur, qui prennent
un plus grand relief en Allemagne qu'en France : Herder a assez
fait grief aux Français de n'être attentifs qu'à la forme[32] et, à lire
les critiques des contemporains de Marivaux, la répétition inlassable des attaques contre son « jargon néologique », jusqu'à la fin du
siècle où La Harpe commence par là l'article dédaigneux qu'il lui
accorde dans le *Cours de Littérature*[33], on serait tenté de lui donner
raison. Certes, la critique du style est liée en général à celle de
l'analyse psychologique (ce qu'on appelait volontiers alors la *métaphysique du cœur*) au sein du *marivaudage* — et Marivaux lui-même
justifiait les particularités de son style par celles de sa pensée[34] —
mais c'est la langue qui supportait souvent le poids principal de la
réprobation. En Allemagne, il ne pouvait pas en être ainsi.

III. — *COMEDIE SERIEUSE ET COMEDIE GAIE.*

Les critiques allemands du 18e siècle ont fait profession d'attribuer plus d'importance — à l'encontre de ce qu'ils disaient être le
défaut majeur des Français — au fond qu'à la forme et, en ce qui
regarde le théâtre, aux qualités dramatiques, à l'action, au mouvement, à la vie, qu'à la musique du vers ou au raffinement de la
prose. L'exaltation de Shakespeare et une attaque comme celle de
Lessing, par exemple, contre « vos corrects Racine et tous autres »[35]
répondent avant tout à cette préférence ; lorsque plus tard le classi-

---

32. Le *Journal de mon voyage* (en France) *en* 1769, œuvre de jeunesse, y
    insiste : le voyageur novice redoute l'abord des salons parisiens où
    « l'expression seule, selon l'état d'esprit français, fait l'homme de goût et
    d'esprit : ton, convenances, rapidité, tournure ! » Il se demande ce que cet
    amour de la forme, qui se retrouve dans le culte des bienséances et
    l'idéal de l'*honnête homme*, a fait perdre d'essentiel pour le fond aux
    Français, qui en privent à leur tour d'autres nations (entendons : en
    premier lieu la nation allemande) « en leur communiquant leur sottise ».
    A.-W. Schlegel appliquera la même observation au théâtre, reflet de la
    vie sociale : les Français attachent trop d'importance au style, alors que
    les beautés essentielles de l'art dramatique résident dans l'esprit et la
    disposition générale (cf. Ehrhard, *Les Comédies de Molière en Allema-
    gne*, p. 221).
33. *Lycée*, t. 11, p. 369 : « Marivaux se fit un style si particulier... » etc.
34. Cf. *Du Style*, dans la sixième feuille du *Cabinet du Philosophe* (*J.O.D.*,
    pp. 380-388).
35. *Dramaturgie*, feuilleton n° 48, à propos des fautes reprochées par l'abbé
    d'Aubignac à Euripide : « Nommez cela si vous y tenez un genre hybride ;
    il me suffit que cet hybride me divertisse mieux et m'édifie davantage
    que tous les produits conformes aux règles enfantés par vos corrects
    Racine et tous autres » (éd. Otto Mann, p. 194).

cisme weimarien voudra réhabiliter la tragédie française, c'est la beauté et la noblesse de la forme qui sera opposée à son avilissement dans les pièces de chevalerie ou les drames sentimentaux foisonnant alors en Allemagne. Il est probable que ce qui a été dit — brièvement — dans ce pays sur les bizarreries de la langue de Marivaux n'a été que répété : le Prof. Christian Heinrich Schmid signale bien, dans son *Index des principaux ouvrages...* (1781), avant de dresser la liste des pièces de Marivaux, que son style est « néologique », mais parmi les sources et les garants de cette ample documentation on voit figurer l'abbé Desfontaines... Soit que la singularité de ce style ait été spontanément imputée au traducteur, soit que les lecteurs de l'original aient été moins avertis ou moins sensibles sur ce point que les Français, soit enfin qu'ils y aient trouvé leur plaisir — mais non forcément d'amour-propre, comme le supposait d'Alembert[36] — cet aspect de la critique ne saurait être mis au premier plan. L'admiration pour la finesse de la pensée, pour la connaissance des moindres impulsions du cœur féminin, ou à l'inverse le reproche de se perdre dans l'infini détail des sentiments, dans les méandres du caprice, d'oublier ainsi l'optique grossissante nécessaire à la scène et d'alanguir l'action, nous les trouvons déjà en France, mais il semble souvent que l'Allemagne, moins accoutumée d'une part au charme et à la délicatesse, mais d'autre part plus avide d'action, voire de bruit sur les planches[37], leur ait donné plus de vigueur. C'est évidemment lorsque Marivaux — non pas le moraliste des journaux, qui semble avoir été inconnu en Allemagne hors des châteaux[38], ni le romancier, parce que le genre, comme le faisait valoir Boileau[39], est toujours entaché d'un peu de frivolité, mais

---

36. Il paraît normal que l'aristocratie, pleine de dédain pour la « rusticité tudesque », ait savouré ce que le théâtre français offrait de plus raffiné. Il est certain que, séduits par les comédies, des membres de la haute société, et notamment des femmes, ont lu les romans et les périodiques de Marivaux.

37. Un témoignage en est fourni, entre autres, par un chroniqueur du *Theaterjournal für Deutschland* (n° 18, 1781), qui, commentant la publication du tome 6 de la collection Dyk (*Komisches Theater der Franzosen für die Deutschen*), déplore ce goût du mouvement et du bruit qui porte de plus en plus le public allemand vers l'opéra et vers Shakespeare et l'éloigne de la discrétion de la comédie française.

38. Nous n'avons trouvé ni traduction ni mention des périodiques dans les publications allemandes de l'époque.

39. « Dans un roman frivole aisément tout s'excuse » écrit Boileau au Chant III de l'*Art Poétique* pour faire ressortir les exigences plus hautes du théâtre. Si les Professeurs qui ont régenté le théâtre allemand au 18ème s. (Gottsched, Gellert, Chr.-H. Schmid, etc.) attribuaient à la comédie, malgré les sentences opposées de bien des milieux académiques et pastoraux,

l'homme de théâtre, lu et joué en français dans les Résidences, lu dans l'original ou en traduction par la bourgeoisie cultivée, joué devant le peuple des villes et des bourgs par les troupes en tournée — est regardé comme un représentant, voire comme le représentant typique de certaines qualités séduisantes ou de certains défauts dangereux de l'esprit français, que notre intérêt s'accroît, car il s'agit alors d'une quote-part originale de la critique allemande.

Si Krüger indique non sans amertume qu'il a traduit une part importante du théâtre de Marivaux parce que ce théâtre serait de grand prix pour la formation de l'esprit et du cœur de ses compatriotes, mais que ceux-ci restent attachés à des biens bassement matériels[40], avouons que ce rôle d'éducateur qu'il voudrait faire jouer à son auteur, bravant pour cela les foudres du maître « saxon » qui rejetait comme bonnes pour le vulgaire toutes les comédies à Arlequin, nous intéresse très vivement. Même s'il s'agit, comme souvent, de voir dans le théâtre de Marivaux le premier témoin à charge pour accuser les travers traditionnels des Français : futilité et frivolité, plus de « bel esprit » (*Witz*) que d'esprit véritable (*Geist*), « le joli, l'amoureux, le tendre »[41] préférés au profond, l'influence exagérée des femmes dans la société et partant le bavardage, les petites vanités, le manque de franchise et de sérieux, voire un exemple parmi d'autres de ce goût de l'équivoque qui se trouve chez les auteurs français et qui, pour être plus tolérable que la grossièreté, n'en est pas moins répréhensible[42], nous sommes également attentifs. Il nous paraît normal que le théâtre de Marivaux ait été plus d'une fois pris comme pierre de touche de l'esprit français, alors que tant de compatriotes de l'auteur, se fondant sur les principes classiques de naturel, de sobriété, de vraisemblance, criaient à l'abus et le taxaient de bizarrerie ! A cet égard les critiques alle-

---

39. (*Suite*).
   un rôle de formation morale — à condition, bien entendu, qu'elle fût surveillée et cultivée dans le bon sens — ils tenaient les romans en suspicion ; Gottsched, dans le 52e et dernier feuilleton de son périodique *Les Frondeuses raisonnables*, exprime cette méfiance envers les « romans voluptueux » qui meublent les loisirs féminins, et qu'il convient de remplacer par une lecture plus « profitable » (Cf. notre article sur *Gottsched législateur...*, *RLC* janv.-mars 1970, p. 10).

40. Dans la préface de son second volume de traductions de Marivaux (Hanovre, 1749) ; voir notre étude sur les traductions.

41. L'expression est employée par Lessing dans sa dix-septième *Lettre sur la Littérature moderne* (1759) pour marquer le terrain familier aux Français, mais étranger aux Allemands.

42. Ce grief apparaît au cours d'une polémique dite de la *guerre comique* (1752-1753). Nous l'examinerons au t. II, dans une étude sur *Marivaux moraliste ou l'immoralité de Marivaux*.

mandes les plus agressives, comme celle de Jakobs[43], nous semblent, malgré leur acrimonie et leur parti-pris, plus éclairantes que
les critiques françaises qui tendaient constamment à rejeter Marivaux hors du camp des auteurs représentatifs de cette culture qui
dominait alors en Europe.

Un tel honneur n'a pas été fait en Allemagne à Destouches —
nous voulons dire de le citer comme témoin des griefs contre la
tournure d'esprit propre aux Français et contre une société « babillarde » et « efféminée » : réaction d'ailleurs compréhensible après
une longue et massive occupation des scènes par le répertoire français de comédie, reflétant les mœurs du pays et suspect de les propager. Destouches a été le favori de Gottsched, de Gellert, de Lessing, de Chr. Heinrich Schmid[44] et de beaucoup d'autres, sa fortune
dans l'Allemagne du 18e siècle a été étonnante, l'étude des répertoires des troupes, des collections d'affichettes (*Theaterzettel*), des
périodiques ou des libelles montre qu'il a été sans contredit l'auteur
comique le plus joué et le plus loué pendant plusieurs décennies,
mais ce sont justement ses vertus moyennes, le fait qu'il représentait la régularité, la modération, la décence et une « saine morale »,
sans signe national vraiment distinctif[45], qui ont rendu cette œuvre
honorable et neutre si facile à digérer par l'Allemagne. Les protecteurs et les guides du théâtre allemand, Gottsched en tête, voulaient
le délivrer de sa vulgarité, sans le livrer au goût français : l'abon-

---

43. Au même t. II, sous le titre général de *La « futilité de Marivaux »*, nous
analyserons la critique « accablante » (Golubew, *op. cit.*, p. 4) publiée par
le Professeur Jakobs dans les *Suppléments à la Théorie générale des
Beaux-Arts de Sulzer* (1800).

44. Pour les trois premiers, nous aurons l'occasion d'y revenir. Schmid, dans
son *Index* de 1781, à l'article *Destouches*, écrit péremptoirement : « Dans
le haut-comique, c'est lui le premier » — une opinion qui ne sera pas
controversée en Allemagne au 18ème s. Dans l'édition, on a l'impression
d'une véritable prise de possession de son œuvre : à part le *Destouches
für Deutsche*, cet auteur figure dans tous les recueils de théâtre depuis
le premier tome paru de la *Deutsche Schaubühne* de Gottsched jusqu'à
la grande collection Dyk, soit pendant près d'un demi-siècle. Les *Theaterzettel* qui ont pu être conservés font foi que les pièces publiées ont été
amplement utilisées ! Il faudra Goethe, puis A.-W. Schlegel, pour remettre
Destouches, au début du dix-neuvième s., à sa place d'auteur honnête et
sans grande personnalité.

45. J.v. Sonnenfels (*Briefe über die wienerische Schaubühne*, 27e Lettre datée
du 11 juin 1768, p. 396) affirme que Molière, Regnard, Destouches, La
Chaussée, n'ont pas produit d'œuvres liées à quelque chose de vraiment
national — notons qu'il n'inclut pas Marivaux dans cette liste, qui comprend encore quelques noms d'auteurs français de moindre renom ; est-ce
par simple oubli ? — tandis que les comédies de Gellert, J.-E. Schlegel,
Lessing, Weisse, Krüger, Löwen, etc... sont des pièces « qui n'appartiennent qu'à l'Allemagne ».

dance du discours et surtout des propos galants, la mièvrerie des compliments[46] et toute une atmosphère de salon leur semblaient étouffer l'intérêt et volatiliser le profit moral, ils les sentaient trop étrangères à leur propre nature. On ne doit pas oublier qu'une certaine valeur d'exemple provisoire reconnue au théâtre français s'accompagnait du dessein de rivaliser bientôt avec lui, de la conviction que les esprits allemands, plus sérieux et plus vigoureux, seraient aptes à mieux faire quand ils auraient été mis sur la bonne voie[47]. Il convenait donc de favoriser, dans le choix des modèles, ce qui avait valeur générale, ce qui révélait, sous le comique, la gravité des intentions, ce qui n'évoquait les défauts de l'esprit français et de la société française que pour les désavouer clairement, pour les ridiculiser.

Destouches paraissait ici le plus proche du modèle idéal, le plus apte à stimuler pour cette comédie correcte, attrayante et utile qu'on voulait inaugurer en Allemagne. Il gagnait l'estime — un mot si fréquemment employé pour lui qu'on finit par s'en inquiéter — et la gardait à la réflexion : sa comédie de caractère se passait de bouffon, observait les règles (même celle des cinq actes, si difficile à respecter)[48], présentait des types, comme *Le Dissipateur* et *Le Glorieux*, qui se retrouvent partout, ne forçait jamais les traits comme le faisait Molière, n'attribuait à la galanterie qu'un rôle secondaire, distrayait sans sortir du ton de la bonne compagnie. Il fallait en effet distraire : le public voulait rire à la comédie. Cela paraît une évidence, mais le dégoût du burlesque, la volonté d'éduquer le public avaient poussé Gottsched vers la comédie sérieuse ; cependant, pour refouler *Hanswurst* et Arlequin, des concessions étaient encore nécessaires et l'on avait vu le *Théâtre Allemand* de

---

46. Gottsched, dès la deuxième feuille de l'hebdomadaire par lequel il a débuté dans la vie littéraire, s'en est pris aux « politesses inutiles et forcées (...) si peu en rapport avec le naturel de notre Allemagne qu'on n'a même pas, en allemand, un vocable approprié pour désigner ce qu'exprime le mot français *compliment* » (*Les Frondeuses raisonnables*, éd. du *Gottsched-Verlag*, I, p. 10).

47. L'avant-propos destiné au *Théâtre Allemand* (paru seulement en 1742, en tête du premier tome retardé de deux ans) ne laissait aucun doute sur cet espoir : « ... je crois qu'il est maintenant temps d'essayer nos propres forces et de mettre à la tâche les libres esprits allemands ; leur vigueur dans cet art du théâtre sera, à n'en pas douter, comme elle l'est déjà dans d'autres arts et sciences, égale à celle de nos voisins, voire même supérieure ».

48. Destouches était conscient de la difficulté ; on trouve dans sa *Quatrième Lettre à M. le Chevalier de B...* (éd. de l'Imprimerie Royale 1757, IV, p. 198) une vraie réplique de comédie : « O le pénible ouvrage qu'un cinquième Acte ! »

Gottsched accueillir ce qu'il y avait de plus amusant à glaner chez Destouches : *La Fausse Agnès, Le Tambour Nocturne*, même si la « régularité » de ces pièces n'était pas exemplaire[49]. A la génération suivante, Gellert inaugurait son enseignement littéraire à l'Université de Leipzig par un chaleureux plaidoyer *Pro comoedia commovente* [50] et son œuvre comique était conforme à cette adhésion au genre touchant. Si l'on quitte même cette lignée de professeurs de lettres, de philosophie et de morale qui — chose qui ne laisse pas d'être curieuse pour un observateur français — ont mené la comédie allemande, au 18e siècle, dans des voies nouvelles, et que l'on regarde vers un « écrivain libre » comme Lessing, on constate de même au fil des feuilletons de sa *Dramaturgie* une admiration étonnante pour la *Cénie* de Madame de Graffigny, une sorte de vénération pour *Le Père de Famille* de Diderot, de grands ménagements pour *Mélanide* de La Chaussée[51].

La sentimentalité allemande, le goût des larmes et des sentences y trouvaient sans doute leur compte, mais une grande partie du public voulait aussi pouvoir rire à gorge déployée au théâtre. Il faut penser que, si le public parisien avait, outre le Théâtre Français, le Théâtre Italien et les parades de la Foire, les troupes allemandes desservant plusieurs villes devaient offrir à un public très mélangé tout l'éventail des plaisirs de la scène ; cela suffirait à expliquer que, condamné solennellement sur la scène de la *Neuberin*, Arlequin se soit tiré par une cabriole de ce mauvais pas et ait continué à réjouir partout de ses saillies les amateurs de théâtre[52]. Il y avait

---

49. Ces deux pièces, traduites par la *Gottschedin*, et correctement selon l'aveu de Lessing, figurent dans les premiers tomes du *Théâtre Allemand* sous les titres *Der poetische Dorfjunker* (d'après le sous-titre français : *Le Poète campagnard*) et *Das Gespenst mit der Trommel* (pièce imitée d'Addison : bel exemple d'anglomanie en France, de francomanie en Allemagne...!). Elle ne sont ni spécialement sérieuses, ni bien édifiantes, contrairement aux comédies de caractère, comme *Le Dissipateur* ou *Le Glorieux* (*Der Verschwender, Der Ruhmredige*), mais elles se rencontrent aussi fréquemment dans les répertoires. La première, qui comporte des situations et des répliques assez osées, n'a de surcroît que trois actes, alors qu'Horace en exige cinq : la traductrice y a remédié et Lessing a glosé sur ce délayage (cf. notre article précité sur *Gottsched législateur*, p. 18).
50. Ce cours inaugural de 1751, dont nous aurons à reparler, a été traduit par Lessing sous le titre *Abhandlung für das rührende Lustspiel* et confronté par lui avec les *Réflexions sur le comique larmoyant* du Français Chassiron (1749).
51. *Dramaturgie*, feuilletons 8, 20 et 48.
52. *Ibid.*, n° 18. Les affichettes montrent que les Arlequinades burlesques continuèrent à être jouées par les troupes après la... burlesque cérémonie du bannissement d'Arlequin en 1737.

une nette discordance entre les doctrinaires et les critiques, acharnés à hausser le niveau de la comédie, à y faire régner la raison, la douce émotion, en tout cas les intentions édifiantes, et le public populaire et même bourgeois qui recherchait aussi des plaisirs plus élémentaires ; les signes en sont constants, depuis ce Prologue de 1744 où Krüger — le futur défenseur d'un Arlequin policé, celui de Marivaux — déplore que le fou soit toujours le pivot de la scène, qu'Arlequin, *Hanswurst* et les traîneurs de rapière « soient plus sûrs qu'aucun autre de gagner leur pain »[53] jusqu'à cet article véhément du Journal de *Théâtre pour l'Allemagne* qui, en 1781, se plaint encore que les spectateurs soient avides de figuration brillante plus que de valeurs humaines[54], en passant même par la déconvenue du « Théâtre National » de Hambourg dont les programmes ambitieux n'avaient pu retenir le public d'une cité réputée pourtant exigeante sur la qualité. Pour les troupes, y compris celles qui étaient dirigées par un comédien cultivé et qui entretenaient un auteur, traducteur et conseiller (*Theaterdichter*)[55], les besoins du public étaient contraignants, l'impératif de la recette passant avant toute autre considération.

Ce désaccord permanent entre une aspiration, d'autant plus noble qu'elle mettait en jeu la fierté nationale[56], et les réalités quotidiennes un peu vulgaires de la vie théâtrale, a dominé les polémiques et les fréquents libelles contre les *Principaux*. Il explique aussi ces constantes réflexions que l'on rencontre sur le rire, légitime ou illégitime, celui dont on est fier et celui dont on a honte, le rire plein de sens et le rire saugrenu, celui qui vient du cœur et celui

---

53. Extrait du Prologue *Die mit den freyen Künsten verschwisterte Schauspielkunst* (« *L'Art dramatique frère des Arts libéraux* »), où apparaissent Apollon, la Sagesse du monde, la Poésie, les autres Arts libéraux, la Déesse Renommée, l'Entêtement, le Préjugé, la Farce et l'Art dramatique. Krüger était alors dans la troupe du *Principal* Schönemann, qui joua ce Prologue le 15 octobre 1744, en lever de rideau précédant *Polyeucte*, pour le 200e anniversaire de l'Université de Königsberg. Ravi de ce morceau, Gottsched, ancien étudiant de Königsberg, l'inséra avec un commentaire fort élogieux dans son *Théâtre Allemand*, au t. 6, (1745) ; il devait déchanter deux ans plus tard, quand Krüger publia son premier volume de Marivaux : six comédies, dont quatre à Arlequin dans l'original, et la justification du personnage en préface !

54. *Theaterjournal für Deutschland*, no 18.

55. C'est le rôle que jouait Krüger chez Schönemann, que jouera plus tard passagèrement Schiller au « Théâtre National » de Mannheim, tandis que Lessing, à Hambourg, avait un rôle proche de celui du *Dramaturg* d'aujourd'hui.

56. Rappelons l'Epilogue de la *Dramaturgie* (feuilleton unique 101-104) et la dérision amère du patriote déçu.

qui secoue seulement la panse, etc. On a dit avec quelque apparence de vérité que l'effort vers la création du théâtre national allemand, qui a traversé le siècle et n'a pu que tardivement atteindre
son but[57], aurait abouti plus tôt si le grand public s'était rallié à la
comédie sérieuse et avait accepté que le théâtre fût, selon la formule ultérieure de Schiller, une « institution morale » ; mais, en
réclamant de la gaîté, à un niveau toutefois supérieur à celui des
pitreries de *Hanswurst*, qui n'était plus guère tolérable, ou des grossières arlequinades à demi improvisées, il ne pouvait obtenir satisfaction que grâce au recours aux répertoires français et à la comédie littéraire italienne. C'est là à notre avis, le point d'insertion
essentiel du théâtre de Marivaux, la raison de son succès prolongé :
c'était de la comédie gaie, joyeuse par ses valets — qu'on gardât
d'Arlequin le nom et la casaque ou qu'on en fît un Pasquin, Bourguignon ou Peter[58] — et ses soubrettes, réjouïssante par ses paysans et ses Gascons, sans compter les comparses, vaniteux ou
pédants, ni les portraits satiriques ; mais d'une gaîté qui satisfaisait
pleinement les amateurs d'esprit agile, de sentiments délicats et de
politesse raffinée à la française.

Il est vrai qu'en France des critiques prétendaient que Marivaux
ne fait même pas rire, mais provoque un simple sourire « flottant à
la surface » et voisin de l'ennui : « on sourit, mais on bâille », lan-
cera La Harpe[59]. Or, le public allemand a carrément ri à des représentations de Marivaux : bien que nous ne sachions que peu de
chose, dans la plupart des cas, sur ses réactions, sinon l'indication
sommaire du succès (*gefallen*), de l'ovation (*äusserst gefallen*) ou
de l'échec (*nicht gefallen*)[60], les quelques renseignements que nous

---

57. Après l'échec de Hambourg, les « Théâtres Nationaux » se succédèrent
    à Vienne (1776), Mannheim (1779 — création des premières pièces de
    Schiller), Berlin (1786 — après la mort de Frédéric II, bien entendu !).
58. Nous avons noté précédemment que Krüger avait préféré appeler Bour-
    guignon l'Arlequin du *Jeu*. Dans sa défense d'Arlequin, incluse dans le
    compte rendu de représentation des *Fausses Confidences* (*Dramaturgie*,
    n° 18), Lessing propose qu'on rende son nom et son habit bariolé à celui
    qu'on avait souvent rebaptisé Johann ou bien Peter.
59. *Lycée*, t. 11 (an VIII), p. 419.
60. C'est en général ainsi que les journaux et les Calendriers de Théâtre indi-
    quent la participation du public ; mais les critiques modernes le font-ils
    toujours d'une façon beaucoup plus explicite ? On néglige souvent ce
    troisième partenaire du théâtre, pour juger en vertu de principes ou
    selon des goûts personnels : c'était constant au 18ème s. où l'on aimait
    morigéner le public pour son incompréhension, son manque de culture
    et de goût, si bien qu'un mauvais accueil était considéré parfois comme
    une marque de qualité. Notons toutefois que Lessing était plus attentif
    que d'autres aux réactions des spectateurs.

avons trouvés font état d'une franche gaîté. Lessing nous dit qu'Ekhof, jouant à Hambourg le rôle de Blaise (*Jürge*) dans *L'Héritier de Village* (*Der Bauer mit der Erbschaft*) faisait rire les gens « à en perdre le souffle »[61]. Il est vrai que les premières versions allemandes étaient sciemment ou involontairement grossies, que les adaptateurs ultérieurs de quelques pièces ne se firent pas faute de renchérir et de broder sur les scènes de domestiques, déplaçant ainsi quelque peu le centre de gravité des pièces ; mais il fallait pour le théâtre allemand, submergé après 1770 par une vague de sentimentalité (*Schauspiel, Familiengemälde*, etc.), un répertoire de vraie gaîté, et tout cela fait aussi partie de cette « vulgarisation » au sens plein du mot (*Vergröberung*) que subit l'ensemble du répertoire français de haut-comique au 18e siècle. Le fait demeure cependant, et ce souci d'exciter le rire explique des outrances de traduction qui ne sont pas toutes des maladresses, et même une optique différente dans le choix des pièces, dont le succès diffère plus d'une fois de celui qu'elles ont connu à Paris[62].

IV. — *ORIENTATION ET LIMITES DE L'ENQUETE.*

En ébauchant quelques traits du tableau, nous avons déjà esquissé les orientations de notre étude. Malgré les intentions contraires de leurs mentors, les scènes allemandes du 18e siècle se sont livrées si docilement aux répertoires étrangers, français surtout, que deux écrivains aussi différents que Herder et Wieland s'accordent à dénoncer cette colonisation : le premier s'élève dans un essai contre ce qu'il appelle la « *gallicomanie* » dans le théâtre de comédie et l'intitule : « *Est-ce un théâtre français que nous avons ?* »[63], tandis que le second, plus tard, écrit dans l'une de ses *Lettres à un jeune auteur* (1784) : « Presque tout ce qu'on voyait sur

---

61. *Dramaturgie*, n° 28. La traduction en dialecte *platt*, qui faisait de la pièce, sur le marché de Hambourg, une « marchandise au goût du public » et le jeu du grand Ekhof, qu'une gravure d'époque montre dans ce rôle, y furent naturellement pour beaucoup.

62. Ce n'est pas vrai seulement pour *L'Héritier de Village*, médiocrement goûté à Paris cinquante ans plus tôt (cf. *Th. C.*, 547-548), mais aussi pour d'autres comédies, notamment celles qui étaient jouées avant le baisser du rideau, comme *La Dispute* (voir notre étude des traductions).

63. Dans une lettre adressée à Hamann, le « mage du nord », Herder parle d'un essai de 1766 intitulé *Von der Gallikomanie in den Comödien*. Ce fragment n'avait pas été publié dans les morceaux critiques ; Suphan y a remédié (cf. t. II, pp. 207-227) ; le titre exact est : *Haben wir eine französische Bühne ?*

nos scènes était propriété de l'étranger »[64]. La « nationalisation » du
répertoire français, recommandée et mise en œuvre par Pfeffel et
par Dyk dans leurs recueils[65], ne pouvait remplacer un théâtre qui
eût, selon l'expression employée par Löwen dans son *Histoire du
Théâtre Allemand* (1766), « l'empreinte distinctive du caractère allemand » au lieu de consister, comme jusqu'alors, en pièces « allemandes à la française »[66] ; ce premier essai de faire le point souligne la circonstance qui explique tout : « *bey der Kindheit unseres
Theaters* » (« vu que notre théâtre est dans son enfance »), tout en
indiquant ce qui accélèrerait sa croissance : une subvention officielle, le soutien du public — espoirs qui allaient se montrer vains
à Hambourg[67]. C'est dans ces conditions que Marivaux a été
accueilli parmi toute une cohorte d'auteurs, considéré comme un
hôte important, mais non comme la tête de file (ce rôle étant généralement réservé à Destouches). C'est par son théâtre que Marivaux
a marqué en Allemagne, et c'est son théâtre que nous étudierons
dans le miroir allemand, c'est-à-dire tel qu'il est réfléchi à la fois
dans les versions qu'on en a données et dans les opinions qu'on a
émises sur son compte.

Nous n'avons pas l'intention de retracer l'histoire de la comédie
française en Allemagne au 18e siècle, qui exigerait plusieurs volumes, mais il serait parfaitement arbitraire de dissocier le cas de
Marivaux de celui des autres, l'étude de sa « fortune » en tant qu'auteur dramatique est inséparable de celle de ses rivaux, qui intervien-
dront souvent à titre comparatif dans notre enquête ; ils resteront

---

64. Wieland, *Briefe an einen jungen Dichter*, 3e Lettre (*O.C.*, XIV, p. 415).
L'auteur parle de « pièces françaises déguisées en allemand » et dit que, la
lassitude aidant, « on alla finalement jusqu'à recourir à un Goldoni ».

65. En 1765 et 1777 ; voir pp. 38-39, note 80.

66 Cf Löwen, *Geschichte des deutschen Theaters*, p. 4, dans la réédition
faite par H. Stümcke (*Neudrucke literarischer Seltenheiten*, n° 8, Berlin
Ernst Frensdorff, 1905). L'expression employée par Löwen est : « *franzö-
sirend-deutsche Stücke* ».

67. La revendication porte sur la création d'un Théâtre National fixe, jouant
des pièces faites par des Allemands. Dès l'année suivante (le 22 avril 1767)
s'ouvrait à Hambourg un « Théâtre National » et c'est Löwen lui-même
qui en avait la direction artistique, mais le responsable financier de
l'*Entreprise* (mot écrit en français dans les textes...) était un négociant,
Abel Seyler. En réalité, le manque de comédies originales et le goût du
public obligèrent à avoir constamment recours, là comme ailleurs, au
répertoire français. Les affaires furent mauvaises. Le théâtre commença
sa deuxième saison, le 13 mai 1768, mais une légion de créanciers assié-
geait les caisses dès qu'on ouvrait les portes. Löwen abandonna en juin,
le « Théâtre National » quitta définitivement Hambourg le 27 novembre
et vint achever sa brève existence à Hanovre le 3 mars 1769.

liés comme ils le sont dans les répertoires des troupes, dans les polémiques et les libelles, dans les bulletins critiques. Nous dirons comme Golubew, mais en élargissant le cercle étroit où il avait enfermé sa recherche, que la nôtre prend normalement place dans une série d'études similaires pour décrire avec précision l'un des plus curieux épisodes de l'histoire du théâtre en Europe[68] ; on peut d'ailleurs trouver dans le présent ouvrage l'amorce d'autres enquêtes particulières de même orientation. Mais deux faits donnent à la diffusion du théâtre de Marivaux en Allemagne un intérêt à notre sens plus vif ; ils se trouvent signalés dans cette simple phrase de la préface de M. Arland : « C'est l'un des vrais maîtres de notre théâtre, l'un des plus français... »[69]. Marivaux est le seul auteur comique de la première moitié de son siècle qui reste vraiment d'actualité : une actualité qui est même plus fraîche que jamais et qui s'est étendue, au cours des dernières décennies, à des pièces oubliées ou perdues ; une actualité qui s'est communiquée de nouveau à l'Allemagne à la fin des années 1950 et qui a provoqué une floraison nouvelle de traductions, de représentations[70]. Comment ce maître si français pouvait s'intégrer à un répertoire allemand en un temps où l'apprentissage, dans le pays d'accueil, n'était même pas fait, c'est une question qui pique évidemment la curiosité. On espère forcément ici, en commençant l'enquête, trouver autre chose que de menus faits de l'histoire littéraire, quelque chose qui concerne cette séduction au premier abord, ces réticences et même cette hostilité à la réflexion qui marquent si souvent la réaction des Allemands à l'esprit français dans ce qu'il a de *singulier* : attirance et répulsion qui viennent de cette époque des *Lumières*, où la culture française « occupait » l'Allemagne.

L'extension géographique de cette étude est celle des pays de langue allemande, ou plus exactement celle où une représentation en allemand pouvait être donnée et où les documents que nous avons dépouillés nous permettent d'affirmer qu'ont été jouées des pièces traduites ou tirées de Marivaux, soit de Saint-Pétersbourg, en passant par Reval, Riga, Copenhague, jusqu'à Temeswar dans le Banat et à « la forteresse turque de Belgrade », où le *Calendrier Théâtral de Gotha* (année 1792) nous apprend que la Compagnie Kuntz a joué, l'année précédente, « dans la nouvelle mosquée amé-

---

68. Golubew, *Marivaux'Lustspiele in deutschen Uebersetzungen des 18 Jahrhunderts*, V-VI.
69. Marivaux, *Théâtre*, éd. de la Pléiade, LIV.
70. Voir notre étude des traductions. Nous avons eu la faveur d'être témoin de ce réveil et même d'y prendre une modeste part.

nagée en théâtre », *Le Jeu de l'Amour et du Hasard* dans la version
du Conseiller Chr. Fr. Schwan (*Die Verkleidung*)[71]. Il faut reconnaître que, si les traductions n'ont pas toujours donné une image fidèle
de l'art propre à Marivaux, elles en ont porté fort loin et dans des
lieux très inattendus un certain reflet : ainsi, grâce à l'esprit d'entreprise de ses troupes itinérantes, l'Allemagne a rendu dans une certaine mesure ce qu'elle avait reçu.

Quant aux limites chronologiques auxquelles nous nous arrête-
rons, s'il est facile de fixer le point de départ, le terme comportera
inévitablement une part d'arbitraire. En effet, on ne trouve pas trace
de pénétration du théâtre de Marivaux en Allemagne avant 1730 :
Golubew nous indique que les premiers documents concernent cinq
comédies jouées en 1735 par la *Neuberin* à Hambourg — et non à
Leipzig, dans le fief de Gottsched, car on y voit Arlequin ! — sans
qu'on en connaisse le ou les traducteurs, et nous resterons d'accord sur la date, bien que la liste nous laisse perplexe[72]. La date
de 1730 est capitale : c'est celle de la publication de l'*Art Poétique
critique pour les Allemands*, de Gottsched, qui fournit le fondement
doctrinal de l'imitation des Français[73] ; l'impulsion était donnée, et
le mouvement allait englober des auteurs que le doctrinaire eût préféré éviter... Notre enquête porte essentiellement sur le 18e siècle,
mais elle franchira largement le seuil du siècle suivant pour des raisons faciles à comprendre : nous aurons plus d'une occasion de
citer La Harpe, qui fut un médiateur influent, au même titre que
Grimm, d'Alembert ou Marmontel ; mais citer son *Lycée* de l'An VIII

---

71. *Gothaer Theaterkalender*, 1792, p. 287.
72. Cf. Golubew, *op. cit.*, p. 6. Il s'agit d'une série de seize représentations
   qui ont eu lieu du 8 avril au 5 décembre 1735 et dont l'auteur a vu les
   affichettes à Hambourg. Les pièces nommées sont *Die Sklaveninsel*
   (*L'Ile des Esclaves*), *Die unbedachten Eidschwüre* (*Les Serments Indiscrets*), *Die beiderseitige Unbeständigkeit* (*La Double Inconstance*), *Das
   verwirrte Spiel der Liebe und des Zufalles* (*Le Jeu* embrouillé *de
   l'Amour et du Hasard*) et enfin *Die angenommene Sprödigkeit* (« La pruderie supposée ») ; est-ce *Le Triomphe de l'Amour* ou bien une fausse
   attribution, chose qui n'est pas rare à l'époque ? En cette période de
   début, on surchargeait volontiers les titres (voir plus haut *Le Jeu !*) mais
   on n'avait pas l'habitude de les interpréter, comme ce sera si souvent le
   cas plus tard. Aucun moyen de contrôle, ces traductions n'ayant pas été
   imprimées. Golubew cite ce titre avec les autres, sans rien ajouter.
73. Le titre exact était : *Versuch einer kritischen Dichtkunst vor die Deutschen* ; Gottsched y légiférait pour l'Allemagne comme autrefois Boileau
   pour la France (une étude comparative, *L'Art Poétique de Boileau dans
   celui de Gottsched*, a d'ailleurs été publiée en 1879, à Berlin, par Wich-
   mann). L'ouvrage de Gottsched, dont la première édition est datée de
   1730, avait paru en réalité dès 1729, pour la Foire de la St. Michel,
   période de grande activité et de rayonnement de Leipzig.

sans le *Cours de Littérature dramatique* d'Auguste-Guillaume Schlegel, qui lui donne si souvent la réplique, et contient de surcroît un
article sur Marivaux fort important en ce sens que nous y trouvons
le jugement du théoricien du « théâtre romantique »[74], serait malséant ; l'année 1814, où ont été répandus à Paris deux ouvrages qui
allaient y avoir un grand retentissement : *De l'Allemagne*, de Germaine de Staël, et le *Cours* de son protégé Schlegel traduit par sa
cousine Madame Necker de Saussure[75] — deux ouvrages où nous
aurons à puiser — est évidemment incluse dans la période que nous
considérons. Pour y inclure encore un intéressant remaniement qu'a
fait subir Carl Lebrun à l'adaptation du *Jeu* par Jünger (*Maske für
Maske*), donc un exemple d'infidélité au second degré[76], nous recu-
lerons jusqu'aux années 1830 le terme de cette étude, qui coïnci-
dera ainsi avec la fin de la grande époque weimarienne ; c'est à
peu près un siècle de théâtre que nous avons à étudier, sous l'angle
particulier de l'accueil, de l'utilisation et de l'appréciation des
comédies de Marivaux, ces cent ans qui vont, en France, du *Jeu de
l'Amour et du Hasard* à *Hernani*. Mais nous ne nous interdirons pas
de faire intervenir à l'occasion, lorsqu'ils sont susceptibles d'apporter un éclaircissement ou un élément nouveau, des faits et des jugements postérieurs, surtout ceux qui marquent la renaissance dont
nous avons été témoin autour de 1960.

V. — *ACCUEIL ET CRITIQUE.*

Dans une première partie consacrée à l'accueil du théâtre de
Marivaux en Allemagne, il était nécessaire de décrire brièvement
les conditions de la vie théâtrale d'alors, de montrer comment, malgré l'existence matérielle précaire des troupes itinérantes et l'hos-

---

74. L'adjectif — rappelons-le — a une acception plus large pour A.-W. Schlegel
    que celle qu'on lui attribue dans l'histoire littéraire française : « roman-
    tiques » sont pour lui, d'abord, les pièces de Shakespeare et de Calderón.
75. Rappelons encore que l'ouvrage de Mme de Staël, qui a révélé l'Allema-
    gne à beaucoup de Français... et implanté aussi quelques préjugés tena-
    ces dans chacun des deux pays par rapport à l'autre, avait été mis au
    pilon en 1810 sur l'ordre de Napoléon, réédité à Londres en 1813, puis à
    Paris dès la première Restauration. Le *Cours* de son bibliothécaire de
    Coppet, Schlegel, avait été fait à l'Université de Vienne en 1808, l'original
    imprimé en 3 vol. in 8° à Heidelberg en 1809-1811 ; depuis sa *Comparai-
    son de la Phèdre de Racine avec celle d'Euripide*, publiée directement en
    français en 1807, l'auteur était honni des classiques ; son *Cours* a été
    manié assidûment, en France, par la jeunesse romantique.
76. Voir notre étude des traductions.

tilité parfois démonstrative des gardiens de la morale, le théâtre allait partout et jouait déjà ce rôle social important qu'il ne cessera de détenir en Allemagne ; certaines craintes d'une contagion, transmise par leurs comédies, des mœurs « frivoles » des Français s'en trouvent éclairées. L'éparpillement de la vie théâtrale, à l'image de l'émiettement politique et culturel des pays allemands à cette époque, ainsi que la dispersion et les lacunes des documents conservés[77] rendaient ardue la tâche de brosser un tableau général : nous avons établi, comme instrument de travail, un fichier personnel des « bandes » en notant, le cas échéant, ce qu'elles ont emprunté à Marivaux ; dans les premiers temps, les traducteurs se trouvaient d'ailleurs parmi les comédiens et leurs travaux restaient manuscrits, à l'usage de la troupe à laquelle ils appartenaient. Mais il y eut, dans cette Allemagne du 18e siècle, une autre source inspirant et alimentant le théâtre : celle des Professeurs et des écrivains cultivés, qui fixaient les principes, combattaient pour créer une véritable *littérature* dramatique, puis un répertoire à caractère *national*, et qui ont eux aussi traduit des pièces étrangères, composé des pièces originales et fait éditer leurs ouvrages afin de fournir à l'ensemble des troupes un répertoire de base d'un plus haut niveau.

La connaissance de ces principes et de ces luttes est indispensable pour comprendre l'accueil fait à Marivaux et ses variations au cours du siècle. Les relations entre les troupes, leurs *Principaux* et leurs comédiens-auteurs, dominés par le souci de la vie quotidienne, d'une part, et le groupe des mentors académiques et des militants du patriotisme littéraire, tâchant d'aider à la naissance d'un théâtre comparable à celui du voisin de l'ouest, et qui lui soit moins redevable, d'autre part, leur entente et plus souvent leurs démêlés ont marqué l'histoire des scènes allemandes pendant une grande partie du siècle[78]. La fortune de Marivaux a été influencée par ces polé-

---

77. Les documents (notamment les *Theaterzettel* et les journaux) sont dispersés dans les bibliothèques de *Land* ou d'Université, les archives de villes, d'Instituts d'études théâtrales ou de théâtres, les collections. Ils comportent d'énormes lacunes. Des monographies ont été écrites sur certaines grandes troupes, mais le souci d'un auteur particulier oblige à remonter aux sources.

78. C'est surtout pendant la période qui va du début de la collaboration entre Gottsched et la *Neuberin* (à partir de 1728 environ) jusqu'à la fondation du second « Théâtre National », à Mannheim (1779) — lequel réussira mieux que le premier parce qu'il aura des nouveautés à présenter, portant « l'empreinte du caractère allemand », et bénéficiera de l'appui total du Prince-Electeur Karl Theodor et de la famille du souverain, représenté par un intendant passionné de théâtre, à la main ferme, le baron de Dalberg, et qu'il deviendra ainsi le pôle d'attraction de la vie théâtrale allemande — donc pendant un demi-siècle que ces polémiques ont fait

miques, c'est même sur son œuvre qu'a rebondi la longue querelle d'Arlequin : rien de moins surprenant, puisque ce personnage était dénoncé comme le protagoniste absurde de farces grossières, et que Marivaux faisait de lui, le plus souvent, le comparse sensé de comédies raffinées. Les circonstances de l'accueil mènent aux faits constatables : liste des traductions destinées à combler les lacunes et redresser les erreurs de relevés antérieurs, pièces éditées isolément ou dans des recueils, représentations ; pour ces dernières, il ne saurait s'agir d'un dénombrement complet, que le manque de documents sur les répertoires rend impossible et qui n'aurait d'ailleurs qu'un intérêt restreint, mais quelques sondages, concernant les troupes importantes dans des périodes où leur activité nous est connue, et permettant d'évaluer la part de Marivaux par rapport à ses principaux concurrents français (Molière, Destouches, La Chaussée, etc.), étrangers (Holberg, Goldoni) et allemands[79], montrant aussi quelles pièces ont eu le plus de bonheur — éventuellement en liaison avec la province ou la ville où la troupe avait planté son théâtre — sont à coup sûr propres à fixer les idées. Le plus important, à notre sens, reste l'étude des traductions *dans leur évolution* : il ne s'agit plus seulement, alors, de faits disséminés, toujours fragmentaires, utiles certes et quelquefois curieux, mais n'intéressant qu'un cas particulier et d'une portée donc limitée ; c'est l'effort de germanisation du répertoire comique français qui est en cause — pour sa défense, d'ailleurs, et pour son maintien[80] — et c'est là que

---

78. (*Suite*).
    rage. Elles n'ont d'ailleurs pas cessé à la fin de cette époque, comme en fait foi par exemple le *Theaterjournal für Deutschland*, mais semblent avoir diminué de fréquence et d'intensité. Les plus célèbres ont été provoquées par les désaccords entre l'irascible Gottsched et la *Neuberin*, puis son successeur à Leipzig : Koch (au moment de la « guerre comique », en 1752-1753). Il y eut aussi, bien entendu, des rivalités entre les troupes elles-mêmes, comme des dissensions entre les théoriciens, d'une génération à l'autre (par ex. Lessing contre Gottsched). Mais le plus original, dans l'Allemagne du 18ème s., c'est certainement cette discussion permanente entre troupes ambulantes et dignitaires académiques.

79. Voici, pour fixer les idées, les comédies littéraires allemandes les plus jouées avant la *Minna* de Lessing : de Gellert, *die Betschwester* ; de Hippel, *der Mann nach der Uhr* (traduit dans le *Théâtre Allemand* de Junker et Liébault, 1772, sous le titre *L'Homme à la minute*) ; de la Gottschedin, *das Testament* ; de Joh. Elias Schlegel, *der geschäftige Müssiggänger, der Geheimnisvolle, der Triumph der guten Frauen* (cf. le jugement de Lessing sur ces pièces dans la *Dramaturgie*, feuilleton n° 52) ; de Cronegk, *der Misstrauische* ; de Krüger, enfin, *die Candidaten*, et *Herzog Michel*, un acte, complément très fréquent d'une soirée.

80. Le titre de la collection de K. Pfeffel, dont la publication commença en 1765, *Belustigungen nach französischen Mustern* (« Divertissements sur des modèles français »), nous semble bien marquer à la fois la fidélité de

peut apparaître ce qui sépare une manière comme celle de Marivaux, et même une certaine tournure d'esprit française, du genre de
divertissement souhaité par ces Allemands qui, pendant le dernier
tiers du siècle, ont pris mieux conscience de leur personnalité
nationale et de leurs besoins.

La partie la plus copieuse de l'étude nous a paru devoir être
consacrée à la critique, jusqu'ici négligée, d'abord pour cette raison même, et aussi pour le motif que nous venons d'invoquer à propos des traductions : une enquête de « fortune littéraire » qui se
développe dans le cadre de l'Allemagne — disons plutôt : des multiples Etats allemands — à cette époque risque fort, vu la dispersion et l'enchevêtrement des activités, de donner une impression
d'arbitraire et de décousu si elle cueille et aligne de menus faits
sans faire la plus large place aux opinions[81]. Celles-ci, en revanche,
sont susceptibles de faire bénéficier d'éclairages un peu différents
la connaissance de l'œuvre, qui importe avant tout : des réactions
étrangères à une œuvre typiquement française dans son esprit et sa
facture doivent permettre d'y ajouter au moins quelques nuances...
Nous regrouperons ces réactions en deux longs chapitres intitulés
l'un *Marivaux moraliste, ou l'immoralité de Marivaux*, l'autre *La futilité de Marivaux*, sans que cette présentation indique une constante
défaveur, le pour et le contre alternant le plus souvent : tel repousse
par exemple le reproche d'insignifiance en rétorquant que ses compatriotes sont prisonniers d'appétits grossièrement concrets[82] — aux
esprits terre-à-terre toute élégance morale est futile — tel autre,
confirmant l'insignifiance, met en balance le charme[83], etc. Cette
présentation se règle sur les griefs les plus fréquents pour souligner
la nette tendance de la critique allemande à attribuer à Marivaux
les faiblesses qu'on prête en Allemagne à l'esprit français, à le rendre solidaire, plus que tout autre, des défauts de sa nation.

---

l'attachement à un genre de gaîté qui commençait à être menacé et le
dessein d'infidélité vis-à-vis des textes. La collection de Dyk, qui débute
en 1777, souligne dans son titre sa destination : *Das Komische Theater
der Franzosen für die Deutschen*, mais ce qui, plus encore à cette époque,
s'y manifeste, c'est une volonté de maintenir, au prix des concessions
indispensables, le répertoire comique d'origine française.

81. Le tort de Golubew, dans la dissertation que nous avons citée, est justement de faire se succéder de petits faits discontinus, sans transition ni
pause ; il s'agit alors d'un simple relevé des traductions, agrémenté en
passant de quelques échantillons et appréciations.

82. Krüger dans la seconde préface de ses traductions du théâtre de Marivaux (1749).

83. A.-W. Schlegel dans son *Cours de Littérature dramatique*, éd. préc., t. II,
p 285.

Les jugements d'origine française n'y seront pas oubliés, soit à titre de rappel et de comparaison, soit parce qu'ils ont été connus, répétés en écho ou contestés, dans un pays attentif à tout ce qui se publiait et se disait en France. Enfin, les réserves ou les attaques, que telle comédie y soit citée ou non, nous ont fourni l'occasion d'analyser certains aspects des pièces : cela procède toujours du même choix, nous avons tenu à ne pas faire défiler seulement des opinions, en laissant aux lecteurs le soin de rechercher dans quelle mesure elles pourraient se justifier, mais à soumettre à leur propre jugement un débat, en illustrant et discutant ces points de vue étrangers de façon qu'ils prennent tout leur sens et fassent la preuve de leur utilité pour éclairer l'œuvre. Dans ces examens, les feuilles morales et les romans jouent un rôle non négligeable — on peut dire obligatoirement, du fait de la grande unité de cette œuvre. D'ailleurs, comme la *Paméla* de Richardson, comme la *Julie* de Rousseau, *Marianne* est montée sur les planches en pays allemands[84], effaçant cette frontière entre roman et théâtre que plusieurs critiques, partisans du grossissement scénique et d'une action dramatique mouvementée, trouvaient déjà trop indécise dans les comédies de Marivaux.

VI. — *INFLUENCES ? DIFFICULTES GENERALES.*

Le problème des influences était, comme toujours, le plus épineux : d'abord, parce qu'une extrême prudence s'impose toujours

---

84. On trouve dans les répertoires allemands plusieurs pièces dont Pamela est l'héroïne. Lessing nous rapporte dans sa *Dramaturgie* (n° 8) qu'une pièce intitulée *Julie, oder Wettstreit der Pflicht und Liebe* (« Julie, ou le Conflit du Devoir et de l'Amour ») a été représentée par le « Théâtre National » à Hambourg le 27 avril 1767, mais que « ... sur la scène il fallait bien que l'amant de Julie parvînt au bonheur » et que l'auteur, le Viennois Heufeld, « ne le lui refuse point : il obtient la main de son élève ». Un autre Viennois, Johann Georg Heubel, qui était Contrôleur Impérial et Royal au Théâtre Français, lui-même auteur de comédies et adaptateur de Goldoni, a donné une version scénique de *La Vie de Marianne* qui a été jouée par la troupe allemande du *Kärntertortheater* en 1758 (dates non précisées) : *Marianna, die glückiche und unglückische Waise oder die Schule für alle schönen Mägden, wie sie zu grossem Glück und Ehre gelangen können*, ce qu'on pourrait traduire par : « Marianne, bonheurs et malheurs d'une orpheline, ou l'Ecole de toutes les belles filles, comment elles peuvent accéder avec honneur au bonheur parfait » — un titre un peu long, mais suggestif ! Le répertoire ajoute qu'il s'agit d'une comédie allemande en trois actes de Marivaux/Heubel ; le titre indique déjà que, là encore, l'auteur n'a pas refusé à l'héroïne le bonheur qui lui était dû : elle épouse Valville (Cf. le *Jahrbuch der Gesellschaft für Wiener Theater-Forschung* 1953-1954, p. 99).

en cette matière, afin de ne pas s'exposer à la vindicte des défenseurs de l'originalité et de n'être pas compté au nombre de ces critiques que raille Coleridge dans la préface de *Christabel*, « ... qui
apparemment considèrent comme traditionnelle toute pensée ou
image possible, sans la moindre idée, qu'il n'existe au monde rien
qui ressemble à des sources, petites ou grandes ; et qui font ainsi
charitablement dériver tous les ruisseaux qu'ils voient couler d'une
perforation pratiquée dans la citerne de quelqu'un d'autre »[85]. Il
s'agissait ici de poésie, où l'inspiration est en principe plus spontanée, mais, en matière de théâtre, il faut avouer qu'il y a des idées
de situations dramatiques, des types d'intrigue, des modèles de personnages et, dans la comédie, des « mots », des répliques et jusqu'à l'emploi de certains accessoires tels que portrait, bague ou
mouchoir, qui s'empruntent très couramment. Dans l'abondance de
la production comique française au 18e siècle, la similitude de nombreux titres — cause d'erreurs, de fausses attributions dans les
répertoires allemands — signale l'existence d'un fonds commun où
chacun puisait librement : les sujets se répètent, les personnages,
comme la femme inconstante ou le fat, le petit-maître[86], se retrouvent, les mêmes feintes, stratagèmes, substitutions et déguisements
lancent l'action ou amènent le dénouement. Bien entendu, les comédies de Marivaux n'échappent pas à la recherche des sources, on
n'a souvent que l'embarras du choix[87] malgré leur originalité reconnue de tous — ou plutôt leur originalité n'est pas là. Il est normal
d'imaginer qu'elles ont pu à leur tour être à la source d'autres ouvrages dans un pays qui les a traduites, représentées, éditées, adaptées et remaniées durant les cent ans de notre étude. La doctrine
même de Gottsched, qui consistait à faire traduire pour susciter
l'émulation, comporte une incitation première à l'imitation, doublée
de l'espoir que « les libres esprits allemands » s'en dégageraient
rapidement[88], et la simple vue d'un recueil comme son *Théâtre Alle-*

---

85. Cf. Coleridge, *Vingt-cinq poèmes*, présentés par G. d'Hangest, Aubier, 1945.
    pp. 250-251 : « For there is amongst us a set of critics... who would there-
    fore charitably derive every rill they behold flowing, from a perforation
    made in some other man's tank ».

86. Dans son édition du *Petit-maître corrigé* (Textes Littéraires Français,
    Droz-Giard, 1955), F. Deloffre cite une soixantaine de titres de comédies
    où parade un petit-maître.

87. Les notices que le même auteur a placées en tête des pièces de Marivaux
    dans sa présentation du *Th. C.* chez Garnier en font foi.

88. Cf. l'avant-propos de la *Deutsche Schaubühne* de Gottsched (1742). Il
    avait donné au début de sa carrière d'auteur dramatique l'exemple de
    l'imitation dans son *Caton mourant* (1731), qui combinait deux tragédies
    étrangères (le *Caton* d'Addison et *Caton d'Utique*, de François Deschamps).

mand, où voisinent les traductions et les pièces dites originales, invite à établir un lien entre ces deux composantes. Cette masse de traductions qui a rempli en Allemagne les scènes et la librairie a évidemment laissé des traces dans une production locale encore hésitante, que Lessing baptisait d'« originale » en 1767, dans sa *Dramaturgie,* en plaçant dans ce mot un minimum d'exigence : une rédaction première en allemand[89].

Cependant, c'est justement ce foisonnement de traductions qui rend si aléatoire la localisation et l'affirmation d'une influence particulière, tant est grande la similitude de beaucoup de ces pièces en ce qui concerne les artifices de l'intrigue et les personnages, reflétant un même milieu : A.-W. Schlegel dira, en poussant à fond la critique, que la comédie relevée, en France, ne décrit pas la vie, mais se confine dans la haute société, ses jeux d'attitudes et de paroles, c'est-à-dire qu'elle dépeint sans cesse « cette lutte continuelle des vanités qui ne peuvent jamais arriver à un état de paix »[90]. Certes, on a souvent, du côté allemand comme du côté français, mentionné l'influence de la comédie d'origine française sur la production allemande de l'époque, mais dans ces fréquentes ouvertures deux faits nous ont toujours frappé : ou bien l'on cite solidairement plusieurs auteurs français, en général ceux qui ont gardé un nom dans notre histoire littéraire, sinon un rôle dans nos programmes de théâtre, et qui sont censés avoir imprégné, d'une façon indéterminée, une période de la comédie allemande ; ou bien l'on nomme individuellement un auteur, Marivaux par exemple, pour affirmer son rayonnement général dans le pays voisin ou son crédit auprès d'un auteur particulier, mais sans un commencement de preuve, sans étude d'un cas précis qui pourrait témoigner en faveur de cette influence. S'agit-il donc d'une sorte de fluide, trop facile à reconnaître pour qu'on y insiste ? Comment ces affirmations se concilient-elles avec d'autres qui déclarent Marivaux « inimitable » ou qui

---

88. (*Suite*).
    Dix ans plus tard, en insérant sa pièce au troisième tome de son recueil-modèle, Gottsched voilait ses emprunts : le temps d'école était considéré comme terminé, c'est l'indépendance qui était à l'ordre du jour.

89. Lessing appelle ainsi « original allemand » la version dramatique découpée par Heufeld dans *La Nouvelle Héloïse,* en changeant le dénouement pour récompenser la vertu (*Dramaturgie,* n° 8). Il avait été plus sévère à l'égard de Gottsched en reprenant, dans sa dix-septième *Lettre sur la Littérature moderne* (1759), l'attaque du clan zürichois contre la conception de l'originalité que révèle le *Caton mourant,* une pièce faite « *avec des ciseaux et de la colle* » (cf. notre article *Gottsched législateur du théâtre allemand...* dans *RLC* de janvier-mars 1970, pp. 20-22).

90. A.-W. Schlegel, *Cours de Littérature dramatique,* t. II, p. 281.

relèvent l'écart entre cette fine fleur de la subtilité française et le goût allemand pour le comique simple et « bon enfant » ? En réalité ce ne sont là qu'impressions et « planches d'essai » ; la démonstration a été abandonnée à cause de sa difficulté, et parce que, la plupart du temps, le critique allemand ne connaissait que superficiellement l'œuvre française qu'il mettait au point de départ, ou le critique français ne s'était guère penché sur les œuvres allemandes, souvent mineures, qu'il désignait comme point d'aboutissement.

Ainsi, quand Pinatel souligne une prédilection des troupes allemandes, au milieu du siècle, « pour Marivaux, Destouches et La Chaussée », on peut l'approuver dans une certaine mesure en se fondant sur ce qui a pu être conservé de leurs répertoires, encore que l'étude des faits oblige à inverser la hiérarchie actuelle pour placer Destouches largement en tête ; mais quand il ajoute : « ... qui exerçaient en même temps une véritable attraction sur les écrivains de cette époque : Krüger, Gellert, J.-E. Schlegel, le jeune Lessing »[91], nous pensons que cela n'apprend pas grand'chose et n'engage à rien, que c'est peut-être vrai pour l'un et faux pour l'autre, etc. On se trouve d'autant moins éclairé que les genres diffèrent et s'opposent, de la comédie de caractère, sérieuse dans ses intentions mais s'efforçant à la gaîté, à la comédie larmoyante, toutes deux généralement en cinq actes et en vers, à la comédie psychologique ou sociale pleine du feu des réparties, écrite en prose et rompant presque toujours avec la règle des cinq actes. D'ailleurs, les trois auteurs français nommés l'ont été sans doute pour leur notoriété après décantation par l'histoire littéraire ; mais l'Allemagne du 18e siècle, du public le moins averti au critique le plus versé en la matière, accueillait et appréciait l'actualité théâtrale de Paris sans grand choix, ou du moins suivant un choix différent de l'étroite sélection qu'opèrera l'histoire littéraire, et d'autres noms, comme ceux de Boissy, Saint-Foix, Madame de Graffigny, etc.[92] s'ajoute-

---

91. *Le drame bourgeois en Allemagne au XVIIIe siècle*, p. 24.
92. Voici des titres qu'on rencontre constamment dans les répertoires :. *Der Franzose zu London, Der Schein betrügt oder der Weltmann* (Boissy : *Le Français à Londres, L'Homme du jour ou Les Dehors trompeurs*) ; *Das Orakel, Die Grazien, Julchen oder die glückiche Probe, Der Finanzpächter* (Saint-Foix : *L'Oracle, Les Grâces, Julie ou l'heureuse Epreuve, Le Financier*, pièces en un acte beaucoup plus souvent jouées en complément de spectacle, dans les années 1750 et 1760, que celles de Marivaux ; il est vrai que les trois premières bénéficiaient de la traduction de J.-E. Schlegel : deux volumes publiés à Leipzig en 1750) ; *Cénie* (Mme de Graffigny). Cette liste est loin d'être exhaustive: on pourrait encore y ajouter *Le Portrait* de Beauchamp (*Das Portrait*), *La Pupille* de Fagan (*Das Mündel*), *La Jeune Indienne* de Chamfort (*Die junge Indianerin*), *Les Fils Ingrats* et *La*

raient légitimement à ceux des trois auteurs mis en avant. Si aujour-d'hui ceux qu'on accuse parfois d'avoir « singé » ou « pillé » Mari-vaux[93] sont tenus pour négligeables, l'Allemagne des *Lumières* ne faisait pas de distinctions aussi tranchées. On a tout joué, tout applaudi en pays allemands, même *La Feinte supposée* de Chica-neau et *Les Incommodités de la Grandeur*, comédie héroïque de du Cerceau[94] ! Bien des auteurs français depuis longtemps oubliés y ont eu leur heure de gloire, et il est assez plaisant de voir le grand biographe de Lessing, Erich Schmidt, s'insurger contre les complai-sances dont s'est rendu coupable un critique si lucide, en leur accordant trop de considération[95] ; et pourtant, Lessing a pris soin à plusieurs reprises de limiter la portée de l'éloge qu'il faisait de certaines pièces, dans le sens du proverbe : « au pays des aveugles, les borgnes sont rois » (« *Wenn Hinkende um die Wette laufen…* »)[96].

---

92. (*Suite*).

   Métromanie de Piron (*Die undankbaren Söhne oder die Schule der Väter, die Reimsucht*), *Sidney* et *Le Méchant* (*Der Boshafte*) de Gresset, *Nanine* et *Le Café, ou l'Ecossaise* (*Das Kaffeehaus, oder die Schottländerin*) de Voltaire, *Soliman second* et *Les Vendanges* (*Die Schnitter*) de Favart, et d'autres.

93 Dans son *Eloge*, d'Alembert condamnait sans appel d'éventuels « singes » de Marivaux (*Th. C.*, II, p. 993). F. Gaiffe, dans *Le Drame en France au XVIIIᵉ siècle* (pp. 23 et 29), reprend l'expression et l'applique à quelques auteurs, citant des titres (Abbé de Voisenon : *La Coquette fixée* ; Dorat : *La Feinte par Amour* ; Barthe : *Les Fausses Infidélités*). M. Arland, dans sa préface du *Théâtre* aux éd. de la Pléiade, cherchant la descendance de Marivaux, le trouve « pillé par Carmontelle et Collin d'Harleville, Florian et Andrieux, Picard et Leclercq » (LIV). Saint-Foix s'est à coup sûr ins-piré de Marivaux ; il suffit pour s'en convaincre de lire *Julie ou l'heu-reuse Epreuve*, que l'auteur vante en préface comme une pièce où il n'y a, selon son habitude, rien de superflu (contrairement à celles de Marivaux, sans doute !). Notons que ces auteurs et ces titres se retrouvent dans les répertoires allemands. Les troupes, le public, la critique ont-ils toujours fait la différence entre les comédies de Marivaux et ces « agréables et insignifiantes bluettes, où se rencontrent quelques fines répliques, quel-ques scènes charmantes, quelques trouvailles d'expression ou, plus rare-ment, de sentiments » dont parle Gaiffe ? Il ne le semble guère.

94. Ces pièces se trouvent notamment dans les répertoires viennois étudiés par le Dr. Harald Kunz, (*Jahrbuch der Ges. für Wiener Theaterforschung* 1953-1954), pour les années 1753 et 1758.

95. C'est surtout le commentaire de *Sidney* de Gresset, « comédie sérieuse » que Lessing trouvait — mais non sans humour — « très bien pour nous autres Allemands » (*Dramaturgie*, nᵒ 17) qui provoque la mauvaise humeur du biographe : « Lessing voit du bon côté jusqu'à l'inepte *Sidney* de Gresset… » (*Lessing*, I, p. 591). A vrai dire, Lessing réserve ses coups pour la tragédie française ; chroniqueur attitré du « Théâtre National », pouvait-il en dénigrer continuellement le répertoire ?

96. « Quand des boiteux se mesurent à la course, le premier au but est tout de même un boiteux ».

Tard dans le siècle encore, les comédies « originales » sont rares et les énormes besoins des troupes ne peuvent être couverts que par des emprunts[97]. Bref, des auteurs français mineurs ont été admirés et imités, et l'on risque toujours, victime d'une optique qui a éclairci les rangs et reclassé les valeurs, d'attribuer à l'un des « grands » ce qui revient à un auteur effacé, dont on ne pensait pas qu'il ait pu avoir le moindre crédit en pays étranger.

Il est certain que l'apprentissage de la comédie littéraire a amené les disciples de Gottsched à glaner tout ce qu'ils pouvaient, dans le touchant comme dans l'esprit satirique, souvent à contre-courant de la tradition comique de leur pays. Madame de Staël relève encore à l'orée du 19e siècle que « les Allemands cherchent à s'approprier les inventions tant anciennes que modernes de chaque pays ; néanmoins, il n'y a de vraiment national chez eux, en fait de comédie, que la bouffonnerie populaire, et les pièces où le merveilleux fournit à la plaisanterie »[98]. En élargissant ainsi le champ où se sont exercés la curiosité et l'effort des Allemands, elle est dans le vrai : Gottsched s'est effrayé lui-même de la « fureur de traduire » qu'il avait déclenchée et qu'il voulait restreindre à quelques auteurs dignes d'être suivis[99]. L'assimilation des œuvres françaises les plus « régulières » et les plus « décentes » était justement conçue comme le seul remède à la bouffonnerie populaire, à l'humiliante « rusticité tudesque », proverbiale en Europe[100] ; elle comportait le risque d'une déformation dans le sens du grossissement des effets, de la vulgarité de l'expression, aussi bien dans l'imitation que dans la traduction. La manière propre à Marivaux, cette « *métaphysique du cœur* » si souvent incriminée de son temps avec le style tout en nuances qui lui convenait, et que des contemporains disaient impossible à

---

97 Voici un détail typique que nous avons relevé dans une collection d'affichettes en 1777 : la Compagnie du *Principal* Nestrich annonce comme appât pour le public de Darmstadt une comédie originale allemande (« *ein deutsches Original-Lustspiel* ») du Prof Clodius : *Medon, oder die Rache des Weisen* (*LB Darmstadt*).

98. *De l'Allemagne*, chap. 26 (« De la Comédie »), t. 3, p. 195 dans la coll. des Grands Ecrivains.

99. Gottsched a protesté avec véhémence dans ses revues littéraires (*Neuer Büchersaal...*, *Neuestes aus der anmutigen Gelehrsamkeit*) contre le déluge de traductions, répandant par toute l'Allemagne les essais de certains « gâche-métier » français, les « Arlequinades défraîchies » de Goldoni, « l'ordure anglaise », etc. Avec dépit, il signalait qu'il y aurait encore les Lapons, les Samoïèdes et les Hottentots à exploiter ! (cf. *Gottsched législateur...*, RLC, janv.-mars 1970, pp. 17-21).

100. *Ibid.* p. 23. Gottsched a relevé le défi dans sa réfutation du *Discours sur les Sciences et les Arts*, où J.-J. Rousseau utilise cette expression.

imiter[101] — même en France — devait souffrir plus que toute autre
d'une telle dégradation. A supposer qu'on ait tenté de l'imiter, serait-
elle encore reconnaissable ? Comme toujours, la critique allemande
partage les responsabilités : ce ne sont pas seulement l'esprit moins
délié des auteurs, leur manque de contact avec les milieux les plus
évolués, la pesanteur de la langue qui sont mis en cause, mais de
l'autre côté l'abus de subtilités psychologiques impropres à la scène
et la futilité du « babillage parisien »[102].

Ce qui éveille encore des doutes, c'est que les historiens
contemporains du théâtre allemand qui ont le plus insisté sur l'influence de Marivaux donnent de sa manière une description telle
qu'on est en droit de se demander si, derrière ce nom que la postérité a retenu, ne se cache pas la longue cohorte des auteurs français réputés aimables, superficiels et frivoles, dont les œuvres ont
occupé les scènes allemandes du 18e siècle et dont les noms furent
oubliés depuis. Il est vrai qu'une tradition pèse, qui consiste à faire
de cet auteur le témoin principal de la mièvrerie *rococo*[103]. Au début
du 19e siècle, A.-W. Schlegel avait dit, à propos de son théâtre : « De
petites passions sont mises en jeu par de petits ressorts, soumises
à de petites épreuves, et l'on avance à petits pas vers le dénoue-

---

101. Palissot par ex. : « ... Mais il ne faut même pas songer à imiter sa
manière ». (Cf. *Th. C.*, II, p. 971).

102. L'Allemagne rend plus grossier (*Vergröberung*) ce qui vient de France,
comme jadis les Romains gâtaient la finesse du sel attique, expose
E. Schmidt (*op.cit.*, p. 108) ; *Hanswurst* comparé à Gracioso (ou Frontin), une *Lieschen* sans vergogne, une *Pernille* insolente et gaillarde com-
parées à la mignonne et impertinente Lisette font penser à l'esclave
romain face au grec.

103. L'application à la littérature des notions propres à l'histoire de l'art
(baroque, rocaille ou rococo) s'est faite tardivement, dans l'ultime
décennie du siècle dernier, et l'unanimité est loin de régner quant au
contenu à leur donner (cf. R. Newald, *Die Deutsche Literatur vom Spät-
humanimus zur Empfindsamkeit*, pp. 23-25). Aux yeux d'un rationaliste
de l'*Aufklärung* comme Gottsched, ce qu'on taxe aujourd'hui de « baroque » représentait à peu près ce qu'étaient pour les écrivains de la Renaissance les « ténèbres gothiques ». La réhabilitation de ce style, considéré
par certains comme exprimant les vertus nordiques de sobriété et de
sérieux, s'est faite au détriment du rococo, art du détail, de l'enjolive-
ment et du jeu. Les « folâtreries » du rococo ont compensé pendant
l'*Aufklärung* la sécheresse de la raison. Otto Mann définit ainsi Marivaux
dans une note de son édition de la *Dramaturgie* de Lessing (p. 418) :
« M. est en France le principal représentant de la comédie *rococo*, qui
remplace la force du style baroque par le joli et le gracieux. Ce type de
style a été nommé d'après lui *marivaudage* ». On voit comment on passe
d'une manière tout à fait personnelle à la définition d'un genre qui a
été cultivé par de nombreux auteurs : l'auteur le plus « singulier » est
traité comme le chef de file d'un groupe.

ment »[104]. Erich Schmidt, à la fin, surenchérit : « Ses mains délicates serrent un nœud si débile qu'il n'en coûte aucune sueur pour le détortiller : c'est que Marivaux ne veut nullement mettre hors d'haleine ses petites figurines. L'action se volatilise en un coquet bavardage »[105]. Dans son *Histoire de la Comédie allemande* (1923), Karl Holl, quand il aborde la question de « l'importance des modèles français » au 18e siècle, offre pourtant parmi les successeurs de Molière, une place de choix à Marivaux : « Il faut — écrit-il — appeler l'attention surtout sur Marivaux, qui fut appelé le premier psychologue de la femme. La force de l'influence de Marivaux, justement, est attestée par l'écho que son style caractéristique a trouvé dans la comédie allemande »[106]. La réalité de cette influence est toutefois entamée par ce que le critique écrit un peu plus loin, à propos du succès de rire remporté par *L'Héritier de Village* (dans la version dialectale de Krüger et avec la talentueuse interprétation d'Ekhof)[107] : « Il est infiniment dommage, pour l'évolution de la comédie allemande, que la *comédie gaie* d'un Marivaux ait été évincée, sur la scène allemande par la *comédie sérieuse* de Destouches et finalement par la comédie larmoyante de Nivelle de La Chaussée »[108]. Cette façon de présenter les choses nous paraît d'ailleurs foncièrement inexacte : il n'y a pas eu une telle succession chronologique, et pour cause[109] ;

---

104. A.-W. Schlegel, *op. cit.*, t. II, p. 286.
105. Erich Schmidt, *op. cit.*, t. I, p. 113.
106. Dr. Karl Holl, *Geschichte des deutschen Lustspiels*, p. 131.
107. Voir à ce propos la *Dramaturgie*, feuilleton n° 28, pp. 112-113 dans l'éd. d'Otto Mann.
108. Dr. Karl Holl, *op. cit.*, p. 141.
109. Dans les répertoires que nous avons vus, Destouches, Marivaux et La Chaussée figurent en règle générale côte à côte. Le « Térence français » (Destouches, d'après les *Frankfurter Allgemeine Anzeigen*) a eu l'avantage chronologique sur Marivaux que trois de ses comédies ont été publiées dans les deux premiers volumes du *Théâtre Allemand* de Gottsched en 1740-1741 ; *Le Glorieux* (*Der Ruhmredige*) a paru à son tour à Leipzig en 1745. Ce n'est qu'en 1747-1749 que Krüger a donné ses deux volumes de traductions de Marivaux. En original, de même, l'édition hollandaise de Benjamin Gibert (La Haye, 1742) a largement précédé celle d'Arkstée & Merkus pour Marivaux (Amsterdam et Leipzig, 1754). Or, s'il est vrai que des pièces ont été jouées bien avant leur publication en librairie, c'était alors traduites par un comédien à l'usage d'une troupe ; seule, l'édition a permis une large diffusion dans les répertoires. La Chaussée suivit bientôt : *L'Ecole des Amis* (*Die Schule der Freunde*, trad. de J.-J. Diefenbach) parut à Francfort et Deux-Ponts en 1752, à la suite de l'édition parisienne des œuvres qui eut lieu la même année ; l'auteur était déjà bien connu : Gellert le cite dans son discours *Pro Comoedia commovente*, en 1751, derrière Destouches, devant Marivaux, Voltaire et Fagan, « dont les noms sont depuis longtemps réputés chez nous ».

s'il est vrai qu'il y eut une époque où le genre touchant avait les
faveurs des auteurs et de la critique — Gellert, au milieu du siècle,
en fournit un bel exemple[110] — le besoin de divertissement, dans
les Résidences comme dans le gros public, a toujours soutenu la
comédie gaie, qui n'a nullement été « évincée » (*verdrängt*), comme
en font foi les répertoires. Et les adaptations de Marivaux sont restées sur la scène, quelquefois avec d'autres pièces distrayantes,
alors que la mode des comédies « sérieuse » et « larmoyante » était
passée[111].

Voici donc comment l'historien de la comédie allemande, sou-
pesant l'influence des modèles français, cerne la manière de Marivaux :

« Son but n'est pas de peindre des amours passionnées, mais
des relations galantes, qui oscillent de-ci de-là, par jeu, entre les
personnages, et dont le fond n'est pas l'ardeur, mais l'afféterie. Il
cisèle en conséquence sa langue mignarde, fermée à toute netteté
de parole, trottinant gracieusement et cherchant ainsi à capter et
maintenir l'intérêt. Mais, de même que le contenu, pur produit de son
temps, celui du *rococo*, ne parvient pas à se dégager de l'afféterie
pour s'élever à des accents profonds et durables, le style reste lui
aussi superficiel, simple papillonnage d'idées[112] qui, au lieu de produire l'effet recherché : la sensation de la vie, n'éveille qu'une
impression d'affectation à la longue porteuse d'ennui. L'imitation
allemande de ce qu'on appelle le marivaudage ne pouvait, là encore,
que le rendre plus extérieur et plus gros[113], car lui faisait défaut le
don psychologique impressionniste de Marivaux aussi bien que la
maîtrise de la forme, propre à ce Latin ».

Il s'agit à nouveau de considérations générales, fort appréciées
de la critique allemande, et l'on se demande dans quels cas précis

---

110. Le discours précité (où il n'omet d'ailleurs pas Marivaux...) de même
que ses comédies (*Die zärtlichen Schwestern*, etc.) illustrent cette tendance.

111. Un exemple significatif le montre : le « Théâtre National » de Mannheim
(inauguré en 1779), plus germanisé, en plein *Sturm-und-Drang*, que son
prédécesseur de Hambourg — il put monter les drames de son *Theaterdichter* Schiller et les « tableaux de famille » d'un des meilleurs comédiens de sa troupe, Iffland — gardait à son répertoire deux comédies
d'origine française : *Maske für Maske* (*Le Jeu*) de Marivaux/Jünger, et
Soliman II de Favart/Raspe (Collection de *Theaterzettel* des Archives
du « Théâtre National », a la *Wissenschaftliche Stadtbibliothek* de Mannheim).

112. K. Holl, *op. cit.*, p. 131 : « ... *so bleibt auch der Stil an der Oberfläche
des Gedanklich-Flatternden haften...* ». Notion assez difficile à préciser
et donc à traduire, comme il arrive fréquemment dans la critique allemande moderne, qui use volontiers de mots composés.

113. *Ibid.* : « ... *veräusserlichen und vergröbern...* » (ce dernier verbe et son
substantif *Vergröberung* se retrouvent partout).

on peut, dans une comédie où ne se manifestent ni don psychologique ni maîtrise de la forme, découvrir une influence de Marivaux, alors que pour le reste tant de pièces françaises, traduites, jouées, applaudies en Allemagne, ressemblent aux siennes ? La définition de la manière qui serait celle de Marivaux, accompagnée ostensiblement d'un jugement dépréciatif qui reprend tous les motifs antérieurs de la critique, montre aussi que c'est l'ensemble de la comédie d'une époque qui est incriminée : le *marivaudage* n'est plus essentiellement la manière « singulière », surprenante, d'un auteur à l'écart des autres, mais ce qui, dans le genre, a survécu du *rococo* et qu'on regarde maintenant comme son expression la plus authentique.

Ce que décrit K. Holl, est-ce bien ce théâtre où Dorante tremble parce qu'il aime avec passion Araminte, où Angélique redoute de perdre « tout le bonheur de *sa* vie », où Silvia victorieuse va au-devant de son père et s'écrie : « Venez voir votre fille vous obéir avec plus de joie qu'on n'en eut jamais » ?[114]. Non sans doute, mais plutôt celui de tous ces auteurs dont nous parlions qui ont « singé » ou « pillé » Marivaux, ou simplement écrit des comédies avec intrigues galantes et stratagèmes divers dans la société élégante, mais sans pénétration psychologique particulière, sans style bien personnel, sans souci d'exprimer cet émoi profond — même et surtout quand il se cache — qui est le gage des unions durables. On pense d'autant plus à ces auteurs comiques qui ont présenté « une étude minutieuse et quintessenciée », comme dit F. Gaiffe, des mœurs de la haute société française, qui se sont contentés d'effleurer « les apparences tout extérieures d'un sentiment qui n'est plus de la passion, mais une fade et froide galanterie »[115], que plusieurs d'entre eux ont eu en Allemagne une fortune étonnante et une critique plus favorable que celle de Marivaux[116]. Le don psychologique ne faisait pas seulement défaut aux imitateurs, il était le plus souvent blâmé

---

114. Nous choisissons à dessein trois pièces qui ont eu du succès en Allemagne : *Les Fausses Confidences* (I, 2), dont l'adaptation par Gotter (1774) s'est imposée malgré l'ambiance peu propice du *Sturm-und-Drang*, *La Mère Confidente* (II, 12), reprise par Jünger plus d'un demi-siècle après la médiocre traduction d'Uhlich (1747), enfin le *Jeu* (III, scène dernière) qui a connu plusieurs métamorphoses et s'est maintenu (Voir notre étude des trad.).

115. F. Gaiffe, *Le drame en France au XVIIIᵉ siècle*, p. 28.

116. Moins informé, on pourrait s'étonner de voir certains auteurs constamment joués, et encensés par les meilleurs connaisseurs : Saint-Foix par Lessing, Favart par Ch. Heinrich Schmid dans son *Index* (*Anweisung der vornehmsten Bücher*, 1781) où il lui consacre un long article très élogieux, etc.

comme une subtilité faite pour le roman, impropre à la scène ; le style manquait... et on le trouvait trop léché dans les comédies de Marivaux ! Ce qui en somme attirait le plus l'imitation, ce sont les dehors d'une société raffinée, pour en imposer à un public bourgeois, aux mœurs plus frustes ; c'est ce qu'offraient — avec moins de nuances difficiles à saisir — les auteurs qui donnaient des « copies de Marivaux, dépouillées de ce que nous aimons chez Marivaux »[117], tous ceux dont l'œuvre répond, mieux que la sienne, à l'analyse que fournit Holl de la comédie comme « pur produit » de l'époque *rococo*.

VII. — *QUELQUES CAS PARTICULIERS.*

Si nous considérons maintenant quelques cas particuliers où une influence de Marivaux a été supposée, nous trouverons confirmés notre embarras et nos doutes. La première idée était d'en chercher la trace chez ses principaux traducteurs : Krüger, Gotter, Jünger[118]. Il s'agit cependant d'auteurs oubliés, si bien que la peine et les risques de telles enquêtes seraient médiocrement récompensés : Gotter n'apparaît même pas une seule fois dans l'ouvrage de Karl Holl, et la seule pièce de Jünger qui y soit citée est... *Maske für Maske*, son adaptation du *Jeu* ![119] Reste Krüger, dont les mérites comme traducteur et comme auteur comique nous touchent davantage : n'est-ce pas lui qui est à l'origine de la grande diffusion d'une part importante de l'œuvre de Marivaux et qui a bravé, pour la servir, l'ostracisme prononcé par Gottsched contre Arlequin, puis fait honte à ses compatriotes de leur épais matérialisme ?[120] Comme auteur, n'est-il pas l'un des premiers à avoir écrit des comédies d'un ton personnel, dont l'une, *Die Candidaten*, fut en général comptée parmi les plus marquantes de l'époque[121] tandis que l'acte intitulé

---

117. F. Gaiffe, *loc. cit.*
118. Voir notre étude des traductions.
119. Holl, *op. cit.*, p. 223.
120. Cf. les préfaces des premier et second volume de ses traductions de Marivaux (1747-1749).
121. Rendant compte du *Théâtre allemand, ou Recueil des meilleures pièces dramatiques*, par Junker et Liébault, t. I et II, 8°, à Paris, chez J.-P. Costard, 1772, le critique de l'*Allgemeine deutsche Bibliothek* regrettait que les meilleures comédies d'inspiration allemande et décrivant des mœurs allemandes n'y fussent point traduites ; il en citait quelques-unes, dont *Les Candidats* de Krüger (*A.d.B.*, Bd. 23, I. Stück, 1774, pp. 245-248). Le biographe de Krüger, W. Wittekindt, considère lui aussi cette pièce comme « la plus importante et de loin la plus intéressante qu'ait composée Krüger » (*Johann Christian Krüger...*, p. 60).

Herzog Michel a constitué pour un nombre incalculable de soirées un complément de spectacle extrêmement populaire[122] ? C'est bien à propos de cette petite pièce que Lessing affirme dans la *Dramaturgie*, qu'« en perdant Krüger notre théâtre a fait vraiment une grande perte »[123]. Dans l'étude assez copieuse qu'il lui consacre, Holl découvre, en ce qui concerne la doctrine, une influence de « son favori Marivaux » dans sa conception d'une comédie qui se libère du carcan gottschédien : Krüger rejette l'axiome des cinq actes, il met l'amour en vedette, il s'éloigne de la copie de la Nature (c'est-à-dire du réel) et de la froide vraisemblance pour orienter le genre vers un domaine nouveau : le conte, la féerie[124].

Le cas de Krüger constitue pour nous, cependant, une excellente pierre de touche pour vérifier la justesse de nos observations précédentes : quand il nomme des pièces précises, l'historien de la comédie allemande ne trouve qu'une analogie de sujet entre *Le Duc Michel* et *L'Héritier de Village* — qui deviendra plus tard le succès majeur du traducteur — et, entre la comédie *Der Blinde Ehemann* (*Le mari aveugle*) d'une part, *La Surprise de l'Amour* et *L'Ile des Esclaves* d'autre part, une parenté dans la fiction. A vrai dire, la petite farce en vers *Herzog Michel* est tirée, souvent mot pour mot, d'un conte de Joh. Adolf Schlegel : Lessing le notait déjà[125]. Est-ce en pensant à Blaise, enrichi par l'héritage de son frère et qui disserte devant sa femme sur la vertu « folichonne » du beau monde (sc. 3), que Krüger a fait dire à son valet de ferme qui, au cabaret, rêve d'être duc — un tout autre personnage — que sa promise Hann-

---

122. « Sur quel théâtre n'est-il pas joué, et qui ne l'a vu ou lu ? » (*Dramaturgie*, n° 83). « Dans l'insignifiante farce rimée en un acte du *Duc Michel*, qui a conservé jusqu'au bout du siècle une popularité facile... » (Holl, *op. cit.*, p. 114).

123. *Dramaturgie, loc. cit.*, p. 326 de l'éd. Otto Mann.

124. Holl consacre à Krüger quatre grandes pages de son *Histoire* (pp. 141-145).

125. *Dramaturgie, loc. cit.* : « Pourtant, Krüger n'a que la moindre part du mérite, cet acte étant intégralement tiré d'un conte paru dans les *Bremische Beiträge*. C'est à l'autre poète qu'appartiennent les nombreux traits satiriques pertinents qu'il contient, de même que tout le déroulement de la fable. Rien n'est de Krüger, sinon la forme dramatique ». Hans Friederici (*Das deutsche Lustspiel der Frühaufklärung*, 1736-1750, Halle/Saale, 1957), précise : « La source utilisée par Krüger est un récit en vers de Joh. Adolf Schlegel : *Das ausgerechnete Glück* (« Le bonheur supputé »), paru dans les *Neue Beyträge zum Vergnügen des Verstandes und des Witzes*, 4. *Band, I. Stück*, Bremen und Leipzig, 1747, pp. 32 et suiv. La fable de La Fontaine : *La Laitière et le Pot au lait* et ses filles allemandes (*Die Milchfrau* de Gleim, *Der Milchtopf* de Joh. Benj. Michaelis), traitent le même thème des « châteaux en Espagne » ou « *Luftschlösser* ».

chen deviendra sa « maîtresse » ? C'est le mot français qui est utilisé, dans son sens actuel[126]. Ce ne serait de toutes façons qu'un détail, dans une fable bien différente. Quant au *Mari aveugle*, c'est un conte encore, et dont les sources sont également connues[127] ; le récit du jeune Astrobal, frappé de cécité par une fée jalouse, et qui recouvre la vue grâce à la fidélité de sa femme Laura, n'a de commun avec *L'Ile des Esclaves* que le lieu de l'action, qui est une île. Holl cite *La Surprise de l'Amour* pour le motif de la fée, encore inédit sur une scène allemande[128], et on peut admettre que l'impulsion vient de Marivaux... mais alors d'*Arlequin poli par l'Amour* ! Et s'il faut trouver une ressemblance avec une comédie féerique française connue et prisée en Allemagne à cette époque (1749), la comparaison qu'on peut faire avec *L'Oracle* de Saint-Foix est plus facile à développer[129]. En réalité la manière de Krüger est bien différente de celle de Marivaux, pour ne pas dire à l'opposé : Holl est certainement plus proche du vrai quand il parle, à propos d'un valet de Krüger, de l'influence du comique robuste de Holberg. S'il est évident qu'il admirait le théâtre de Marivaux et le croyait propre, notamment par la lecture, à éduquer l'esprit et le cœur[130], son tempérament personnel le portait vers un comique plus dru ; Lessing ne s'y est pas trompé, qui lui reconnaît du talent pour le « bas comique »[131], et... ses traductions, fidèles en intention, s'en ressentent.

Bien qu'il ne soit guère resté dans les mémoires, Jünger mérite ici une mention, pour deux raisons : son activité de traducteur, d'auteur, d'homme de théâtre a été considérable et, à partir de 1785, on trouve constamment son nom dans les répertoires, où il restera longtemps[132] ; mais surtout sa façon de « piller » les auteurs étrangers

---

126. Le mot est utilisé sous la forme incorrecte *Matresse*, peut-être pour réitérer la plaisanterie que l'on trouve dans *Jean de France* (*Der Deutschfranzose*) de Holberg, où Hans, le valet, dit que son maître appelle sa bien-aimée *Madratze* (« matelas »). Le burlesque ne manque pas, de toutes façons, dans cet acte ; Krüger, tout en suivant de près son modèle, insiste dans ce sens. Michel veut dire que sa nouvelle condition l'empêchera de prendre Hannchen pour femme légitime, mais qu'il ne se résout pas à se séparer d'elle définitivement. Au dénouement, il rentre et se fait pardonner ; Hannchen remplacera toutes les félicités dont il avait rêvé : « C'est toi qui es mon duché, ma bière, mon rôti de porc ».
127. Cf. à ce sujet W. Wittekindt, *op. cit.*, pp. 52-55.
128. Holl, *op. cit.*, p. 144.
129. *L'Oracle* avait paru l'année précédente (1748), dans deux volumes d'une « mauvaise et mortifiante » édition (dira ultérieurement l'auteur) des comédies de Saint-Foix
130. Cf. la préface du second volume des traductions de Marivaux.
131. *Dramaturgie*, n° 83.
132. Jünger (1759-1797) a traduit aussi, très librement, Dancourt, Dufresny, Destouches (*L'Ingrat*), Beaumarchais (*Le Mariage de Figaro*), des

est typique. Il a adapté à sa manière trois comédies déjà traduites de Marivaux[133] ; mais, dans son œuvre plus personnelle, un simple coup d'œil sur l'une de ses pièces à succès, *Der Strich durch die Rechnung* — « Le Projet contrarié », comédie en 4 actes, éditée à Leipzig, chez Dyk, en 1785, représentée vingt-neuf fois par le « Théâtre National » de Mannheim entre cette date et 1803... — nous montrera comment Jünger utilise son Marivaux, qu'il connaît bien. Il lui emprunte d'abord l'argument du *Legs* : Charlotte, suivant le testament de son père, perdra les trois quarts de son bien si elle n'épouse l'assesseur von Brand ; or, ce dernier ne sent rien pour elle et elle est même sûre qu'il a de l'inclination pour sa cousine Henriette, elle le lui fait d'ailleurs avouer dès la deuxième scène. Puis il glane dans d'autres pièces du même auteur des sentiments, des situations, des sentences ou répliques qu'il avait sans doute notées en lisant. A la seconde scène, Charlotte marque le prix de son cœur : « Je me suis promis que l'homme auquel je ferai don de ma main devra m'aimer de toute son âme et sans aucune réserve... » ; c'est, un peu affadie, l'exigence d'Hortense dans *Le Petit-maître corrigé* (II, 8). A la scène suivante, Jünger a repris la situation de M. Orgon surprenant, dans le *Jeu*, Dorante aux genoux de Silvia (« C'est bien dommage de vous interrompre, cela va à merveille, mes enfants, courage ! » II, 10)) en y ajoutant quelques familiarités : un bras passé autour de la taille et le colonel von Hitzig, trouvant le soupirant timoré,

---

132. (*Suite*).

Anglais. Quelques exemples de ses succès : *Die Entführung* (pièce qui a été traduite en français : *L'Enlèvement*) a paru 79 fois sur le Théâtre Royal de Berlin entre 1791 et 1834, 110 fois sur le Burgtheater de Vienne de 1790 au 15 janvier 1858. Nous avons vu dans la collection d'affichettes de Mannheim l'annonce d'une représentation donnée le 8 octobre 1840 au « Théâtre National » et qui ne concernait pourtant que l'un de ses succès mineurs. Son adaptation de *Busy Body*, de Mrs. Centlivre, (*Er mengt sich in Alles*) a tenu la scène à Berlin pendant cinquante saisons (1791-1841), à Vienne plus longtemps encore (1853) ; nous suivrons le sort de son adaptation du *Jeu*. Il a remanié des pièces de ses prédécesseurs allemands, tirant entre autres une opérette de la comédie de Krüger que nous venons d'évoquer (*Der blinde Ehemann*). Première édition, en cinq parties, de son théâtre en 1785-1789 (se trouve à la *LB* de Weimar) ; édition posthume à Vienne, chez Wallishauser (1803-1805).

133. Il s'agit du *Jeu*, de la *Seconde Surprise* et de *La Mère Confidente* (traduits par Krüger et Uhlig un demi-siècle auparavant, voir notre étude des traductions). Certains des titres de Jünger, comme *Stolz und Liebe* (« Fierté et Amour ») ou *Die unvermutete Wendung* (« La tournure imprévue ») évoquent Marivaux. Les deux auteurs ont été ensemble au répertoire (*Die Entführung* et *Die falschen Entdeckungen* — c'est-à-dire *Les Fausses Confidences* dans la version de Gotter — voisinent dans les affichettes de la collection Manskop, à l'*UB* de Francfort, pour 1793).

réclame en sus « un baiser vigoureux »[134]. Les sentences ne sont pas oubliées. Au second acte (sc. 1), Karl observe : « Il y a deux sexes (...) L'un fanfaronne sans cesse avec sa raison et l'autre lui démontre à tout moment qu'il n'en a pas un brin » ; c'est, en moins sobre, la sagesse de Trivelin (*La Fausse Suivante*, III, 2)[135].

Une étude complète multiplierait les citations, qui ne se limiteraient pas aux emprunts faits à Marivaux, car Jünger, traducteur universel et personnellement pauvre d'invention[136], a dû se constituer — pour reprendre le terme de Lessing — une sorte de « magasin » d'idées et de paroles comiques. C'est cependant l'œuvre de Marivaux qu'il semble avoir le plus volontiers mise à contribution et, lorsque Karl Lebrun, en 1827, remania pour le Théâtre de Berlin la comédie *Der Strich durch die Rechnung*, il lui donna fort opportunément un titre à la Marivaux : *Spiele des Zufalls*, « Jeux du Hasard »[137] ! Si nous avons, dans cette Introduction, cité un tel exemple, c'est qu'il a une portée générale : ce genre d'imitation, qui a répandu l'esprit de Marivaux, pour ainsi dire en *menue monnaie*, dans le public allemand, a été pratiqué pendant toute la seconde moitié du siècle ; Kotzebue[138] n'y a pas manqué, et l'efficacité de

---

134. « ... *einen derben Kuss* ! » Le colonel v. Hitzig, comme son nom l'indique, est de tempérament bouillant, il n'a rien d'un raffiné et par-dessus le marché il est dupe. M. Orgon, tout en finesse et en mesure, était le maître du jeu. Les deux personnages marquent assez bien la différence des comportements et des manières dans les comédies des deux pays.

135. Trivelin disait sans adverbes à Lélio, qui le questionnait sur le sexe réel du « Chevalier » : « Des sexes, je n'en connais que deux : l'un qui se dit raisonnable, l'autre qui nous prouve que cela n'est pas vrai ».

136. Le volume de 1827 des *Theaterzettel* du « Théâtre National » de Mannheim présente à la fin un article extrait de la revue *Didaskalia* (« feuilles pour l'esprit, l'âme et la publicité », n° 265) qui reconnaît que Jünger « n'est pas des plus riches d'invention » et « puise le plus souvent aux sources anglaises et françaises esprit et galanterie », mais affirme qu'« il sait exploiter ce qu'il trouve de façon souvent piquante », si bien qu'avec des comédiens expérimentés « le spectateur est forcé de se divertir ». En réalité, Jünger songe surtout à multiplier les situations et les mots à effet, sans grand souci de la qualité, dans une optique « boulevardière ».

137. L'article précité concerne Der *Strich durch die Rechnung* ; appliqué à remanier à son tour Jünger, Lebrun modifiera en 1834 *Maske für Maske*, adaptation du *Jeu*.

138. Intellectualisme, bel esprit, vivacité du dialogue, langue souvent affectée... les motifs n'ont pas manqué pour rapprocher Kotzebue de Marivaux, d'autant plus qu'il met en scène des « soubrettes adroites et coquettes et mutines par la grâce de Marivaux », comme dit Holl (*op. cit.*, p. 210) et que la tendance à faire de Lisette le personnage capital de Marivaux est assez répandue. Etendu quelquefois à l'ensemble des personnages, extérieurement brillants, mais « intérieurement des pantins sans vie » (*ibid.*), ce rapprochement résulte d'une méprise, assez cou-

Jünger en tant qu'intermédiaire apparaît lorsqu'on constate que c'est en passant par son adaptation du *Jeu* (*Maske für Maske*) que l'influence de Marivaux a touché le poète romantique Eichendorff composant sa comédie d'amour *Die Freier* (« Les Prétendants »)[139]. Le compte de cette « menue monnaie » risquerait cependant d'être peu rentable et, la première curiosité passée, bien lassant. De telles enquêtes ne peuvent avoir d'intérêt véritable que lorsqu'elles s'exercent sur des œuvres importantes.

On peut considérer comme telle, au moins historiquement, l'œuvre de Gellert : s'il a renoncé à exercer sur la littérature et le théâtre l'autorité vigilante et abrupte d'un Gottsched, qui déclinait au moment où sa propre étoile montait, il n'en a pas moins joui, en tant qu'écrivain populaire et que maître de l'Université, d'un prestige extraordinaire[140]. Doit-il vraiment, comme l'affirme Richard Newald, le « coup d'œil dans la vie de l'âme féminine » que révèle sa comédie des *Tendres Sœurs* (*Die zärtlichen Schwestern*, 1717) à l'influence de Marivaux[141] ? Nous aurions aimé en obtenir quelques signes, que nous sommes incapable de fournir nous-même[142]. Sa pré-

---

rante aussi, sur le théâtre de Marivaux. En réalité, l'œuvre comique abondante de Kotzebue est encore un exemple patent de la multiplicité des emprunts. Holl écrit à ce sujet : « Bien plus que Molière, il prend son bien où il le trouve » et de citer Plaute, Molière, Holberg, Marivaux, Lessing, Goldoni, Picard... parmi beaucoup d'autres, habilement combinés pour provoquer le rire, but qu'il ne perd jamais de vue (pp. 209-210).

139. Il s'agit là d'un cas plus intéressant, qui nous rappelle que la « métaphysique du cœur » et le « jargon singulier » de Marivaux ont pu, contrairement à la comédie « sentimentale » du 18ème siècle, inspirer des poètes romantiques. Holl accumule cependant les sources des *Freier* (sans fournir aucune précision) : c'est une comédie « shakespearienne » dont le « modèle direct » est *Ponce de Léon* (comédie de Clemens Brentano), avec Lope de Vega pour « parrain » (*op. cit.*, pp. 223-224). Quelle serait alors la part de Marivaux ?

140. R. Newald résume ainsi la popularité de Gellert (1715-1769) : « Au milieu du siècle, G. était l'auteur allemand le plus cité, estimé dans toutes les classes de la société, recevant des présents des Princes et un charroi de bois d'un petit paysan reconnaissant, conseiller des parents en matière d'éducation, consulté sur les mariages et la vie conjugale ». (*Die Deutsche Literatur*, V, p. 516). Ce sont ses *Fables* (1746-1748), où l'influence de La Fontaine et de La Motte est certaine, qui ont créé cette large audience. Mais Gellert est aussi l'initiateur en Allemagne du roman sentimental (*Die schwedische Gräfin*, 1747/1748, inspirée de l'*Histoire de M. Cleveland* de l'abbé Prévost). La même année (1751), il légifère sur le style épistolaire (par un *Recueil de Lettres-modèles* accompagné d'un *Traité pratique du bon goût dans les Lettres*) et sur la comédie dans son cours inaugural à l'Université de Leipzig : *Pro Comoedia commovente*.

141. R. Newald, *op. cit.*, p. 516.

142. Tout au plus pourrions-nous relever le motif de la crainte devant les incertitudes du mariage, que Holl dit être une « nouveauté dans la comé-

férence pour les larmes, la vertu malheureuse et édifiante, se révèle dans son cours inaugural de 1751, où, soutenant le genre touchant, il défend sa propre production comique ; et le même critique écrit : « C'est lorsqu'il a mis sur le théâtre les souffrances de l'amour dans les *Tendres Sœurs* que Gellert s'est engagé le plus à fond dans ce genre nouveau ». On peut craindre que, là encore, pour établir ce lien, R. Newald n'ait pu s'appuyer sur une connaissance suffisante du théâtre de Marivaux et se soit contenté du cliché : *Marivaux, premier psychologue de la femme*, qui n'autorise pourtant pas à rattacher à son influence toutes les amoureuses de comédie de l'époque ! *Julchen*, la « tendre sœur » que cite comme témoin le critique, nous semble aussi loin qu'on peut l'être d'une Silvia, et les rapprochements qu'on fait habituellement avec Richardson, dont la *Paméla* a eu tant de rayonnement dans les années 1740, et avec Nivelle de La Chaussée[143] confirment notre impression. La marque de l'affectivité propre à la bourgeoisie allemande de l'époque apparaît de surcroît, au-delà de toute empreinte étrangère, très nettement dans cette pièce, et l'on se rappelle ce qu'écrit dans sa *Dramaturgie* Lessing, toujours attentif à la couleur allemande (par opposition à l'estampille française) : « M. Gellert est sans contredit parmi tous nos auteurs comiques celui dont les pièces ont le plus de caractère original allemand. Ce sont de vrais tableaux de famille

---

142. (*Suite*).
    die allemande, mais empruntée par Gellert à la comédie française », sans donner de précisions : Julchen exprime cette appréhension, comme Silvia dans le *Jeu* (I, 1) ou Lucile dans *Les Serments Indiscrets* (I, 2). Ici, malgré un attendrissement permanent, l'argent apparaît comme très puissant dans la conclusion des mariages. On parle aussi d'intérêts dans les pièces de Marivaux, mais l'amour ou la tendresse maternelle les supplante : si M. Rémy, le procureur, trouve insensé que son neveu refuse une dame de quinze mille livres de rente, Araminte finit par prendre pour mari ce jeune avocat ruiné par les désordres de son père (*Les Fausses Confidences*) ; le marquis du *Legs* sacrifie sans regret la somme énorme de deux cent mille francs quand la comtesse agrée son amour, et Mme Argante, *La Mère Confidente*, accepte pour gendre un cadet qui n'a que sa « légitime »... On peut dire d'ailleurs que l'argent pèse, et souvent d'un grand poids, dans l'ensemble du théâtre comique du siècle, comme dans la société ; le mélange de sentimentalité débordante et de matérialisme, que signale Holl à propos des *Tendres Sœurs*, (*op. cit.*, p. 163), est un trait de la bourgeoisie allemande de l'époque.

143. Après avoir nommé Gellert le principal représentant de la comédie larmoyante en Allemagne, rappelé le mot de Goethe dans le schéma de *Poésie et Vérité* : « Gellert : lamento parmi les vivants » et dit qu'on ne saurait s'étonner qu'il ait fait de ses comédies « des brochures didactiques pour l'édification morale du public », Holl tient pour ses modèles : Richardson, qu'il a vanté comme un grand romancier, « pour des chrétiens plus immortel qu'Homère », et La Chaussée, maître du genre (*op. cit.*, pp. 159-160).

et l'on s'y sent tout de suite chez soi ; chaque spectateur croit y reconnaître qui un cousin, qui un beau-frère, qui une tantinette de sa propre parenté »[144]. Cet illustre garant nous dispense sans doute d'y reconnaître une amante de Marivaux.

VIII. — *LESSING.*

C'est évidemment Lessing qui, comme auteur dramatique, nous intéresse le plus. Formellement, on peut le mettre sur la liste des traducteurs de Marivaux : étudiant à Leipzig, il s'est attaqué... à sa tragédie d'*Annibal*, provisoirement revigorée par la reprise de 1747 au Théâtre Français[145], mais sans joie, semble-t-il, car la tâche n'aboutit point, ni réussite, si l'on partage l'opinion peu flatteuse d'Erich Schmidt sur ce fragment[146] ; en réalité, il s'agissait pour lui et son ami Weisse de se concilier les bonnes grâces de Caroline Neuber et d'obtenir l'entrée gratuite dans son théâtre[147]. Ses jugements ultérieurs sur les comédies de Marivaux seront toujours marqués de réserve ; ils n'auront jamais le caractère franchement positif de ceux qui concernent Destouches (considéré comme supérieur à Molière dans le comique relevé...) et paraissent bien réticents quand on les compare à l'admiration manifestée pour une pâle comédie touchante comme *Cénie*, ou sa faveur pour *Le Père de Famille* de Diderot[148]. Il y a sans doute bien des raisons à cela : au courant comme nul autre de ce qui s'écrivait à Paris, le critique connaissait les reproches d'uniformité et d'affectation, de pointillisme psychologique et de néologisme que plusieurs y lançaient contre Marivaux et qui rejoignaient ses propres tendances, son goût de la variété des tons dans la comédie pour mener le public du franc rire à l'émotion bouleversante, sa vitalité qui ne pouvait se sentir à l'aise dans le raffinement ; sa sympathie pour le genre touchant, son succès dans le « drame bourgeois »[149], puis ses lectures et traductions

---

144. *Dramaturgie*, n° 22.
145. Voir *Th. C.*, I, pp. 119-120.
146. Erich Schmidt, *Lessing*, I, p. 130.
147. Cf. Heinz Kindermann, *Theatergeschichte Europas*, IV, p. 493.
148. *Dramaturgie*, feuilles n° 10, 20 et 84.
149. Avec *Miss Sara Sampson*, en 1755. L'ouvrage précité de H. Kindermann présente une affichette de la Compagnie Schönemann annonçant à Lubeck, pour le 3 février 1757 à 17 h., cette « tragédie bourgeoise en cinq actes », à la suite du « désir qui en a été exprimé de multiples côtés » ; le complément du spectacle était constitué par *Pantalon et Pierrot trompés par Arlequin...* (p 507).

de Diderot (*Das Theater des Herrn Diderot*, 1760) qui, comme il le confirmera en présentant la réédition de 1781, orientèrent son goût de façon décisive[150], ne l'entraînaient pas dans le sillage de Marivaux.

Aussi bien, c'est seulement dans son œuvre de prime jeunesse qu'on présume à l'ordinaire une influence de Marivaux. La collaboration entre l'adolescent, qui allait renouveler en Allemagne le théâtre et les idées sur le théâtre, et l'ancienne alliée de Gottsched, dont la carrière penchait vers son déclin — collaboration en quelque sorte symbolique, note H. Kindermann[151] — a permis au nouvel auteur de faire jouer en 1748 sa première comédie : *Der junge Gelehrte* (*Le jeune Savant*). C'est à propos de cette pièce que le nom de Marivaux est souvent prononcé... avec beaucoup d'autres. Mais l'historien du théâtre européen fait d'emblée une réserve importante : « Certes, — écrit-il — la comédie de début de Lessing doit encore beaucoup à la tradition française du *rococo* ; et cependant c'est justement là que résonne, bien qu'encore décoré[152] des grâces de ce style, l'appel vers ce qui est véritablement vivant, appel qui va désormais retentir en variations de plus en plus vigoureuses sur la scène allemande... »[153]. Nous sommes bien sûr au sein de la conception qui admet que le style dit *rococo* au théâtre, c'est-à-dire celui de la comédie de salon (ou l'opérette) d'époque Régence et Louis XV, tourne le dos à la vie : en parlant de « métaphysique », de « naïveté préparée avec trop d'art »[154], d'un langage contraire à l'expression naturelle et qui serait, « sans exception, celui de tous ses personnages, depuis les marquis jusqu'aux paysans »[155], la critique française et allemande avait fait du théâtre de Marivaux le cas extrême de cet artifice, non dénué de charmes d'ailleurs pour certains juges.

---

150. Cf. la préface de Lessing, qui signait ces deux volumes de traductions (*Le Fils Naturel* et les *Entretiens*, *Le Père de Famille* et *De la Poésie dramatique*), anonymes lors de la première publication.

151. H. Kindermann, *op. cit.*, p. 493.

152. Intention légèrement dépréciative : « *verbrämt* », ourlé ou chamarré.

153. *Ibid.*

154. Termes employés par A.-W. Schlegel dans son *Cours de Littérature dramatique*, t. II, p. 286, et qui s'appliquent à la révélation d'inclinations inconscientes ou à l'aveu d'un penchant dissimulé dans le théâtre de Marivaux.

155. C'est ce que prétend d'Alembert dans son *Eloge de Marivaux* (cf. *Th. C.*, II, p. 986). Affirmation reprise par La Harpe dans son *Lycée* : « ... et, ce qu'il y a de pis, ce langage hétéroclite est celui de tous les personnages sans exception » (t. 11, pp. 369-370).

Le Jeune Savant est l'œuvre d'un élève hautement doué ; d'après Holl, Lessing y montre déjà, dans l'art du dialogue, dans la spirituelle dialectique qui s'y déploie, « la griffe du lion ». Ses modèles principaux auraient été Holberg et Destouches « dont la combinaison, renforcée par des additions de Molière, Marivaux et Plaute, esquisse déjà les lignes essentielles de cette comédie mixte, mêlant gaîté et gravité, qui devait atteindre plus tard son apogée avec *Minna von Barnhelm* »[156]. C'est donc encore une pièce très composite que cette comédie allemande, et nous sommes conviés à prendre nous-mêmes la mesure de ses divers ingrédients... Les personnages, par le nom même que portent plusieurs d'entre eux[157], signalent une influence française dominante. Même si l'on estime que la satire de l'érudition en grec, hébreu et latin et du pédantisme précoce exprime une réaction personnelle de l'étudiant contre les exigences de ses maîtres d'alors, qu'elle est une manifestation de sa vitalité refusant une tentation qui ne lui était pas étrangère[158], il faut reconnaître qu'elle revêt dans la pièce des formes très moliéresques, avec un peu plus de lourdeur seulement dans l'insistance juvénile[159]. Une certaine verdeur ou rudesse dans le comique peut aussi, en effet, traduire une influence de Holberg ; parlant à son valet, dès les premières répliques, Damis n'appelle-t-il pas son père « le vieil idiot » ? (I, 1). L'honnête Juliane, qui compromet le succès de ses amours par probité, paraît proche parente des jeunes filles de Gellert, qui étaient fort en honneur à l'époque. C'est surtout dans les domestiques qu'on pourra déceler quelques traces de Marivaux, ou dans tel portrait. Malgré son nom allemand, Anton[160] a des ressemblances avec Frontin : il vante sa clairvoyance et se targue de son crédit auprès de son maître, fanfaronne avec un petit récit où les

---

156. K. Holl, *op. cit.*, p. 170.

157. Les Damis, les Valère, les Lisette ont envahi les scènes allemandes : Lessing se conforme à cette mode qui vient des traductions.

158. C'est l'interprétation de Holl (*ibid.*) : « Le lecteur zélé qu'était Lessing était lui-même en danger, comme son héros, d'oublier la vie dans les livres, mais il ne serait pas le caractère le plus viril de notre littérature s'il n'avait résolument écarté les livres, pour s'instruire dans le flot du monde ».

159. Nous pensons surtout aux scènes un peu forcées du troisième acte : celle où Damis décerne des éloges redoublés à sa propre science (Trissotin et Vadius se louaient mutuellement !) et où Lisette répète en refrain, comme le *Sans dot* d'Harpagon : « Et vous n'avez que vingt ans ! » (III, 3), et, proche du dénouement, l'interminable scène 15.

160. Holl (*loc. cit.*) le dit holbergien.

conditions — comme à Paris — se confondent un peu[161], badine, se chamaille et se réconcilie avec Lisette, etc.

C'est surtout Lisette, comme on pouvait s'y attendre, qui a recueilli des traits issus du théâtre de Marivaux. C'est elle qui imagine un stratagème pour que sa maîtresse échappe au mariage que lui destine son tuteur. Soubrette, elle songe à se faire épouser par le fils de la maison... et n'en vient pas à bout. Elle a de l'autorité, connaît étonnamment le monde, les affaires, le pouvoir de l'argent, dissertant devant Valère sur la vénalité des avocats : « En même temps que les pistoles qu'on lui a glissées, le voilà qui renferme sa probité dans son trésor, où celle-ci a plus tôt fait de se rouiller que celles-là. Je les connais, ces messieurs ! » (II, 2). Pour la récompenser de sa complicité avec les amoureux, Valère la dotera, et Anton y trouvera son compte. Un portrait de coquette pourrait être lui aussi attribué à l'influence de Marivaux : « S'habiller, se déshabiller, puis se rhabiller autrement, s'asseoir devant son miroir pour admirer ses propres attraits et se faire des mines, se poster languissamment derrière la fenêtre, oisive et les yeux aux aguets, lire des romans extravagants... telles sont ses occupations » (I, 2). Mais, quand Juliane rencontre Valère qu'elle aime et Damis qu'on veut lui imposer, aucun indice de ce qui fait l'essentiel chez Marivaux ; d'emblée et de façon avouée, son cœur est acquis au premier, les projets de son tuteur ne provoquent qu'une brouille entre les amants, que la suivante doit apaiser : « Si je ne me mets pas promptement entre vous, à force d'amour vous allez vous quereller... » (III, 1) — comme chez Molière.

La méthode de travail de Lessing auteur dramatique, son immense lecture, sa conception même d'une *critique productive*, qui mène de l'examen des œuvres d'autrui à la création personnelle, rendent difficile la recherche des nombreux emprunts qu'il a faits, d'autant plus qu'il y a, comme le remarque son biographe Erich Schmidt, « toutes sortes de combinaisons et contaminations ingénieuses » entre des éléments d'origines diverses[162]. On connaît le célèbre passage de l'épilogue de la *Dramaturgie* :

---

161. *Anton* : « ... Karlin, justement, dis je, a servi une fois chez un maître qui avait une femme savante. Sacré gaillard ! ... Il avait bonne mine, et comme l'appétit ne se règle pas sur la condition... bref, il avait dû la connaître d'assez près. Où aurait-il pris autrement l'intelligence qu'il avait ? A la fin, son maître remarqua lui-même qu'il allait à l'école de sa maîtresse. Il reçut son congé, avant d'avoir eu le temps de dire ouf. La pauvre femme ! » (I, 6).

162. Les citations d'Erich Schmidt qui suivent sont extraites de son *Lessing*, I, pp. 122-129.

« Je ne suis ni comédien, ni auteur.

On me fait parfois l'honneur de me donner ce titre, mais c'est seulement parce qu'on me connaît mal. Des quelques essais dramatiques que j'ai risqués on ne devrait pas conclure si généreusement. Tout homme qui prend un pinceau en main et gâche des couleurs n'est pas peintre. Les plus anciens de ces essais ont été jetés sur le papier dans les années où l'on prend si volontiers l'entrain et la facilité pour du génie. Ce qui, dans les plus récents, est supportable, je suis bien conscient de le devoir exclusivement à la critique. Je ne sens pas en moi la source vivante qui s'élève par sa propre force, qui, par sa propre force, s'élance en jets si abondants, si frais, si purs : il me faut tout exprimer de moi-même par une machinerie de tuyaux et de pompes. Je serais si pauvre, si froid, si myope si je n'avais pas un tant soit peu appris à emprunter modestement des trésors étrangers, à me chauffer au feu d'autrui, à fortifier ma vue grâce aux verres de l'Art. C'est pourquoi j'ai toujours ressenti de la honte et du chagrin quand j'ai lu et entendu quelque chose au détriment de la critique. Elle étouffe, paraît-il, le génie : et moi qui croyais avoir reçu d'elle quelque chose qui se rapproche beaucoup du génie ! Je suis un paralytique qu'une diatribe contre les béquilles ne saurait convertir »[163].

Cette admirable confession — l'un des plus beaux éloges qu'on ait sans doute écrits sur la critique — est ensuite complétée par les précisions que donne Lessing sur son travail d'auteur, et où nous relevons surtout : « ...*ich muss meine ganze Belesenheit so gegenwärtig haben...*», «... il faut que j'aie toutes mes lectures si présentes à l'esprit...» ; Erich Schmidt rappelle qu'en ce qui concerne la comédie il s'agit à la fois des Anciens et des Modernes de plusieurs pays[164], qu'au cours même de l'élaboration de ses pièces Lessing consultait les œuvres des autres, mettait des renvois à telle page ou telle scène, alors qu'habituellement, « dès que les fers sont réellement au feu », un auteur tient à distance ses devanciers. C'est une exploitation constante, consciente et avouée, de réminiscences et de notes : idées, motifs, répliques reproduites quelquefois mot pour mot (Schmidt en relève une justement dans *Le Jeune Savant*,

---

163. *Dramaturgie*, n° 101-104 daté du 19 avril 1768, p. 389 de l'éd. Otto Mann.
164. E. Schmidt, *loc. cit.* : « Dans l'excès de son zèle juvénile (...) preste, il essaie tout : il traduit et remanie, il produit des farces et des scènes édifiantes, laisse agir sur lui la bouffonnerie improvisée de l'*opéra bernesca*, étudie Molière et Regnard, Marivaux et Destouches, mais aussi, à côté de ces Français-là et d'autres, de récents auteurs anglais, court au Plaute danois (Holberg) pour revenir au romain, des Saxons aux vestiges de Ménandre, plus tard à la rencontre de Goldoni, plus d'une fois au-devant des Espagnols ».

tirée de *L'Envieux* de Destouches)[165], dialogues suivis pas à pas. Peu à peu, cependant, l'attitude d'écolier a disparu et les emprunts s'intègrent dans un ensemble original, c'est alors une manipulation judicieuse, parfaitement calculée, et le biographe évoque le plaisir qu'éprouvait Lessing à découvrir des éléments de bonne comédie, à les perfectionner à son propre usage, à les insérer dans la trame de ses pièces. Aussi bien ce dernier a-t-il lavé Molière du reproche d'avoir trop largement puisé dans la *commedia dell'arte* : « Si cela s'appelle *voler*, dit le public, nous serions bien aise que tous les auteurs comiques eussent *volé* de la sorte »[166]. Seul juge, le public ne s'intéresse pas aux sources ; le critique, quant à lui, tient à montrer qu'il n'est pas dupe, mais il adopte le sentiment du public ; ainsi, après avoir noté que *L'Aveugle voyant* de Le Grand n'est guère de lui, il conclut : « Finalement que ce soit né comme cela voudra, cela plaît et c'est suffisant »[167]. Outre la primauté du divertissement public, un autre argument, que nous connaissons déjà, a été fourni par Lessing : c'est la faiblesse du tempérament comique des Allemands. Il l'exploite en toute franchise : « C'est dans ce genre littéraire que nous autres Allemands avons le plus besoin d'adjuvants et c'est ce qui m'a incité à collectionner les meilleurs canevas de comédies italiennes inédites pour en faire une sorte de magasin à la disposition de nos auteurs comiques, pour qu'ils puissent s'y approvisionner avec un sentiment de sécurité et d'innocence plus fort qu'en puisant dans des pièces achevées et imprimées qui, un jour ou l'autre, apparaîtront en traduction sur nos scènes et les exposent ainsi au danger d'un rapprochement ». De toutes façons, la notion de propriété littéraire était alors très indécise, surtout lors d'un changement de pays et de langue, et le genre comique semblait répugner plus que tout autre à la rigueur en cette matière.

IX. — *ORIGINALITE ET IMITATION — UN EXEMPLE.*

Erich Schmidt notait que cette adroite utilisation d'éléments empruntés subsiste dans les grandes œuvres de la maturité, telles

---

165. Schmidt signale toutefois que l'emprunt littéral est rare (ce qui ne facilite pas l'identification). Y a-t-il dans le rôle du *Jeune Savant*, comme il le présume, des réminiscences de *La Seconde Surprise* (le pédant Hortensius), dans l'intrigue un souvenir des *Serments Indiscrets* (*Lessing*, I, p. 140) ? Cela n'est guère apparent...

166. *Theatralische Bibliothek* (1758). Notons une réaction moins favorable de La Harpe à l'égard de Beaumarchais : « ... B. a beaucoup de mots, beaucoup de sentences qui ne lui coûtent rien ; car il les prend partout, et apparemment il en tenait registre quand il lisait » (*Lycée*, t. 11, p. 590).

167. *Dramaturgie*, n° 83.

Minna et *Emilia,* mais que la marquetterie d'ornements étrangers fait alors place à une absorption véritable, à une prise de possession[168]. C'est bien à *Minna von Barnhelm,* « unique œuvre classique du préclassicisme »[169] que notre survol doit aboutir. En général, on ne mentionne guère d'emprunts aux comédies venues de France quand sont étudiées les sources de la pièce[170]. Il est entendu qu'il s'agit avant tout d'une œuvre nationale par son inspiration et son contenu : Goethe déjà a relevé que son importance et son succès sont dus à ce caractère[171]. Les personnages portent des noms allemands, et quand apparaît au quatrième acte un épisodique chevalier Riccaut de la Marlinière, c'est seulement en vue de ridiculiser un fanfaron et un aigrefin français, dont la bassesse tranche sur la prud'homie des autres. Les circonstances sont d'actualité, comme les drames de Diderot en avaient donné l'exemple, elles évoquent un événement capital pour l'éveil du sentiment national[172], et la comédie ne se contente pas de l'effleurer, elle pose un problème qui est en rapport direct avec lui[173]. D'autres idées et thèmes chers à Diderot se retrouvent dans la pièce : si elle renferme des *caractères,* elle observe aussi une *condition,* celle du militaire congédié une fois la paix rétablie — le sous-titre : *La Fortune du Soldat* (*Das Soldatenglück*) est explicite à cet égard[174] ; il en va de même des

---

168. Erich Schmidt, *op. cit.,* pp. 126-127. Rappelons qu'*Emilia Galotti* (1772) est une tragédie.
169. K. Holl, *op. cit.,* p. 185. Le critique note la permanence de la pièce dans les répertoires, son influence durable, son effet scénique intact.
170. Holl parle à propos de Minna des personnages féminins des comédies de Shakespeare et n'évoque une parenté française que pour sa soubrette Franziska. H. Simondet cite George Farquhar (*The constant couple*) pour la ressemblance de l'intrigue (Introduction, p. VIII, coll. bilingue Aubier).
171. Cf. *Poésie et Vérité,* 2ᵉ partie, livre VII (*Jubiläums-Ausgabe,* t. 23, p. 80).
172. La guerre de Sept ans, où « un petit soldat allemand (Frédéric le Grand) sort victorieux de sa lutte contre l'Europe » (Holl, p. 181), a donné une forte impulsion au patriotisme allemand, déjà militant sur le plan linguistique et littéraire à la suite de l'invasion culturelle de l'Allemagne. Goethe (cité par Holl, p. 184) voit dans la comédie de *Minna* un essai d'apaisement des rancunes nées de la guerre et de conciliation des contraires — la souplesse saxonne et la rigidité prussienne — par le moyen de l'art.
173. Dans *Le Fils Naturel* (1757) et *Le Père de Famille* (1758) de Diderot, il n'y avait que des allusions à la guerre de Sept ans. Ici, elle est à l'origine de l'admiration de Minna pour Tellheim, de leur rencontre et de leur amour, comme des malheurs du major et de la rupture qui les menace. La pièce baigne dans l'atmosphère pesante de l'après-guerre.
174. Tellheim expose à Minna, qui lui demande (IV, 6) : « Comment se fait-il qu'on n'ait pas gardé un homme de votre mérite ? » ce qui fait la précarité de la condition du soldat : « Les grands se sont convaincus qu'un soldat fait très peu de chose par inclination pour eux, et pas beaucoup

assauts de générosité que suscitent la noble personnalité et la situation difficile de l'officier mis à pied, du goût pour le pathétique qui se montre dans plusieurs scènes[175]. Et pourtant, c'est aussi une comédie d'amour, qui aboutit à la constitution d'un couple uni après élimination d'obstacles psychologiques puissants, grâce à un stratagème imaginé par l'héroïne et mis en œuvre par sa soubrette, sous forme de fausses confidences[176]... Quand on lit la critique d'A.-W. Schlegel, on tombe sur une phrase qui semble écrite pour Marivaux : « L'expression des sentiments y est un peu précieuse et recherchée, et la situation des deux amants est tellement en suspens qu'elle devient pénible à considérer »[177].

Il faut distinguer dans cette pièce deux camps. Du côté des hommes, aucune similitude avec Marivaux : il y a entre l'homme d'honneur Tellheim, souffrant d'une injustice et raidi dans son refus d'épouser, pauvre et humilié, une noble et riche héritière, et le « parfait honnête homme » de Marivaux qui, du moment qu'il aime, n'éprouve aucun scrupule à tout tenter pour épouser, sans bien, une riche héritière comme Angélique (*La Mère confidente*) ou « la veuve d'un mari qui avait une grande charge dans les finances »[178], une

---

174. (*Suite*).
     plus par devoir, mais tout pour son propre honneur. De quoi peuvent-ils donc se croire redevables envers lui ? La paix leur a permis de se passer de plusieurs de mes pareils et, en fin de compte, personne ne leur est indispensable ». (trad. H. Simondet, p. 79). Des deux traductions françaises de l'époque, l'une, celle de Grossmann, a conservé dans le titre cet aspect essentiel de la pièce (*Minna de Barnhelm* ou *Les Aventures des Militaires*, à Berlin chez Aug. Mylius, 1772), tandis que celle de Rochon de Chabannes ne retenait que la comédie d'amour (*Minna et Téleim* ou *Les Amants généreux*, pièce présentée au Théâtre-Français le 13 octobre 1774).

175. Dès le premier acte, après les scènes pleines de vivacité du début, l'épisode de la « dame en deuil » (la veuve du capitaine Marloff) exploite la veine du pathétique : fraternité d'armes, désintéressement, générosité... La virilité du caractère de Tellheim empêche toutefois ces scènes (5 et 6) de tomber dans le « larmoyant ». H. Kindermann (*op. cit.*, IV, p. 625) rapporte d'ailleurs que cet épisode en accord avec la sentimentalité de l'époque a déclenché dans le public « une tempête d'enthousiasme, avec des cris, des pleurs, de l'extase » lors de la première berlinoise de la pièce, qui fut tardive : le 21 mars 1768, au Théâtre de la Behrenstrasse, par la troupe de Théophile Doebbelin.

176. Minna avait dit à sa suivante, à la fin de l'acte III : « ... il m'est venu l'idée d'un bon tour, pour le punir de cet orgueil en le martyrisant un peu avec un orgueil semblable ». L'amour n'ayant pas réussi à fléchir Tellheim, le signal est donné par Minna (IV, 6) et les fausses confidences de Franziska (Minna déshéritée, en fuite, méprisée) commencent dès la scène suivante : elles ont un effet immédiat sur Tellheim.

177. A.-W. Schlegel, *Cours de Littérature dramatique*, trad. préc., t. III, p. 287.

178. C'est ainsi que Dorante définit Araminte, par contraste avec lui qui, n'ayant point de bien, n'est rien (*Les Fausses Confidences*, I, 2).

notable différence. Ici, le problème moral est dominant et l'amour, quoique très fort de part et d'autre, passe au second plan : il exige même, dans la conviction de Tellheim, son renoncement[179]. Le problème moral domine même chez les subalternes : le valet Just, fidèle comme un caniche, est prêt à sacrifier ses gages, et la traduction de Grossmann, qui le nomme Frontin par souci de francisation, commet une erreur évidente[180] ; le maréchal des logis Werner offre avec persévérance son petit bien pour venir en aide à son ancien chef [181]. On trouve chez Marivaux des domestiques qui mettent au service de leur maître leur ingéniosité, mais non leur bourse[182] — qu'ils comptent au contraire remplir.

Du côté des femmes, le tableau change et c'est là que l'étude des comédies de Marivaux, dont a parlé Erich Schmidt dans sa biographie de Lessing, a pu lui être utile. Certes, Holl nous dit un peu pompeusement que Minna est « une fleur délicieuse dans la couronne que la comédie allemande a tressée à la gloire de la femme allemande », que son charme vient de son parfait naturel, de l'équilibre entre sa lucidité et la chaleur de ses sentiments, de sa nature

---

179. Tellheim étaye sa conviction sur une maxime : « Melle de Barnhelm mérite un homme sans reproche. C'est un amour indigne que celui qui n'hésite pas à exposer son objet au mépris » (IV, 6).

180. « *Minna de Barnhelm, ou Les Aventures des Militaires,* comédie de Gotthold Ephraim Lessing, en prose et en cinq actes. Traduit de l'allemand à Berlin chez Aug. Mylius, 1772, 8° ». D'autres éléments de l'adaptation semblent plus heureux : le *Danziger Lachs* (I, 2) devient « liqueur de Montpellier », le mercenaire français hâbleur, Riccaut, un Gascon.

181. *Minna,* I, 12 ; III, 5 et 7 ; V, 11. Comme dans l'ensemble du théâtre comique du siècle, l'argent joue un rôle important, mais c'est ici celui qu'on offre ou sacrifie aux autres.

182. Il faut toutefois noter la réplique de Dubois dans *Les Fausses Confidences* : « ... et si j'avais bien de l'argent, il serait encore à votre service » ; à quoi Dorante répond sur le même ton : « Ma fortune serait la tienne » (I, 2). Cela semble introduire des rapports nouveaux entre maîtres et valets, au-delà d'une simple complicité dans l'intrigue, qui s'accommode fort bien de dédain d'un côté, de cupidité de l'autre ; il est vrai que Dorante n'est que l'ancien maître, qui doit à son tour entrer en condition ; et Dubois est tellement assuré de réussir qu'il a tout à gagner à cet échange de généreux propos ! Cette comédie est aussi celle qui montre des rapports privilégiés entre Araminte et Marton, mêlés d'affection comme ceux qui existent entre Minna et Franziska. Par ailleurs, l'argent y joue son rôle habituel : M. Rémy traite d'imbécile et d'insensé son neveu qui vient parler du cœur quand on lui propose un mariage de quinze mille livres de rente... Le mariage projeté entre Araminte et le comte Dorimont est destiné à régler un litige qui les sépare « au sujet d'une terre considérable » (I, 10) et l'homme de qualité, sur le désintéressement, ne pense pas très différemment du procureur : quand Marton lui vante celui de Dorante, il a un mot qui fait flèche : « Tant pis, ces gens-là ne sont bons à rien » (II,4).

profondément morale — toutes choses qui, dans l'esprit du critique, excluraient une véritable ressemblance avec les héroïnes censément plus égoïstes et plus « frivoles » de Marivaux. Mais il ajoute que sa façon d'être « réside essentiellement dans la grâce, qui correspond au caractère de mobilité et de jeu du *rococo*, qui est la manifestation captivante d'une intelligence excessivement agile »[183], et nous revenons vers Marivaux. Lessing a exploité dramatiquement le contraste entre Tellheim, Allemand du nord typique, et la souple, gaie, spirituelle Saxonne Minna, dont l'espièglerie et les pointes arrivent même à blesser l'homme qu'elle cherche à faire sortir de sa rigidité[184] ; avec un trait complémentaire d'indulgence et de bonté, sur lequel l'auteur a insisté[185], elle n'est pas éloignée d'une Silvia. Or, c'est bien elle qui mène le jeu. On a soutenu parfois que Tellheim est en réalité le personnage central de la pièce : c'est infliger sans motif un démenti à l'auteur ! Les deux personnages sont également bien dessinés ; mais c'est Minna qui *entreprend*[186] et qui vient à bout de réaliser leur union, en dépit de la résistance que lui oppose Tellheim.

Sans nommer Marivaux, Holl rapproche Franziska des chambrières de la comédie française ; c'est l'habituelle tendance de la critique allemande, qui voit dans les domestiques à la prompte répartie et surtout les malicieuses soubrettes des types importés, tandis que les maîtres dépendent davantage, par leur sérieux, leur profondeur, leur nature morale, etc. des mœurs du pays. Franziska, écrit Holl, « unit le ton de la coquetterie mutine de la Lisette française à l'honnêteté et à l'intériorité allemandes »[187]. Elle ne seconde pas sa maîtresse, en effet, dans l'espoir d'y gagner son « établissement », comme c'est le cas des Lisette de Marivaux et de celle que Lessing adolescent avait mise sur la scène, dans *Le Jeune Savant*, en lui gardant son nom français. Elle a si bon cœur qu'elle plaint Tellheim quand, au cinquième acte, il subit la revanche de son orgueil : confi-

---

183. Holl, *op. cit.*, p. 184.
184. Cf. *Minna*, IV, 6.
185. La bonté de Minna se manifeste dans son plaisir à donner (II, 3), sa pitié pour Riccaut, généralisée en maximes d'indulgence envers « les mauvais » (IV, 2 et 3). Chaque fois que lui arrive une bonne nouvelle, elle a un geste généreux ; la délicatesse avec laquelle elle gratifie Riccaut est un signe de sa nature, et un motif de la comédie touchante. D'une vivacité plus acide, la soubrette est plus proche des types de Marivaux.
186. Nous choisissons le terme qui, dans les comédies de Marivaux, désigne l'initiative ; ce sont souvent les domestiques qui la détiennent, la revendiquent et s'attribuent le mérite de l'heureux dénouement : ainsi Lépine disant simplement à la fin du *Legs* : « Je l'avais entrepris ».
187. K. Holl, *op. cit.*, p. 185.

dente de Minna et sa complice dans l'exécution du stratagème (qu'elle n'a toutefois pas imaginé elle-même), elle cherche encore à intervenir au moment où elle la juge trop « impitoyable »[188]. Lessing n'a donc guère suivi les recommandations de Diderot dans les *Entretiens*, qu'il connaissait pourtant bien pour les avoir traduits : éviter l'ingérence artificielle des domestiques dans les affaires privées de leurs maîtres — il est vrai que l'interlocuteur de Dorval avait obtenu grâce pour les soubrettes — et ne pas « couper » l'action principale par leurs intrigues amoureuses[189] ; or, l'intrigue de Franziska et de Werner naît et se développe au cours de la pièce, elle aboutit à leur promesse mutuelle qui suit celle des maîtres et finit la comédie par une exclamation facétieuse du fiancé[190] : c'est dans la ligne de Marivaux que ce parallélisme est exploité.

Plutôt qu'à des obstacles, la formation du couple achoppe à une opposition intérieure, comme c'est aussi le plus souvent le cas chez Marivaux[191]. Le changement objectif de situation ne la menace pas réellement : Minna bénéficie du soutien sans réserve de son oncle et tuteur, elle est assez riche pour deux — un argument que nous connaissons bien[192] — et les accusations officiellement portées contre Tellheim ne sauraient ébranler sa foi en lui. Ce qui compte

---

188. Cf. V, 5, 9 et 10.
189. *Entretiens sur le Fils Naturel*, premier entretien (p. 84 dans l'éd. des *œuvres Esthétiques*, par P. Vernière) et troisième entretien (p. 139). Notons que Lessing justifie la familiarité qui existe entre la servante et la maîtresse par le récit complaisant que Franziska fait à l'hôtelier dans l'amusante scène de l'interrogatoire de police (II, 2) : « Je suis venue très jeune au château, et j'ai été élevée avec Mademoiselle. Nous sommes du même âge : vingt et un ans à la prochaine Chandeleur. J'ai appris tout ce que Mademoiselle a appris... ». Leur intimité n'est donc pas une simple commodité de théâtre et la concomitance de leur mariage parachève le parallélisme de leur vie.
190. La pièce s'achève sur la réplique de Werner : « Donnez-moi votre main, petite ! tope ! Dans dix ans vous serez madame la générale, ou bien veuve ! » (V, 15).
191. Ce serait toutefois une erreur que de vouloir toujours tout ramener dans ce théâtre à des résistances d'ordre psychologique. Il peut y avoir à l'origine même de celles-ci des obstacles extérieurs traditionnels, dressés par la volonté familiale, ou par les usages : Angélique, dans *La Mère Confidente*, prend appui sur l'opposition de sa mère pour résister à son propre cœur et aux supplications de Dorante ; dans *L'Ecole des Mères*, une autre Angélique subissait de la façon la plus classique le despotisme maternel.
192. La pauvreté de l'amant peut même constituer un argument en sa faveur : « Je l'enrichirais donc ? Quel plaisir ! » ... « Plus il me devrait et plus il me serait cher » dit Angélique à Lisette dans *La Mère Confidente* (I, 2) : spontanéité rafraîchissante dans un milieu où le mariage était d'abord un acte notarié.

ici, c'est l'éloignement des esprits, ce mur opaque dressé entre eux par la situation nouvelle. Toute la pièce de Lessing est, elle aussi, cette recherche d'une mutuelle *transparence*, dont parle si bien Gabriel Marcel : mais il est plus difficile d'y atteindre après qu'elle s'est perdue, de la retrouver que de la trouver ; Tellheim est désormais dominé par un sentiment d'échec irrémédiable, qui risque de gagner Minna. Recherche tendue, pénible, pathétique parfois[193], mais non exempte non plus de ce jeu dialectique qui nous rappelle que nous sommes encore en pleine *Aufklärung* rationaliste. Quand Minna, au cinquième acte, pousse à fond sa revanche, que sa soubrette, trouvant que la feinte « va trop loin », cherche à s'interposer, et qu'elle lui impose sèchement silence « *Ne te mêle pas de notre jeu, s'il te plaît* ! », comment ne pas songer à Marivaux ?[194] L'enjeu, dans ses comédies, n'était-il pas tout aussi sérieux ? On peut seulement craindre, ici, que Tellheim n'ait pas la souplesse des Damis et des Dorante pour parer ; aussi bien le jeu de Minna tournait-il fort mal quand l'arrivée opportune de son tuteur, le comte de Bruchsall, rétablit la vérité et la situation[195].

L'auteur a ainsi confirmé, dans cette pièce où il a associé gravité et gaîté, comédie et drame, le péril que comporte toute manœuvre qui touche à des sentiments profonds — péril que pressentait Franziska, que soulignait sa réprobation. Ici, le jeu ne se résout pas de lui même, il ne conduit pas, par ces petites étapes précises dont parlera Lessing à propos de Marivaux[196], à l'éclaircissement complet

---

193. Cf. *Minna v. Barnhelm*, II, 9 ; III, 3 (le récit de l'hôtelier) ; IV, 6 ; V,5, 9 et 10.

194. Angélique repousse de même les interventions intempestives de Lisette dans *L'Epreuve* : « C'est que je vous prie de vous taire, entendez-vous, il n'y a rien ici qui vous regarde... » (sc. 16). En prenant les domestiques pour confidents, pour complices, et même parfois pour guides, on risque des mécomptes ; mais les rapports sont différents dans *Minna* et l'ensemble du théâtre de Marivaux : dans la comédie de Lessing, les maîtres gardent l'initiative et exercent fermement l'autorité, mais une affection les unit à des serviteurs désintéressés et dévoués ; dans celles de Marivaux, les domestiques ont souvent plus de pouvoir sur leurs maîtres et s'en vantent, mais un fossé reste creusé entre eux par la méfiance et le dédain des uns, le caractère vénal et parfois une certaine agressivité des autres ; la familiarité, plus grande chez Marivaux dans les hardiesses du dialogue et la liberté d'entreprise des domestiques, a un fondement plus moral et une nuance plus patriarcale dans *Minna*.

195. Cf. V, 10 et 11 (violent dépit amoureux de Tellheim, menace de rupture) 12 (arrivée inopinée du comte, qu'un accident de carrosse avait retardé ; la feinte : Minna chassée, déshéritée par son tuteur, aussi démunie devant Tellheim qu'il l'était auparavant devant elle, est ainsi découverte, mais par le moyen d'une péripétie).

196. *Dramaturgie*, feuilleton n° 18, à propos d'une représentation des *Fausses Confidences*, p. 73 de l'éd. Otto Mann.

et au bonheur ; au contraire : l'ombre paraît s'épaissir encore entre
les deux partenaires, la crise (V, 2) ne prélude à leur union que par
la vertu d'une intervention extérieure. Cependant la critique allemande
n'a guère apprécié dans son ensemble les « fioritures » de ce jeu
prolongé tout au long du cinquième acte : comment une jeune fille
allemande aussi sensible, aussi bonne que Minna, ayant en face
d'elle cet homme sincère, généreux et tout d'une pièce qu'elle
connaît bien et qu'elle aime profondément, a-t-elle pu poursuivre ce
jeu trop cruel, trop frivole, trop... français ? N'oublions pas que
l'amour de Minna n'était pas né d'un simple « coup de sympathie »[197],
ni d'un penchant superficiel suscité par des attraits extérieurs[198],
mais reposait sur l'admiration : elle l'aimait avant de le connaître[199].
Si Tellheim l'a fait souffrir, ne devait-elle pas l'estimer davantage
encore pour ses scrupules et lui pardonner rapidement ? Les
contemporains ont souvent jugé ainsi : Sonnenfels, pourtant favorable
à la pièce, dont il fait un modèle pour les auteurs allemands[200],
reproche à Minna son manque de simplicité, son esprit romanesque,
ses calculs et ses détours — tout ce qui a été reproché aux héroïnes de Marivaux ; la suivante se montre bien plus avisée que sa maîtresse[201] ! Plus tard, la critique s'étend au genre lui-même ; A.-W.
Schlegel, qui apprécie dans *Minna* la couleur allemande et l'actualité, qui trouve aussi du bon comique dans les parties accessoires,
voit dans l'action principale quelque chose qui rappelle d'un peu

---

197. Cette expression, qui indique une attirance spontanée, inexplicable, est
employée par M. Ergaste dans *Les Serments Indiscrets* (III, 3).

198. « Quand les minois se conviennent, le reste s'ajuste », observe en réaliste Frontin dans *La Méprise* (sc. 2) et sa remarque s'applique aux maîtres comme aux domestiques. Au premier coup d'œil Araminte a distin-
gué Dorante (*Les Fausses Confidences*, I, 6).

199. Minna : « ... J'y allais avec l'intention ferme de vous aimer... je vous
aimais déjà !... avec l'intention ferme de vous aimer, même si je devais
vous trouver aussi noir et aussi laid que le Maure de Venise » (IV, 6).

200. J. von Sonnenfels, *Briefe über die Winerische Schaubühne*, 14ᵉ Lettre
datée du 13 mars 1768 : « Que les auteurs allemands étudient plutôt sa
Minna que nos pièces françaises ! » (*nos*, parce que les *Lettres sur le
Théâtre viennois* étaient anonymes et prétendûment « traduites du français »).

201. *Ibid.*, 15ᵉ Lettre, datée du 18 mars : « Je ne suis pas satisfait des sima-
grées de la demoiselle saxonne. Où prétend donc aboutir cet esprit romanesque (*die Fantastin*) ? » Le public, à ce moment, ne verrait plus en elle
« qu'une petite créature méchante, comme le sont tant de son sexe ». Le
critique viennois a pris le parti de la rigueur prussienne... Le jeu de
Minna, qui continue à simuler alors qu'elle a envie de se jeter au cou
de Tellheim, lui paraît cruel, mais surtout déraisonnable et superflu :
« Pour le spectateur, le nœud est déjà tranché ». Le troisième acte du
Jeu a été critiqué pour les mêmes raisons.

trop près certains modèles français : des joutes de délicatesse, des « tiraillements » sans fin entre deux amants[202].

Cette contamination — ou cette commune empreinte du style dit *rococo* — est encore signalée par la critique moderne. Dans la conclusion de sa brève étude sur la pièce, Holl affirme que « nous retirons de la comédie de Lessing l'impression d'une surabondance vraiment excessive d'intellectualité, qui se répand en subtilités dialectiques »[203] — une phrase qui semble calquée sur les reproches habituellement faits au théâtre de Marivaux. Goethe avait pourtant dit à Eckermann, à propos de *Minna* : « De Lessing, on a prétendu qu'il était un froid ratiocinateur : moi, je trouve dans cette pièce autant d'âme et d'aimable naturel, autant de connaissance du monde, un sens aussi frais et aussi joyeux de la vie qu'on peut le souhaiter »[204] — une constatation que nous étendrions volontiers pour notre part, au théâtre de Marivaux ! Nous pensons aussi que la psychologie féminine, telle que Lessing a pu, comme le présume Erich Schmidt, en trouver des exemples pénétrants dans ce théâtre, justifie le jeu de Minna, si différent qu'il paraisse de sa franchise précédente : elle a tant fait pour convaincre et a été si mal payée de ses efforts que son amour-propre a besoin de se satisfaire par une complète revanche[205]. Mais un point nous paraît plus important encore et il est conforme à l'un des aspects majeurs du théâtre de Marivaux : l'épreuve devait être menée sans défaillance pour être vraiment significative et utile ; pour que la cure de son orgueil[206] fût radicale, il fallait que Tellheim souffrît autant qu'il avait fait souffrir. C'est ainsi, en ne démordant point avant que le partenaire ait fait le dernier effort sur soi ou qu'une clarté totale se soit établie[207], que sont créées les conditions d'une union que n'entachent ni

---

202. Cf. *Kritische Schriften*, III, p. 326 dans la rééd. de 1964 : «*Gezerre mit übertriebener Delikatesse...*»

203. K. Holl, *op. cit.*, p. 170.

204. Eckermann, *Conversations avec Goethe*, trad. Chuzeville, t. 2, p. 135.

205. Avant même que ne fût déclenché le stratagème, Franziska, parlant d'un ton très sérieux, soupçonnait sa maîtresse de chercher à satisfaire « l'amour-propre le plus raffiné » (IV, 1).

206. « Car ne pas vouloir être redevable de son bonheur même à celle qu'on aime, c'est de l'orgueil, de l'orgueil impardonnable ! » disait Minna à Franziska, en lui annonçant son idée « d'un bon tour, pour le punir de cet orgueil en le martyrisant un peu avec un orgueil semblable » (III, 12).

207. Ainsi, dans le *Jeu*, Silvia continuait à jouer les soubrettes jusqu'à ce que Dorante ait cru chagriner son père, « trahir sa fortune et sa naissance » en l'épousant. Dans *L'Epreuve*, la longue cruauté de Lucidor, acharné à « éclaircir » l'origine réelle du sentiment que lui témoigne Angélique, devient presque insoutenable.

malentendu ni incertitude. L'exclamation de Minna, au dénouement, sur un reproche que lui fait son amant, montre que son jeu, s'il a frôlé l'échec et n'a pu à lui seul dissiper le nuage, a tout de même rempli son rôle de clarification : « Non, je ne puis regretter d'avoir *vu votre cœur tout entier*. Ah, quel homme vous êtes ! »[208]. Est-il réplique qui illustre mieux la *transparence* ?

Cet exemple de *Minna von Barnhelm* laisse entrevoir comment, sans emprunt direct et démontrable, Lessing a pu s'inspirer, pour ses caractères féminins et pour la dernière partie de son intrigue, des leçons de Marivaux. La présomption en est d'autant moins hasardée qu'il a lui-même insisté, en 1768, sur tout ce qui revenait à d'autres dans la réussite de ses derniers essais[209] ; mais « se chauffer au feu d'autrui » n'est pas suivre la trace ; cette lente élaboration qu'il a eu l'humilité de décrire dans sa *Dramaturgie*, ce travail qui « à chaque pas », utilisait les notes prises par le critique au cours de ses innombrables lectures de pièces lui a permis de « refaçonner et combiner des éléments de diverses origines »[210] et de faire, dans le cadre de l'actualité politique, des divergences provinciales et de la paix restaurée entre les Etats, une œuvre allemande originale qui est, comme le soulignait Goethe devant Eckermann, le premier chef-d'œuvre comique de son pays. Cette originalité était assez frappante pour que l'affichette qui annonçait la première représentation en fît le sujet d'un *Avertissement* :

« Dans toute cette pièce on ne voit ni n'entend rien qui soit emprunté. Ce qui s'y révèle, c'est la façon de penser d'un soldat, qui tire d'elle-même son originalité. Le major, homme de grand mérite tombé dans la pauvreté, montre un caractère noble et sans jactance ; Minna von Barnhelm, une demoiselle de Saxe, montre toute la vivacité de sa nature et le tempérament propre à sa province se marque dans son enjouement et son entrain ; Franziska est une fille

---

208. V, 12 (c'est nous qui soulignons). Elle donne ainsi une justification de son stratagème en même temps que sa joie éclate, comme Silvia à la dernière scène du *Jeu*. Remarquons cependant que Tellheim, frappé comme Dorante de surprise (« Dieu ! Que vois-je ? qu'entends-je ? »), en revient moins aisément que lui : « O ange et démon ! me torturer ainsi ! »... « O comédienne! J'aurais dû vous connaître!»

209. Cf. le passage que nous avons cité plus haut de l'épilogue de la *Dramaturgie* ; le dernier de ces « essais » était justement *Minna*. On lit dans la suite : « ... il faut que j'aie toutes mes lectures si présentes à l'esprit, tant de loisir à chaque pas, pour parcourir ce que j'ai noté sur les passions et les mœurs... » etc. (éd. Otto Mann, p. 389).

210. Nous traduisons une expression de R. Newald : « *Er drechselte Elemente verschiedener Herkunft zusammen* » (*Deutsche Literatur*, VI, p. 53, à propos de *Miss Sara Sampson*).

amoureuse et babillarde que l'auteur a entièrement façonnée, elle aussi, sur le modèle saxon... » etc.[211]

Cet avis au public ajoutait que « l'auteur a gardé la pièce quatre ans par devers lui pour l'orner chaque jour de beautés nouvelles. Dans ce pays envahi de traductions et d'imitations, une propagande fondée sur des caractères garantis d'origine[212] n'a pas de quoi surprendre. De même, les souvenirs de la guerre récente, glorieux, cruels ou désabusés, et l'élan patriotique suscité par l'exploit de la Prusse expliquent assez que cette « façon de penser d'un soldat » soit ainsi mise en vedette.

Il est certain que dans la pièce de Lessing l'obstacle est déjà contenu pour une bonne part dans la condition du soldat, telle que l'illustre l'exemple de Tellheim : cet honneur jugé trop rigide, cette exigence vis-à-vis de soi qui aboutit à l'entêtement, cette surestimation du rôle viril de direction et de protection[213], et aussi l'amertume et la misanthropie qui viennent de tant de peines et si mal récompensées au service volontaire du roi de Prusse[214], ne sont pas les signes d'un caractère proprement individuel. Tellheim est le soldat, non le mercenaire mais le soldat pourvu d'un idéal humain[215], avec la lumière et les ombres que cela comporte, comme Dorval était marqué, dans son caractère et son comportement, par sa condition de

---

211. Nous faisons état ici d'un *Theaterzettel* que nous avons trouvé dans la collection Manskop (*UB* de Francfort) parmi les premières affichettes, non reliées en volume. Il annonce la représentation pour le 18 octobre 1767 et en ces termes : « Une comédie en cinq actes et en prose, totalement nouvelle, présentée ici même et en aucun autre lieu auparavant », l'*Entrepreneur* du spectacle étant Joseph von Kurtz.

212. Le caractère noble et « sans jactance », indiqué pour Tellheim (cf. II, 9 : « Minna — ... je ne sais rien de plus déplaisant chez un soldat que les plaintes, si ce n'est la vantardise. Mais il est une certaine manière froide et détachée de parler de sa bravoure et de son malheur... *Tellheim* — Mais qui, au fond, n'est encore que vantardise et lamentation ») est aussi une marque d'origine, à l'encontre de la fatuité « welche ».

213. Cf. les répliques les plus caractéristiques de Tellheim (IV, 6 et encore V, 9) : « C'est un homme indigne que celui qui n'a pas honte de devoir tout son bonheur à une femme dont l'aveugle tendresse... » et « Ainsi l'homme doit se permettre tout ce qui sied à la femme ? Quel est celui que la nature a désigné comme soutien de l'autre ? »

214. Cf. le récit et les réflexions de Tellheim (IV, 6).

215. Deux mercenaires apparaissent dans la pièce : Riccaut, mercenaire intégral, aventurier déchu (IV, 2) ; Werner, mercenaire en puissance par goût de l'action et dédain de la vie civile (I, 12). Tellheim méprise le premier et fait la leçon au second : « Il faut être soldat pour son pays ou par amour de la cause pour laquelle on combat. Servir sans intention tantôt ici, tantôt là, c'est voyager comme un garçon boucher, et rien de plus » (III, 7).

fils naturel. La raideur de Tellheim peut certes nous indisposer et l'auteur ne s'y oppose point[216], mais comment nier que sa situation concrète, quand le rideau se lève, justifie dans une large mesure son obsession d'être diminué et désormais indigne de Minna[217] ? Il semble y avoir plus de gratuité, plus de caractère fortuit dans les obstacles que Marivaux oppose au bonheur du couple dans ses comédies, d'abord parce que l'impératif moral, même s'il apparaît comme lié à la condition et par trop catégorique, en impose davantage que les impulsions égoïstes ou la crainte de heurter les usages du monde[218]. Dans une comédie comme le *Jeu*, par exemple, les appréhensions concernant le mariage sont sans doute légitimes — encore que l'union de Dorante et Silvia se présente sous les meilleurs auspices — mais c'est la coïncidence étrange de l'idée ou de « l'imagination » qui leur est venue pour les surmonter, et dont l'un et l'autre a obtenu de son père liberté de la mettre en œuvre, qui fait surgir l'obstacle véritable.

Le hasard initial de ce double caprice — et nous admettons volontiers que « le motif en est pardonnable et même délicat », comme le fait valoir en guise d'excuse le père de Dorante[219] — et les déguisements, prolongeant jusqu'au bout l'atmosphère irréelle de la comédie à l'italienne, maintiennent la prédominance du jeu[220]

---

216. Il y a contre Tellheim d'une part l'exagération de son pessimisme (« ... un officier remercié, atteint dans son honneur, un mutilé, un mendiant »), que Minna tente en vain de désarmer par des plaisanteries (IV, 6), d'autre part l'orgueil, qui apparaît lorsqu'il se raidit contre la tendresse de Minna ; mais la frontière reste indécise entre le sentiment de l'honneur et ses excès.

217. Le premier acte, où Minna ne paraît pas, est d'ailleurs entièrement voué à l'éloge de Tellheim.

218. Dans *La Mère Confidente*, comédie touchante où l'obstacle moral joue un rôle plus important, l'estime de soi est encore nettement subordonnée à l'estime du monde (cf., I, 8 et III, 11).

219. Marivaux a donné à « l'imagination bizarre » venue à Dorante, puis à Silvia, un fondement psychologique et moral dans les scènes 2 et 4 où la jeune fille expose ses expériences (portraits des maris despotiques de son entourage) et où M. Orgon lit à Mario la lettre du père, expliquant les scrupules de Dorante : « Mon fils sait combien l'engagement qu'il va prendre est sérieux... ». Les versions allemandes où les portraits ont été coupés pour hâter l'exposition privaient donc la pièce, à son point de départ, d'un élément important : ces portraits, outre leur valeur satirique et la mode qu'ils servaient, montrent que le postulat de l'intrigue n'est pas de pure fantaisie.

220. La dernière parade, si émouvante, de Silvia : « Je vais vous parler à cœur ouvert (...) La distance qu'il y a de vous à moi... » etc. (III, 8) est encore du jeu, vibrant tant elle s'identifie au personnage, ce qui, au salon comme au théâtre, est la condition même du succès. On pense aux reproches de Tellheim à Minna : « O ange et démon !... », à Minna et à

et interdisent le pathétique. Celui-ci naît, dans la pièce de Lessing, de la certitude de son héros que, par l'ingratitude des grands et l'injustice du sort, un amour déjà ancien, bien conscient, aux racines profondes, dont la guerre a retardé l'épanouissement, ne pourra jamais s'accomplir. L'enjeu est pourtant chaque fois le même, et l'impossibilité d'ordre social, qui émouvait si fort Silvia[221], se colorait aussi de nuances morales, ne fût-ce que par le désir de ne pas infliger de chagrin à un père bienveillant et libéral. Au fur et à mesure que le sentiment se développe sous nos yeux, le jeu apparaît de moins en moins comme factice, il rejoint peu à peu la gravité de l'enjeu. Une évolution régulière mène du badinage du début (I, 6) au combat serré de la fin (III, 8), chaque pas est un progrès vers cet « assentiment puissant »[222] dont la joie éclatera au dénouement ; consciemment ou inconsciemment, les partenaires se cherchent, pour reprendre ce duel qui ne peut manquer d'aboutir à la levée de leurs craintes, au plein accomplissement de leurs espoirs[223]. Tellheim, au contraire, fuit Minna : à la fin du quatrième acte ils n'auront eu que deux entrevues, où leur débat piétine et s'enlise ; pour faire sortir le major de son refus, pour mouvoir ce bloc, il faut une ruse semblable à celles qu'offre la comédie italienne. C'est donc tardivement, après coup, que s'introduit l'artifice, que le drame, extérieurement du moins, tourne à la comédie[224].

---

220. (*Suite*).
sa complice Franziska : « O comédiennes ! J'aurais dû vous connaître ! » (V, 12). Toutefois, dans le cas de Silvia, l'identification est soutenue par la chaleur réelle du sentiment (cf. *Th. C.*, I, pp. 1107-1108, note 75), « à cœur ouvert » est vrai pour l'essentiel : ce chef-d'œuvre de la feinte est en même temps un aveu d'amour, dont le « feu » pénètre Dorante qui n'élèvera pas — comme Tellheim — de protestations contre le procédé employé à son égard. Minna tablait sur la *générosité* naturelle de Tellheim (IV, 1), Silvia ne pouvait et ne voulait compter que sur la force de *l'amour* (III, 4) ; nul doute que le mélange de notions morales, conforme au goût de Lessing pour le genre sérieux et touchant, ne rende dans sa pièce l'épreuve plus froide.

221. Cf. le monologue de Silvia (II, 8) ; même sentiment d'impossibilité — mais sans révolte de l'amour-propre — chez Dorante : « ... puisqu'il ne m'est pas permis d'unir mon sort au tien ... » (II, 12).

222. C'est le terme employé par Jean Giraudoux dans son *Hommage à Marivaux*.

223. Le dénouement est connu dès que la situation est exposée : « ... voyons — dit Mario — si leur cœur ne les avertirait pas de ce qu'ils valent » (I, 4). A.-W. Schlegel note que dans ce théâtre, ce n'est pas le but, mais le chemin qui retient l'intérêt ; nous y reviendrons.

224. Le tournant se trouve à la fin de la seconde entrevue (IV, 6), marqué par la réflexion comique de Franziska : « Il est vrai qu'il vous en fait un peu trop voir », alors que l'échange précédent était tendu.

Après ce nouvel aiguillage de la pièce, Minna se trouve, en face d'un Tellheim de bonne foi et au cœur généreux à son ordinaire, simulant pour le forcer à renoncer à son orgueil de soldat injustement humilié ; dès la fin du second acte du *Jeu*, Silvia se trouvait de même, en face d'un Dorante rendu pour sa part à la réalité, simulant pour le forcer à renoncer à son orgueil de classe. Mais la différence est tout de même considérable : Dorante avait partagé la responsabilité du jeu avant d'en devenir la cible, il s'est seulement heurté à plus forte partie, tandis que rien ne semble plus étranger à un Tellheim que l'emploi à son égard d'un tel expédient ; si cette feinte s'est avérée nécessaire pour fléchir sa résistance, n'aurait-elle pas dû cesser dès que la lettre du roi, lui restituant son honneur et son bien, l'a rendu à lui-même ? Or, c'est au contraire à ce moment que le jeu de Minna prend sa vraie dimension : la situation paraît inversée, l'amour-propre pousse à l'exploiter dans le sens d'une revanche totale, à « le martyriser un peu avec un orgueil semblable »[225]. Silvia non plus n'était pas mécontente de plonger Dorante dans un abîme de réflexions après avoir elle-même connu l'anxiété et essuyé les vexations[226]. Telle est l'origine des nombreuses réserves qu'on trouve dans la critique allemande sur l'utilisation et surtout la prolongation de ce procédé au cinquième acte de *Minna* : ce soldat allemand loyal et généreux, soumis aux stratagèmes futiles et cruels d'une intrigue italienne, bonne pour des personnages de fêtes galantes, pour ces petits hommes et ces aimables figurines dont parle Erich Schmidt en analysant le théâtre de Marivaux[227] ! Certes, Minna est une jeune fille saxonne pleine d'espièglerie, mais la vérité du caractère provincial, la vraisemblance de ces traits de la psychologie féminine, le fait même que l'âpre sincérité du héros fait

---

225. Cette intention explicite (III, 12), Minna la met à exécution dans la longue scène 9 de l'acte V, alors que le stratagème apparemment n'a plus de nécessité, et malgré l'exhortation de Franziska (« Et maintenant, Mademoiselle, laissez le pauvre commandant tranquille »). Minna oppose à Tellheim, mot pour mot, ses précédentes maximes : il s'agit bien à la fois d'une revanche et d'une cure.

226. Aux humiliations de Silvia (II, 7, 8 et 11) ont succédé celles de Dorante III, 2 et 3). Le vif plaisir exprimé par la jeune fille (III, 4) a également une double face : celle qu'elle fait ressortir elle-même (la preuve d'amour que Dorante est sur le point de lui donner « va rendre *leur* union aimable ») et celle que soulignent son père et son frère (l'exultation de l'amour-propre).

227. Cf. *Lessing*, p. 114. En appelant dédaigneusement *Männlein* les personnages masculins de Marivaux, Erich Schmidt pense peut-être à *L'Ile de la Raison* ou *Les Petits Hommes*.

échouer le jeu[228] ne rachètent pas aux yeux de certains critiques cette disconvenance : on parle alors de contagion de l'époque, de parties périmées de l'œuvre, d'une fâcheuse prédilection du *rococo* pour les oppositions dialectiques.

De même, un style trop livresque, affecté, « irréel », est souvent reproché à la pièce[229]. Or, Sonnenfels louait au contraire Lessing d'avoir créé, et perfectionné dans *Minna*, un art du dialogue, une liberté du dialogue qui l'élève au-dessus de tous ses contemporains : des beautés « proprement intraduisibles », un peu de préciosité parfois, quelques « colifichets issus du bel-esprit ou plutôt de ses lectures », mais surtout une langue sinueuse et agile, « forgée — on peut l'affirmer — par lui-même »[230]. Devant ces éloges et ces critiques contradictoires, comment ne pas songer à Marivaux, à la langue *singulière* qu'on lui a tant reprochée et qu'il a défendue en alléguant sa parfaite adéquation avec ce qu'il avait à dire (ou à faire dire)[231] ? La différence est que, dans le cas de Lessing, les réserves sur ce point sont faites par la critique la plus récente, tandis que la louange précitée vient d'un contemporain. Sonnenfels, dont les *Lettres sur le Théâtre viennois* sont censées sortir d'une plume française, n'a pas manqué de penser aux auteurs de « son » pays, mais la comparaison ne tourne pas en leur faveur : Lessing se trouvait dans l'obligation d'inventer une langue propre au « comique noble », à la « comédie raffinée », parce que cette langue n'avait pas été élaborée, dans les Cours et les Villes, par une haute société oublieuse de ses devoirs, obstinée à user du français « dans toutes ses assemblées »[232]. Les auteurs français trouvaient, quant à eux,

---

228. A aucun moment, le jeu n'a raison de Tellheim. Certes, sa générosité a répondu immédiatement à l'appel, mais il ne renie nullement son orgueil ; sa force est qu'il est prêt à tout sacrifier, y compris sa réhabilitation — sacrifice qui contenterait encore sa fierté (« J'ai précisément l'impression qu'il ne me sied pas d'accepter cette justice tardive... », V, 9). Minna reconnaît son échec complet : « Ah, chère Françoise, j'aurais dû t'obéir. J'ai poussé trop loin la plaisanterie... » (V, 11).
229. Cf. par ex. Holl, *op. cit.*, p. 184 : « . *die unwirkliche und unindividuelle Buchsprache* . . ».
230. J. v. Sonnenfels, *Briefe über die Wienerische Schaubühne*, 17e Lettre datée du 1er avril 1768. *Intraduisibles* se réfère à un ouvrage de Bielefeld sur les *Progrès des Allemands*, et une traduction par le même de *Miss Sara Sampson*, à laquelle le critique accroche cette remarque : « Pour les écrits qui regardent en quelque manière la gloire d'une Nation, on devrait, comme pour les marchandises anglaises, organiser le contrôle le plus strict avant de les laisser passer les frontières ». Selon lui, *Minna* surpasse encore par son dialogue les pièces précédentes.
231. Cf. *Le Cabinet du Philosophe*, sixième feuille (*J.O.D.*, pp. 380-388).
232. Sonnenfels, *loc. cit.* La langue propre à la comédie relevée est celle du commerce de la haute société ; or, l'Allemagne a-t-elle jusqu'à cette

cet instrument à leur disposition, mais certains ont été tentés de le faire servir à tout, d'étendre le ton du monde « aux valets et filles de service, auxquels il arrive, dans nos pièces françaises, de faire les beaux esprits à n'y pouvoir tenir ». Bien que Marivaux ne soit pas nommé, la référence est sûre.

Une analyse complète de la comédie de Lessing sous cet éclairage particulier n'entre pas dans le cadre de la présente Introduction[233] : nous nous bornons à esquisser les lignes principales du rapprochement à titre d'exemple privilégié. L'importance de cette pièce comme la première qui ait, dans le genre, fait valoir un contenu national en rattachant son sujet à des événements vécus et en mettant en scène des personnages marqués par ces événements[234] empêchait d'attribuer aux emprunts, malgré l'humilité montrée par l'auteur, un bien grand relief. Ainsi fut fait. Si l'on se réfère à l'étude d'Erich Schmidt[235], on constate que des emprunts sont certes reconnus, mais traités avec un air de supériorité : il est entendu qu'il y avait à l'origine, dans ce qui a été repris ou exploité quelque chose de fade, d'artificiel ou de trop systématique qui, grâce à ce dépaysement et à cette refonte, s'anime enfin des couleurs et de la chaleur de la vie, que ce soit le thème de l'officier limogé, trop amoureux de l'honneur pour ne pas renoncer à l'amour[236], l'habileté d'exposition qui retarde l'entrée du person-

---

heure une langue de la haute société ? Est-il possible qu'elle y parvienne jamais, puisque dans toutes les Cours, dans toutes les capitales, dans toutes les assemblées, on ne parle que français ? »

233. Bien des rapprochements seraient encore à faire, sur l'usage des maximes, la solidarité que la soubrette manifeste en employant le *nous* pour parler de sa maîtresse, une scène entre amants passant par le truchement d'un valet indiscret (l'aubergiste dans *Minna*, III, 3), etc. On trouve même dans *La Seconde Surprise* une réplique d'Hortensius qui évoque la situation de Tellheim : « ... Je deviens à présent un serviteur superflu, semblable à ces troupes qu'on entretient pendant la guerre et que l'on casse à la paix (...), et je me retire avant qu'on me réforme » (II, 4) ; ce n'est qu'une coïncidence.

234. La définition que donne Goethe dans *Poésie et Vérité* (Deuxième partie, livre VII) figure souvent en tête des études de la pièce : « Il me faut inscrire au tableau d'honneur, avant toute autre, une œuvre qui est le plus pur produit de la Guerre de Sept ans, et d'un contenu national parfaitement représentatif de l'Allemagne du nord... », etc. (cité par E. Schmidt, *Lessing*, I, p. 457).

235. Les points énumérés dans la suite de la phrase ainsi que les autres mentions de l'analyse de *Minna* par E. Schmidt sont extraits de sa biographie de Lessing, I, pp. 456-590.

236. Thème tiré sans doute possible de la comédie de Farquhar *The constant Couple*, œuvre que le critique juge « confuse et disparate », mettant en scène des personnages « très superficiels et inconséquents ». L'histoire des vicissitudes de la bague de fiançailles vient également de là.

nage principal pour la mieux préparer et laisser la curiosité en suspens[237], une « charge » telle que Riccaut le tricheur, cousin germain de M. Toutabas, maître de tric-trac dans *Le Joueur* de Regnard, ou la piquante Franziska dont Schmidt admet la parenté avec les soubrettes de Marivaux pourvu qu'on la trouve « finement individualisée et germanisée »[238].

En réalité, les questions posées — et non résolues, sinon par des références assez vagues à l'intellectualisme de l'*Aufklärung*, à la surcharge propre au style *rococo* — à propos du jeu dangereux que Minna poursuit avec une lucidité froide[239] offraient le meilleur terrain de confrontation utile avec Marivaux : pourquoi Minna « martyrise au-delà de toute mesure le plus sensible des hommes », pourquoi, après la lettre autographe du roi qui scelle son bonheur, elle « fait durer la comédie pendant quelques scènes encore au lieu d'avouer sur-le-champ sa feinte »[240], ce sont là des questions que la comparaison avec les épreuves poussées à bout, telles qu'on en trouve dans ce théâtre de Marivaux que Lessing connaissait bien, aidait à élucider. Les coups de boutoir que Tellheim oppose à ce jeu de Minna[241] : « C'est de l'affectation, Mademoiselle ! » et « Sophiste ! » montrent la réaction d'un Allemand du Nord à une attitude qui, avant même qu'il n'en sache le fin mot, lui semble manquer de naturel. E. Schmidt s'étonne de l'assurance de cette fille de

---

237. Annoncée au premier acte, Minna n'entre en scène qu'à l'acte II. Le dernier voile sur la détresse de Tellheim n'est levé que vers la fin de l'acte IV. Goethe, dans ses *Conversations avec Eckermann*, a suggéré un parallèle avec la savante exposition de *Tartuffe*.

238. E. Schmidt écrit : « Mais cette Franziska n'est pas (...) non plus l'une des mignardes soubrettes de Marivaux, quelle que soit la ressemblance de famille avec ce menu peuple que trahissent son malicieux babillage, son impertinence sans agressivité, son plaisir à en remontrer, sa participation active à la mise en train du stratagème de Minna. La fille de meunier Franziska Willig est une Lisette finement individualisée et germanisée.. », etc. La parenté est en effet frappante, tandis que la différence affirmée ici repose essentiellement sur le cliché d'une pure soubrette de salon, sans saveur populaire ; chez Marivaux ; il suffit de lire (par ex. la première scène du *Jeu*) pour se persuader du contraire.

239. L'auteur a noté que Minna s'émeut quand Tellheim évoque leur bonheur futur, mais se ressaisit aussitôt (V, 9).

240. E. Schmidt reproche à Minna de martyriser Tellheim à l'excès après s'être proposé de le « martyriser un peu » si cela devenait nécessaire pour sauver leur amour ; « nous nous demandons pourquoi » l'épreuve est poussée au-delà du nécessaire. Bref, il juge son prolongement sans fondement du point de vue dramatique (le troisième acte du *Jeu* et plusieurs scènes de *L'Epreuve* ont encouru la même critique), inconséquent et déplaisant en ce qui concerne la psychologie du personnage.

241. *Minna*, V, 5 et 9.

vingt ans, qui entreprend d'épouser un homme de cette trempe et de rabattre son orgueil, qui n'en démord point et revendique en faveur du sexe faible le droit de répliquer par les mêmes armes aux arguments, principes et comportements du sexe fort[242] ; une telle remarque orientait encore vers les héroïnes de Marivaux, d'autant plus que Lessing, laissant la voie de la persuasion tracée par Farquhar[243] aboutir à une impasse, engage l'action dans un genre d'intrigue familier à l'auteur français.

Le critique considère comme une faiblesse du personnage que « la demoiselle montre à vingt ans l'indépendance et la sûreté d'une jeune veuve » ; c'est que les jeunes filles du pays, même appartenant à l'aristocratie, étaient normalement plus malléables, plus dociles, elles ne possédaient pas cette liberté d'appréciation et de décision qui ne peut venir que d'une éducation libérale et du commerce du monde, et qui fait de Minna une émule des Silvia, Flaminia ou Hortense ; sa liberté de parole, dans cet « art intarissable de la conversation »[244], cette prise constante de la balle au bond que signale Erich Schmidt, n'était pas le propre des jeunes filles dans la comédie ni sans doute dans la société allemande de l'époque. Le critique, parlant de l'héroïne de Lessing, avec quelque exagération, comme « précurseur de l'émancipation féminine », lui oppose la vive réplique de Tellheim sur la primauté des devoirs qui incombent à l'homme[245] ; ce qui a été fréquemment blâmé comme un manque de simplicité et de docilité, et même de sensibilité — donc comme des traits peu allemands — dans l'acharnement de Minna à obtenir réparation, fut aussi à l'origine de cette surestimation du rôle de Tellheim que nous évoquions : n'est-il pas tentant de donner la vedette absolue au soldat prussien, dont la raideur inflexible n'est en somme que le corol-

---

242. Minna ne se contente pas de rétorquer à Tellheim tous ses arguments précédents, elle ajoute, quand la situation est éclaircie : « Cela pour vous prouver, mon cher époux, que vous ne me jouerez jamais un tour sans que je vous rende immédiatement la pareille » (V, 12), réplique de comédie, qui s'accorde bien avec l'allégresse du dénouement et l'humeur mutine de Minna — mais qui a provoqué de la part de Sonnenfels une réprobation plaisante, comme un témoignage de la méchanceté du sexe (15e *Lettre sur le Théâtre viennois*).

243. Dans la comédie anglaise, la fierté du colonel Standard cédait aux sollicitations de Lady Lurewel.

244. E. Schmidt, *op. cit.*, p. 466 : « .. *durch* (...) *episodischen Schmuck und unversiegliche Gesprächskunst lückenlos* (...) *aufgetrieben* ». Mêmes ombres et lumières que celles qui apparaissent dans la critique de Marivaux : manque d'action, que compensent l'esprit, l'art du détail, la trame ininterrompue du dialogue.

245. Tellheim : « ... Ainsi, l'homme doit se permettre tout ce qui sied à la femme ? » (V, 9).

laire de la loyauté ? N'est-il pas campé de la façon la plus typique,
à l'opposé du « soldat glorieux », du fanfaron et du faux-brave de la
tradition latine ? L'éloge enthousiaste que lui a consacré Herder[246]
est caractéristique : noblesse, énergie, virilité, sincérité rude...
« Dans tout ce qu'il dit, je n'aurais pas un mot à changer », proclame Herder qui rejette par contre Minna la comédienne ! Cette
exaltation exclusive du personnage paraît partiale à qui décèle dans
la pièce d'autres intentions, proches de celles qui animent le théâtre de Marivaux : la légitime défense d'un sentiment sincère et partagé contre tout ce qui se ligue pour lui faire échec, même les mobiles les plus dignes, tel cet honneur dont Tellheim ne donne d'ailleurs qu'une définition négative[247].

X. — *CONTINUITE DU COURANT.*

Si l'exploitation de rapprochements avec des œuvres étrangères familières aux auteurs de l'époque (et surtout au critique appliqué à noter les éléments de bonne comédie aptes à resservir) risque de se heurter au scepticisme dès qu'il s'agit d'une pièce comme
Minna von Barnhelm, qu'on se plaît à considérer, depuis le jugement
de Goethe[248], comme marquant une étape décisive vers l'affran-
chissement du théâtre allemand, la tendance à éloigner des sources
d'inspiration française les œuvres les plus significatives se renforce
naturellement lorsque la critique aborde le mouvement du *Sturm-
und-Drang*, où semble se consommer en quelques années la rupture
tumultueuse avec l'intellectualisme et avec les élégances du

---

246. E. Schmidt cite cette lettre de Herder, datée du 20 sept. 1770, à Caroline
Flachsland.

247. Tellheim dénie violemment à Minna le droit de parler de l'honneur, qu'il
ne définit lui-même que par ce qu'il n'est pas, et de façon telle qu'il semble se confondre avec l'estime publique (IV, 6). Les formules que Lessing
met dans la bouche de Minna sont plus convaincantes : « Car ne pas vouloir être redevable de son bonheur, même à celle qu'on aime, c'est de
l'orgueil, de l'orgueil impardonnable ! » (III, 12) et : « Oh, les hommes
fougueux et inflexibles qui fixent toujours leurs regards sur le spectre
de l'honneur, et qui s'endurcissent contre tout autre sentiment !.. »
(IV, 6).

248. Goethe parlera dans *Poésie et Vérité* (*loc. cit.*) d'« effet incalculable »,
en se fondant justement sur l'actualité nationale du sujet. Notons que
Chr. H. Schmid, plus près de l'événement, définit la pièce comme « du
genre noble, diderotiste » (*von der edlern diderotischen Gattung*) dans
l'article de son *Index* consacré à Lessing : c'est l'année même (1781)
où ce dernier reconnaît sa dette dans la préface de la réédition du
Théâtre de M. Diderot traduit par lui.

rococo[249], et à plus forte raison la période des œuvres majeures, le développement et l'épanouissement du classicisme de Weimar, et la naissance parallèle du premier romantisme dans le cercle d'Iéna[250]. Ainsi, la province de Saxe[251] restait le principal foyer de la littérature allemande : les années 1730 et 1740 avaient vu, à Leipzig, le règne de Gottsched, recrutant de jeunes auteurs au service d'un rationalisme importé de France, plus intransigeant d'ailleurs qu'il n'avait jamais été dans son pays d'origine ; un bon demi-siècle plus tard, la floraison des œuvres originales est d'une densité et d'un éclat uniques[252]. Rien de plus normal donc que de montrer une Allemagne, devenant à son tour le haut lieu et le ferment de la littérature européenne, entièrement libérée de ce climat de portes complaisamment ouvertes et d'apprentissage laborieux qui avait été le

---

249. P. Grappin (*Littérature Allemande*, pp. 385-386) indique comme point de départ de ce « Temps des Génies ». ou de ce mouvement « Tempête et Assaut », « Orage et Passion » (dont l'étiquette est le titre d'un drame de Klinger), le voyage que fit Herder en France en 1769 et dont le *Journal* fut publié beaucoup plus tard ; le mouvement, déjà déclinant en 1775 après le départ de Goethe pour Weimar, connut un regain autour de 1780 avec les premières pièces de Schiller. Ce n'est donc qu'un bref épisode. Dans son autre ouvrage *Une autre Philosophie de l'Histoire* (1774), Herder attaquait avec virulence l'« idolâtrie de l'esprit » pratiquée par les philosophes des *Lumières* et la « singerie de gaîté et d'élégance verbale » répandue par les Français dans toute l'Europe (éd. Aubier, pp. 232-233, 246-249).

250. Tieck, Novalis, Schelling et les frères Schlegel étaient réunis à Iéna en 1799-1800 ; l'organe de ce groupe fut l'éphémère revue *Athaeneum*. A la même époque, le classicisme fleurissait avec les « Dioscures », Goethe et Schiller, à 20 km. de là, à Weimar, où vivaient également Wieland et Herder. En 1794, Hölderlin avait fréquenté Schiller à Weimar et écouté les leçons de Fichte à l'Université d'Iéna. L'image française d'une succession dans le temps et d'une opposition violente des classiques et des romantiques doit être oubliée ici.

251. La province fournit un exemple typique de la division politique de l'Allemagne à cette époque : Leipzig était en Saxe Electorale (capitale : Dresde) et n'était donc point Résidence, ce qui, aux yeux de certains, avait déprécié l'action de Gottsched, prétendant faire rayonner de cette ville « secondaire » sa réforme du théâtre sur tous les pays de langue allemande. Weimar était Résidence du grand-duché de Saxe-Weimar-Eisenach où se trouvait, mais depuis peu, Iéna, auparavant capitale d'un Etat minuscule Il y avait encore le duché de Saxe-Gotha-Altenburg où le grand Ekhof avait jadis dirigé le Théâtre de la Cour, les duchés de Saxe-Cobourg-Saalfeld et de Saxe-Meiningen, tandis que Weissenfels (d'où venait Novalis arrivant à Iéna) avait été jusqu'au milieu du siècle capitale d'un Etat indépendant

252 P. Grappin (*op. cit.*, pp. 422-423) traduit par une belle image, qui fait penser à l'évocation du printemps dans le monologue de Faust, cette floraison magnifique et cite l'exemple de l'année 1787 qui vit naître pour la scène l'*Iphigénie* de Goethe (dans sa forme versifiée), le *Don Carlos* de Schiller, le *Don Juan* de Mozart.

ʼsien pendant plusieurs décennies. Dans les années du *Sturm-und-Drang*, Rousseau et Diderot[253] semblent seuls maintenir le courant d'influence, naguère multiple et continu, entre la France et l'Allemagne ; mais la parenté du tempérament, affirmée par Lessing, entre Anglais et Allemands domine désormais la scène et l'enthousiasme shakespearien est beaucoup plus démonstratif que l'estime qu'on leur porte[254].

Pourtant, ce qui se passe à l'avant-scène ne doit pas dissimuler une réalité plus complexe : le mouvement *Tempête et Assaut* n'a pas réussi à balayer l'influence du goût français, resté dominant dans la haute société et dans bien des Résidences, notamment dans celle de Berlin et de Potsdam qui attirait tous les regards et où Frédéric II, régnant jusqu'en 1786, n'eut que dédain pour la jeune littérature allemande[255] ; la conquête et l'occupation napoléoniennes viendront seules à bout d'une fidélité qui allait bien au-delà d'un simple

---

253. Encore faut-il noter que Herder, dans son *Journal* de 1769, hésite à compter encore Diderot parmi les esprits créateurs et considère l'entreprise même de l'*Encyclopédie* comme le signe de la stagnation d'une culture. Les idées dramatiques de Diderot et son *Père de Famille* continuent cependant à faire école : la trace en est encore nette dans *Intrigue et Amour* de Schiller (1783). Sur la « consécration de Diderot homme de théâtre », voir R. Mortier, *Diderot en Allemagne*, pp. 84-124.

254. C'est dans la plus célèbre des *Lettres sur la Littérature moderne*, la dix-septième (1759), que Lessing avait opposé cette parenté de tempérament à la divergence franco-allemande. Les traductions de Shakespeare par Wieland (8 vol., 1762-1766), Eschenburg (1775-1782), enfin A.-W Schlegel (1797-1810), fournissent par leur diversité un témoignage sur l'évolution du goût, du *rococo* au romantisme. Trois dates marquantes de l'enthousiasme shakespearien : le discours de Goethe en 1771, la publication de son *Götz* en 1774, la première allemande de *Hamlet*, présenté à Hambourg par Fr.-L. Schröder en 1776. Le succès considérable en Allemagne du *Nouvel Essai sur l'Art dramatique* (1773) de Louis-Sébastien Mercier, dont Klinger a dit qu'il s'était fourvoyé en naissant Français, inclinait les esprits vers le même culte : les *Stürmer* ont reconnu en Shakespeare le flambeau même du *génie* — maître-mot de l'époque. Mais les résistances furent également vives : en 1778 par exemple, les *Frankfurter gelehrte Anzeigen* exprimaient l'opinion que Shakespeare ne se maintiendrait pas, *Hamlet* excepté, dans les répertoires allemands et soulignaient l'échec de « nos originaux shakespearisants » ; vingt ans plus tard, Iffland déplorait que ces pièces, jouées trop souvent, aient altéré le style des comédiens et le goût du public qu'avaient auparavant affinés Marivaux et Destouches (*Mémoires*, trad. française, p. 75).

255. La situation était paradoxale : à une époque où le patriotisme littéraire se développait dans la bourgeoisie intellectuelle allemande, le souverain allemand qui avait, par l'audace de sa politique et par ses victoires, suscité l'admiration et éveillé des espoirs dans les mêmes milieux, était aussi celui qui tournait le plus froidement le dos à la littérature nationale : son essai de 1780 (en français) sur la littérature allemande est caractéristique à cet égard.

engouement[256]. La continuité se marque d'ailleurs par une inlassable activité de traduction de pièces françaises nouvelles et même anciennes ; quand Johann Gottfried Dyk commence en 1777 à publier sa série du *Théâtre comique Français pour les Allemands*, il montre par là, tout en soulignant la nécessité d'une germanisation plus poussée de ce répertoire, que c'est encore « sur les modèles français » qu'on trouvera les meilleurs « divertissements » au théâtre : la formule employée par Pfeffel pour son précédent recueil[257] n'a nullement été rendue caduque par ce qui s'est passé entre temps. L'exemple le plus typique est peut-être celui des *Fausses Confidences*, dont Gotter publie une nouvelle version à Gotha en 1774, c'est-à-dire l'année même de la publication de *Götz* et de *Werther* ; cette version ne passa pas inaperçue ni ne resta inutilisée : Dyk en fait l'éloge dans sa préface et pendant de nombreuses années on la trouve dans tous les répertoires sous le titre *Die falschen Entdekkungen* ou *Vertraulichkeiten*. Certes, le style en est mis quelque peu au goût du jour et la pièce elle-même, plus fortement ancrée dans la réalité sociale de l'époque[258] que d'autres comédies du même auteur — où la vérité psychologique contraste à merveille avec les éléments de fiction, les figures de ballet de l'intrigue —, porte moins ce caractère de jeu « futile » qui était reproché au style *rococo* ; n'est-ce pas d'ailleurs cette même comédie que le « Théâtre National » de Hambourg avait choisie pour la soirée qu'il consacrait à Marivaux[259] ?

---

256. Cf. notre article dans *Etudes Germaniques* (année 1969, pp. 372-377). Pendant l'hiver 1812-1813, à la veille de l'insurrection contre l'occupant, une vieille dame de l'aristocratie prussienne se met au diapason en faisant déclamer dans son château des tirades de *Guillaume Tell...* tragédie de Lemierre, par une artiste française, et elle exprime son dédain pour le drame de *«votre M. Schiller »* !

257. Rappelons son titre : *Belustigungen nach französischen Mustern.*

258. Il s'agit moins du mariage malgré l'inégalité des biens, l'un des époux heureux d'enrichir l'autre, sujet courant de ce théâtre d'amour, que des conditions qui « se confondent un peu à Paris », comme l'affirmait Frontin dans *Le Petit-maître corrigé* (I, 3) : elles sont ici toutes représentées, avec des états intermédiaires (Marton la suivante-amie, Dubois le vale-maître), du dernier des faquins (Arlequin) à la grande noblesse d'épée, et dans une promiscuité qui peut permettre des aiguillages divers, vers le haut ou vers le bas. Les tensions qui en résultent s'expriment avec âpreté dans la controverse entre Mme Argante et M. Rémy (III, 5-8). Lire à ce sujet l'important article de Ch. Dédéyan dans les *Mélanges Mornet*, 1951, pp. 119-132 : *Vérité et Réalité dans Les Fausses Confidences.*

259. La vingt-et-unième soirée (20 mai 1767) a été consacrée à Marivaux ; les autres pièces du même auteur jouées sur ce théâtre étaient en un acte et ne fournissaient donc qu'un complément de spectacle. *L'Héritier de Village* (4 août 1767) et *Le Dénouement imprévu* (12 juin 1768) suivaient *Nanine* de Voltaire.

Il faut cependant observer que Lessing, faisant le compte rendu de ce spectacle dans sa *Dramaturgie*(dix-huitième feuilleton daté du 30 juin 1767), au lieu d'écrire une critique de la pièce, l'inclut dans une définition générale de la manière de Marivaux, et il la caractérise par cet enchaînement de petits pas précis qui donne l'illusion d'avoir parcouru un grand espace alors qu'on est resté confiné dans d'étroites limites. Cette évolution linéaire et minutieusement calculée qui mène à un dénouement prévu d'entrée de jeu[260] est à l'opposé des intrigues touffues, aux rebondissements imprévus, « incalculables » (*unberechenbar*), qui seront censées reproduire le flot de la vie réelle dans le théâtre du *Sturm-und-Drang*. C'en est non seulement le contraire, mais aux yeux de bien des critiques de cette époque l'antidote ; les critiques, en effet, n'ont pas manqué pour prendre la défense — ou pour regretter l'éclipse — de ce comique français délicat, offert en une suite logique et donc satisfaisant pour l'esprit, riche d'humanité et donc bienfaisant pour le cœur, face à la gesticulation, aux incohérences, à la démesure. N'oublions pas d'autre part que, peu de temps après l'adaptation nouvelle des *Fausses Confidences*, une petite pièce d'un tout autre genre, pure analyse de l'instabilité des désirs dans un cadre de fiction, *La Dispute*, autrefois négligée à cause, sans doute, de sa chute à Paris, fut l'objet d'un intérêt subit[261]. A la génération suivante, *Le Jeu, La Seconde Surprise, La Mère Confidente* seront à leur tour repris dans des versions nouvelles[262]. Il n'y a donc pas eu d'interruption de ce courant, et son ralentissement progressif s'accommodait très bien de renouveaux ; la zone d'influences possibles est d'autant plus étendue, des rapprochements peuvent être légitimement tentés au delà de la limite du siècle[263].

---

260. *Les Fausses Comfidences*, I, 2 : Dubois — « ... vous réussirez, vous dis-je (...) et on vous aimera (...) on vous épousera (..) quand l'amour parle, il est le maître, et il parlera... »
261. Le *Calendrier de Théâtre* de Gotha (1779, p. 4) mentionne parmi les pièces imprimées individuellement *Der Streit, oder welches Geschlecht brach zuerst die Treue der Liebe?*, comédie tirée de Marivaux, Iéna, 1778 — ajoutant que la pièce a déjà été traduite par M. le Conseiller Schmidt, délégué de Weimar à Vienne : l'*Almanach des gens et amateurs de théâtre* (Offenbach/Main, 1779, pp. 294 et 343) estime que cette version (insérée au premier tome de la collection du *Théâtre National Impérial et Royal*, Vienne, 1778) est la seule utile parce que la meilleure et de beaucoup. Ainsi, plus de trente ans après avoir été sifflée à Paris, *La Dispute* a fait l'objet en Allemagne d'une « petite guerre » des traductions. Notons que c'est la version autrichienne qui a été jouée au « Théâtre National » de Mannheim (cf. le répertoire de Fr. Walter, II, p. 102).
262. Il s'agit des travaux de Jünger (1794-1803), voir notre étude des traductions.
263. Nous pensons surtout au rayonnement durable de *Maske für Maske*, adaptation du *Jeu*.

XI. — *GOETHE ET MARIVAUX*.

Quelques rapprochements sont d'ailleurs esquissés par la critique allemande, impressions isolées, suppositions ingénieuses, mais, sans le soubassement des faits et sans analyse comparative des œuvres, comment ne pas les juger aléatoires ? Les mettre à l'épreuve d'un examen plus attentif nous a paru constituer une tâche à la fois ingrate et fructueuse ; même s'ils s'avèrent peu consistants, leur étude doit permettre un éclairage nouveau des œuvres, une mise en valeur de leur climat et de leurs caractères propres. Encore faut-il que ces œuvres en vaillent la peine ; si bien que, plutôt que de faire se succéder des recherches parcellaires sur des ouvrages d'importance souvent médiocre, nous avons pris le parti d'aborder de front, malgré les risques que cela comporte, une question de plus de relief, que quelques clins d'œil de la critique invitent à explorer ; celle de *Goethe et Marivaux*. Passionné de théâtre dès sa prime jeunesse, Goethe a été l'un des spectateurs les plus assidus des représentations françaises données à Francfort, quand la Ville d'Empire fut occupée au cours de la guerre de Sept ans ; on jouait entre autres des pièces de Marivaux et l'auteur de *Poésie et Vérité*, un demi-siècle plus tard, fera part de la vivacité des souvenirs que ce théâtre français de comédie lui a laissés[264]. Il est vrai que cette empreinte précoce fut ensuite recouverte par des impressions plus exaltantes et que les faits manquent pour présumer un regain ultérieur d'intérêt en faveur de Marivaux ; on peut même tirer argument des notes qui suivent la traduction du *Neveu de Rameau* pour soutenir le contraire[265].

Les rares ouvertures faites dans le sens qui nous intéresse par des critiques allemands restent donc bien fragiles. Cependant, si hasardeux que puisse sembler tel rapprochement, si improvisée telle conjecture sur une source, il est notable que les œuvres en cause concernent les problèmes du couple et plus particulièrement de l'inconstance, qui préoccupèrent constamment Goethe comme ils furent au centre des réflexions de Marivaux. Du premier essai de l'étudiant

---

264. *Aus meinem Leben — Dichtung und Wahrheit*, I, Teil, 3. Buch (*Jub. Ausg.* tome 22, p. 105).

265. Un sous-chapitre de notre étude sur Goethe et Marivaux est intitulé : « Marivaux oublié — Goethe traducteur du *Neveu de Rameau* ». Goethe a fait suivre sa traduction de *Remarques concernant les personnes et les choses citées au cours du dialogue du Neveu de Rameau*.

de Leipzig, une « bergerie enrubannée »[266] dans le goût *rococo*, *Le Caprice de l'Amant* (1767), en passant par *Stella* (1776), le drame de l'homme entre deux femmes où s'affirment les généreuses audaces du *Sturm-und-Drang*, jusqu'à une œuvre classique de la maturité comme *Les Affinités Electives* (1809), roman de la double inconstance dont la marche est semblable à celle d'un drame, ce sont ces mêmes problèmes qui reviennent, traités dans un esprit et un style différents. Si un rapprochement suggéré par la critique, ou tenté de notre part, résiste mal à l'analyse, si le résultat de telles enquêtes ne paraît guère probant en ce qui concerne des réminiscences précises ou ce qu'Ernst Barthel appelle, à propos du *Jeu de l'Amour et du Hasard* par rapport aux *Affinités Electives*, un « rôle d'incitation »[267], on peut encore espérer être dédommagé par la richesse d'un thème observé à travers la diversité d'œuvres vivantes.

La critique française de l'époque s'est aussi risquée à relever des analogies ; celle que R. Mortier a extraite des *Archives littéraires de l'Europe* (1807) est tellement étrange que nous renoncerons à la mettre à l'étude. Il est vrai qu'elle n'envisage pas de filiation, mais compare seulement deux manières qui se signaleraient par la même qualité : une grande connaissance du cœur humain, et le même défaut : le manque d'action. Il s'agit de la tragédie de *Torquato Tasso* (1790) et Charles Vanderbourg[268] écrit : « A dire vrai, nous nous permettons aussi de douter encore que cet ouvrage, malgré son mérite, soit propre au théâtre ; et dût l'anathème des critiques allemands nous frapper, nous dirons que Goethe, dans son *Tasse*, nous rappelle un peu Marivaux, qu'il y a fait, si l'on peut s'exprimer ainsi, du marivaudage héroïque. L'auteur de *Marianne* et du *Legs* connaissait aussi le cœur humain, quoi qu'il n'aimât pas en suivre la grand' route[269]. Ses comédies veulent aussi des spectateurs qui aient un état et une éducation, tandis que Molière plaît à tout le monde. Tel pourrait bien être le succès du drame de Goethe, comparé à celui des grands tragiques grecs et français »[270].

---

266. L'expression est de P. Grappin (*Littérature Allemande*, Aubier, p. 39).

267. Voir, au début de notre enquête sur *Les Affinités Electives*, la référence à l'ouvrage d'E. Barthel : *Goethe als Sinnbild deutscher Kultur.*

268. Cf. R. Mortier, *Un précurseur de Mme de Staël, Charles Vanderbourg (1765-1827)*, Paris, Didier, 1955.

269. Reprise de la critique faite par Voltaire, dans une lettre de février 1736 adressée à Berger.

270. R. Mortier, *Les « Archives Littéraires de l'Europe »* (1804-1808) *et le Cosmopolitisme littéraire sous le Premier Empire*, Mémoires de l'Académie Royale de Belgique, t.II, Bruxelles, 1957.

XII. — *LES DOCUMENTS.*

La difficulté principale d'une recherche de « fortune littéraire » en pays allemands au 18e siècle découle de la dispersion des documents, qui reste à l'image de l'éparpillement de la vie culturelle d'alors ; c'est à la fois l'écueil et l'attrait de telles enquêtes qu'elles demeurent forcément fragmentaires, inachevées, toujours ouvertes. Löwen incriminait en 1766 l'absence de capitale : « Que nous n'ayons pas en Allemagne de capitale unique, comparable à Paris, où le reste de l'Allemagne puisse trouver un modèle pour les mœurs, pour la tournure d'esprit, la mode et le langage, voilà la cause essentielle qui fait que nos traits sont mal définis, et qui rend si difficile à nos auteurs la représentation des mœurs allemandes sur une scène de théâtre »[271]. Sans doute le morcellement de l'Allemagne a-t-il favorisé son invasion par les répertoires étrangers, leur prépondérance longuement affirmée ; c'est sur une terre divisée, pourrait-on dire, que la comédie venue de France a régné. Mieux que quiconque, Lessing, dans l'épilogue de sa *Dramaturgie*, a mis cette situation en relief et lié le théâtre à la nation : « Ah la belle inspiration due à notre bon cœur : procurer aux Allemands un Théâtre National, alors que nous autres Allemands ne sommes pas encore une nation ! Je ne parle pas de la constitution politique, mais seulement du caractère moral. Il faudrait presque dire qu'il consiste à refuser d'en avoir un en propre »[272]. Si la personnalité allemande, les mœurs allemandes originales ont mis du temps à se dégager et à se refléter dans la comédie, c'est à cause de l'extrême fragmentation du pays et des particularismes jaloux[273] ; nulle situation n'est plus propice au cosmopolitisme que ne l'était celle-là. Mais, en contrepartie, chaque ville pouvait devenir à son tour un foyer d'initiative et de rayonnement : un « Théâtre National » pouvait renaître à Mannheim, financé par l'Electeur Palatin, après avoir péri à Hambourg

271. Löwen, *Geschichte des deutschen Theaters*, rééd. de H. Stümcke, Berlin, 1905, p. 66.

272. Lessing, *Dramaturgie de Hambourg*, éd. Otto Mann, p. 392.

273. P. Gaxotte, dans son *Histoire de l'Allemagne* (Flammarion, 1963), tente de définir avec précision la *Kleinstaaterei* : « Comment traduire ? Particularisme dit trop peu. *Kleinstaaterei*, c'est l'émiettement consolidé, constitutionnel, le foisonnement et le règne du petit dans le domaine politique » (t. II, chap. 14 : « Le Temps des *Lumières* », p. 7). Les pages suivantes fournissent des exemples de ce foisonnement, mais notent que « la petitesse territoriale est allée souvent de pair avec la grandeur intellectuelle et artistique ».

de l'indifférence de la bourgeoisie[274] ; le flambeau se déplaçait, de Leipzig, où, soutenue par Gottsched, la dame Neuber l'avait porté dans les années 30, à la grande redoute du château de Schwerin, où Schönemann en 1750 avait installé sa troupe, puis à Gotha, Hambourg, Weimar... sous l'impulsion d'Ekhof, de Schröder, de Goethe[275].

Le rôle très important qu'a joué dès le dix-huitième siècle le théâtre dans la vie sociale allemande, l'effort poursuivi par de bons esprits pour définir grâce à lui le caractère national, pour faire prendre conscience de la communauté linguistique et culturelle en dépit du morcellement politique, expliquent que des études d'histoire du théâtre aient été précocement entreprises en Allemagne. En 1766, Löwen, engagé dans ce combat, publie une *Histoire du Théâtre allemand*, alors qu'il le dit encore « dans son enfance » et qu'il s'interroge sur ses possibilités d'existence plutôt qu'il ne décrit ses réalisations ; c'est un ouvrage anecdotique, entaché de partialité, mais lucide et éloquent quand il s'agit de chercher des remèdes à la dépendance vis-à-vis de l'étranger ; l'auteur dénonce des obstacles, énonce des propositions qui composent une sorte de programme de redressement[276]. La documentation sur le théâtre allemand de l'épo-

---

274. Inauguré le 22 avril 1767, le « Théâtre National » dut quitter définitivement Hambourg le 27 novembre 1768, se repliant à Hanovre où la dissolution eut lieu le 3 mars 1769. Dix ans plus tard, un nouveau « Théâtre National » ouvrait ses portes à Mannheim (7 octobre 1779) ; le baron Dalberg avait obtenu cette fondation à titre compensatoire : parti pour Münich comme Régent, l'Electeur avait emmené sa troupe d'opéra, son corps de ballet et ses comédiens de Cour que dirigeait Theobald Marchand. C'est pour éviter le déclin de cette Résidence désormais sans souverain que fut ainsi créé le théâtre qui allait jouer les premiers drames de Schiller.

275. Il s'agit des directions illustres d'Ekhof au Théâtre de Cour de Friedenstein (1775-1779), de Friedrich Ludwig Schröder à Hambourg (1771-1798, avec une interruption en 1781-1785, alors qu'il jouait au Burgtheater de Vienne ; à partir de 1779, ce Théâtre privé obtint de la Ville l'autorisation d'y donner représentation toute l'année, même pendant le Carême et l'Avent...), de Goethe au Théâtre de Cour de Weimar (1791-1817). Mme de Staël écrit à propos de la gloire de Weimar : « L'Allemagne, pour la première fois, eut une capitale littéraire ; mais, comme cette capitale était en même temps une très petite ville, elle n'avait d'ascendant que par ses lumières » (éd. des Grands Ecrivains, tome I, chap. 15, p. 213).

276. La première phrase de cette *Histoire du Théâtre allemand* nie la réalité de son objet : « Le reproche que nous font les étrangers de ne pas avoir un théâtre à nous est des mieux fondés, et ce serait seulement trahir un amour-propre national excessif que de vouloir y contredire ». Les propositions de Löwen pour un redressement concernent le soutien des princes, notamment du roi de Prusse, le choix d'une ville-phare : Hambourg à la rigueur (un an après, Löwen allait y prendre la direction artistique du premier « Théâtre National »), mais plutôt Berlin, à cause

que se trouve ailleurs. Pour ce qui regarde les répertoires, Gottsched avait rassemblé en deux volumes la « provision (de titres)
nécessaire pour écrire l'histoire de l'art dramatique allemand »
(*Nöthiger Vorrath zur Geschichte der deutschen dramatischen Dichtkunst*, Leipzig, 1757-1765), source de toutes études ultérieures sur
ce sujet. Un autre professeur, Christian Heinrich Schmid, suit la voie
scientifique, celle de l'objectivité et de la prudence, dans sa *Chronologie du Théâtre allemand* (1775) et le commentaire qu'il en donne
est significatif : « Qu'un théâtre, à peine en mesure de fêter son cin-
quantenaire et constitué de tant de scènes provinciales isolées les
unes des autres, ne puisse faire l'objet d'une histoire cohérente et
pragmatique, c'est ce que nous avons tout de suite aperçu ». La
conclusion est nette : « la sécheresse de la chronologie » doit évin-
cer « l'éloquence de l'histoire »[277]. Pour notre propre recherche, l'un
et l'autre a son intérêt : si nous avons besoin d'informations nues, le
combat pour dégager le théâtre allemand de sa gangue primitive
de traductions et d'imitations concerne aussi au premier chef notre
enquête.

Un *Index des principaux ouvrages dans toutes les branches des
belles-lettres*[278], dont le chapitre XIII est consacré à la littérature
dramatique, a été publié quelques années plus tard par le même
auteur et nous en ferons également notre profit. De brèves sentences critiques s'insèrent entre le nom d'un auteur et l'énumération
de ses œuvres, accompagnent çà et là un titre particulier, appré-
cient la valeur d'une traduction. Schmid, qui n'émet pas la prétention d'avoir tout lu ou de tout pouvoir juger par lui-même, cite ses
sources françaises et allemandes : c'est ainsi qu'il a trouvé dans les
Observations sur les écrits modernes (1735-1745) de l'abbé Desfon-

---

de la notoriété des auteurs et des critiques qui s'y trouvent rassemblés,
la fondation d'une « Académie théâtrale » pour former les comédiens,
le relèvement de l'état et de la réputation de ces derniers. L'ouvrage se
termine par une citation de Diderot sur la nécessité pour chaque peu-
ple d'avoir ses propres spectacles (cf. pp. 3 et 67-72 de la rééd. de
H. Stümcke). Il fut assez mal accueilli ; l'éditeur cite un pamphlet en
vers du Hambourgeois Matthias Dreyer (*ibid.*, XXVII), dont nous tra-
duisons une strophe :
  Le Théâtre allemand n'est encor qu'un enfant,
  Moitié aveugle, moitié louchant,
Voilà ce que Löwen nous révèle.
Courage ! car il est son soutien, sa potion,
Il lui rendra la lumière,
Il est sa résurrection.

277. Préface de la *Chronologie* (rééd., p. 6 ; cité par Stümcke, *op. cit.*, XXXIII).
278. *Anweisung der vornehmsten Bücher in allen Theilen der Dichtkunst*,
    Leipzig, 1781.

taines « le premier exemple d'une critique alerte, que soutient la
malice »[279], mais il leur oppose l'impartialité du journal de l'abbé
Prévost, *Le Pour et le Contre*, qu'il juge bien nommé ; il écarte tout
à fait *L'Année Littéraire* du « folliculaire » Jean Fréron[280] et n'accorde qu'un crédit limité aux comptes rendu du *Mercure de France*,
« qui n'ont que de loin en loin quelque valeur ». C'est l'attitude du
savant qui soupèse ses documents et corrige les opinions des uns
par celles des autres ; face à la critique allemande, il fait de même :
Gottsched et ses revues littéraires lui semblent moins dignes de foi
et d'intérêt que les écrits de ses adversaires d'antan, les Zürichois
Bodmer et Breitinger[281]. Son information est imposante : le chapitre sur le théâtre débute par une liste des écrits théoriques et historiques des Français[282], se poursuivant par l'énumération d'essais et
de périodiques en langue allemande[283]. La tendance de l'auteur se
révèle toutefois dans l'éloge qu'il fait, par exemple, de Destouches,
« le maître de la comédie relevée » : intérêt des intrigues, dessin des
caractères, un milieu cultivé, une morale pertinente, la finesse du
comique, l'élégance de la langue, tout concourt à produire cet effet
« classique » qui devrait être le plus recherché au théâtre ; moins

---

279. *Ibid.*, p. 20.
280. *Les Lettres sur quelques écrits de ce temps* (1749), du même auteur, ne
    sont pas jugés plus favorablement.
281. Les journaux de Gottsched qui sont en cause sont le *Neuer Büchersaal
    der schönen Wissenschaften und freien Künste* et *Neuestes aus der
    anmutigen Gelehrsamkeit*, feuilles d'information littéraire qui couvrent
    la période de 1745 à 1762. Schmid cite d'autre part les *Lettres sur la Lit-
    térature moderne* de Lessing, Mendelssohn, Nicolai, Sulzer, etc. (Berlin,
    1759-1765) et les revues *Die Bremer Beiträge* (1744-1748) ; *Bibliothek der
    schönen Wissenschaften und der freien Künste* (de Nicolai et Mendels-
    sohn, puis Weisse, Leipzig, 1757-1765) ; *Unterhaltungen*, mensuel ham-
    bourgeois, et *Der Teutsche Merkur* de Wieland (publié à Weimar à par-
    tir de 1773), sur le modèle du *Mercure de France* ; *Das Berlinische lite-
    rarische Wochenblatt*, de Bertram (1776-1777) ; son propre *Almanach
    der deutschen Musen* (Leipzig à partir de 1770) ; le *Magazin der fran-
    zösischen Literatur* de Becker (début 1780).
282. Schmid cite mais rejette la *Pratique du Théâtre* de l'abbé d'Aubignac
    (trad. en 1737 par le Prof. von Steinwehr), le *Théâtre Italien* de Ghe-
    rardi (« un trésor d'idées ingénieuses »), les *Réflexions critiques* de
    Dubos et celles de Chassiron *sur le comique larmoyant, Les Spectacles
    de Paris* de La Porte, la *Lettre sur les Spectacles* de Boissy (1756) et
    celle de J.-J. Rousseau (1758), les essais de Diderot sur le drame (trad.
    en 1760 par Lessing) et de Cailhava sur la comédie (1772), etc.
283. Schmid cite avec éloge le petit essai de Justus Möser sur *Arlequin ou la
    défense du comique grotesque* (1761), qui a éclairé les Allemands sur la
    différence entre *Hanswurst* et Arlequin ; les *Lettres sur le théâtre vien-
    nois* de Sonnenfels (1768) émule de Lessing ; le *Journal de Théâtre pour
    l'Allemagne* de Reichard (à partir de 1777), co-directeur avec Ekhof du
    Théâtre de la Cour de Gotha, etc.

important, Saint-Foix recueille encore des louanges, pour ses « tableaux pleins de naïveté et de tendresse, d'une délicatesse de touche extrême ». En revanche l'auteur n'apprécie nullement la veine populaire d'un Holberg, qui n'a guère fait que de « vulgaires farces », et il a garde de se laisser « éblouir » par les idées dramatiques nouvelles de Louis-Sébastien Mercier[284], fort en vogue à cette époque (1781). Marivaux est trop peu classique à son sens et, tout en lui reconnaissant de la finesse d'esprit, il reprend contre lui, mais avec modération, les griefs habituels de ses censeurs français[285].

Le *Cours de Littérature dramatique* professé à Vienne, en 1808, par Auguste-Guillaume Schlegel marque la rupture définitive avec une époque où, traduit, imité ou même critiqué, le théâtre français servait du moins aux Allemands de référence essentielle, où les regards, d'envie ou de dédain, étaient constamment tournés vers lui. La doctrine romantique a élargi l'horizon, désormais l'Antiquité prime sur ses imitateurs français, le traducteur de Shakespeare et de Calderón leur attribue un poids de vérité humaine que ne possède pas ce qu'il considère comme le genre maniéré : ce classicisme français qui semble toujours porter perruque[286], et il traite avec un détachement toujours nouveau ses auteurs les plus réputés. Madame de Staël note dans *De l'Allemagne* que « les aristarques allemands » (les frères Schlegel) « sont parvenus à leur but, puisqu'ils sont de tous les écrivains allemands, depuis Lessing, ceux qui ont le plus efficacement contribué à rendre l'imitation de la littérature française tout à fait hors de mode en Allemagne »[287]. Encore pourrait-on ajou-

---

284. Le *Nouvel essai sur l'art dramatique* de L.S. Mercier, encensé par les *Stürmer*, cherchait davantage, selon Schmid, à éblouir qu'à défendre des principes sérieux.

285. Nous aurons à revenir sur cet article consacré à Marivaux. Schmid y reprend les reproches coutumiers : néologisme, préciosité, miniature, etc. ; en alléguant « l'invraisemblance fréquente » de ses intrigues, il oppose à Marivaux l'un des critères essentiels de l'art classique. Quelques mots lâchés après certains titres établissent une sorte de hiérarchie dans l'œuvre : *Les Fausses Confidences* seraient « sa meilleure intrigue » (mais c'est la « belle infidèle » de Gotter qui est citée), la *Surprise de l'Amour* est qualifiée d'excellente, *L'Epreuve* de joli lever de rideau, *La Fausse Suivante* d'intrigue fort plaisante.

286. Mme de Staël expose le point de vue de Schlegel (sans le faire sien) dans le chapitre de son ouvrage *De l'Allemagne* où elle aborde la critique, notamment romantique : « Les écrivains de la nouvelle école prétendent que l'on pourrait appliquer cette grande perruque (de Louis XIV peint à l'antique) à la physionomie des beaux-arts dans le dix-septième siècle : il s'y mêlait toujours une politesse affectée, dont une grandeur factice était la cause » (cf. dans l'éd. abrégée A. Monchoux, p. 270).

287. *Ibid.* C'est donc un critique allemand vivant dans le sillage d'un grand écrivain français qui était le chef de cette croisade : situation piquante

ter que Lessing n'avait voulu discréditer que le modèle tragique imposé par les Français, laissant subsister le haut renom de leur comédie, tandis que Guillaume Schlegel n'épargne pas même Molière... C'est toute une floraison d'études que l'on trouve plus tard, dans la seconde moitié du siècle, où l'ouvrage fondamental de synthèse est l'*Histoire de l'Art dramatique allemand* d'Edouard Devrient[288] et, grâce aux collections consacrées à l'histoire du théâtre[289], plus encore au début du vingtième siècle ; l'érudition ne s'y laisse plus troubler, comme jadis chez Schlegel, par le parti-pris romantique et la rancune politique[290]. Aujourd'hui c'est à l'*Histoire du théâtre européen* que Heinz Kindermann a légitimement étendu son étude[291] et notre enquête peut être considérée comme un modeste complément à cette vaste entreprise.

Cependant, le particularisme propre à la vie politique et culturelle de l'Allemagne du 18e siècle se reflète tout naturellement dans les études qui lui furent consacrées à l'époque, et ce caractère se retrouve encore dans des travaux plus récents. Il en résulte une multitude d'études fractionnelles où chacun doit chercher son bien : toute ville importante ou résidentielle ayant eu sa personnalité et, en l'absence de capitale, joué un rôle tantôt éphémère, tantôt durable, on comprend fort bien que, dès avant la fin du siècle, J.-F. Schütze ait rédigé une *Histoire du théâtre à Hambourg*, puisque la grande cité marchande n'avait guère cessé de se tenir au premier plan

---

287. (*Suite*).
    dont Mme de Staël avait bien senti les désagréments après la publication à Paris, en 1807, de la comparaison des deux *Phèdre*, au bénéfice d'Euripide et aux dépens de Racine, qui avait causé de l'émotion. Le terme d'*aristarque* dont elle use indique à la fois l'équité en intention et une exigence pouvant paraître excessive.

288. Eduard Devrient, *Geschichte der Deutschen Schauspielkunst*, 5 vol, Leipzig, 1848-1874.

289. *Schriften der Gesellschaft für Theatergeschichte, Archiv für Theatergeschichte* (éd. par Hans Devrient), *Theatergeschichtliche Forschungen*, etc.

290. Mme de Staël (*op cit.*, pp. 266-267) a insisté sur le savoir extraordinaire, et pourtant non indigeste, d'A.-W. Schlegel et sur son zèle comparatiste. Dans son *Cours* il assumait en effet une lourde tâche relevant de la littérature générale en prétendant « embrasser » tout ce qui avait été composé pour le théâtre, « depuis les Grecs jusqu'à nos jours ». Mais, malgré les assurances de sa protectrice (« W. Schlegel rend hommage cependant à la plupart de nos grands auteurs »), ses jugements sur les Français, dans l'ensemble, manquent de rectitude, sans doute aussi bien par réaction contre l'ancienne docilité des Allemands que par haine de l'impérialisme napoléonien qui avait succédé à la domination culturelle.

291. *Theatergeschichte Europas* (Otto Müller Verlag, Salzbourg), ouvrage précieux, d'une grande richesse ; nous nous réfèrerons surtout au tome IV : « De l'*Aufklärung* au romantisme », 1ère partie, 1961.

depuis 1765 — le *Principal* Ackermann inaugurait alors son Théâtre du Marché aux Oies — jusqu'à la date de l'ouvrage (1794), où son gendre Schröder, novateur parfois incompris, en avait toujours la direction, en passant bien entendu par l'épisode retentissant du premier « Théâtre National »[292] ; mais une petite Résidence comme Gotha avait eu droit elle aussi à l'histoire de son théâtre, et cela dès 1780, alors que la troupe du château, après la mort de son chef Ekhof, avait été absorbée par le nouveau « Théâtre National » en formation à Mannheim[293]. Les recherches modernes ont fréquemment la même orientation : si la cité de l'Alster a joué un rôle éminent dans la vie théâtrale durant la seconde moitié du siècle, Leipzig[294] l'avait précédée dans ce rôle, Mannheim rivalisa avec elle dans le style approprié au répertoire du *Sturm-und-Drang*, Weimar les supplanta toutes deux en renommée ; deux études ont été consacrées au théâtre de Cologne, l'une jusqu'à la fin de la Ville Impériale (1794), l'autre pendant les vingt années d'occupation française qui ont suivi[295], et l'important Théâtre Allemand de Riga n'a pas été oublié[296]. De même, l'histoire des troupes françaises engagées par des souverains ou princes allemands a fait l'objet de recherches particulières, que ce soit à la Cour de Hanovre ou à celle de Berlin[297], tandis que l'ouvrage de J.-J. Olivier réunit les troupes de Berlin, Rheinsberg (à la Cour rivale du frère de Frédéric, le prince

---

292. Ackermann avait loué son Théâtre, en 1767-1768, à l'*Entrepreneur* du « Théâtre National », Abel Seyler, puis s'y était réinstallé ; à sa mort, en 1771, F.-L. Schröder prit la direction, qu'il ne quitta qu'en 1798 : ce fut la grande époque des expériences shakespeariennes et des drames du mouvement *Orage et Passion*. Schröder suivait la voie tracée par Herder, Goethe et Justus Möser dans leur recueil *Von deutscher Art und Kunst* (1773) ; mais le public resta tiède et le critique Albrecht Wittenberg, dans un libelle de 1776, donnait même la préférence à la troupe française Hamon, qui revenait périodiquement jouer à Hambourg...

293. Ch.-J. Wagenseil publia cette « histoire impartiale » (*Unparteiische Geschichte des Gothaischen Theaters*) à Mannheim, où le « Théâtre National », fondé officiellement en 1777, héritant des excellents comédiens d'Ekhof après sa mort (1778), avait ouvert ses portes en 1779.

294. C'est dans l'un des volumes de publications de l'Association pour l'histoire de la Ville de Leipzig que parut par ex. *Le Bannissement d'Arlequin*, de G. Wustmann (1878), rapportant l'un des épisodes les plus pittoresques de la fameuse querelle sur laquelle nous reviendrons.

295. Les deux ouvrages ont paru dans la collection *Die Schaubühne*, en 1928 et 1938 (O. Kasten et M. Jacob).

296. D. Reimers : *Geschichte des Rigaer deutschen Theaters* 1782-1822, Posen 1942.

297. G.-B. Volz : *Das französiche Theater in Berlin unter Friedrich dem Grossen* (Berlin, 1908) — G. Vorkamp : *Das französische Hoftheater in Hannover* (contribution à l'histoire du théâtre français en Allemagne, Göttingue, 1956).

Henri de Prusse), Bayreuth, Ansbach, Cassel. Les monographies sur les grandes troupes allemandes qui vivaient la vie du voyage (Hans Devrient a écrit celle de Schönemann)[298], sur les acteurs-auteurs-traducteurs qui ont marqué leur époque[299] — auxquelles s'ajoutent les *Mémoires* de certains d'entre eux, tel Iffland ou Brandes — grossissent la foule de ces études particulières.

Dans ce foisonnement d'études les auteurs français, vu le rôle qu'ils ont longtemps tenu dans les répertoires, ont eu forcément leur part[300], mais il ne s'agit souvent que d'une nomenclature avec un examen rapide des traductions ; c'était d'ailleurs rester fidèle à l'esprit de l'époque que de mettre en vedette cet art de traduire sur lequel on a beaucoup débattu en Allemagne au cours du siècle, sans toujours s'y appliquer ni le faire prévaloir sur d'autres intérêts[301]. Cependant, quand il s'agit d'apprécier le rayonnement d'un auteur, d'autres éléments entrent en jeu : doivent être connus le nombre et le succès des représentations — le premier témoigne généralement en faveur du second —, les échos de la critique enregistrés. C'est alors que le nombre et l'instabilité des troupes, le man-

---

298. Hans Devrient : *Johann Friedrich Schönemann und seine Schauspielergesellschaft*, Hambourg, 1895.

299. Ainsi les monographies de W. Wittekindt sur Krüger (Berlin, 1898), de C. Pietschmann sur Ekhof (Berlin, 1956) — tous deux traducteurs de Marivaux, etc.

300. Nous avons déjà signalé le petit livre de Golubew sur les traductions de Marivaux au 18ème s. L'équivalent existe pour Corneille, Racine, Molière : *Pierre Corneille in deutschen Uebersetzungen...* (R. Raab, diss. de Heidelberg, 1911) ; *Geschichte der Racine-Uebersetzungen...* (H. Uehlin, 1903), etc. L'ouvrage sur Racine s'arrêtait à la fin de la période préclassique ; nous avons reçu, dans la série *Romanistische Versuche und Vorarbeiten* (29), un volume de M. Fingerhut où le sujet est repris, pour les 19ème et 20ème s. : *Racine in deutschen Uebersetzungen...* (Bonn, 1970), la tradition continue. Les titres français *Beaumarchais en Allemagne* (P. Huot, 1869), *Les Comédies de Molière en Allemagne* (Le Théâtre et la Critique), plus récemment le *Diderot en Allemagne* de R. Mortier impliquent une acception plus large de la « fortune littéraire ».

301. Les traductions utilisées étaient souvent l'œuvre d'un membre de la troupe et il arrivait qu'on négligeât une traduction imprimée de qualité nettement meilleure. Dans un libelle fameux de 1766, Löwen s'élève contre de tels procédés à propos d'une version « balourde et misérable » du *Père de Famille* : « Il me faut supposer que ces gens croupissent dans l'ignorance au point de ne pas savoir que M. Lessing a fait une bonne traduction de la pièce... et pourtant, il est bien difficile d'imaginer qu'elle ait pu leur rester inconnue. Alors...? Si par hasard l'auteur de cette traduction était l'un des acteurs de la troupe, oh alors, la vanité coupable qui lui a fait préférer son mauvais travail à l'œuvre infiniment supérieure d'un autre aurait mérité la plus dure des sanctions ! » (*Freundschaftliche Erinnerungen an die Kochsche Schauspielergesellschaft bei Gelegenheit des Hausvaters des Herrn Diderots*).

que d'informations précises sur leur activité, le faible développement de la presse constituent, du moins pour la première période, celle qui correspond à la « dictature » de Gottsched[302], des obstacles sérieux. Dans la seconde moitié du siècle les journaux se multiplient, les Revues théâtrales[303] et les almanachs fournissent des renseignements précieux sur les pièces éditées en recueil ou séparément, sur le périple et le répertoire des troupes, sur les réactions du public, sans compter les *recensions* — nous reprenons le mot emprunté à l'allemand par Madame de Staël[304] — et les polémiques. Nous avons dépouillé entre autres le *Calendrier Théâtral de Gotha*, que pubia à partir de 1775 le zélé bibliothécaire Reichard[305], et noté le mal qu'il eut à l'établir : « Si l'utilité de cette liste équivaut seulement à la moitié de la peine qu'elle a coûtée à l'éditeur — nous avoue-t-il en 1777 — elle ne sera certes pas d'un faible poids... »[306]. Ainsi, même un contemporain particulièrement versé dans les affaires de théâtre devait se débattre contre les difficultés que lui opposaient l'extrême dispersion de la vie théâtrale en pays allemands, sa richesse touffue ; il s'agissait en l'occurence des pièces *jouées* au cours de l'année précédente, mais les autres listes : celle des pièces imprimées (depuis 1770), celle des Compagnies en activité, celle des écrivains et des compositeurs travaillant pour la scène étaient à peine moins ardues à dresser.

Pour ce qui regarde les représentations en dehors des périodes couvertes par les Almanachs — et même au besoin durant ces périodes, car ils n'étaient pas omniscients — nous avons cherché à tirer le meilleur parti des affichettes (*Theaterzettel*). Certes, il existe

---

302. Soit à peu près de 1728 (début de l'alliance de Gottsched avec la Compagnie Neuber) à 1745 (publication du sixième et dernier tome de la collection *Die Deutsche Schaubühne*).

303. Les *Beiträge zur Historie und Aufnahme des Theaters* publiés par Lessing et Christlob Mylius en 1750 marquent le début d'une série de publications consacrées aux nouvelles et aux problèmes du théâtre ; on y donne des informations sur les nouveautés de Paris, sur la situation du théâtre à Berlin, à Dresde et à Stuttgart — W. Hill a dressé un inventaire des revues théâtrales allemandes au 18ème s. (Weimar, 1915).

304. Ed. précitée, p. 265. Ces comptes rendus d'ouvrages, comme le note A. Monchoux, étaient mêlés de doctrine, d'histoire, et parfois très polémiques.

305. *Der Gothaer Theaterkalender*, 1775-1800. Nous avons dépouillé de même le *Taschenbuch für Schauspieler und Schauspielliebhaber* édité chez Ulrich Weiss, à Offenbach Main, par Johann Gottlieb Bärstecher (1779), un libraire, puis auteur-acteur, qui publia en outre la *Revue théâtrale de Clèves* ; le *Taschenbuch fürs Theater* de Heinrich Gottlieb Schmieder (Mannheim, 1795) ; le *Taschenbuch für Theaterfreunde*, de Karl Albrecht (Berlin, 1799), etc.

306. *Gothaer Teaterkalender* (*Jahrgang* 1777), p. 258.

aussi, pour quelques Théâtres importants, dans le temps où il ont eu un lustre particulier, des études de leur répertoire : de telles enquêtes ont été faites, il va sans dire, sur le Théâtre de la Cour de Weimar sous la direction de Goethe ou sur le « Théâtre National » de Mannheim sous l'intendance de Dalberg[307] ; quant au premier « Théâtre National », son programme est consigné dans les feuilletons de la *Dramaturgie de Hambourg*, du moins pour les trois premiers mois de son existence[308]. Pourtant, même dans ces cas où la besogne semble déjà faite, rien ne remplace, à notre sens, le recours direct à ces *Theaterzettel* qui permettent un contact avec la réalité concrète du théâtre d'alors : on y trouve la distribution ; la combinaison des spectacles et la présentation publicitaire sont parfois instructives ; on y note éventuellement l'accompagnement de musique et de danse — voire des facéties surajoutées de *Hanswurst* ou d'Arlequin — qui devait attirer un public plus nombreux[309]. Ces collections d'affichettes sont malheureusement très dispersées et les lacunes y sont graves, mais certaines ont une parfaite cohésion, telle celle réunie par Ekhof et que nous avons eu le privilège de voir au château de Friedenstein[310].

En ce qui concerne les traductions, on les trouve soit sous la forme de pièces publiées en brochures individuelles — par exemple : *Die Mütterschule*, comédie traduite de Marivaux par Ekhof, 8°, 1753 — soit dans un recueil consacré à un auteur — Krüger publie en 1747-1749 deux volumes intitulés *Sammlung einiger Lustspiele aus dem Franz. des Herrn v. Marivaux*[311] — soit encore dans une collection qui réunit des œuvres de plusieurs auteurs — ainsi, au premier tome des *Divertissements sur des modèles français*, en 1765, on rencontre *Die Sklaveninsel, nach H. von Marivaux*[312]. Les listes proposées de divers côtés sous le nom de notre auteur s'efforcent de faire la somme, toujours incomplète[313]. Mais, outre ces éditions qu'on a

---

307. Nous aurons à revenir sur le répertoire Weimarien établi par C.-A. Burkhardt ; le répertoire de Mannheim sous Dalberg (1779-1803) a fait l'objet d'une dissertation de doctorat de M. Plasch (Vienne, 1912).
308. On se souvient que, de plus en plus captivé par les questions de fond, Lessing n'a pas dépassé, dans ses *recensions*, la soirée du 28 juillet 1767...
309. Ajoutons qu'en feuilletant les affichettes d'une troupe réunies en volume, on a l'impression de suivre ses déplacements et sa vie au jour le jour.
310. Les précieux volumes qui contiennent cette collection nous ont été aimablement présentés par le conservateur de la *Landesbibliothek* de Gotha.
311. On trouvera ensuite à plusieurs reprises des recueils consacrés à un seul auteur sous le titre-type : *Das Theater des Herrn...*
312. Il s'agit bien entendu de *L'Ile des Esclaves* et c'est la collection de Konrad Pfeffel.
313. Nous reviendrons sur ces listes fragmentaires et parfois erronées dans notre étude des traductions.

souvent grand'peine à trouver[314], il existe d'autres documents qui nous ont vivement intéressé : tel volume corrigé à la main, tel manuscrit raturé qu'il nous a été donné de voir notamment dans les Archives du Théâtre de Weimar — c'est-à-dire un *Regiebuch* et, mieux encore peut-être, un *Soufflierbuch*[315] — nous présentent le texte qui a été définitivement retenu par le directeur de jeu et prononcé sur la scène ; il n'est pas indifférent qu'à la représentation telle scène entre amants, que la traduction avait épargnée, ait été écourtée, que tel portrait respecté par l'adaptateur ait été finalement supprimé, soit qu'on ait craint un effet de longueur sur un public avide de mouvement, soit que les acteurs en répétition aient eu du mal à faire passer les répliques en cause.

Pour le jeu des acteurs, l'accueil fait par le public et l'appréciation des œuvres, on trouve dans les comptes rendus des journaux, dans les notes succinctes et les articles des almanachs des indications utiles, mais qui restent le plus souvent fragmentaires, éparpillées ; on n'y voit guère cette précision dans l'analyse et ce visage impartial que s'efforce de montrer la critique d'aujourd'hui. Il y a plusieurs raisons à cela : d'abord à l'époque où les revues et calendriers de théâtre se multiplient, fournissant une plus ample moisson de renseignements et d'opinions, les comédies de Marivaux ne sont plus dans leur nouveauté : « elles sont presque toutes connues chez nous en traduction » écrit Lessing, présentant en 1754, dans un article de la *Gazette de Berlin*, l'édition Arkstée & Merkus du Théâtre de Marivaux[316]. On éprouve alors moins le besoin de présenter la critique d'une pièce particulière, volontiers l'on se borne à rappeler quel genre est pratiqué par l'auteur dans l'ensemble d'une œuvre considérée justement comme « uniforme », et à en évoquer en quelques mots les vertus et les faiblesses. Phénomène qui peut paraître

---

314. On ne le peut qu'en ayant recours au vaste ensemble des bibliothèques d'Université, d'Instituts spécialisés dans les recherches théâtrales, de *Land*, de Ville, aux archives des Théâtres et éventuellement à des collections privées. Pensons à la conclusion morose de Golubew : « En Allemagne, Marivaux, est quasi oublié. Seul, l'historien de la littérature est contraint de le lire (...) ; ses œuvres ont reculé vers les recoins les plus obscurs des bibliothèques de théâtre d'où personne n'ira plus jamais les tirer » (*Marivaux' Lustspiele in deustchen Uebersetzungen des 18. Jahrhunderts*, pp. 131-132). Cet oubli n'est plus d'actualité, mais les nouveaux traducteurs n'ont pas tiré des recoins obscurs les travaux de leurs devanciers.

315. C'est-à-dire l'exemplaire (quelquefois imprimé) rectifié par le metteur en scène et le texte recopié par le souffleur avec des répliques abrégées ou corrigées.

316. La traduction de cet article figure au début de notre chapitre sur *Marivaux moraliste ou l'immoralité de Marivaux*.

paradoxal, mais qui s'explique fort bien à la réflexion, c'est plus tard, quand le théâtre français de style *rococo* — Destouches et Marivaux figurant en tête de la comédie — sera supplanté dans les répertoires par les drames de facture anglaise ou allemande, que l'analyse s'exercera à nouveau sur telle de ses œuvres, pour en souligner les avantages sur un théâtre de la violence et de la démesure, propre à étourdir le public, à gâter l'intelligence, la diction, la tenue des comédiens[317].

Mais la raison essentielle est qu'en Allemagne et dans ce siècle, tout ce qui touche au théâtre entraîne l'affirmation de positions doctrinales et invite à la controverse. « Le goût de la saine critique ne leur est pas encore familier » écrivait le grand Frédéric en 1773 à d'Alembert, avec le dédain qu'il marque ordinairement pour ses compatriotes se mêlant de littérature[318] ; or, le domaine du théâtre était le moins propice à des jugements prononcés dans la sérénité, la querelle sur la part des traductions, le rôle de l'imitation et la légitimité du modèle y étant sous-jacente à toute critique. La *Dramaturgie* de Lessing en offre un exemple patent et qui est loin d'être isolé[319] : le critique n'y suit pas le rythme des représentations pour en offrir le compte rendu, c'est une tribune dont il se sert pour transmettre des idées, pour donner assaut à la forteresse du classicisme français, pour mener sous la forme plus alerte d'une chronique bi-hebdomadaire cette « guerre d'indépendance » qu'avaient déjà ouverte les *Lettres sur la Littérature moderne*[320]. Même lorsqu'il ne s'agit que de comédie, et que l'écart entre la *Poétique* d'Aristote et les théories et la pratique de ses faux disciples français n'est plus en cause, toute occasion de cribler de flèches Gottsched, de continuer la polémique contre ce qu'il avait voulu maintenir[321], est mise à profit, et il arrive que cela soit à l'avantage d'un auteur français : ainsi la critique des *Fausses Confidences*, au bout de quelques lignes, aboutit à une spirituelle et éloquente défense d'Arlequin, jadis frappé d'ostracisme par le maître[322]. La critique individuelle

---

317. Le *Theaterjournal für Deutschland* de Reichard en fournit dans son n° 18 de 1781 un témoignage sur lequel nous reviendrons.

318. Voir notre Introduction aux chap. sur la critique, note 1.

319. *L'Histoire du Théâtre allemand* de Löwen en fournit un autre exemple.

320. C'est en s'attardant à démontrer ses thèses que Lessing prend sur le calendrier des représentations un retard bientôt impossible à combler.

321. Gottsched était mort quelques mois plus tôt (le 12 déc. 1766), mais son influence, bien que battue en brèche depuis une vingtaine d'années, n'était pas encore effacée.

322. *Dramaturgie*, n° 18, daté du 30 juin 1767. Cf. notre développement sur l'affaire Arlequin.

des pièces est donc souvent décevante — 'sauf quand elle entre directement dans le dessein de l'auteur — et P. Rilla, en accusant un peu le trait, nous enseigne à lire la *Dramaturgie* : « Le répertoire dont s'occupe Lessing, qu'il 'soit étranger ou allemand, ne nous intéresse qu'à un 'seul titre : c'est que nous assistons à une lutte historique dont l'enjeu est l'existence nationale de notre littérature et de notre théâtre (...) On lit la *Dramaturgie de Hambourg* comme on doit la lire quand au lieu de concentrer son attention sur les noms des auteurs et les titres des pièces, on saisit au contraire, derrière les noms et les titres, le drame encore non écrit, la littérature encore non écrite où l'idéologie bourgeoise fait sa percée »[323].

Ce caractère essentiel nous a amené à accorder une attention particulière aux libelles (*Flugschriften*), où la critique démasque plus nettement encore ses intentions polémiques, et dont la fréquence et la virulence sont révélatrices de l'ambiance fiévreuse dans laquelle vivait ce théâtre, objet de perpétuels débats. Il y avait bien sûr à l'origine de telles tensions les causes habituelles, celles qu'on trouve à l'époque dans toute l'Europe : la rivalité des troupes et des théâtres[324], les offensives rationalistes contre l'absurdité des bouffonneries destinées au public populaire, les attaques des moralistes, pasteurs et dévots contre l'indécence des spectacles, corroborée par les mœurs des comédiens... Mais il y avait aussi des causes originales, donc plus intéressantes ; d'abord la discordance entre les exigences de réformateurs académiques[325] et les nécessités auxquelles étaient liées des Compagnies de comédiens que le

---

323. Paul Rilla, *Lessing und sein Zeitalter*, p. 156.

324. Caroline Neuber, qui, appuyée sur Gottsched, avait essayé d'épurer le théâtre allemand fut supplantée à Leipzig, et dans le théâtre même qu'elle avait installé au *Fleischhaus*, par l'Arlequin Joseph Ferdinand Müller, qui obtint à sa place le privilège de la Cour de Saxe ! Si l'on en croit Matthias Dreyer, l'*Histoire du Théâtre allemand* de Löwen n'aurait eu pour but que le panégyrique de son beau-père Schönemann, au détriment des autres *Principaux* de renom : Schuch, Koch, Ackermann (cf. le pamphlet reproduit dans la rééd. de H. Stümcke, XXVII).

325. Toute une lignée de Professeurs (Gottsched, Gellert, Ch.-H. Schmid, Jakobs, etc.) s'est durant ce siècle attachée au destin du théâtre allemand pour le guider, le redresser ou l'enrichir. Les démêlés de Gottsched avec la *Neuberin*, puis avec Koch et d'autres troupes, sont caractéristiques : les *Principaux* étaient nécessairement des marchands, liés au goût de la clientèle, en l'absence de subventions suffisantes (plusieurs princes entretenaient des troupes, mais françaises !). L'amertume exprimée par des auteurs et des critiques de formation universitaire devant la bassesse du public, son indifférence à la qualité littéraire du répertoire — que ce soit celle de Krüger dans un Prologue de 1744 (cf. Wittekindt, *Johann Christian Krüger*, pp. 25-28) ou celle de Lessing après l'échec de Hambourg — est également révélatrice de cette discordance.

public seul devait faire vivre, discordance inévitable dans un pays où le théâtre était régenté par les Professeurs, mais, mal soutenu financièrement par les princes ou les villes, laissait le dernier mot à un public sans culture ; et puis le fait que c'est dans le domaine de la langue, de la littérature, avant tout du théâtre — parce qu'il touche la communauté nationale dans son ensemble et que, dans un pays divisé et d'esprit cosmopolite, il doit être le catalyseur et, pourrait-on dire, le porte-parole du caractère national[326] — que s'est manifesté le patriotisme naissant.

En imposant l'imitation des Français pour faire pénétrer sur les scènes allemandes la raison, la décence et le goût d'une forme accomplie, Gottsched a fait du théâtre le point le plus sensible de la controverse, et l'époque qui est au centre de notre étude est celle où la fermentation d'idées et de sentiments qui préparait la naissance des grandes œuvres s'est concentrée sur les problèmes qui lui sont propres. Ses moindres affaires entraînent alors chez ces rationalistes des réactions passionnées, auxquelles les libelles donnent toute liberté pour s'exhaler ; on ne peut guère faire la critique d'une pièce d'origine étrangère sans que soit abordé, ou évoqué à l'arrière-plan, le problème des traductions encombrant les scènes allemandes ou, dans l'autre camp, sans que se dessine une comparaison avec la production nationale, peu flatteuse pour cette dernière. En fait, dès que l'autorité de Gottsched, de plus en plus vivement contestée, s'affaiblit, s'établit une atmosphère de crise : le répertoire français traduit a en effet gagné, surtout dans la comédie, de nombreux adeptes, rien n'existe qui soit suffisant par le nombre et la qualité pour le remplacer[327] et la *francomanie* des Cours prive le théâtre proprement allemand du soutien dont il aurait besoin pour prendre le dessus.

Toutes ces questions, brûlantes durant une période qui commence dans les années 1740 et se prolonge, couvrant un demi-siècle :

---

326. C'était la conviction des réformateurs, et notamment de Lessing ; l'exemple français prouvait à leurs yeux que le théâtre, de tragédie comme de comédie, révélait le caractère national et était en même temps, vers l'extérieur, l'expression la plus brillante d'une culture, son pavillon.

327. C'est la raison pour laquelle le « Théâtre National » de Hambourg remplit son répertoire de comédie de pièces traduites du français... alors que Löwen, son directeur artistique, avait reproché un an plus tôt au *Principal* Koch, dans le libelle *Freundschfatliche Erinnerungen*, de ne jouer que des traductions ! Certes, le théâtre avait ouvert le 22 avril 1767 par une tragédie allemande (*Olint und Sophronia*, de Cronegk), mais ce choix de principe n'entraîna pas, de la part de Lessing lui-même, un bien grand enthousiasme (cf. *Dramaturgie*, premier feuilleton daté du 1erMai).

originalité ou imitation, cette dernière orientée vers le formalisme français, dont les auteurs allemands ont grand besoin[328], ou au contraire vers la surabondance de vie des Anglais (Shakespeare !), plus proche du dynamisme de l'âme allemande, de son penchant pour les élans primitifs[329], intérêt et appui des princes nécessaires à la transformation du système mercantile où s'enlise le théâtre, à la création de ce « Théâtre National » qui est lui-même indispensable pour que se dégagent et s'expriment enfin non seulement une manière, mais un *caractère* allemand, crainte que ce caractère encore mal défini ne soit étouffé ou altéré par les influences desséchantes ou dissolvantes des théâtres latins... toutes ces questions constituent une hypothèque pesant sur les jugements particuliers, un contentieux qui tendait à resurgir chaque fois qu'il s'agissait de rédiger une critique. D'où la permanence et la vivacité des polémiques dans un pays où le goût de la haute société, en y comprenant une partie non négligeable de la bourgeoisie, est longuement resté inféodé aux raffinements français, sans que cette situation cesse d'ailleurs vraiment à la fin du siècle, comme on l'imaginerait volontiers au vu des œuvres qui ont comblé son dernier quart[330].

---

328. C'est ce que reconnaîtra plus tard encore Schiller traduisant la *Phèdre* de Racine : « Il (le Français) doit seulement nous servir de guide vers le mieux », après cette réserve capitale : « Il ne faut certes pas que le Franc soit notre modèle. Car il manque à son art le souffle de l'esprit vivant ».

329. C'est donc encore un auteur étranger, considéré, hors de toute empreinte nationale, comme le génie naturel par excellence, ou bien comme le dramaturge majeur d'un peuple au tempérament voisin de celui des Allemands (cf. Lessing, dix-septième *Lettre sur la Littérature moderne* et épilogue de la *Dramaturgie*), qui a symbolisé l'idéal d'indépendance du théâtre allemand.. C'est qu'il s'agissait de le libérer des chaînes françaises, et, en 1776, la traduction de la *Lettre* de Voltaire à l'Académie Française à propos de Shakespeare — qui souleva une véritable tempête d'indignation — montra plus nettement encore que choisir Shakespeare était tourner le dos aux poètes tragiques français

330. N'oublions pas qu'en 1798 encore, et dans une ville de bourgeoisie qui était de surcroît l'un des grands centres de la rénovation théâtrale, F.-L. Schröder quittait découragé la direction du Théâtre de Hambourg parce que « la partie la plus distinguée du public préférait se rendre au Théâtre Français » et qu'ainsi « l'artiste allemand était humilié par les Allemands » (cité par Kindermann, *op. cit.*, p. 556) ; et que Goethe, parlant de la grande époque de son Théâtre résidentiel de Weimar, écrit : « Figurez-vous que la fastidieuse période du règne du goût français n'était pas révolue depuis bien longtemps, et que le public n'était encore nullement dans un état de surexcitation, que Shakespeare faisait encore plein effet dans sa première fraîcheur, que les opéras de Mozart étaient jeunes et qu'enfin les pièces de Schiller naissaient ici d'année en année, qu'elles étaient mises en scène par lui-même et données sur le Théâtre de Weimar dans l'éclat de leur nouveauté... » (cité dans : *Goethe, Bekenntnisse zum deutschen Theater*, éd. par Die Fähre, Düsseldorf, s.d., pp. 19-20).

PREMIÈRE PARTIE

L'ACCUEIL

La réforme de Gottsched
et la faveur des répertoires français

A l'origine de l'étonnante fortune des répertoires français dans le théâtre en langue allemande, durant le règne des « Lumières » (*Aufklärung*) et même au-delà, se trouvent un Professeur, Johann-Christoph Gottsched, et une comédienne, Caroline Neuber[1]. Leur action conjuguée a beaucoup fait pour qu'un répertoire baroque, qui pratiquait le mélange des genres et des tons, ne craignait ni l'incohérence ni l'inconvenance, laissait libre cours à la fantaisie des acteurs dans l'improvisation, fût progressivement remplacé par un répertoire que nous dirions classique et qui séparait les genres, distinguait les tons, cultivait les bienséances et la logique, s'attachait à la lettre d'un texte conçu comme une œuvre littéraire. Il est certain que sans eux l'introduction des pièces françaises en Allemagne n'eût été ni aussi rapide ni aussi massive : le premier suscitait un puissant mouvement de traduction et le justifiait dans ses écrits théoriques, la seconde, à la tête de sa troupe, à Leipzig et en tournée dans d'autres villes, faisait valoir ce répertoire nouveau. Il faut

---

1. Gottsched, admiré ou vilipendé dans la suite sous le nom du « Maître saxon », était un Prussien, né en 1700 près de Königsberg (la Prusse Orientale a été pendant ce siècle une pépinière de novateurs : Herder, Kant !). Réfugié en 1724 à Leipzig, il y devint rapidement maître de conférences de « sagesse universelle » (philosophie) et de poésie à l'Université, président de la Société littéraire, chef d'école. Ses journaux sur le modèle du *Spectator* d'Addison et Steele lui avaient déjà valu la notoriété quand il prit contact en 1727 avec Caroline Neuber (dite *die Neuberin*), directrice artistique de la troupe que son mari administrait. Les Neuber étaient, contrairement à la plupart de leurs pareils à l'époque, des gens cultivés, devenus comédiens par idéalisme, et qui cherchaient un nouveau style : l'entente avec Gottsched, qui avait déjà exprimé dans ses feuilles son amertume sur l'état du théâtre, alors qu'il joue dans la société un rôle si important, était donc facile à réaliser.

toutefois se garder d'une exagération qui a eu cours en Allemagne et qui, pour mieux dénoncer la « trahison » du clerc livrant ainsi son pays à l'étranger, attribue à Gottsched une sorte de démiurgie en la matière : comme si, sur un signe du maître, partant tel un coup de pistolet suivant l'expression d'Erich Schmidt[2], un répertoire étranger avait envahi les scènes allemandes qui y était auparavant totalement inconnu !

La réalité est que le répertoire baroque des pompeuses *Haupt-und-Staatsaktionen*, des *Hanswurstiades* (bouffonneries de « Jean-Saucisse ») ou des farces fantastiques[3], impressionnant ou réjouissant un public vulgaire, était attardé en 1730. Certes, il était en concordance avec des formes de théâtre populaire florissant dans d'autres pays d'Europe[4], et en parfaite harmonie avec le système des troupes ambulantes, il satisfaisait aussi un goût allemand pour la parade, le merveilleux et pour un comique satirique et cru, mais il ne pouvait prétendre dominer seul et indéfiniment la scène à une époque où toute l'Europe était dressée à aimer la Raison, où en Allemagne même la pensée était sous l'influence des successeurs de Leibniz et de la « logique implacable » d'un Wolf[5], tandis que les milieux universitaires et la bourgeoisie intellectuelle prenaient de plus en plus d'ascendant. Où trouver le répertoire de rechange dont

---

2. Cf. *Lessing*, I, p. 119 (« *wie aus der Pistole geschossen* »). E. Schmidt expose que l'importation de pièces françaises avait, contrairement à des descriptions trop sommaires, commencé bien avant Gottsched et que « l'imitation elle-même n'en était plus à ses premiers tâtonnements ».

3. Les *Haupt-und Staatsaktionen* (Lessing écrit aussi *Staats-und Helden-aktionen*, qui est plus explicite) étaient des tragi-comédies, « taillées sur des modèles espagnols » (*Dramaturgie*, n° 62), avec un mélange d'emphase ou de préciosité et de plaisanteries bouffonnes, « traitant des choses importantes et graves d'un ton badin, des choses insignifiantes avec une majesté ridicule » (*ibid.*, n° 69). Quant aux farces écrites à l'époque baroque par Andreas Gryphius, Christian Weise et Christian Reuter, et au début du 18ème siècle par Christian Friedrich Henrici dit Picander (les plus rudes), ou simples variations à demi improvisées sur des thèmes de la superstition populaire ou des motifs carnavalesques, voir notamment Holl, *Geschichte des deutschen Lustspiels*, pp. 101-110, 112-116, 119-120.

4. Holl (*op. cit.*, p. 118) écrit très justement à ce propos : « En elles (ces farces) règne l'internationale comique, dont les types réalistes et les situations fantastiques sont alimentés par tous les pays cultivés d'Europe. L'Angleterre, la France, l'Italie, la Hollande et aussi l'Espagne nous fournissent des sources pour le théâtre allemand de comédie à l'orée du XVIIIe siècle, mais c'est surtout la *Commedia dell'arte* qui a pénétré en Allemagne au cours du 17ème s. avec ses masques ».

5. Le qualificatif est de Kant (cité par Kindermann, *Theatergeschichte Europas*, IV, p. 481). Sur Wolf, qui enseigna également à Leipzig, puis à Halle et Marbourg, cf. notre article *Gottsched législateur du théâtre allemand*, in *RLC* de janv.-mars 1970, p. 9, note 1.

ils sentaient le besoin ? Les théâtres antiques étaient mal connus et n'auraient guère convenu ni réussi à des comédiens cherchant leur public de ville en bourgade ; le théâtre anglais avait été largement mis à contribution par les auteurs comiques du siècle précédent[6]; pour un théâtre littéraire moderne, c'est la France qui, de loin, offrait le plus de ressources et jouissait de la meilleure renommée : Corneille, Molière, Racine, auxquels s'ajoutaient Regnard, Crébillon, Destouches, Voltaire, Marivaux, et bientôt une foule d'autres ; il suffisait de traduire, puis d'imiter la *régularité* de leur art sinon de s'inspirer de leur esprit. Et justement, des tentatives en ce sens avaient déjà été faites : dans le domaine de la comédie, un recueil avait paru en 1670 qui contenait cinq comédies de Molière[7], trois volumes de traductions lui avaient été consacrés en 1694[8], la troupe de Maître Velten, de Dresde, l'avait joué avec le plus grand succès[9]. Il y avait donc des précédents et il s'agissait maintenant d'amplifier et de systématiser la besogne de traduction, d'en tirer provisoirement un répertoire de base pour les troupes, afin de chasser celui qui n'était fondé que sur les extravagances de l'imagination, la méconnaissance des règles et le mépris de la décence. Très vite, « les libres esprits allemands » fabriqueraient ensuite un répertoire à leur mesure[10]. On voit cependant que, des farces de magicien et de diables dans le genre de *Dr. Faustus* à la représentation du *Glorieux* de Destouches ou du *Jeu* de Marivaux, la conversion n'était simple ni pour les

---

6. Le théâtre allemand avait été dominé par des modèles anglais pendant la première moitié du 17ème s. et même au-delà. Gryphius s'est inspiré du *Songe d'une nuit d'été* pour son *Peter Squentz* (1648 ?), en remplaçant l'humour de Shakespeare par un rire énorme, comme plus tard Weise pour *Tobias und der Schwalbe* (1682).

7. Cf. Holl, *op. cit.*, p 111. Quinault, Thomas Corneille et d'autres auteurs français figuraient également dans ce recueil ; Molière n'était pas représenté que par de brèves farces destinées à compléter un spectacle (*Nachspiele*), mais aussi par *L'Avare* et *Georges Dandin*. Holl estime que dès cette époque le répertoire français, spécialement le répertoire comique, était très en faveur sur les scènes ambulantes d'Allemagne.

8. *Ibid.* Ces traductions en prose avaient pour titre : *Les comédies extraordinairement gracieuses et joyeuses de l'excellent et incomparable Comédien du Roi de France M. de Molière* ; Ekhof présume qu'elles sont de Maître Velten lui-même.

9. Holl rapporte qu'en l'espace de deux mois de représentations, en 1690, à Torgau, au moins neuf comédies de Molière ont été jouées par cette troupe (*ibid.*). Ehrhard précise que l'*Illustre Bande* (nom que Velten avait donné à sa Compagnie, sans doute par référence à son modèle) se risqua même à monter *Le Misanthrope*, sous le mauvais titre *Der Verdriessliche* (*l'Homme chagrin*). Cf. *Molière en Allemagne*, p. 73.

10. En 1742, dans l'avant-propos de son recueil *Die Deutsche Schaubühne* Gottsched estimait que le moment était venu de « mettre à la tâche les libres esprits allemands ».

comédiens ni pour le public ! Il y fallait l'autorité d'un Gottsched, la troupe d'élite de la *Neuberin*, pépinière de futurs grands
acteurs et directeurs, et surtout — nous le répétons — le rationalisme ambiant et la montée de ce que Rilla appelle « l'idéologie
bourgeoise ».

II. — *MARIVAUX EXCLU DE LA DEUTSCHE SCHAUBUEHNE.*

Notre propos n'est pas d'exposer ici la doctrine de Gottsched
sur laquelle nous aurons mainte occasion de revenir, ni les péripéties de la « dictature » qu'il a exercée sur le théâtre avant de connaître le ridicule et l'abandon[11]. Ce qui nous intéresse, par rapport à
l'accueil et à la diffusion des comédies de Marivaux, dans ses principes, ses recommandations et ses blâmes, peut s'énoncer assez
vite. D'abord, si Gottsched a soutenu de son autorité la traduction
des pièces françaises, s'il a recruté des traducteurs parmi ses amis,
ses disciples, sans oublier le premier d'entre eux : sa femme[12], il
n'était pas aussi docile aux exemples français que ses adversaires
l'ont dit, ni si peu exigeant dans son choix. Il savait et écrivait
« qu'il y a aussi des gâche-métier, en France comme ailleurs » et
c'est lui au contraire qui reprochait à l'un de ses émules de ne pas
faire le tri[13]. Gottsched n'était rien moins que francophile et il avait
dès ses premières feuilles, *Les Frondeuses Raisonnables* (1725-1726),
élevé une vigoureuse protestation contre les empiètements linguisti-

---

11. Erich Schmidt décrit ainsi le dessein de Gottsched : « ... il a quitté la scène
    sous les huées et, malgré les jugements impartiaux qui aboutissent à
    l'ouvrage fort méritoire de Waniek, il apparaît encore, aux yeux des pro-
    fanes, tel un mannequin ridicule. Et pourtant, il s'était longtemps dressé
    de toute sa taille, reconnu presque partout pour chef » (*Lessing*, 2e éd.,
    Berlin, 1899, I, p. 49). *Presque* fait allusion à l'opposition des Zürichois
    Bodmer et Breitinger et aux dédains de Vienne.

12. Louise Adelgunde, la *Gottschedin*, « auxiliaire de ses travaux et ménagère
    modèle » (Goedeke), a déployé la double activité que prescrivait le maî-
    tre : elle a traduit les Français (Destouches, la *Cénie* de Mme de Graf-
    figny, *Alzire*, et aussi les *Réflexions sur les Femmes* de Mme de Lambert,
    etc.) et écrit une série de comédies originales, dont l'une, *die Haus-
    französin oder die Mamsell* (*Schaubühne*, V, 1744) constitue d'ailleurs une
    violente satire des gouvernantes françaises en Allemagne.

13. « On est tombé dans l'erreur de tenir pour bon tout ce qui est traduit du
    français... » (*Neuer Büchersaal...*, p. 474). Le blâme s'adresse au *Princi-
    pal* Schönemann, qui a publié en 1748-1749, à Brunswick, son propre
    recueil (« *Die Schönemann'sche Schaubühne* »), contenant des pièces à
    Arlequin ou « irrégulières ».

ques et moraux du pays voisin[14] ; mais il avait avant tout une doctrine, fort rigide parce que ce rationaliste prussien était beaucoup
plus intransigeant que n'importe quel rationaliste français et que la
vérité, pour lui, n'avait jamais qu'une seule face, et cette doctrine,
que développait son *Essai d'un Art Poétique critique pour les Allemands*, concordait avec celle de Boileau[15] et se trouvait en partie
satisfaite dans les œuvres du classicisme français, *mais le théâtre
de Marivaux n'était pas conforme à ses dogmes.*

Composant des comédies en un ou trois actes, alors qu'Horace
en exige absolument cinq, maniant toujours la prose, alors que le
vers est mieux fait pour la comédie sérieuse, présentant des pièces
d'intrigue amoureuse, alors que seule la comédie de caractère corrige en riant les mœurs, joué surtout aux Italiens, donc avec Arlequin, alors qu'on ne chassait point les pitres allemands[16] pour
accueillir le « bouffon welche » avec toute sa séquelle[17], Marivaux
ne pouvait satisfaire Gottsched ni servir son dessein de réforme de
la scène allemande. Il ne faut pas oublier que l'utilisation tempo-
raire de modèles français avait des fins éducatrices : la séduction
exercée par des auteurs *irréguliers* — c'est-à-dire ceux qui négli-
geaient les règles que l'*Art Poétique* fixait selon les Anciens et « les
meilleurs parmi les modernes » — sur les comédiens, le public et
éventuellement sur des imitateurs allemands, était la plus dange-
reuse, quels que soient les arguments invoqués, car elle tendait à
perpétuer le mépris des règles. Ce qui a pu être écrit à propos de
la considération qu'aurait éprouvée Gottsched pour le « sensible
Marivaux »[18] est démenti à la fois par la doctrine, sur laquelle Gott-

---

14. « C'est à peine si nous avons pu, par les temps qui courent, garder notre
nom d'Allemands » constate la deuxième feuille de l'hebdomadaire (éd.
du Gottsched-Verlag, I, p. 10) et elle dénonce une intrusion générale des
mœurs étrangères, françaises surtout : l'habillement, la cuisine, les
demeures, la politesse et essentiellement la langue, truffée de termes français et d'hybrides (cf. *Gottsched législateur...* pp. 10-13).
15. Cf. p. 35, note 73. L'*Art poétique* d'Horace, traduit et commenté, servait
d'introduction. Le chapitre 11 de la 1ère section est consacré à la comédie (pp. 631-656 de la 4ème éd. de 1751). Gottsched y cite d'Aubignac,
Fénelon et surtout Boileau.
16. Outre *Hanswurst, Hans Knapkäse, Hans Supp* (ou en français *Jean
Potage*, devenu *Schambitasche*) et surtout *Pickelhering* (« Hareng salé »).
17. Tous les types italiens : Scaramouche, Pantalon, Brighella, etc. irritaient
Gottsched, non seulement à cause de leur mimique et de leurs propos,
mais comme silhouettes étrangères, qu'il était absurde d'insérer dans une
comédie allemande.
18. Nous ne saurions suivre Holl (*op. cit.*, p. 123), qui cite Marivaux parmi
les « modèles absolus » de Gottsched, aux dépens de Molière. Le premier
tome de la *Schaubühne* (qui ne parut qu'en 1742) contenait *Le Misanthrope* (*Der Menschenfeind*), traduit par la *Gottschedin*.

sched ne transigeait jamais, justement parce qu'il avait une tâche
d'épuration à remplir et non une simple préférence personnelle à
faire valoir, et par les faits. Gottsched ne cite jamais le nom de
Marivaux que comme à regret, mêlé à d'autres noms[19], tout comme
le fera plus tard La Harpe dans son *Lycée* quand il le traitera au
milieu d'une foule de petits auteurs. Et surtout : lorsque Gottsched
publia, à partir de 1740, ce Recueil de Théâtre exemplaire qui devait
fournir aux troupes leur répertoire de base[20], il y fit une large place
à Destouches et omit Marivaux. C'est l'un de ses anciens protégés,
Krüger, qui voulut quelques années plus tard réparer cette omission,
mais il fut en cette occasion vertement tancé par le maître, et la violence de la réplique[21] illustre bien ce que nous affirmions : plus un
auteur semblait paré d'attraits, plus on devait le tenir éloigné s'il
s'écartait de la comédie « régulière », relevée et édifiante.

L'absence de Marivaux dans la *Deutsche Schaubühne* est un fait
d'importance. Ce « Théâtre Allemand » nationalisait en quelque
sorte un répertoire — douze pièces françaises sur dix-neuf dans les
trois premiers tomes[22] — qui, sans être inconnu en Allemagne, y
était resté jusqu'alors étranger, et il opérait une première sélection
étroite certes et critiquable, mais qui orientait un théâtre livré au
hasard des inspirations individuelles, aux caprices et amours-pro-
pres des actrices et acteurs, et plus encore à l'appât des recettes
faciles, vers un critère nouveau : la qualité littéraire. Ajoutons que
ses six volumes ont effectivement constitué pendant longtemps la

---

19. Dans la liste des pièces traduites du français (*Nötiger Vorrat*), Gottsched
    accorde une place de choix à Destouches, une place honorable à Dufresny,
    mais il traite « en vrac », si l'on peut dire, (nous reproduisons exactement
    la liste et l'orthographe des noms), « ... d'innombrables pièces des Gillet,
    des Marets, de la Chaussée, Le Grand, Regnard, Alinval, Poisson, Marivaux,
    Renard, de l'Isle, Fuselier, Rousseau, Brueys, Boissy, Cahusac, Merville,
    etc. ». Il se dispense d'énumérer les pièces contenues dans les deux volu-
    mes de Krüger, tandis qu'il cite celles de Regnard (2 vol., Berlin, 1757).
    Le plus curieux : dans le *Recueil de pièces choisies traduites du français*
    (Danzig, 1757), il cite le titre de chaque pièce et parfois son auteur, sauf
    pour le n° 3 (« *une comédie en trois actes* »). Si nous cherchons dans le
    volume quelle est cette comédie sans nom, nous trouvons : *Die vertraute
    Mutter*, traduction par Uhlich de *La Mère confidente* (1747). Il s'agit d'un
    Recueil qui venait de paraître ; c'est un évident parti-pris d'ignorance.
20. *Die Deutsche Schaubühne* (1740-1745) devait commencer par une traduc-
    tion de la *Poétique* d'Aristote, probablement à partir de celle de Dacier,
    que Gottsched finalement ne fit point (cause du retard du premier
    volume).
21. Voir notre exposé ultérieur sur l'affaire Arlequin.
22. Destouches (trois pièces), Dufresny et Saint-Evremont représentaient,
    avec *Le Misanthrope*, la comédie d'origine française, Corneille et Voltaire,
    illustraient, avec *Iphigénie*, la tragédie de même source. Les trois derniers
    tomes, suivant le dessein de l'éditeur, étaient exclusivement allemands.

base du répertoire des grandes troupes ; n'en trouve-t-on pas encore
la trace dans les programmes... du « Théâtre National » de Hambourg[23] ? Le vaste mouvement déclenché en faveur de la traduction de pièces françaises a naturellement servi Marivaux, comme
il a servi d'autres auteurs français de moindre renom, mais le pro-
moteur même de ce mouvement, loin de favoriser la diffusion de
son théâtre, s'y est opposé avec véhémence — ou pour le moins a
protesté avec véhémence contre les arguments employés par le
traducteur pour réparer son omission volontaire — au moment
crucial. Apprécier le tort ainsi causé ou le retard infligé à cette
diffusion est difficile. Les affichettes sont, comme toujours, pré-
cieuses pour témoigner que Marivaux a été joué en Allemagne
avant les traductions imprimées de Krüger, qui sont finalement
tardives (1747-1749) parce qu'il fallait que l'autorité de Gottsched
fût déjà sérieusement ébranlée pour que le jeune acteur-traducteur-
auteur osât la braver ainsi ; mais les traductions manuscrites qui
ont alors servi, si elles ont été faites par un membre de la Compagnie Neuber[24], n'ont été utilisées que par elle. Les affichettes
concernent les représentations données par cette Compagnie à
Hambourg en 1735, du printemps à l'automne, et Golubew, qui les
signale, n'a pas relevé le fait, essentiel à notre avis, que cette troupe
soutenue par Gottsched, mais à laquelle son avisée directrice avait

---

23. Le « Théâtre National » a joué en 1767 *La Fausse Agnès* ou *Le Poète Campagnard* (*Der poetische Dorfjunker*) de Destouches et *Die Hausfranzösin*,
deux productions de la plume de la Gottschedin (cf. *Schaubühne*, t. III
et V, *Dramaturgie*, n° 13 et n° 26). Lessing ironise sur la traduction et
éreinte l'œuvre originale (« *La Gouvernante Française* ne vaut rien, absolument rien. Encore moins que rien ; car non seulement c'est bas, plat et
froid, mais par-dessus le marché c'est sale, dégoûtant et choquant au dernier degré »). Sa critique de la traduction nous intéresse, car elle vise
l'exigence des cinq actes : « Cette pièce a trois actes en français et cinq
dans la traduction. Sans ce perfectionnement elle n'eût pas été digne d'être
recueillie dans le *Théâtre Allemand* de M. le Profeseur Gottsched, illustre en ce temps, et sa docte amie la traductrice était une bien trop gentille épouse pour ne point se soumettre aveuglément aux sentences critiques de son noble conjoint. Et puis, quelle peine a-t-on à faire cinq actes
avec trois ? On fait prendre une fois le café dans une autre pièce, on propose un tour dans le jardin et, si vous vous trouvez vraiment en détresse,
vous envoyez de la coulisse le moucheur de chandelles qui vient dire :
« Mesdames et Messieurs, quittez la scène, les entractes ont été inventés
pour moucher, et à quoi bon jouer si le parterre n'y voit rien ? ».
24. C'est ce que présume Golubew (*op. cit.*, p. 5), avec assez de probabilité :
c'était à l'époque la seule troupe orientée vers les répertoires français.
Les affichettes de la *SB* de Hambourg ne mentionnent pas le (ou les) traducteur. Lorsque le critique écrit : « Ce n'était sûrement pas Gottsched.
Nous apprendrons à connaître plus tard, au contraire, le dictateur de
Leipzig comme un adversaire de Marivaux », il enfonce une porte ouverte :
de toutes façons, Gottsched n'a pas traduit de comédies.

su garder une bonne part de liberté, jouait ce répertoire avec Arlequin loin des yeux et des oreilles du maître[25] !

III. — *PROBLEMES DE L'ASSIMILATION : DESTOUCHES ET MARIVAUX.*

L'hostilité de Gottsched envers le théâtre de Marivaux ne nous intéresse pas seulement parce qu'elle a freiné sa diffusion à l'époque de la toute-puissance du « maître saxon » ; elle procédait d'un esprit qui se retrouve chez d'autres hommes de l'*Aufklärung*, même chez ceux qui ont combattu l'influence de Gottsched, et qui a laissé des traces dans la critique. A la vérité, il y aurait eu quelques raisons pour que le maître qui ambitionnait de réformer le théâtre allemand se sentît attiré par Marivaux : il avait commencé comme lui — à quelques années d'intervalle — par des feuilles morales, où il prenait une fausse identité féminine pour mieux toucher ce public qui, jusque-là trop négligé, n'en forme pas moins « la moitié du genre humain »[26] — comme Arthénice dira aux hommes : « C'est que vous ne faites rien de la moitié de l'esprit humain que nous avons... » (*La Colonie,* sc. 13). Il voulait bannir la farce grossière, faire de la comédie une dame de bonne compagnie, de façon qu'on pût rire de la gaîté de ses propos sans jamais devoir en rougir ; puisque les troupes couraient après la recette et qu'Arlequin remplissait la caisse[27], n'était-il pas précieux de disposer d'une œuvre où le personnage absurde et impudent que la raison et la décence obligeaient à condamner était remplacé, tout en conservant son nom attractif sur l'affiche, par un butor ou un bon garçon qui

---

25. Golubew (*ibid.*, pp. 6-7) cite les cinq pièces (faisant seize représentations sur un total de deux cent huit — nous y reviendrons) et pose la question d'Arlequin, qu'il tranche avec facilité : la *Neuberin* a même joué à Hambourg, durant cette période, des Arlequinades du type courant où le personnage était le centre et le moteur de la farce. En conséquence il dément l'affirmation faite en 1740 par Gottsched et selon laquelle la Compagnie Neuber n'avait plus recours aux « bouffons welches ». Plutôt que de croire à une rodomontade, nous pensons que ce répertoire-là était évité dans les parages du maître. Ensuite une autre parade fut utilisée : on germanisa en *Hänschen* ou *Peter* les Arlequin les moins turbulents (cf. *Dramaturgie* n° 18).

26. *Les Frondeuses Raisonnables*, 52ᵉ et dernier feuilleton (1726), où Gottsched s'explique après coup sur les mobiles de cette publication. C'est sa première œuvre écrite en principe en collaboration, en réalité presque entièrement de sa main, qui marque déjà sa personnalité et sa volonté.

27. Constatation unanime à l'époque. Cf. notre exposé sur l'affaire Arlequin.

jamais ne passait la mesure dans l'extravagance — se montrant même parfois de fort bon sens — ni dans la vulgarité[28], où il n'était qu'un comparse sur la scène au lieu d'en être le pivot ? Quand Gottsched énumère, dans la préface qu'il a écrite pour une pièce de sa femme, *Le Testament*, les privilèges de la comédie : « Un commerce délicat dans de nobles maisons, une manière gracieuse de plaisanter, le jeu des passions chez les jeunes gens... », on le croirait prêt à apprécier Marivaux ; il est vrai qu'il ajoute immédiatement la dérision du vice et la récompense de la vertu, et qu'il aboutit à un éloge fervent de Destouches : « C'est sur ce patron-là que sont faites la plupart des comédies de Destouches (...) Qui (...) n'a connu que les façons qui sont en vogue dans les Universités et les écoles s'évertuerait en vain à atteindre le degré de raffinement dans le commerce et la raillerie qui règne chez Destouches »[29].

C'est là qu'interviennent les motifs propres à Gottsched d'une part, communs à beaucoup d'*Aufklärer* d'autre part. Gottsched ne demande aux Français que ce qui peut être imité, voire dépassé dans l'imitation par les Allemands, car il est assuré, une fois perdues les mauvaises habitudes et passé le temps d'apprentissage, de la supériorité potentielle de son pays : les Allemands ont à la fois un fonds de sérieux mieux établi, plus d'ardeur au travail et plus d'invention. Or, le genre de Marivaux, considéré en France même comme très singulier, ne saurait trouver des émules en Allemagne ; la rivalité, toujours attisée par Gottsched, n'est ici ni possible ni souhaitable. Destouches, par contre, avec sa médiocrité « régulière » et moralisante, constituait un excellent modèle, apte à être suivi, puis supplanté ; aussi a-t-il été constamment mis en vedette par le guide du Théâtre allemand, qui ne s'est pas contenté, enviant les Français, d'écrire : « En plus de Molière, ils ont encore un Destouches »[30], mais a donné une préférence absolue à ce dernier. Les raisons en sont connues et elles atteignent aussi Marivaux : Molière n'a pas fait plus de six comédies en tout qui fussent vraiment conformes aux règles et malgré le mauvais exemple qu'il a donné par l'emploi des bouffons italiens, son successeur Destouches,

---

28. Tel est le fond de l'argumentation de Krüger en faveur de Marivaux dans sa préface au premier volume de ses traductions (1747) ; mais c'est aussi l'origine de la colère de Gottsched contre lui.
29. *Die Deutsche Schaubühne*, VI, n° 33. C'est à cette occasion que Gottsched explique la supériorité de Destouches sur Molière : « Destouches a aussi longtemps vécu à la Cour d'Angleterre dans la compagnie exclusive de gens distingués que Molière a erré à travers la France avec une bande de comédiens vulgaires ». Le système des troupes ambulantes sera très souvent mis en accusation au cours du siècle.
30. Avant-propos du *Nötiger Vorrat*.

quant à lui, « a su se tirer d'affaire sans avoir recours à de semblables chimères »[31]. La « régularité glacée » du doctrinaire était tout naturellement satisfaite par le « froid Destouches »[32]. P. Rilla fournit la justification historique de cette attitude : la littérature allemande était « en friche » et dépérissait depuis la guerre de Trente Ans, le théâtre populaire autrefois vigoureux végétait, il fallait tout d'abord une discipline d'éducation et de règles et, dans l'immédiat, on ne pouvait guère la demander qu'à un pays étranger plus avancé dans son évolution. Mais l'écueil ne devait pas tarder à se dresser : voulant que les Allemands revinssent rapidement à eux-mêmes, à un théâtre d'inspiration nationale[33], Gottsched empruntait — et c'était rationnel — au seul pays du voisinage offrant des disciplines strictes, classiques[34] ; mais ce qui ne devait servir en Allemagne que de « schéma abstrait » pour restaurer un ordre esthétique était en réalité lourd des réalités nationales françaises, c'est le goût français, l'esprit français qui pénétraient en Allemagne avec ces

---

31. *Essai d'un Art Poétique critique* (1re section, 11e chap., pp. 631-656 dans la quatrième éd. de 1751 chez Breitkopf à Leipzig). L'auteur examine la comédie des Français après celles des Anciens, des Italiens et des Anglais et avec la réflexion liminaire : « Il est indéniable que ce sont les Français qui, dans la comédie comme dans la tragédie, ont atteint le plus haut niveau ».

32. Palissot, dans ses *Mémoires Littéraires*, a critiqué avant A.-W. Schlegel la froideur de Destouches et ce qu'il en dit souligne la communauté de dessein avec Gottsched : « ... on pourrait regarder l'auteur comme un des premiers par qui la comédie a dégénéré parmi nous. Il l'a rendue froide sous le prétexte de l'épurer... » Holl exprime le regret que la comédie gaie de Marivaux ait été évincée en Allemagne par la comédie sérieuse de Destouches. L'absence de comique populaire (qui n'est pas à confondre avec la grossièreté burlesque comme Marmontel l'a souligné dans ses *Eléments de Littérature*) est à l'origine de cette froideur. Dans l'éloge prononcé lors de la réception de Destouches à l'Académie (1723), Fontenelle vantait la comédie « qui ne cherche point à exciter bassement un rire immodéré dans une multitude grossière, mais qui élève cette multitude presque malgré elle-même à rire finement et avec esprit » (*Œuvres dramatiques* de Néricault-Destouches à Paris chez Haut-Cœur, 1820, t. 6, p. 506) — une conception identique à celle de Gottsched.

33. Gottsched avait pris soin de marquer au début du chapitre précité de son *Art Poétique* que les Allemands, actuellement sans théâtre digne de ce nom, avaient pourtant dans ce domaine une tradition plus ancienne que les pays voisins (et de citer Roswitha, noble couventine du 10ème s. qui écrivit six comédies, et Rosenblüth et Hans Sachs, etc.) — tradition avec laquelle on n'aurait plus qu'à renouer après l'épuration.

34. Dans la suite du même chapitre, Gottsched avait stigmatisé l'anarchie et la platitude dues à l'improvisation de la comédie italienne et les tares de la comédie anglaise : le caprice et les bizarreries au lieu de la dérision des folies les plus répandues parmi les hommes, une corruption effrénée régnant sur la scène, « plus apte à contaminer les spectateurs qu'à les amender ».

disciplines[35]. L'effort pour les présenter comme issues des Anciens n'y changeait rien ; Lessing dénoncera cet abus dans sa *Dramaturgie*.

P. Rilla estime que Gottsched était incapable de faire le départ entre ce qui devait être retenu et ce qui devait être rejeté de la littérature dramatique française d'alors[36] ; il ne s'agit pas bien entendu de jugements sur la qualité des œuvres, mais sur leur utilité pour mettre en branle le théâtre allemand sans risque de le conduire dans une impasse. Nous pensons que la grande préférence donnée à Destouches indique au contraire l'option — qu'elle soit tout à fait consciente ou non — en faveur d'un ordre à la fois strict et aussi neutre que possible. Le comique très latin de Molière était moins facilement assimilable, les nuances « imperceptibles » de Marivaux l'étaient moins encore. Une comédie de caractère, sans signe vraiment distinctif du tempérament et des mœurs propres à une nation[37], avec une morale d'application quotidienne, était ce qui convenait le mieux, et n'est-ce pas justement ce qu'offrait Destouches ? Gottsched ne se souciait nullement de génie[38] — notion qui deviendra primordiale en Allemagne, par réaction contre le rationalisme, moins d'un demi-siècle plus tard — et la simple originalité excitait sa méfiance ; son attitude en face de la littérature était strictement professorale : elle s'enseigne et s'apprend, la connaissance des règles et le zèle à la tâche assurent la valeur de l'œuvre. Holl remarque qu'il n'a retenu du modèle français, qu'il avait adopté et qu'il imposait, que ce qui peut être compris, appréhendé intellectuellement, et non ce qui doit en être ressenti[39] ; dans

---

35. Cf. P. Rilla, *Lessing und sein Zeitalter*, pp. 157-158.

36. Le critique voit les choses surtout sous l'angle de la lutte des classes : selon lui, Gottsched distinguait mal dans la littérature française ce qui était « progrès bourgeois » — la bourgeoisie dont il représentait les aspirations apparaissant alors comme la classe révolutionnaire — de ce qui était « esprit rétrograde de la Cour ». En fait, Gottsched n'a cessé de vanter le ton et l'usage des « nobles maisons » au théâtre.

37. Sonnenfels, *Aufklärer* typique, écrit dans sa 27e *Lettre sur le Théâtre Viennois* (11 juin 1768) : « Peut-on assigner aux comédies de caractère un costume national ? Leurs principaux traits viennent du cœur de l'homme et non des apparences extérieures qui tiennent aux mœurs de chaque peuple ».

38. Goethe a jugé ainsi l'*Art Poétique* de Gottsched : « Il était fort utilisable et instructif, car il transmettait une connaissance historique de tous les genres (...) ; seulement, on présupposait le génie poétique » (*Poésie et Vérité*, 2ème partie, livre 6, tome 23, p. 57 dans l'éd. du Jubilé).

39. *Histoire de la comédie allemande* p. 123. Holl entend que l'héritage esthétique de l'Antiquité, tel qu'il revit dans « l'envolée pathétique du baroque », était hors de portée d'une approche purement intellectuelle ; il soutient que la sensualité du style Louis XV y était par contre accessible, mais que les Allemands ont pris trop à la lettre cet art *rococo* sans voir qu'il était fondé sur le jeu.

un ordre d'idées voisin, mais pour le défendre contre son grand
détracteur Lessing, Waniek relevait qu'il n'a jamais versé dans « *le
joli, l'amoureux, le tendre* », « car ce trait de caractère des Français
répugnait trop à sa propre nature »[40] !

IV. — *ATTITUDE DES CRITIQUES DU RATIONALISME ALLE-MAND.*

Nous touchons là un domaine où les successeurs rationalistes
de Gottsched n'ont pas été aussi différents de lui qu'ils le croyaient.
La sensibilité, telle qu'on la trouve chez Marivaux dans la France
des « Lumières », a été plus d'une fois considérée par eux avec
dédain, comme un signe de l'humeur frivole des Français, de leur
penchant à la galanterie, de l'emprise exagérée des femmes sur leur
haute société ; nous ne parlons pas ici des attendrissements de la
comédie larmoyante sur la vertu persécutée, puis reconnue et enfin
triomphante, qui a trouvé au contraire en Allemagne un écho profond. Il est vrai que l'ascendant grandissant des femmes, tel qu'il
se reflète dans l'œuvre de Marivaux, ne pouvait s'imposer aux Allemands de la même façon : rien qui ressemblât chez eux aux salons
parisiens de Madame de Lambert ou de Madame de Tencin. Les
femmes importantes de cette époque, en Allemagne, n'ont pas cette
situation d'animatrices et d'arbitres de la vie littéraire et mondaine qui les fait entourer, encenser, courtiser ; la *Gottschedin*,
très cultivée comme le maître se plaît toujours à le rappeler, tra-
vaille dans l'ombre de son illustre époux[41]. Si les comédies de
caractère ou les comédies touchantes venant de France sont accueil-
lies avec empressement, les comédies d'amour, considérées comme
tenant plus étroitement aux mœurs d'une société oisive, rencon-

---

40. Waniek, *Gottsched*, p. 186. Lessing avait reproché au « maître saxon »
dans sa 17e *Lettre sur la Littérature moderne* d'avoir plié les Allemands
à ce goût français qui leur est étranger. Il s'agissait avant tout de la tragédie, *Bérénice* ou *Zaïre*, mais les critiques d'*Aufklärer* contre les intrigues amoureuses à la française montrent qu'était en cause le théâtre
dans son ensemble.

41. Plus féministe que beaucoup d'autres dignitaires académiques de son
temps (cf. *Les Frondeuses Raisonnables*), Gottsched n'a cessé d'insister
sur les mérites de sa femme Louise Adelgunde (« *meine gelehrte Freun-
din* ») ; mais le rôle d'auxiliaire de ses travaux et d'excellente ménagère
que lui reconnaît Goedeke est tout de même limité et Lessing s'est gaussé
dans la *Dramaturgie* (n° 13) de sa soumission à son illustre époux. Une
comédienne comme la *Neuberin* jouissait de plus d'indépendance, mais
sans passeport pour la bonne société.

trent plus de réserves : leur *utilité* — critère essentiel — est moins
évidente, elles peuvent même s'avérer nuisibles en introduisant en
Allemagne des comportements étrangers à ses traditions.

Souvent marqué d'intransigeance, voire de pédantisme, le rationalisme allemand a difficilement admis, dans l'ensemble des jugements qui ont été prononcés, que chez Marivaux le comique populaire des valets et des paysans s'allie aux fines nuances des sentiments exprimés ou suggérés par les maîtres ; mais La Harpe l'ad-
mettra-t-il mieux[42] ? Si l'on excepte des hommes comme Justus
Möser[43] et Lessing, qui appréciaient la sève populaire, un certain
discrédit a pesé sur le « bas-comique », même après que la croisade
de Gottsched eut perdu de son efficacité. Les nécessités de l'unité
de ton et du profit moral ont éclipsé dans l'esprit des censeurs —
non dans le goût du public, mais les censeurs n'étaient pas toujours sans influence sur le répertoire des grandes troupes — les
charmes du pittoresque, de la gaîté, de la variété, et l'utilité du
contraste. L'ouverture d'esprit d'un Marmontel qui, condamnant la
farce où le ridicule est remplacé par l'absurde, le piquant par l'obs-
cène, et où sont violées toutes les règles de la bienséance, de la
vraisemblance et du bon sens, n'en défend pas moins un comique
qui, imitant les mœurs du bas peuple, « peut avoir, comme les tableaux flamands, le mérite du coloris, de la vérité et de la gaîté,
(...) est susceptible de délicatesse et d'honnêteté (...), donne même
une nouvelle force au comique bourgeois et au comique noble lorsqu'il contraste avec eux »[44], ne se trouve pas fréquemment chez les

---

42. Dans le *Lycée*, l'étude sur Marivaux commence par une attaque contre
le mélange des tons dans son théâtre, des propos « alambiqués » aux
locutions « triviales ».

43. L'essai de Justus Möser *Défense du Comique grotesque* (1761), avec l'écho
que lui a donné Lessing dans la *Dramaturgie* (n° 18 à propos des *Fausses Confidences*), marque une date dans les conceptions de l'*Aufklärung*
sur le comique légitime ou illégitime.

44. *Eléments de Littérature* (O.C. XII p. 505) Marmontel refuse de confondre « comique bas » et « comique grossier » ; dissociant le tiers-état en
bourgeoisie et bas peuple, il distingue un comique sain par classe sociale ;
quant à la farce grossière et à ses revenus excessifs, cf. XIII, pp. 453-461.
N'oublions pas que Marmontel a eu beaucoup de lecteurs attentifs en
Allemagne, de Lessing à Goethe. Dans le dernier quart du siècle, l'acteur
allemand le plus céèbre, F.-L. Schröder, excellait dans le bas comique et
il préférait *La Fausse Suivante* (cf. la première scène et tout le rôle de
Trivelin !) aux autres pièces de Marivaux ; il est vrai qu'il faisait intervenir dans ses définitions un autre critère : celui de la difficulté artistique, tous les caractères de Molière étant par exemple pour lui de haut
comique à cause de leur difficulté — tandis que F. Riccoboni, dont
Schröder avait traduit l'*Art du Théâtre* (Paris, 1750), mettait dans le bas
comique tous les rôles « réalistes », y compris ceux d'Harpagon et de
Tartuffe.

Aufklärer. Beaucoup d'entre eux ne voient guère dans la comédie, toujours suspecte d'intentions frivoles et de complaisance envers les bas instincts au détriment de la décence et de la Raison, que la leçon qu'elle doit accréditer par une sorte de démonstration à laquelle nul ne saurait se dérober ; d'où la nécessité d'une moralité qui se dégage de façon claire, indiscutable, et au centre même de l'intérêt[45], la méfiance envers « les équivoques françaises », le moindre prix accordé à la manière plus subtile qui consiste à « glisser le précepte » à la faveur du plaisir comique, au milieu d'une intrigue qui n'est pas toujours édifiante, la tentation de considérer le « comique sérieux et même un peu triste » comme le mieux adapté aux besoins de l'époque[46]. Dès 1751, Gellert invoquait en faveur du genre touchant ou « larmoyant » l'applaudissement « du peuple aussi bien que des doctes » et voulait une comédie qui « s'harmonisât avec la mentalité de notre temps »[47].

Il y eut jusqu'à la fin du siècle antinomie et conflit — journaux de théâtre et libelles en font foi — entre ceux qui demandaient à la comédie un simple divertissement et ceux qui, forts de la définition des Anciens ou de l'optimisme moral des Modernes, attendaient d'elle le châtiment des mœurs ou un élan des cœurs vers le bien. Le problème se compliquait du fait que le grand public, malgré les espoirs et les affirmations un peu hâtives de certains « doctes », persistait à vouloir rire ; c'est un droit qu'un Lessing lui reconnaissait volontiers[48], mais d'autres laudateurs du genre tou-

---

45. Le type même d'une telle moralité est fourni par *L'Ecole des Mères*, celle de La Chaussée, qui remporta un durable succès en Allemagne pendant le règne de l'*Aufklärung* pour disparaître ensuite : la comédie s'achève sur une déclaration de la mère qui reconnaît son injustice et exhorte le public à n'en pas commettre une semblable.

46. C'est la formule de Sulzer sur laquelle nous reviendrons

47. Extrait du cours inaugural de Gellert, *Pro comoedia commovente*, trad. par Lessing (*Gesammelte Werke*, Hanser Verlag, t. I, p. 939). Cette unanimité existait-elle vraiment ? Nous avons ici l'affirmation de l'un de ces « doctes » qui régentaient le théâtre de l'*Aufklärung* ; le public devait être souvent d'un avis différent si l'on en juge par la permanence des Arlequinades et par le témoignage du comédien Brandes : « Comme la Cour et une grande partie du public préféraient de véritables comédies aux pièces sérieuses, j'essayai dans mes heures de loisir d'arranger quelques pièces comiques d'auteurs français qui pourraient être représentées sur notre théâtre. » (*Mémoires*, trad. fr., II, p. 55. Il s'agit du Théâtre de Dresde où jouait la Compagnie Seyler avant l'ouverture du « Théâtre National » de Mannheim en 1779).

48. Lessing a par exemple critiqué le « zèle trop rigide » déployé par le Viennois Sonnenfels, que par ailleurs il estimait, contre le burlesque (Lettre du 25 oct. 1770 à Eva König, cf. *Gesammelte Werke*, Hanser Verlag p. 1115). Il admet la farce pourvu qu'elle soit bien jouée : « La farce doit

chant se montraient moins tolérants : ce que la raison de Gottsched prétendait bannir, ils pensaient que la comédie sentimentale et édifiante pouvait le remplacer avantageusement. Il faut bien voir que, dans l'esprit de plusieurs intellectuels passionnés de théâtre et aspirant à la création d'un « Théâtre National », cette question rejoint directement celle des traductions et de l'imitation. Dans son libelle de 1766 contre le *Principal* Koch, Löwen constatait qu'il manque à ses compatriotes une bonne humeur ou une gaîté qui leur soit véritablement propre (*eine rechte Originallaune*). A cela s'ajoutait le manque de contact des auteurs avec la bonne société, faisant que — les grossières *Hanswurstiades* mises à part — le répertoire proprement allemand de comédie gaie restait indigent[49], tandis que dès le milieu du siècle le genre touchant était cultivé par Gellert, puis par bien d'autres ; innombrables seront, à la fin du siècle, les pièces sentimentales et les « tableaux de famille » comptant au répertoire de comédie.

Il est certain que le problème d'un théâtre aux programmes purement allemands eût été plus facile à résoudre si le public avait sagement préféré le genre touchant. Löwen reproche au *Principal* Koch de ne jouer pratiquement que des traductions, parce qu'il suit les appétits de la masse et que la masse, manquant de goût, veut rire à gorge déployée ; comme Koch ne consent guère aux absurdes et dégradantes farces du cru, l'appel aux pays latins est inéluctable. « La plupart des spectateurs — écrit Löwen dans son libelle — semblent plus avides d'exercer cette faculté qui distingue l'homme de l'animal, le rire, que de faire fonctionner au spectacle leur raison et leur cœur qui sont eux aussi, pourtant, le propre de

être débitée coup sur coup, il faut que le spectateur ne dispose pas du moindre instant pour examiner si elle est spirituelle ou non ». (*Dramaturgie*, n° 9, à propos de la représentation de *Der Schatz*, sa propre adaptation du *Trinummus* de Plaute). Plus réaliste que les autres critiques de l'époque, il se fie à l'efficacité scénique.

49. Les auteurs allemands de comédies gaies que Lessing retient dans sa *Dramaturgie* : Krüger, Joh. Elias Schlegel, sont morts trop jeunes pour avoir pu laisser une œuvre importante. Les pièces du premier se sont assez vite démodées (sauf le petit acte du *Duc Michel* que Goethe étudiant à Leipzig jouait encore en privé) ; le second, dont Lessing vante deux pièces (*Die stumme Schönheit* et surtout *Der Triumph der guten Frauen*) comme comptant parmi les rares originaux allemands de qualité, peint malheureusement des caractères... français et Lessing ajoute philosophiquement : « Mais nous sommes déjà trop habitués dans nos pièces comiques aux mœurs étrangères et notamment françaises pour que ce fait produise sur nous une impression vraiment désagréable ». (n° 52, p. 208 de l'éd. Otto Mann).

l'homme »[50]. La seule consolation pour lui, c'est qu'au milieu de tant de traductions destinées à égayer le « gros public », Koch a joué une pièce de haute qualité, *Le Père de Famille,* mais hélas !... dans une version indigne. C'est donc le défaut d'un répertoire allemand acceptable dans le registre gai qui perpétuait les traductions, et la France, où le genre « larmoyant » avait également envahi la scène comique[51], ne suffisait pas à compenser cette lacune : Gottsched n'avait-il pas admis dans sa *Deutsche Schaubühne* Holberg, dont la virulence bouffonne ne pouvait guère le satisfaire, mais qui du moins est un nordique ? Le même censeur s'éleva par contre avec vigueur contre l'importation de « l'ordure anglaise » et avec amertume contre la rechute dans la facilité italienne, « sous prétexte qu'a surgi un certain Goldoni, qui trouve le moyen de donner un nouvel essor à ces Arlequinades défraîchies ». En ironisant lourdement sur les Lapons, les Samoïèdes et les Hottentots encore à exploiter[52], le « maître saxon », dont l'autorité était déjà bien déclinante, signalait à nouveau, en somme, l'écueil de la scène comique allemande : le public voulait rire, et les sources du rire étaient à l'étranger.

V. — *LES CLASSES SOCIALES ET LE PLAISIR COMIQUE*

La préférence accordée à la comédie sérieuse, à la comédie touchante, au drame bourgeois, était surtout le fait de la bourgeoisie intellectuelle, des milieux luthériens, des cercles académiques. Il est bien intéressant de relever la réaction des « gens qu'il est convenu d'appeler du beau monde » — ceux que Marivaux nommait les gens du bel air — telle que l'a notée Löwen dans son libelle pré-

---

50. Extrait du libelle *Freundschaftliche Erinnerungen.* « Une belle tragédie, une comédie sérieuse » seraient les plus aptes à exercer ces facultés.

51. Remarquons en passant que le « Théâtre National » de Hambourg (direction artistique : Löwen) eut largement recours à ce répertoire français en traduction : outre l'inévitable *Père de Famille* (cette fois dans la version de Lessing), *Mélanide, L'Ecole des Mères* (La Chaussée) et *Cénie* et même le *Sidney* de Gresset.

52. Il s'agit de l'épisode pittoresque de la « guerre comique » (1752-1753) à l'occasion de *Devil to pay or the Wives metamorphosed,* de Coffey, traduit par Weisse, ami de Lessing, que Koch avait représenté à Leipzig même en 1752. Quant à Goldoni, qui acquiert droit de cité sur les scènes allemandes à partir de 1755, la réplique du maître se trouve dans sa revue *Neuestes aus dem. Reiche der anmutigen Gelehrsamkeit,* IX, p. 554. Cf. notre article *Gottsched législateur... RLC* de janvier-mars 1970, pp. 19-20 et 22-23.

cité, lors de la représentation du *Père de Famille* : « ... j'avais les yeux fixés sur eux et n'ai remarqué sur leurs visages aucune des expressions que des pièces de ce genre ont coutume de provoquer chez qui les comprend et les sent ». Intéressant par l'observation elle-même et aussi par la volonté de la faire, cette attention nette-ment orientée... On notera de même que les *Mémoires* de Brandes, dont nous parlions, et qui se réfèrent à une période postérieure de quelque dix ans, font état d'un vif désir de comédies vraies de la part et de la Cour et du plus grand nombre, c'est-à-dire du public populaire. Il y a là une connivence caractéristique : les privilégiés et le peuple veulent un théâtre de comédie pour se distraire, la bourgeoisie militante songe à la force éducatrice du théâtre dans tous les domaines ; Gottched pensait avant tout à la Raison, que la foule n'a que trop tendance à rejeter quand elle entre dans un Théâtre, et aux Règles fondamentales de l'esthétique ; ses succes-seurs allégueront comme Diderot la Vérité et la Nature, cherche-ront le profit moral, voire le bénéfice politique[53]. Certaines comé-dies gaies raffinées, originaires de France, avaient naturellement le suffrage des privilégiés. Combien de fois n'a-t-on pas joué Mari-vaux dans les Résidences à l'occasion des fêtes ? Les annales des Cours en fournissent de nombreux exemples ; mais ce répertoire-là passait moins bien la rampe en présence d'un public en majorité populaire, bien qu'on ait souvent forcé les rôles de valets[54] et, du côté des censeurs, cette fine fleur de la comédie gaie faisait naître d'autres objections : ne risquait-elle pas d'introduire en Allemagne des mœurs étrangères, plus brillantes que solides ? La vanité et la frivolité françaises, avec cet air d'aisance qui les accompagne et le lustre du théâtre, ne pouvaient-elles séduire le gros public comme elles avaient tourné la tête à l'aristocratie ?

Quand on y regarde de près, le choix qui a été fait par Gott-sched et par sa femme la traductrice dans l'œuvre de Destouches montre bien leur souci d'offrir au public quelque chose de récréa-tif, pourvu que ce soit sans Arlequin et dans les règles : certes, *Le Dissipateur* (*Der Verschwender*) est une comédie de caractère « où

---

53. C'est encore l'exemple français de leçons philosophiques (Diderot) ou politiques (Voltaire) données par le truchement du théâtre qui a été déterminant. Il y a dans *Minna von Barnhelm* par exemple des inten-tions politiques aussi bien en ce qui concerne la réconciliation des Etats allemands qu'à l'égard de Frédéric II.

54. Nous entendons par là aussi bien la manipulation du texte (abréviation des scènes entre les maîtres, addition de répliques aux scènes de valets) que le style du jeu : un Arlequin tout à fait burlesque, des Lisette et Frontin vraiment populaires, un Maître Blaise parlant non plus un « patois paysan » peu différencié, mais le dialecte même de la région où l'on jouait.

il n'y a rien de bien plaisant »[55], comme l'écrira plus tard A.-W.
Schlegel, et il fallait bien que celui qui se croyait le successeur de
Molière fût représenté par une comédie d'un fond « sérieux » ; mais
La Fausse Agnès et surtout *Le Tambour Nocturne* d'après Addison
ne sont pas éloignés de la farce, La Harpe dira de la première :
« C'est une caricature (...), on ne se rend pas difficile sur le rire »
et du second : « Il n'y a là aucune espèce de nœud dramatique, mais
tout a passé à la faveur d'un de ces rôles originaux dans le grotesque que les crayons anglais savent dessiner »[56]. Or, ce sont ces deux
pièces, ornant les deux premiers volumes parus de la *Deutsche
Schaubühne*, que l'on trouve le plus fréquemment sur les affichettes après 1740. La *Gottschedin* mettait en vedette le personnage
risible, la dupe de la fausse Agnès, en préférant le sous-titre : *Le
Poète campagnard* (*Der poetische Dorfjunker*), tandis que Gottsched, qui avait repoussé dédaigneusement les bizarreries peintes
par les Anglais dans leurs pièces comiques, en adoptait une grâce
au parrainage de Destouches ! Finalement, l'un et l'autre savait
que ce besoin de rire « en se secouant la panse », sans forcément y
allier le « rire de l'intelligence », selon la distinction que fera Lessing, devait être satisfait, et les comédies originales de Madame
Gottsched contiennent des plaisanteries fortes et parfois risquées[57].
L'essentiel restait de faire rire sans que le bon sens en fût la victime, et pour cela d'exclure Arlequin et ses proches.

Les pièces françaises les plus raffinées dans le comique gai —
une expression qui paraît constituer un pléonasme, mais qui a
toute sa justification au 18e siècle —, celles qui font participer l'intelligence au rire et qu'on accusera souvent de provoquer un simple sourire distrait, voisin de l'ennui[58], éveillaient chez Gottsched,

---

55. C'est ce qu'affirme A.-W. Schlegel de l'ensemble de l'œuvre comique de
Destouches dans l'article du *CLD* qu'il lui consacre, lui reprochant en
outre sa « morale » au ras de la vie quotidienne : un point sur lequel la
doctrine de Gottsched était en parfait accord avec la pratique de Destouches. Le « maître saxon » n'était d'ailleurs pas entièrement satisfait du
Dissipateur qui lui semblait enfreindre la règle de la séparation des genres et à propos duquel il cite, au chapitre sur les comédies de son *Art
Poétique*, son illustre devancier :
     Le comique ennemi des Soupirs et des Pleurs
     N'admet point dans ses vers de tragiques douleurs.
Question de dénomination : il admettait celle de tragi-comédie.
56. *Lycée* t. 11 p. 296.
57. Lessing ira jusqu'à trouver « sale et dégoûtante » (*schmutzig ekel*) sa
Gouvernante française (*Dramaturgie* n° 26). Le « Théâtre National » joua
cependant la pièce qui portait atteinte à la réputation des précepteurs
et préceptrices perpétuant les privilèges du français en Allemagne.
58. « On sourit, mais on bâille » : La Harpe jugeant dans son *Lycée* l'effet des
comédies de Marivaux.

et chez plus d'un critique de la génération suivante, des craintes
d'un autre ordre : les intentions morales en étaient-elles pures ?
N'étaient-elles pas une sorte de cheval de Troie introduit dans une
Allemagne trop confiante ? Gottsched s'inquiétait de la morale du
Misanthrope tout en s'inclinant devant cette comédie « régulière »,
et Löwen, plus tard, du rayonnement des petits-maîtres parisiens
sur les planches des théâtres allemands[59]. Une chose en tout cas est
certaine, bien qu'elle semble quelque peu paradoxale : ce n'est pas
comme auteur « équivoque » et frivole sous le masque des bienséances que Marivaux a été tenu d'abord en suspicion et écarté,
c'est comme employeur d'Arlequin, comme soutien des bouffonneries italiennes et complice de leur grossièreté indécente... Gottsched n'était pas l'homme des demi-mesures, exception pour lui
signifiait trahison : que le Théâtre Italien de Paris, qu'il assimi-
lait en toute méconnaissance de cause aux Théâtres de la Foire,
pût avoir un répertoire « littéraire », c'était ce qu'il ne pouvait
admettre. Gardien du domaine théâtral, il avait à en tenir éloignés
les Italiens, leur goût des péripéties romanesques, leurs sorcelleries et leurs tours sans rapport avec la vie quotidienne, leurs inso-
lentes parodies[60], de même que tous leurs émules et fournisseurs.
Telles sont les conditions dans lesquelles s'engagea à propos de
Marivaux la querelle d'Arlequin.

---

59. *Freundschaftliche Erinnerungen...* Cet aspect sera abordé dans notre
étude sur *Marivaux moraliste ou l'immoralité de Marivaux.*

60. Voici la traduction du passage concernant les Italiens dans le chapitre
sur les comédies de l'*Art Poétique* : « Leurs meilleures comédies ne
contiennent que péripéties romanesques et fourberies de valets dans une
suite interminable de bouffonneries saugrenues. Arlequin et Scaramouche sont les sempiternels premiers rôles de leur théâtre et ce sont des
personnages qui n'imitent point les actes de la vie courante mais qui se
contentent de faire des tours burlesques (...). Ils ne se sentent liés à
aucune unité de temps ni de lieu et bien souvent il n'y a même pas dans
leurs fables de véritable action principale. Ils font à Paris des parodies
des pièces les plus sérieuses au milieu de leurs autres spectacles et remplissent tout d'esprits, de sorcelleries et de fantômes ». Ces « sorcelleries »
étaient d'autant plus honnies de Gottsched qu'elles lui rappelaient les
diableries allemandes ; les parodies ne plaisaient pas à son sérieux universitaire (et bien que nous n'ayons rien trouvé de précis sur ce point dans
ses écrits, l'auteur d'une parodie de l'*Iliade* — le respect des Anciens
était la base immuable des certitudes de Gottsched — et du *Télémaque* —
alors qu'il était un admirateur de Fénelon dont il avait invoqué l'autorité
dès son premier hebdomadaire — ne pouvait qu'accroître sa méfiance).
Contre la comédie italienne il s'appuie encore sur l'opinion de Saint-
Evremont, sur les tentatives de Muratori et du marquis Maffei pour épurer la scène comique de leur nation de ces « souillures ». Goldoni, coulant
la *commedia dell'arte* dans un moule littéraire, n'a pas plus tard trouvé
grâce à ses yeux mieux que Marivaux.

2

La grande querelle d'Arlequin

I. — *HANSWURST ET LE « BOUFFON WELCHE »*.

Voulant épurer la scène comique, Gottsched se trouvait en présence de bouffons d'origines différentes : les « fous allemands d'invention ancienne » n'étaient plus guère représentés que par *Hanswurst*[1] tandis que les pitres « d'un genre nouveau » accouraient de l'étranger et avaient tendance à se multiplier : certains, tel Crispin, avaient du moins un habit adapté à leur état ; le plus haïssable de tous, et naturellement le plus aimé de la populace, était Arlequin, qui réunissait tous les défauts : hors de la tradition allemande, il étalait de surcroît son extravagance dès l'entrée en scène par son habit de carnaval et ses grimaces. « Parfois — écrit Gottsched[2] — on veut lui donner un rôle de valet : seulement, je demande quel maître ne rougirait point de donner à son faquin pareille livrée bariolée ? » Bafoué par le bouffon, le bon sens triomphe ici chez le critique... Scapin, vêtu à l'espagnole, ne vaut pas mieux : « Eh bien ! Qu'on l'admette si l'on veut dans une pièce espagnole, mais chez nous, cela n'a pas de raison ». Rationalisme et chauvinisme font donc bon ménage. Le bon sens se révolte d'ailleurs contre la permanence des types de la comédie populaire, alors que dans la vie courante les hommes sont si divers et qu'un observateur bien doué doit savoir les distinguer : « Et pourquoi en rester toujours au même

---

1. Löwen établit la filiation de la façon suivante : « Celui que jadis on nommait *Courtisan* s'appela ensuite *Pickelhering* et plus récemment *Hanswurst* » (*Histoire du Théâtre Allemand*, p. 13 dans la rééd. de 1905). Entendons que *Pickelhering* fut le principal héros comique de l'époque baroque, tandis que son successeur *Hanswurst* brava le rationalisme des « Lumières ». Il y eut en réalité toute une série d'autres types comiques.

2. *Kritische Dichtkunst, von Komödien oder Lustspielen* (pp. 631-656 de la 4ᵉ éd. de 1751).

personnage ? » Remarquons que la critique présuppose justement l'unité du personnage, comme une évidence qui frappait les regards : les losanges multicolores de la casaque (quand Arlequin la portait...) s'opposaient, dans l'esprit de Gottsched, à ce que le personnage changeât de caractère ; il ne pouvait être qu'un extravagant. A ces raisonnements très simples il fallait un complément tiré de l'expérience : Gottsched le trouvait dans « le nouveau théâtre français » où les bons auteurs — entendons Destouches et accessoirement Regnard — s'étaient, malgré le fâcheux précédent de Molière, délivrés du « monstre » et de ses semblables ; les autres, tels Marivaux et Boissy, étaient passés sous silence. La première question qui se pose à nous, en abordant la croisade contre Arlequin, est de savoir si ce combat se distingue de celui qui devait chasser *Hanswurst*.

Dans son *Index* de 1781, arrivé à Justus Möser et à son essai sur Arlequin (publié en 1761 et réédité en 1778), Christian H. Schmid écrit : « Outre la philosophie qui se cache ici sous la verve, cet écrit avait encore l'avantage de persuader les Allemands combien sont différents l'un de l'autre *Hanswurst* et Arlequin ». Jean-Saucisse est en quelque sorte le Polichinelle allemand : grossier et niais, il est d'un seul bloc, toujours égal à lui-même, tandis qu'Arlequin est infiniment divers, prêt à subir toutes les métamorphoses, à faire tous les métiers et opérer toutes les magies, à prendre tous les caractères, c'est un personnage-protée. C'est tantôt un nigaud, un stupide, un butor, tantôt un observateur lucide, frondeur, caustique, des anomalies de la société : le niais devient un faux niais redoutable[3] ! Tantôt il débite des extravagances, tantôt il regorge de bon sens populaire. On a souvent représenté la différence des deux personnages de la façon suivante : *Hanswurst* le sot et Arlequin l'habile valet, et cela a dû être vrai dans les comédies où ces deux rôles existaient côte à côte, et à demi improvisés, telle cette curieuse représentation du *Tambour Nocturne* de Destouches que nous avons trouvée dans les affichettes de Francfort, avec le commentaire publicitaire suivant : « Une pièce comique construite avec une application particulière selon les règles du théâtre, gaie et fortement intriguée » — nous sommes en 1741 et ces arguments convenaient à Gottsched, qui venait de la publier dans sa *Schaubühne* —

---

3. Pour ne prendre que l'Arlequin de Marivaux, il n'y a, sauf l'habit et la batte que peu de points communs entre le nigaud des *Fausses Confidences* qui dit à Marton : « Mademoiselle, voilà un homme qui en demande un autre ; savez-vous qui c'est ? » (II 5) et le faux naïf de *La double Inconstance* qui refuse les leçons de noblesse du courtisan : « Un orgueil qui est noble ! donnez-vous comme cela de jolis noms à toutes les sottises, vous autres ? » (III 4).

« en compagnie d'Arlequin et de *Hanswurst*, tous deux valets et joyeux drilles, mais tourmentés de mille façons par le spectre au tambour » — voilà ce que le maître n'avait pas prévu, mais il faut avouer que l'intrigue s'y prêtait et que l'adoption, de sa part, était imprudente ! Il est superflu d'insister sur le fait qu'Arlequin est loin d'être toujours un serviteur habile ; *Hanswurst*, de son côté, a évolué au cours du siècle, on le trouvait aussi bien facétieux, pourvu d'un gros bon sens, changeant de caractère ou d'état (*Hanswursts Verwandlung...*, avec un complément explicatif, est un titre qui revient), allant en enfer discuter avec le diable, etc. Il y a eu contamination entre tous ces bouffons et, comme l'affirme Sonnenfels, qui était ennemi du burlesque autant que Gottsched et avait fort à faire à Vienne pour le combattre, tous, l'habit mis à part, appartenaient bien à la même confrérie[4]. Arlequin est souvent cité, dans les polémiques de l'*Aufklärung*, comme représentant éminent de cette confrérie des bouffons, plus qu'à titre individuel.

Il y a tout de même, à l'origine, plus de pesanteur chez le pantin allemand, qui n'a ni les *lazzi* ni les cabrioles d'Arlequin et se distingue surtout par son effrayante vulgarité : c'est lui qui, dans les tragi-comédies baroques, faisait alterner les propos saugrenus ou orduriers avec le pathos habituel, pour « détendre » le public[5]. Löwen montre dans son *Histoire* que, si Gottsched n'a pas mis sur la scène beaucoup de pièces intéressantes, il a du moins le mérite d'avoir inauguré l'ère des pièces « supportables », et les exemples qu'il donne de la bassesse des « bandes » et de leur répertoire expliquent l'intransigeance du maître : « Pour juger du peu de mœurs

---

4. Sonnenfels voit dans le Crispin de Regnard et de tous ceux qui à sa suite ont employé ce personnage un pair de *Hanswurst* : « Crispin, cet amuseur affublé d'un ceinturon large comme la main, et *Hanswurst* orné de son plastron sont compagnons d'une même corporation : ils n'ont d'autre but que l'éclat de rire » et : « ... puisque le goût de la farce est encore si répandu, laissez-moi au moins chercher comment le bouffon pourrait être élevé au niveau du plaisant » (23ᵉ *Lettre sur le Théâtre viennois* datée du 14 mai 1768).

5. Löwen (*Histoire du Théâtre Allemand*, pp. 10-12 de la rééd. de 1905) donne l'exemple d'un sujet biblique, *La grande Sagesse du Roi Salomon*, accommodée en farce de *Hanswurst*, « qui fut jadis la parure de la scène allemande » et reproduit un large extrait du dialogue inédit montrant les platitudes incongrues (*Zoten*) dont on se servait couramment pour déclencher le rire. *Hanswurst* y joue le « loustic », valet du Roi Salomon il vient s'asseoir à sa table pour « goinfrer » et dit entre autres : « C'est le pire des pochards, et si le lascar ne se fait pas fourrer à temps un clystère par le fumiste, ses braies vont grandement en souffrir ; et après, sa femme ira s'étonner que le gars soit devenu si vite un matérialiste » etc. L'historien commente : « *Sind das nicht allerliebste Sächelchen !* » (« Ne sont-ce pas là de charmantes mignardises ? »).

de cette méprisable espèce de comédiens et de son peu de respect envers le public, il suffit de considérer la pièce favorite de Hasscarl, intitulé *Le Paysan ivre*. Ce joli *Principal*, vu son emploi habituel de *Hanswurst*, jouait lui-même le rôle du paysan qui, d'après l'argument de la pièce, était conduit en état d'ivresse par les courtisans dans les appartements princiers. Après avoir cuvé son vin, il aperçoit la princesse et, lorgnant son corsage, il s'écrie avec sa verve populacière : « Pas d'erreur, voilà la p... de cantinière, je vois là deux belles gourdes d'eau-de-vie qui lui pendent sur la poitrine ! »[6]. Cette outrance dans la grossièreté a souvent ce sens d'une revanche du peuple sur les mépris des grands, d'autant plus triviale que la société allemande était plus strictement hiérarchisée ; Arlequin prend aussi à l'occasion de telles revanches, mais avec plus de piquant et de légèreté[7].

La lutte menée par Gottsched et ses disciples contre Arlequin qui, étant « welche » d'origine et de caractère et plus à la mode à cause de sa nouveauté, leur apparaissait devoir être la cible principale, a souvent fait oublier *Hanswurst*, comme si, au cours du siècle, il avait pratiquement disparu des tréteaux. Il n'en est rien, et son cas reste solidaire de celui d'Arlequin. Les *Theaterzettel* de Francfort[8] sont des plus instructifs à cet égard parmi tous ceux que nous avons dépouillés, car le *Principal* Schuch, remarquable Arlequin d'après les témoignages unanimes, jouait au milieu du siècle dans la Ville d'Empire[9] et dans son répertoire abondent les farces où il faisait lui-même le *Hanswurst* : bien distincts au début[10], les deux emplois semblent se confondre. Le 20 avril 1751, la représentation de *Mithridate* est suivie d'une farce de *Hanswurst* : il fallait bien « détendre » le public ; on avait donné auparavant, pour justi-

---

6. *ibid.* p. 22.
7. On pense au rôle d'Arlequin dans *La Double Inconstance* et même dans le *Jeu* (III 7).
8. *Theaterzettel* de la collection Mannskop *UB* de Francfort.
9. Franziskus Schuch, qui avait été moine en Haute-Autriche avant de devenir comédien en Saxe, joua avec sa troupe à Francfort de 1748 à 1752. D'après l'historien du théâtre francfortois, E. Mentzel, même le public patricien de cette cité cultivée appréciait la « verve irrésistible » de ses improvisations (*Geschichte der Schauspielkunst in Frankfurt a.M.*, p. 212). Brandes, qu fut membre de sa troupe, assure qu'il faisait le bouffon sans grossièreté ; seulement, dans la comédie improvisée sur un canevas, à l'italienne (*Stegreifkomödie*), « les acteurs nouveaux (...) restaient parfois cois ». (*Mémoires*, trad. française de Picard, t. I, pp. 228-229 et 243-245).
10. Dans son *Histoire du Théâtre Allemand*, Löwen attribue la création véritable de ces types sur la scène allemande à Stranitsky (*Hanswurst*) et à Denner le jeune (Arlequin), ayant tous deux appartenu à la « bande » de Maître Velthem avant de jouer pour leur propre compte (pp. 13 et 20-21).

fier ce saut périlleux du cothurne au brodequin, une sorte de prologue allégorique, intitulé *L'Alliance de la Tragédie et de la Comédie*, dont l'auteur n'était autre qu'Uhlich (le traducteur de *La Mère Confidente*) et où était invoquée « la plume du zélé Gottsched » ! Frédéric II avait écrit en 1746, dans *Histoire de mon Temps* : « La scène allemande est abandonnée à des bouffons orduriers ou à de mauvais farceurs qui représentent des pièces sans génie, qui révoltent le bon sens et font rougir la pudeur » (une phrase que nous n'avons naturellement pas eu à traduire et qui nous rappelle que Voltaire a condamné, lui aussi, la « mode abominable » des fous de Cour)[11]. Les termes du roi de Prusse sont identiques à ceux qu'employait Gottsched, mais ce dernier, à cette époque, avait la faiblesse de croire sa croisade victorieuse. Löwen signale dans son *Histoire* que certaines troupes jouent encore — en 1766 ! ... — *Alzire* et *Barnwell* (c'est-à-dire *Le Marchand de Londres*, la célèbre tragédie bourgeoise de George Lillo) avec le contrepoint des « drôleries » de *Hanswurst*[12]. De cette irrévérence on trouve en effet maint exemple pittoresque ou révoltant, dont l'un mérite d'être cité : à Vienne, où la puissance de *Hanswurst* était difficile à ébranler, fut présentée le 1er octobre 1763, au Kärntherthortheater, « une nouvelle tragédie bourgeoise en cinq actes, tirée de l'anglais et intitulée *Missara und Sirsampson*, avec *Hanswurst*, le fidèle valet de Mellefont ». Il s'agit bien entendu d'une adaptation au goût populaire viennois de la *Miss Sara Sampson* de Lessing, où le sentencieux valet Norton est ainsi suppléé par Jean-Saucisse ; l'effet s'en fait sentir sur le ton du dialogue : Marwood, la mauvaise femme, devient « la fesse droite du diable »[13] !

II. — *MARIVAUX ENTRE LES LAZZI D'ARLEQUIN ET UNE « EMOTION PLEINE DE GRACE ET DE TENDRESSE »*.

Le goût du gros public n'avait donc pas changé autant que certains, chantant trop tôt victoire, l'avaient cru ; malgré la défense de la Raison par Gottsched à Leipzig, par Sonnenfels à Vienne, de la

---

11. La phrase de Frédéric est citée par H. Kindermann, *op. cit.*, IV, p. 508. Pour Voltaire, cf. in *Lettres choisies*, t. 2, pp. 218-222, sa lettre du 15 juillet 1768 à Horace Walpole ; il n'admet pas la grossièreté, « qui n'est pas un genre », ni la bouffonnerie ; il attribue à Molière en France, à Goldoni en Italie le rôle d'épuration qu'a voulu assumer Gottsched en Allemagne.

12. *Gesch. des deutschen Theaters*, éd. préc., p. 10.

13. C'est encore une sorte de « forfait littéraire », dont l'auteur était feu Josef Karl Huber (l'acteur surnommé à Vienne *Leopoldl*). Cf. E. Schmidt, *Lessing*, I, p. 288.

comédie touchante et édifiante par Gellert ou Löwen, un comique
populaire très dru, souvent épais et déplacé, continuait à faire le
succès de certains acteurs et à remplir la caisse des *Principaux*.
On pourrait mettre en épigraphe le titre d'une comédie jouée le
30 juin 1741 à Francfort : *Je närrischer, je besser* (« Plus c'est fou,
meilleur c'est »), avec un sous-titre en français : *oder Hans Wourst
le marchand ruiné*[14] ; l'affichette raconte le canevas, le fou aboutit
à l'asile d'aliénés. Brandes, dans ses *Mémoires*, relate qu'après la
paix de 1763 « le goût commençant à s'épurer sensiblement (...),
nous donnâmes plus de pièces régulières qu'autrefois »[15] ; mais on
se demande si cette épuration dont on fait état à diverses époques
du siècle ne fut pas un leurre, ou du moins extrêmement variable
suivant les troupes et les places, car les témoignages sur ce point
se contredisent ; Brandes lui-même, dans la suite de ses souvenirs,
ne dit-il pas que la troupe d'Abel Seyler, jouant à Osnabrück après
l'échec du « Théâtre National » en 1768[16], se heurta à l'hostilité du
public, qui voulait retrouver « les personnages comiques qui le
divertissaient tant autrefois (...) Les plus acharnés de la populace
jetèrent par les fenêtres de grosses pierres sur le théâtre »[17] ? Cette
troupe d'élite, protégée par l'Electeur de Saxe, subit ensuite à Dresde
la concurrence redoutable d'une « bande » ambulante, qui jouait
Hanswurstiades ou Arlequinades dans une brasserie, chaque spectateur pouvant pendant le spectacle boire une chope et fumer une
pipe[18]... En 1782 encore, le *Calendrier Théâtral de Gotha* signale
un article non signé, marqué d'une profonde amertume, et disant
que devant le goût détestable du public il faudra en venir à redonner à *Hanswurst* toute sa vigueur d'antan[19].

---

14. Le complément du spectacle était formé par une autre *Hanswurstiade*
et un ballet burlesque, et l'affiche pratiquait cet absurde mélange des langues que les *Frondeuses Raisonnables* avaient autrefois brocardé (4e feuille,
I, pp. 36-37) : il s'agissait de « contenter (*contentiren*) le très honorable
auditoire » et : « *wer Lust zu lachen hat, eine honette Lustbarkeit liebet
der wird alle Satisfaction finden* ».
15. Brandes, *Mémoires*, t. I, p. 287. Il s'agit de la Compagnie Schuch. Brandes lui-même, après avoir été acteur chez les Principaux Schönemann et
Koch, et congédié à cause de l'insuffisance des recettes, s'était engagé
dans le Théâtre d'Arlequin de Josephi, un ancien « vivandier » dans l'armée
du duc de Brunswick !
16. On sait que les acteurs du « Théâtre National » de Hambourg qu'administrait Seyler s'étaient repliés en Basse-Saxe.
17. *Mémoires*, I, p. 425.
18. *Ibid.*, II, pp. 46-47.
19. Année 1782, p. 39. Référence est faite aux *Frankfurter gelehrte Anzeigen*,
1782, n° 14, p. 108. Le public francfortois semblait vouloir cultiver une
tradition du burlesque.

En observant ainsi la survie de *Hanswurst*, nous ne nous sommes éloignés du cas de Marivaux qu'en apparence. Si dans les grosses Arlequinades les deux maîtres-bouffons, welche et germanique, tendent à se confondre, on dira qu'il y a Arlequin et Arlequin, que celui de Marivaux n'a rien à voir avec les platitudes et les saillies grossières dont nous venons de parler ; cet argument sera d'ailleurs à la base du plaidoyer de Krüger. Il faut cependant voir que, dans la pratique des troupes allemandes, et même des plus renommées, les Arlequin de Marivaux étaient souvent joués dans le même style que celui dont on usait pour égayer les foules dans des bouffonneries du genre : *Arlequin au Royaume des Morts*[20]. Koch, qui avait été l'un des protégés de Gottsched[21], n'en usait pas autrement, et l'on trouve dans la *Chronologie du Théâtre allemand* de Chr.-H. Schmid (pour l'année 1750) un passage révélateur dont voici la traduction :

« L'un des tout premiers comédiens de Koch fut un homme dont le nom n'a pas encore été cité ici, M. Leppert[22]. Né à Leipzig (...), il fut d'abord garçon de courses chez le comte Schmettau (...), puis bouffon d'Auguste II, après la mort de ce dernier amuseur du comte Brühl sur la scène privée duquel il s'était maintes fois exercé à jouer des rôles. L'extrême petitesse de sa taille ne lui permettait de toutes façons que des rôles comiques, mais par surcroît un goût immodéré de l'exagération et de l'improvisation ne le rendait apte qu'à des rôles caricaturaux, par exemple le Bourguignon de Marivaux. Quand il jouait Essex[23] ou tel personnage du même genre, c'était la plus grotesque des parodies ».

Ce Bourguignon est naturellement l'Arlequin du *Jeu*, et non son maître déguisé, et l'on en arrive à ce paradoxe que, pour ne point heurter de front Gottsched, on a supprimé le nom d'Arlequin, mais que, pour réjouir le public, on fait jouer son rôle, un rôle d'un comique populaire, certes, et savoureux, mais non grotesque, par un

---

20. *Das Reich der Toten* était une farce allemande aussi traditionnelle que celle du *Dr. Faust*.

21. Acteur formé sur la scène de la *Neuberin*, Koch s'était engagé à Vienne en 1748, puis était revenu l'année suivante à Leipzig diriger une troupe. Se libérant de la tutelle de Gottsched, il prit, pour suivre la mode, des chanteurs et des danseurs, joua des Intermezzi et même des opérettes anglaises !

22. Johann Martin Leppert, dont on rencontre le nom sous des formes variées : Lepper, Löpper. Nous avons retrouvé sa trace beaucoup plus tard dans les affichettes de Darmstadt : devenu à son tour *Principal*, il y joua en tournée la comédie le 10 oct. 1768.

23. C'est-à-dire le héros de la tragédie de Thomas Corneille *Le Comte d'Essex* (*Graf von Essex*), cf. *Dramaturgie*, feuilletons 22-25 et 54-68.

authentique « fou de Cour » qui, brodant sur son texte — et on imagine de quelle manière, dans une pièce où les conditions sont interverties et où l'auteur avait traité les situations qui en résultent avec beaucoup de doigté —, en fait le sommet du burlesque ! Il faut prendre conscience de ces extrêmes concessions au parterre pour juger de l'ostracisme prononcé par Gottsched contre tout Arlequin.

Il y avait cependant une différence évidente entre les pièces où Arlequin n'apparaissait que comme un comparse, apportant son lot de gaîté parmi les raffinements de l'esprit et du cœur des *honnêtes gens*, et les Arlequinades énormes. Waniek rapporte à ce sujet qu'après 1734 on chercha à éliminer de la scène exemplaire de la *Neuberin* le burlesque témoin qui venait « plaquer » sur l'action, au fur et à mesure qu'elle se déroulait, ses quolibets improvisés, et à lui substituer l'Arlequin de la comédie littéraire française, qui du moins avait un rôle à jouer dans l'intrigue comme valet facétieux[24] ; c'est alors que les pièces de Marivaux, Legrand et Boissy seraient venues, dans le domaine de plus en plus exploité du théâtre comique français, renforcer et bientôt relayer celles de Molière ; mais il y avait, « pour un goût plus cultivé », les comédies en vers de Regnard et les comédies sérieuses de Destouches. Nous avons là une manifestation de cette attitude qui consistait à prendre Marivaux, à cause de ses attaches avec le Théâtre Italien, pour donner des gages au public populaire en évitant toutefois la démagogie la plus grossière. Nous sommes bien loin de l'auteur considéré par maint critique à Paris comme trop affecté et « métaphysique » pour être compris non seulement du gros public, mais même des *honnêtes gens*[25] ! ...

Nous avons déjà apporté la preuve que la Neuberin était loin de dédaigner le personnage qui avait le mérite d'assurer la recette, surtout quand elle pouvait se dérober à l'influence du « maître saxon » : la série de représentations de Marivaux, en 1735, sur la scène de Hambourg en fait foi, où seule la comédie des *Serments Indiscrets* (*Die unbedachten Eidschwüre*) répondait aux normes. Mais justement, pendant son absence prolongée et tandis qu'elle obtenait de vifs succès à Hambourg et à Brunswick, elle se trouva évincée du prilivège princier et même de la salle qu'elle avait amé-

---

24. Waniek, *Gottsched*, pp. 437-439.
25. Cf. Palissot, *Nécrologie des hommes célèbres de la France* : « Aussi la plupart des pièces de cet auteur ne réussirent d'abord que difficilement. Le gros public n'entendait point un langage qui venait de se reproduire dans quelques sociétés... » etc. (*Th. C.* II p. 968) et Voltaire : « ... les cafés applaudiront pendant que les honnêtes gens n'entendront rien ». (Lettre du 18 avril 1732 à Formont à propos des *Serments Indiscrets*).

nagée par Joseph Ferdinand Müller, un Arlequin trivial et virulent, et très efficacement concurrencée par lui à son retour dans cette ville même de Leipzig qui était pourtant, par son Université et par l'édition, à l'avant-garde de l' *Aufklärung*, et qui jouissait de la flatteuse réputation d'un Petit-Paris[26], à la pointe des arts et des plaisirs raffinés du *rococo*. C'est un témoignage de plus que le goût du grand public n'avait guère varié ; l'effort en faveur d'un Arlequin plus policé ne suscitait pas autant de curiosité que les improvisations prometteuses du personnage auquel on était habitué. Pourtant, le succès d'un Arlequin moins déchaîné avait été largement démontré par l'expérience faite dans une autre cité, plus férue à cette époque-là de culture française : Hambourg. Golubew pose la question de savoir si Caroline Neuber avait conservé Arlequin en y jouant en 1735 et la tranche « par un *oui* résolu. Qu'on jette seulement un coup d'œil sur le répertoire de la *Neuberin* ! *Caton mourant*[27], *La Femme à barbe*, le *Philosophe marié* de Destouches, *Le rusé M. Chenapan*, des tragédies de Corneille et de Racine, *Arlequin philosophe maladroit*, *Arlequin horloge vivante et momie déguisée*, et toute une série bariolée d'autres Arlequinades... ». On en vient à douter un peu de l'affirmation précitée de Waniek[28], mais celui-ci pensait à Leipzig, où la troupe était sous l'œil du maître. A Hambourg, un Arlequin plus policé était également présent, grâce à un large recours au répertoire français, et à plus forte raison en 1738[29] lors de ces représentations de Kiel où la part de Marivaux au succès semble avoir été appréciable, si l'on en juge par ces vers que

---

26. Au XVIIIᵉ s., ce titre était revendiqué par Leipzig ; plus tard, il le sera par Düsseldorf à la suite d'une déclaration prêtée à Napoléon. Dans son ouvrage sur *Justus Möser advocatus patriae*, Ludwig Bäte, après avoir dit que les goûts de jeunesse de son auteur, qui avaient été formés à la lecture de Marivaux et de Saint-Evremont, étaient entièrement inféodés au *rococo*, ajoute : « Qui dit *rococo* dit Paris — Dresde, Leipzig, Nymphenburg et Ludwigsburg n'étant que des répétitions allemandes en miniature ». (p. 43).

27. Golubew, *op. cit.*, pp. 6-7. Ce *Caton mourant* est la tragédie originale composée par Gottsched (1731) d'après Addison et François Deschamps, que ses ennemis Zürichois, puis Lessing, l'accusèrent d'avoir fabriquée « avec des ciseaux et de la colle ». Il y a quelque malice de la part de Golubew à compromettre cette œuvre « régulière » du maître en la citant dans la compagnie des bouffonneries qu'il haïssait.

28. Richard Daunicht corrobore cette assertion sur l'effort de la Compagnie Neuber pour se débarrasser d'Arlequin sous sa forme la plus triviale, dès avant la fameuse séance d'expulsion d'octobre 1737, dans ses récentes recherches (*La Neuberin. Matériaux pour l'histoire du théâtre au XVIIIᵉ s*. cité par Kindermann, *op. cit.*, IV, p. 486).

29. Entre-temps, la Compagnie avait procédé à l'expulsion d'Arlequin de son Théâtre de Leipzig.

nous traduisons de l'*Adresse de Félicitations à Madame Neuber* que rédigea Rudolph A. Sievers :

Ce qui manque encore à l'Allemagne, la richesse de la France
[nous le fournit,
Le doux trait de Racine, la gloire de Corneille,
L'énergie de Crébillon, Voltaire et l'intensité de ses éclairs,
Le sel de Molière, l'aménité de Destouches,
Et Marivaux, son intelligence, son émotion pleine de grâce et de
[tendresse,
Le tour de main qu'il a pour dépister le plus intime des âmes,
La raillerie mordante et pleine de sens d'un Regnard,
Tout ce qui, vêtu à l'allemande, enchante l'oreille et le cœur des
[connaisseurs.
Pour représenter dans leur éclat ces chefs-d'œuvre
Et leur donner vie, tu n'épargnes aucune peine[30]...

Peut-être est-ce un enthousiasme de commande, un peu forcé au moins en ce qui concerne les traductions et leur effet sur l'oreille, mais on notera que les auteurs sont caractérisés d'une façon assez heureuse — ce qui n'était pas toujours le cas à cette époque — et que de tous Marivaux paraît avoir remporté la palme.

III. — *ARLEQUIN CONDAMNE ET GRACIE.*

Il y a, sur la mémorable soirée d'octobre 1737 où la *Neuberin* bannit publiquement Arlequin de son théâtre, des versions différentes et une controverse sur laquelle nous n'avons pas à prendre parti[31]. Quant à savoir si Gottsched était à l'origine de cette Arlequinade d'un genre nouveau et qui devait en principe être la dernière, les avis sont également partagés et là, nous sommes enclin à adopter le point de vue de la critique, qui ne trouve aucun document ni témoignage impartial pour attribuer à Gottsched la paternité de cette solennelle mascarade. Donc, Lessing, toujours prêt à souligner les erreurs et le ridicule de son ancien maître, affirme que Gottsched

---

30. Cité par H. Kindermann, *op. cit.*, p. 482.
31. Il semble que la *Neuberin* ait elle-même écrit le texte pour ce spectacle (qui n'était peut-être qu'un simple prologue ?) et qu'elle ait joué d'abord le rôle d'Arlequin, qui se défend par de mauvaises raisons, puis de l'Art dramatique triomphant après sa condamnation. Löwen parle d'*autodafé*, de promesse faite à Gottsched d'*enterrer* Arlequin (*op. cit.*, p. 31). Au printemps suivant, ce serait ce même spectacle qui aurait été donné par elle à Hambourg sous le titre significatif *Le goût ancien et le goût nouveau.*

« fit expulser solennellement Arlequin de la scène », puis que le bannissement du bouffon eut lieu « sous les auspices de Sa Magnificence M. le Professeur Gottsched »[32], ce qui fait ressortir l'incompréhension de l'Université et de ses doctrines d'école à l'égard du théâtre, qui est le reflet de la vie même, tandis que Waniek, par exemple, toujours prêt à défendre Gottsched contre l'injustice de ses adversaires, conteste cette interprétation[33]. Il suffira de remarquer que les dignitaires académiques évitaient d'être mêlés aux esclandres, surtout en compagnie des gens de théâtre, et que Caroline Neuber avait tout intérêt à essayer de déconsidérer un rival trop heureux, l'Arlequin Müller. Une chose est certaine : ce défi lancé à un personnage encore très aimé du grand public et qui avait plus d'un tour dans son sac pour le relever était fort imprudent, mais il allait dans le sens de la réforme entreprise par Gottsched et celui-ci, intransigeant comme il l'était, ne put que s'en féliciter. On le constate d'ailleurs dans la très intéressante correspondance qu'il eut à ce sujet avec le comte Manteuffel, à la Cour de Dresde : il voit déjà la scène épurée, du moins en Saxe, mais l'exemple saxon ne doit-il pas rayonner ? Seul, le soutien officiel fait encore défaut à la bonne troupe qui a entre cinquante et soixante pièces raisonnables et décentes à son répertoire. La réponse du ministre, en français, est caractéristique : il n'a pas encore foi dans un répertoire en langue allemande pour satisfaire la Cour ; il engage cependant Gottsched et ses amis à fournir eux-mêmes, d'année en année, ce qui lui manque[34].

Intéresser les Princes au théâtre national, même s'il n'était guère fait que de traductions au début, obtenir d'eux le soutien moral et l'aide matérielle indispensables, ce fut l'espoir de Gottsched avant d'être celui de Lessing. Sa campagne contre Arlequin avait aussi ce

---

32. Lessing, dix-septième *Lettre sur la Littérature moderne* (1759) et *Dramaturgie*, compte rendu des *Fausses Confidences*, n° 18 (1767).

33. Waniek, *Gottsched*, p. 341.

34. *Ibid.*, pp. 343-344. Ces 50 à 60 pièces comprenaient surtout des traductions. Le destinataire de cette lettre du 9 décembre 1737, dans sa réponse du 12, doute du chiffre et estime que la troupe court encore le risque « de recourir aux obscènes platitudes de *Hanswurst*, ce qui la ferait tomber (la Cour) dans le mépris ». Attitude de scepticisme dédaigneux proche de celle que prendra le roi de Prusse ; mais la proposition faite à Gottsched et à un ou deux de ses amis choisis par lui de créer un nouveau répertoire, à la fois éducatif et distrayant pour le peuple, est certainement à l'origine de la *Deutsche Schaubühne*. Gottsched répond en assurant le ministre que le vieux répertoire allemand, celui des Gryphius, Weise, etc. est éliminé et il cite, pour complaire à son correspondant peut-être plus que par souci de vérité, des auteurs français : Molière et Destouches pour la comédie, mais non Marivaux...

sens-là, puisqu'il était avéré que la Cour de l'Electeur n'avait que mépris pour les grossièretés bouffonnes auxquelles se complaisaient le public et par conséquent les troupes qui devaient en vivre. Aussi écrit-il à Manteuffel que « désormais les grimaces et incongruités sont exclues de cette bande, si bien qu'on n'y voit plus d'Arlequin ni de Scaramouche »[35] et, trois ans plus tard, dans les *Beiträge*, il confirme qu'on ne voit plus les « fous welches », qu'on n'a plus besoin d'eux, alors que « Molière lui-même n'avait pas su totalement s'en passer dans ses comédies »[36]. Informé comme devait l'être celui qu'on accusait déjà d'exercer une « dictature » sur le théâtre, il ne pouvait ignorer que la déroute d'Arlequin était toute relative, mais c'est en réaffirmant sans cesse les principes qu'on arrive à les imposer, et il fallait cultiver le bon vouloir de la Résidence à l'égard du théâtre allemand.

Cette assurance, cette confiance font mieux comprendre la colère de Gottsched quand l'un de ses anciens protégés, non content de diffuser par le livre toute une série de comédies à Arlequin, trouve encore le moyen d'assortir cette publication d'une préface où il se justifie par un éloquent plaidoyer en faveur du bouffon ! Ce qu'on pouvait à la rigueur pardonner à Molière, qui du moins avait introduit en France et suivi souvent les règles des Anciens — la *Deutsche Schaubühne* n'avait d'ailleurs repris que son *Misanthrope* — comment l'admettre, et même l'adopter chez un Marivaux ? Pourquoi propager l'ivraie d'un pays qui fournit tant de bon grain[37] ? Pendant les dix années qui se sont écoulées entre le bannissement d'Arlequin et la revanche que lui offrit Krüger dans la première préface de ses traductions, en 1747, l'expérience avait montré que les espoirs de Gottsched étaient illusoires. Plus souple que son adversaire, Arlequin s'était bien tiré de ce mauvais pas et, si on lui avait retiré en quelques occasions sa casaque multicolore et son sabre de bois, si parfois on l'avait rebaptisé *Bartel*, *Valentin*, *Peter* (dans les *Fausses Confidences*) ou bien *Hänschen* (ainsi le nommait-on dans les *Nachspiele*, tout habillé de blanc comme un Pierrot, sur la scène de la *Neuberin* désormais), le rôle lui-même était resté. Il est vrai que l'hostilité du « maître saxon » s'adressait d'abord à un accoutrement qui symbolisait à ses yeux l'extrava-

---

35. Lettre du 28 déc. 1737 citée par Waniek *op. cit.* p. 339.

36. *Beiträge zur critischen Historie der deutschen Sprache Poesie und Beredtsamkeit*, VI, p. 524.

37. Gottsched fit le même procès en 1749 au *Principal* Schönemann, qui avait présenté dans le deuxième volume d'un Recueil de Théâtre des pièces à Arlequin de Delisle et quelques autres.

gance humaine, de même qu'au nom d'origine « welche », qui rappelait au patriote que son pays accueillait avec empressement toutes les folies de l'étranger[38].

Il serait facile de multiplier les exemples qui prouvent que la démonstration de la *Neuberin* avait trouvé peu d'écho en Allemagne et que la croisade de Gottsched était restée lettre morte en maints endroits. Nous nous bornerons à citer quelques faits : à Francfort, Arlequin et *Hanswurst* étaient les maîtres et le furent plus encore après 1748 grâce à Schuch, qui les fit ensuite régner à Berlin[39]. Ce n'était pas un goût clandestin : l'auteur francfortois Jakob Seyfried chantait ouvertement le los du bouffon qui « ramène après les heures sombres un rayon de soleil dans les âmes engourdies »[40]. Il est vrai qu'il n'y avait pas unanimité : l'historien du théâtre francfortois rapporte qu'au milieu du siècle partisans et adversaires de la pitrerie s'affrontaient en deux clans ; les acteurs français qui jouèrent à Francfort pendant la saison 1741-1742 étaient toutefois informés d'un grand attachement des bourgeois de la Ville d'Empire à la personne d'Arlequin si l'on en juge par les sous-titres qu'ils donnèrent aux pièces de leur répertoire comique pour fouetter l'appétit du public : *La Surprise de l'Amour* ou *Arlequin et Lélio à la campagne* ; *La Double Inconstance* ou *L'Amour d'Arlequin et de Silvia* ; *Le Jeu de l'Amour et du Hasard*, ou *Arlequin à la fois maître et valet...* ; quant à *L'Ile des Esclaves*, elle devient au gré du goût local *Arlequin dans l'Ile des Esclaves*[41].

A Münich, pendant la saison 1765-1766, Josef Felix Kurz, qui avait auparavant rendu célèbre à Vienne un bouffon de son cru nommé *Bernardon*, se taillait un tel succès qu'il fallut engager un

---

38. Ce travers avait été déjà l'un des thèmes de combat des *Frondeuses Raisonnables* (cf. J. Lacant *Gottsched législateur... RLC* de janvier-mars 1970, pp. 10-12.

39. Schuch avait ouvert en 1754 un Théâtre à Berlin, Friedrich-Platz ; Brandes raconte que, dans les années 1760, deux Arlequins y opéraient et qu'on y jouait les farces les plus grosses, mais que l'arrivée de Theophil Döbbelin et de Mme Neuhof permit un relèvement du répertoire à la satisfaction du public (*Mémoires*, I, pp. 350-351). A Franziscus Schuch succédèrent ses fils qui gardèrent un style analogue. Après la mort de Frédéric II (1786), le théâtre allemand fut mieux soutenu ; on trouve au calendrier théâtral pour l'année 1795, parmi les pièces mises au répertoire par « le Théâtre des Frères Schuch, titulaire d'un privilège général pour la Prusse Occidentale ainsi que la Courlande », la comédie *Maske für Maske* sous le nom d'auteur du seul Jünger (il s'agit de son adaptation du *Jeu*), avec la mention : « succès extraordinaire ».

40. E. Mentzel, *op. cit.*, p. 212.

41. *Ibid.*, p. 430.

Arlequin pour le seconder[42] ; il y avait en outre dans cette ville, la plus « italienne » d'Allemagne, un Théâtre Italien et la fameuse Kreutzer-Comödie où, pour quatre sous, on savourait les dialogues épicés d'Arlequin, ce dernier allant percevoir dans la salle, entre deux séances de ce théâtre permanent[43]. Si nous regardons à l'opposé géographique, à Hambourg, les *Theaterzettel* de la collection d'Ehof nous montrent que, pendant la même saison, Ackermann mettait aussi de pures Arlequinades à son répertoire[44]. Nous avons choisi cette saison théâtrale qui représente la dernière année de vie du « maître saxon » ; il est vrai que depuis longtemps on ne parlait plus de sa « dictature ». Après sa mort, dans son fief de Leipzig, le libelle *Ueber die Leipziger Bühne* nous apprend que la Compagnie Wäser offrait des « pitreries nommées pantomines et qui ont été inventées, je crois, pour dire par gestes les sottises qu'on a honte d'exprimer en paroles » ; les titres sont ceux d'Arlequinades[45]. L'évolution est ici bien marquée : on n'exprime plus aussi volontiers les choses incongrues, on les mime ; un bon demi-siècle plus tard, les Arlequinades mimées abonderont encore dans les répertoires[46].

---

42. Brandes, *Mémoires*, I, p. 331. Les *Bernardoniades* n'étant plus les bienvenues à Vienne où l'Impératrice Marie-Thérèse avait interdit les farces improvisées, leur inventeur les présenta dans plusieurs villes d'Allemagne avec un énorme succès.

43. *Ibid.*, pp. 336-337.

44. Un exemple parmi d'autres : au 3e volume on trouve sous un double titre français et allemand (caractéristique pour Hambourg) *La Piramide (sic) d'Egypte ou Arlequin gueux amoureux*.

45. *Ueber die Leipziger Bühne an H.J.F. Löwen zu Rostock, erstes Schreiben*. Dresden 1770 : « Koch régale la partie sensuelle de son auditoire avec des opérettes, Wäser avec des pitreries nommées pantomimes... », etc. Pauvre Gottsched ! Les titres sont du genre : *Le Tombeau d'Arlequin ou la Forêt enchantée* ou *Colombine la triple Fiancée* ; apparaît également le *Dr. Faust* : « Je pensais bien ! Ne fallait-il pas tirer le Dr. Faust de son sommeil et cela à Leipzig ! Il ne s'agit tout de même pas de la farce burlesque de ce nom, ce serait par trop fort, mais d'une pantomime ».

46. Au « Théâtre National » de Mannheim, pendant la saison 1839-1840, on joue des pantomimes intitulées : *Arlequin peintre, La résurrection d'Arlequin*, etc. Les affichettes du même Théâtre montrent que les troupes étrangères en représentation cultivent aussi ce genre : les 21 et 22 avril 1820, « M. Cabanel de Paris et sa Compagnie » présentent un ballet-pantomime intitulé *Harlequin tot und lebend (Arlequin mort et vif)* ; une troupe de mimes anglais donne les 2 et 5 mai 1825 *La Clef d'or ou Arlequin bombardé*, le 9 mai *Arlequin au jardin magique*. Par contre, à la même époque, sur la même scène, l'Arlequin du *Jeu* (dans l'adaptation *Maske für Maske*) est le valet allemand *Johann*. Le « bouffon welche » n'est plus personnage de comédie, mais de pantomimes fantastiques ou burlesques.

IV. — *KRUEGER CONTRE ARLEQUIN : LE PROLOGUE DE* 1744.

Revenons cependant à l'époque où Gottsched restait une autorité qu'on ne bravait pas impunément ; c'était une chose de fermer les yeux sur les débordements du vulgaire et le parti qu'en tiraient quelques « bandes » décriées, c'en eût été une tout autre d'admettre sans réagir qu'on s'adressât au public lettré et aux *Principaux* qui, soutenant la réforme de la scène, utilisaient de nombreuses traductions de pièces françaises, pour proposer au premier de chercher dans la lecture de comédies à Arlequin les plaisirs de l'esprit et l'éducation du cœur, pour recommander aux autres de jouer régulièrement, dans une traduction plus soignée que les malfaçons habituelles, des pièces « irrégulières », donnant ainsi à la *Deutsche Schaubühne* une fâcheuse postérité. Telles étaient bien pourtant les intentions de Krüger, et la première était particulièrement soulignée : il s'agissait de former le goût, d'abord par la lecture de Marivaux. Qui était Krüger[47] ? Un étudiant pauvre qui avait dû quitter l'Université de Francfort-sur-l'Oder et qui, revenu dans sa ville natale de Berlin, passant « mainte heure sombre à pleurer dans les bras des Muses »[48], avait fini par entrer en 1742, à vingt ans, dans la Compagnie Schönemann en tournée. Acteur assez doué dans le genre noble[49], il fut surtout le poète attaché à la troupe (*Theaterdichter*)[50] et même le précepteur de la fille de son chef ; celle-ci devint Madame Löwen et le futur directeur du « Théâtre National » de Hambourg devait écrire : « Si le noble cœur et le bon goût de M. Krüger ne m'étaient pas connus par le commerce que j'ai eu avec lui et par ses écrits, je pourrais les deviner grâce aux aimables qualités qu'il a inculquées à son élève de naguère »[51]. Auteur

---

47. Sur la vie et l'œuvre de Joh. Christian Krüger, le petit livre de W. Wittekindt (Mayer & Müller, Berlin, 1898) fournit l'essentiel.

48. *Ibid.*, p. 3. L'expression vient de Löwen, dans l'Introduction qu'il a écrite pour les *Œuvres poétiques et théâtrales* de Krüger qu'il a publiées à Leipzig en 1763.

49. Il jouait dans la tragédie les rois et les tyrans, dans la comédie relevée les personnages sérieux, mais n'avait aucune disposition pour jouer les plaisants ou les ridicules (*Bibliothek der schönen Wissenschaften*, 1763, X, 2, p. 240) alors que son talent d'auteur était pour le bas comique (*Dramaturgie*, n° 83).

50. Rôle important à cette époque (traductions, si possible pièces originales), confié en général à un acteur plus instruit que les autres : vu le manque de pièces imprimées, chaque troupe devait se fabriquer elle-même son répertoire. Un autre traducteur de Marivaux, Uhlich, a tenu cet office dans la Compagnie Schuch.

51. Cf. note 48 ci-dessus.

chez Schönemann, Krüger fit dans sa trop brève carrière[52] amplement son devoir : en quelques années, il écrivit plusieurs comédies
originales et une série de traductions[53], mais aussi des prologues.
C'est l'un de ceux-ci qui attirera d'abord notre attention, car il attaquait avec une verve cinglante l'emprise des bouffons sur les scènes allemandes et valut à son auteur l'éloge et le patronage de Gottsched. Dans les années 1740, c'était une faveur pleine de prix.

Ce prologue, joué le 15 octobre 1744 avant *Polyeucte* pour le
bicentenaire de l'Université de Königsberg, avait pour titre *L'Art dramatique frère des Arts libéraux* (*Die mit den freien Künsten verschwisterte Schauspielkunst*). Son thème général est que l'art dramatique, défiguré jusqu'ici en Allemagne par la farce et par le préjugé,
va désormais y acquérir la même considération que les autres ; allusion est faite à l'oppression subie par le théâtre et à la célèbre
affaire de Danzig, où le bourgmestre, ayant autorisé marionnettes
et chevaux de cirque, interdit à la troupe Schönemann de jouer[54]. Le
passage qui nous intéresse le plus est celui où la farce se vante de
son crédit auprès des sots :

« Le Fou, c'est toujours sur une scène le plus nécessaire des
              [rôles,
Il se rend agréable, il plaît, c'est à lui de faire recette.
Ce que j'honore, c'est ce qui me rapporte de l'argent plus
              [que de la gloire (...)
N'as-tu rien appris et tout cela ne t'intéresse-t-il plus ?
Alors c'est une chance encore pour toi si ton cheval sait faire
              [quelque tour !
Cheval de cirque et Arlequin, *Hanswurst* et traîneurs de
              [rapière,
Voilà ceux qui sont toujours assurés de gagner leur pain ».

---

52. Krüger surmené mourut le 23 août 1750, ayant à peine vingt-huit ans,
dans les bras d'un de ses camarades, sans doute Ekhof (Wittekindt, *op.
cit.*, pp. 5-6). « Notre théâtre a vraiment beaucoup perdu en perdant
Krüger » écrit Lessing dans la *Dramaturgie* (nº 83).

53. Pour la liste de ses Œuvres de Théâtre : dix prologues, six comédies originales, six traductions du français (dont *Œdipe* et *Mahomet* de Voltaire,
Le Philosophe marié de Destouches, *Le Joueur* de Regnard), enfin deux
volumes contenant douze comédies traduites de Marivaux, voir Wittekindt, *op. cit.*, pp. 9-13.

54. Krüger remémore cette affaire par une allégorie : une belle jeune femme
assise au bord de la Vistule qui, riche de navires, coule au milieu de
libres plaines ; ses ennemis, que n'attendrissent pas sa beauté ni son
innocence, ne lui ont pas accordé la moindre place et cherchent même à
la chasser du rivage. Sur l'affaire, cf. Löwen *Geschichte des deutschen
Theaters* pp. 60-6.1

Puis viennent deux alexandrins émouvants en ce qu'ils évoquent, derrière la satire, la misère et la tentation des troupes ambulantes :
« Oh ! crois-moi : vacarme, jurons et tout ce qui donne du pain
Valent mieux qu'une gloire qui laisse mourir de faim ».

Sur ce thème il était difficile de ne pas faire allusion à l'effort de Gottsched. Krüger s'y applique et fait bonne mesure ; c'est l'Art dramatique lui-même qui tranche le conflit entre le maître et ses contradicteurs :
« Mais comme j'étais en Allemagne bien près de la chute,
Vint un Prussien qui me releva. Il me manda de France
Et m'éduqua à l'allemande en dépit des critiques tyranniques
Qui rejettent les débuts, sous prétexte qu'ils ne sont point par-
[faits,
Et qui me méprisent au lieu de travailler à me perfectionner.
Mon bonheur fleurirait sur les scènes allemandes
Si ces gens-là, cessant d'insulter à la gloire du Prussien,
Avaient seulement le courage de poursuivre ce qu'il a fondé ».

Ainsi, l'accusation de tyrannie lancée contre Gottsched est renvoyée à ses détracteurs, notamment à ceux qui, pour des raisons religieuses et morales, jugent que le théâtre est indigne de la sollicitude des gens sérieux. L'Art dramatique assure encore au héros la gloire dans la postérité, en dépit de « l'envie populacière ». La question brûlante des traductions de pièces françaises est abordée et elles sont présentées non comme une fin en soi, mais comme un apprentissage préliminaire[55]. Tout cela est bien dans le sens de Gottsched ; aussi bien, le « Prussien » — on ne parle plus du « maître saxon », il s'agit de fêter l'Université de Königsberg et c'est le moment de revenir à la véritable origine du réformateur — fut-il conquis et répondit en insérant ce prologue, que Schönemann lui avait envoyé, comme modèle du genre dans le tome six de la *Deutsche Schaubühne*. Il s'en justifie en trois points dans un avant-propos : « ... d'une part parce qu'il est extraordinairement bien venu, d'autre part parce qu'il expose sur de nombreux points les règles du bon théâtre, et enfin parce qu'il me rappelle l'Université où, dix années durant, j'ai poursuivi mes études et récolté les premiers fruits de celles-ci... » Il y avait cependant de toute évidence un malentendu à la base de cette entente entre le maître parvenu au sommet de sa réputation, mais déjà vivement attaqué, et le jeune

---

55. Wittekindt (*op. cit.*, p. 29) rappelle à ce propos les vers qu'écrira Schiller sur l'imitation des Français : guides vers un perfectionnement (de la forme), mais non modèles pour le fond.

auteur en quête de renommée littéraire : Gottsched voyait là une prise de position ferme en faveur des « règles du bon théâtre » telles qu'il les avait définies une fois pour toutes ; Krüger déplorait sincèrement le règne mercantile des bouffons les plus grossiers, la satire qu'il en fait porte si bien l'accent de la conviction que la circonstance — une fête académique — et l'envie de plaire à Schönemann et à Gottsched ne peuvent justifier un soupçon d'opportunisme ; mais cette prise de position à laquelle l'insertion dans la *Schaubühne* donnait une large audience ne lui conférait que plus d'autorité pour défendre dans la suite la comédie littéraire et une gaîté de bon aloi, même si elle passait par le truchement d'un valet que l'auteur avait, pour les besoins du Théâtre Italien, nommé Arlequin.

V. — *KRUEGER POUR L'ARLEQUIN DE MARIVAUX : LA PREFACE DE* 1747.

Ce malentendu allait se révéler moins de trois ans plus tard, quand Krüger publia son premier volume de traductions de Marivaux[56]. Le fait notable, d'abord, c'est qu'il estima nécessaire de se justifier et que, dans sa préface, tous les arguments visent Gottsched. Son premier souci semble avoir été de montrer qu'il ne s'était nullement déjugé, mais que, de même que le mauvais Arlequin renforçait les préjugés contre le théâtre « corrupteur », le bon Arlequin était victime de préjugés qu'il fallait abolir, dans l'intérêt même du théâtre. Krüger témoigne donc tout d'abord que son opinion n'a en rien changé en ce qui concerne les farces saugrenues et grossières, et son vocabulaire du mépris est étrangement proche de celui de Gottsched : un traducteur de Marivaux pourrait être facilement soupçonné « d'approuver les extravagances que les auteurs de farces ont exploitées jusqu'ici pour amuser, dans de prétendues pièces telles que *Les Filles du Meunier, Le Royaume des Morts, Papinianus*[57],

---

56. *Sammlung einiger Lustspiele aus dem Franz. des Herrn von Marivaux*, Hanovre, 1747. Les ouvrages déjà cités de Wittekindt (pp. 105-107) et de Golubew (pp. 11-13) reproduisent des fragments de la préface.

57. Ce personnage est le héros d'une tragi-comédie baroque; Schuch la joue par exemple à Francfort le 1er mars 1742 et l'affichette précise : « Une des histoires romaines les plus marquantes dans une tragédie très mouvementée intitulée *Le savant juriste romain, magnanime dans la vie et dans la mort, Paulus Aemilius Papinianus*. N.B. : les scènes joyeuses entre un astrologue abêti par l'étude et un juriste qui veut faire le raisonneur (certainement les rôles de *Hanswurst* et d'Arlequin) offriront une agréable détente. L'action comporte une danse suivie d'un ballet ». Curieuse tragédie...

Thomas Morus, et tous autres chefs-d'œuvre du théâtre de l'absurde[58], sous le masque d'Arlequin ». Pourtant on n'a plus affaire
ici au bouffon habituel, assez impudent « pour faire rougir les femmes et les personnes de condition par les équivoques les plus
ignobles, alarmant la pudeur, même la plus tolérante ». Il fallait que
les expériences faites avec Arlequin — n'oublions pas *Hanswurst* et
la contamination d'un personnage par l'autre — eussent été bien
pénibles et que le nom fût vraiment marqué pour que cette précision
parût nécessaire, alors que le théâtre de Marivaux était déjà connu
en Allemagne, et surtout des « personnes de condition »...

Le traducteur entreprend ensuite d'expliquer l'attrait qu'exerce
Arlequin — le bouffon absurde et dépravé — malgré ses péchés, et
comment certains auteurs français, dont le chef de file est Marivaux,
ont voulu se servir de cet attrait pour le bien. Ecrit dans un style un
peu rugueux, ce passage est très original : on ne se contente plus
de condamner la salacité d'Arlequin ou de saluer au contraire sa
belle humeur, on essaie de tirer une philosophie du personnage. Certes, ce « monstre »[59] est né du mauvais goût qui règne sur les scènes d'Italie, mais, bien qu'il soit contre nature et dénué de toutes
qualités, il exerce une fascination (*Bezauberung*) indéniable sur les
sens, parce que « le cœur de l'homme est touché en premier lieu
par les égarements. Or, cette fascination des sens qui, lorsqu'elle
déclenche en même temps des désirs louables, est le but essentiel
d'un spectacle, et ne peut jamais être trop grande quand elle est
également bonne, a incité Marivaux, de l'Isle, Beauchamp, Allainval
et d'autres bonnes têtes en France à utiliser à leur profit le masque
fascinant d'Arlequin, à donner au monstre des caractères naturels et
à duper pour ainsi dire le cœur humain en l'appâtant par l'apparence extérieure de l'égarement, puis en le confondant par la vérité
intérieure et les qualités naturelles du personnage, éveillant finalement en lui de nobles aspirations ». Cette analyse subtile signifie
plus simplement que le public qui se promettait quelques plaisirs
impurs en voyant Arlequin à l'affiche se trouve berné pour le plus
grand profit de la morale, le pavillon de la déraison et de « l'équivoque déshonnête » — comme disait Gottsched — couvrant cette fois
une estimable marchandise ; et remarquons que Krüger ne parle
pas seulement, d'une façon négative, des bonnes mœurs non vio-

---

58. « ... *und wie sich die Meistertücke der theatralischen Ungereimtheit
    alle nennen...* » « Théâtre de l'absurde », c'était évidemment à cette épo-
    que une condamnation sans appel.
59. Krüger reprend le mot employé par Gottsched dans son *Art Poétique*
    pour désigner Arlequin : *Ungeheuer*.

lées, il affirme que sont provoqués de nobles mouvements du cœur. Si nous pensons à la scène 10 de *L'Ile des Esclaves*, où Arlequin pardonne à son maître, ou, dans *La Double Inconstance*, à la confrontation des deux amants de Silvia, Arlequin et le Prince (III, 5), nous ne pouvons qu'y consentir. La préface du second volume, en 1749, montrera que le traducteur a été sensible à la valeur éducative d'un théâtre que l'on prétendait fait de subtilités et d'agréables mignardises.

Présentant ainsi une véritable conversion d'Arlequin, Krüger heurtait de front le « Prussien » qui avait secouru le théâtre allemand dans sa détresse. Il ne restait plus qu'à défendre son habit qui, comme nous l'avons dit, portait de la façon la plus concrète un défi à la Raison et avait donc été la cible des doctrinaires. Sans aller jusqu'à prétendre que la casaque bariolée est nécessaire à la fascination d'Arlequin, Krüger suggère qu'elle ne lui est pas absolument étrangère en remarquant que s'écarter un peu de la Nature, « c'est parfois l'imposer plus fortement aux sens » ; ainsi, comme le nom d'Arlequin attire le public qui va à son insu écouter de bonnes leçons et comme la bizarrerie de l'habit n'est pas indifférente à l'efficacité du personnage, il n'existe plus aucun motif de le débaptiser en *Hänschen*. Le traducteur considère d'ailleurs le costume comme une chose secondaire : le valet satirique est parfaitement compris du public, même s'il ne porte pas « un habit à l'allemande avec lacets et épaulettes », de même que Brutus se fait reconnaître sur une scène sans « l'appareil dans lequel il se rendait jadis au Capitole »[60]. Plus grave peut-être encore : Krüger met la règle des cinq actes au nombre des choses inutiles ; si Marivaux l'a violée, il n'en a que mieux observé « les règles indispensables, celles-là, de la Nature et du plaisir ». Remarquons que le plaidoyer ne s'éloigne guère, au fond, de la bonne doctrine : il n'y a de plaisir possible que par l'imitation de la Nature, un Arlequin ne peut être justifié qu'en cessant d'être un « être de chimère » ; mais la petite exception risquée en faveur de l'habit, cette entorse à l'observation quotidienne qui, selon Gottsched, constitue la base même de toute comédie, n'est-elle pas déjà un consentement accordé à la chimère expressive, voire à l'absurde ?

Visiblement, Krüger se sent plus à l'aise en créant des images qu'en bâtissant des raisonnements. Celle qu'il ose à cet endroit et qui semble s'appliquer à Gottsched ne pouvait que renforcer le courroux de ce dernier : on suppose deux comédies, l'une où le

---

60. Rappelons qu'on ne jouait pas la tragédie en costumes d'époque.

nom d'Arlequin n'apparaît pas dans la liste des personnages et qui a les cinq actes règlementaires, l'autre, de Marivaux, qui comporte un Arlequin et se dénoue au bout de trois actes. Il se trouve que la première est « pitoyable », mais « quelqu'un » la préfère néanmoins parce que, conforme aux normes, elle est plus précieuse à ses yeux. La comparaison est faite avec deux statues, l'une en or, mais le métal précieux est « tombé aux mains d'un apprenti qui ne promet guère » ; la seconde n'a été sculptée que dans le bois dur, mais par un maître éminent, si bien qu'on découvre en elle « toutes les beautés de l'imitation si merveilleusement réunies que le plaisir du connaisseur monte jusqu'au ravissement ». On place alors devant ces objets deux amateurs, ce même connaisseur et Harpagon, chacun devant désigner celle qui lui convient ; « ... Oh ! Combien l'issue d'un tel choix est aisée à deviner ! ». En effet, mais, comme l'écrit plaisamment Golubew[61], la véritable identité d'Harpagon était tout aussi aisée à deviner et il ne pouvait manquer de manifester sa réprobation devant cette irrévérence.

Du critère objectif et indiscutable des règles, auquel s'en tenait Gottsched, on passait à celui du goût, incertain, indécis, qui se dérobe aux certitudes du savoir — la connaissance des *Poétiques* de l'Antiquité et des poèmes ou traités qui les avait reprises et commentées dans les temps modernes — comme à celles de la Raison : « Quelle distance — conclut Krüger — entre le goût de celui qui donne la palme à l'assommant auteur et à ses pareils, et le goût de celui dont le favori est Marivaux ! » Krüger se décerne là un brevet de meilleur goût que nous confirmons volontiers, mais rien ne prouvait qu'un poète comique selon les préférences de Gottsched fût forcément « assommant »... Ce n'est pas là non plus ce qu'il voulait insinuer, et il le précise formellement : « Certes, je n'ôterai pas le moindre iota de ma considération à Destouches parce qu'il ne fait point parler d'Arlequin dans ses ravissantes comédies ; mais je ne pourrai pas davantage me résoudre à mettre Marivaux au-dessous de lui sous prétexte qu'il a accordé la plupart de ses comédies au goût du Théâtre Italien ». Autrement dit, la présence ou l'absence de cet Arlequin-là n'était pas d'un grand poids — et c'est ce que le « maître saxon » ne pouvait admettre, lui qui avait fait de la présence du « bouffon welche » la pierre de touche de l'extravagance au théâtre.

Comment définir le caractère de cet Arlequin-là, celui de Marivaux et de quelques autres « bonnes têtes » parmi les auteurs fran-

---

61. Golubew, *op. cit.*, p. 13.

çais ? Krüger s'y applique et lui donne les qualités les plus naturelles, celles d'un être fruste, primitif : il parle la langue sans apprêt du
cœur, on l'a purgé de ce que le pitre italien avait de bizarre et de
forcé et il présente désormais « un tableau des élans » des gens qui
n'ont pas encore acquis d'expérience et auxquels « l'éducation n'a
pas encore appris la ruse et la dissimulation », qui sont donc prodigues de gestes, de gaîté explosive, de postures diverses, à l'inverse de ceux dont « la contrainte de leur état et de l'éducation fige
les membres et les traits du visage, les rendant lourds et tristes ».
Cette innocence est bien celle d'Arlequin qui saute d'aise, prend
des postures ou pleure sans retenue dans *Arlequin poli par l'amour*[62],
mais le personnage est souvent un faux naïf[63] et Marivaux a été plus
d'une fois blâmé d'avoir au contraire prêté son esprit et un langage
affecté à ses valets et paysans, à celui-ci comme aux autres[64]. Finalement le maître-argument des Gottschédiens étant la référence aux
Anciens, notamment à Horace, Krüger rattache aussi le personnage,
tel qu'il le voit chez Marivaux, à la tradition romaine : « Cet Arlequin
là n'est autre que le Sosie de Plaute et de Térence ».

C'est un rapprochement qui restait certainement dans la mémoire
de Lessing quand, prenant à son tour, vingt ans après, la défense
d'Arlequin, il écrivit dans un compte rendu consacré à Marivaux :
« Pourquoi nous montrerions-nous plus dégoûtés, plus difficiles dans
nos amusements et plus soumis à l'égard des ratiocinations stériles
— je ne dis pas même que ne le sont Français et Italiens — que ne
le furent Grecs et Romains ? Leur Parasite était-il autre chose qu'Arlequin ? N'avait-il pas lui aussi son costume singulier dans lequel
il réapparaissait d'une pièce à l'autre ?... »[65]. Parmi tant d'atten-
tats commis par Krüger, dans cette préface, contre « les règles du
bon théâtre », cette ascendance prêtée au plus pur produit de l'extravagance welche faisait figure d'ultime provocation. La réaction
de Gottsched, dans sa revue d'informations littéraires du moment[66],
fut d'une extrême vivacité. La sentence finale en paraîtrait ridicule-

---

62. Une expression comme celle que Marivaux met dans la bouche d'Arlequin
    à la sc. 19 : « ... la joie me court dans le corps » montre bien cette viru-
    lence dont parle Krüger.

63. L'Arlequin du *Prince Travesti*, qui est en principe un benêt, dit par exem-
    ple, peu après son entrée, à la Princesse : « ...Vous vous amusez à être
    riches, vous autres, et moi je m'amuse à être gaillard ; il faut bien que
    chacun ait son amusette en ce monde » (I 3).

64. Cf. l'*Eloge* académique de d'Alembert (*Th. C.*, II, p. 986 et note 13, p. 1014).

65. *Dramaturgie*, n° 18, p. 74 de l'éd. Otto Mann.

66. *Neuer Büchersaal...* II, p. 288.

ment grandiloquente à qui n'aurait pas mesuré la déception ressentie par le maître devant ce qu'il considérait comme une trahison : « Dans sa préface, le traducteur, s'autorisant de l'exemple d'un Marivaux, essaie de nous redonner du goût pour Arlequin l'extravagant et pour des pièces en trois actes, alors que nous venons à peine d'apprendre, grâce à l'exemple des Anciens et des bons auteurs français, qu'il est facile de se tirer d'affaire[67] sans recourir à cet être de démence, véritable défi à la Nature, et d'obéir à Horace qui exige absolument trois actes. Comment se fait-il que ce qui est bon ait de plus en plus de mal à se maintenir, en dépit de tous les efforts et de tout l'art qu'il a fallu déployer pour l'instaurer ? Mais de même qu'il y eut des maîtres qui tinrent à honneur de mettre un très long temps à édifier le Temple de Diane, il se trouva aussi, finalement, un Démétrius[68] qui mit sa gloire à réduire en cendres cette merveille du monde ». Krüger, nommant Harpagon, était allé chercher une comparaison chez les Modernes ; Gottsched, toujours fidèle à lui-même, illustre sa philosophie désabusée par un exemple choisi dans l'histoire ancienne ; mais, si la première image amusait, la seconde fait hocher la tête par sa démesure.

VI. — *ARLEQUIN RIVAL DE LUI-MEME.*

Nous avons encore quelques observations à faire sur cette dispute qui a rempli plusieurs dizaines d'années de la vie théâtrale allemande, depuis les premières attaques des *Frondeuses raisonnables* contre la contagion du goût italien pour les sornettes et les chimères[69] jusqu'à l'invitation ironique de Lessing : « La *Neuberin* est morte, Gottsched est mort, ne pensez-vous pas qu'on pourrait

---

67. « *sich behelfen* », terme révélateur : la composition d'une comédie est une besogne qu'il s'agit de mener à bien, ceux qui ne peuvent s'en tirer sans les facéties d'Arlequin, esquivant la difficulté de la tâche que représente une comédie sensée, sont suspects de « ne pas savoir leur métier ».

68. Le Temple de Diane à Ephèse, qui figurait parmi les sept merveilles de l'Antiquité, a été détruit par Erostrate...

69. *Die vernünftigen Tadlerinnen*, trentième feuille, 1725 (I, pp. 280-288 dans l'éd. du Gottsched-Verlag). C'est une lettre que les *Frondeuses* sont censées reproduire après avoir corrigé le style et amélioré la suite logique (!) ; il s'agit de la « bande » dirigée naguère par Haack, désormais par Hoffmann (et bientôt par le ménage Neuber), avec une critique de quelques-unes de leurs représentations qui se règlent sur le goût fade (*läppisch*) et délirant (*fantastisch*) des Italiens : « Scaramouche et Arlequin y sont toujours les personnages centraux, offensant par leurs sales équivoques toutes les lois de la pudeur et de la bienséance ».

lui renfiler sa casaque ? »[70]. C'est l'un des aspects de la grande querelle de l'imitation, qui a dominé le théâtre allemand des « Lumières », et le fait que l'œuvre de Marivaux est devenue dans cette affaire la pomme de discorde, le point chaud, lui confère encore plus d'importance à nos yeux. La distinction faite entre un Arlequin absurde et impudent, et un Arlequin poli utilisable dans la comédie régulière[71] est également intéressante en ce qu'elle exprime le point de vue d'un praticien du théâtre — et qui ne prêche point pour son saint, puisqu'il était un piètre comédien dans cet emploi — qui avait auparavant bénéficié d'un début de formation universitaire. Krüger illustre bien, en effet, par son exemple personnel le changement qui est en train de s'accomplir autour de 1740 dans le recrutement des acteurs : naguère encore pauvres hères sans instruction ni manières, et de plus en plus, pour une part d'entre eux, de jeunes hommes ayant fait des études qu'ils ont interrompues par impécuniosité ou par vocation, aptes à gagner — comme l'Art dramatique que Krüger met en scène dans son Prologue — en considération ; et souvent ce sont ces nouveaux venus qui sont en même temps les auteurs, traducteurs et conseillers en matière de programmes. Il est évident que l'action de Gottsched, trônant dans sa chaire, plusieurs fois Recteur « magnifique », et aussi champion du théâtre en tant que divertissement éducatif, a été pour quelque chose dans cette évolution, dans ces ralliements ; mais il comptait pouvoir au moins s'appuyer sur ces praticiens instruits et la déception, telle qu'elle lui fut infligée par Krüger en 1747 ou par Koch en 1752, fut d'autant plus amère.

En prenant position sans nuance contre la personne et l'habit d'Arlequin, alors qu'il acceptait dans les pièces de Holberg et de sa propre épouse des plaisanteries fort rudes, Gottsched, nous l'avons vu, refusait au nom de la Raison l'absurde, au nom de ses responsabilités d'éducateur l'équivoque licencieuse[72], et pour satisfaire son amour-propre d'Allemand les « platitudes » venues des pays latins. Son intransigeance, qui l'empêchait d'admettre que ces griefs ne fussent pas valables pour tous les personnages portant le nom

---

70. *Dramaturgie*, dix-huitième feuille, 1767.

71 Dans le libelle *Ueber die Leipziger Bühne...* (1770), il est suggéré de « faire passer les acteurs burlesques aimés du public dans des rôles d'Arlequin poli tel qu'on l'emploie dans la comédie régulière ».

72. Les expressions qui reviennent constamment sous sa plume, depuis les débuts jusqu'à la fin de sa carrière de réformateur à propos d'Arlequin, soulignent les équivoques licencieuses qu'autorise le personnage : *unehrbare Zweideutigkeiten, zweideutige Zoten*, etc.

abhorré, a certainement été utile au début à l'efficacité de sa campagne. On n'attendait d'ailleurs pas autre chose de la part de ces maîtres strictement rationalistes, tant qu'ils ont donné le ton, et l'on ne saurait négliger l'autorité professorale dans cette Allemagne où l'on relève encore en 1781, dans le *Journal de Théâtre*, une protestation contre le poids excessif de l'Université, et cela au détriment des écrivains sans dignités ni offices, dans un domaine qui devrait être soustrait à son influence : « Là encore, l'Allemand a été victime du préjugé qui ne tient rien pour vraiment sérieux, bon et utile dont l'auteur ne puisse être compté parmi les membres d'une des quatre Facultés »[73].

Cependant, au milieu du siècle, alors que la rectitude de la doctrine est contestée et ébranlée au profit de la sensibilité (*Empfindung*) dont la vague s'étend, la raideur de Gottsched ne pouvait plus que nuire à ses desseins. C'est alors qu'on lit par exemple dans un article consacré à Carlo Goldoni par la *Bibliothek der schönen Wissenschaften* — ce même Goldoni dont Gottsched déplorait au même moment qu'il remît à la mode en Allemagne des « Arlequinades défraîchies » — une phrase qui montre bien que, s'il y a encore nombre de Gottschédiens, on peut les traiter désormais sans douceur : « Il y a une foule de gens chez lesquels la connaissance de quelques règles — les ont-ils seulement bien assimilées ? — tient lieu de toute sensibilité. Ils tiennent pour acquis que les Allemands ont eu raison de se faire les imitateurs exacts du théâtre français... » etc.[74]. Dès l'instant où, sur le problème précis d'Arlequin, la question des distinctions nécessaires a été posée avec netteté, c'est-à-dire dès la publication de la préface de Krüger en 1747, il était malaisé pour Gottsched de persévérer dans ses refus hautains, même en invoquant la rage de destruction de Démétrius ! Son dogmatisme lui aliénait les meilleures troupes alors qu'une concession, même simplement tactique, sur ce point lui eût permis de garder le contact. Il n'est pas exagéré de dire qu'il a perdu là une part de son crédit, qui sera encore plus éprouvé au cours de la « guerre comique », en 1752-1753 ; mais alors, pour repousser l'invasion de « l'ordure anglaise », il faudra consentir en quelque façon aux « équivoques françaises », tout de même moins déshonorantes et moins noci-

---

73. *Theaterjournal für Deutschland*, n° 18, à propos d'une pièce de Destouches, pp. 28 et suiv. ; la comparaison avec la France, où les simples écrivains sont considérés et admis dans les meilleures sociétés, qu'ils peuvent ainsi observer et décrire dans leurs œuvres, est à la base de cette protestation.
74. *Bibliothek der schönen Wissenschaften und freien Künste* (publ. par Nicolai et Mendelssohn), Leipzig, 2. *Bandes* 1. *Stück*. L'article est signé C.

ves, dans le genre de celles de Marivaux[75]...! La querelle de l'imitation — ou plutôt des imitations — compte bien des péripéties dans
l'histoire du théâtre allemand au 18e siècle.

Les deux Arlequin (celui de Marivaux débaptisé en *Hänschen* ou
Peter, ce qui ne trompait point les initiés, et celui des grosses farces) avaient été rivaux à Leipzig, alors que la *Neuberin* soutenait
la concurrence avec Joseph Ferdinand Müller. Ils le furent encore
en une occasion plus voyante, en 1745, à Francfort pour les fêtes du
couronnement de l'Empereur François Ier : la Neuberin y joua des
comédies de Marivaux, pour attirer les hôtes les plus raffinés, tandis que Müller offrait des Arlequinades au bon peuple et même aux
bourgeois qui, à Francfort, comme nous l'avons dit, ne dédaignaient
pas la farce. A qui faire croire que le valet facétieux ou le « butor »
des comédies et le bouffon hilare et bas des farces étaient identiques et que leur sort devait être confondu ? Cela ne signifie d'ailleurs nullement que la préface de 1747 ait emporté l'assentiment
général ni même été saluée de ceux qui distinguaient et acceptaient
un « bon Arlequin ». La critique fort désagréable du *Hamburger Correspondent* le montre bien : admirant Marivaux, son auteur trouve
que Krüger ne lui a rendu justice ni en le traduisant, ni en plaidant
sa cause. La traduction lui semble allier la platitude à l'affectation
— mais d'Alembert et surtout La Harpe reprocheront à l'auteur lui-
même semblable amalgame ! — « si bien que les idées fortes et charmantes de l'original en sont toutes défigurées », et la préface, voulant être plaisante, lui paraît déplacée : « Bien que nous puissions
encore souffrir un bon Arlequin dans la comédie, le personnage
nous est insupportable dans les avant-propos »[76]. On peut dire que
la querelle a adopté bien des formes, admis toutes les nuances dans
les prises de position.

VII. — *COMPARAISON AVEC LA CRITIQUE FRANÇAISE.*

Une brève comparaison avec les opinions de la critique française n'est pas inutile. Si l'on se réfère à La Harpe, dont le dogma-

---

75. Nous relaterons cet épisode dans notre publication ultérieure sur la critique du Théâtre de Marivaux en Allemagne (*Marivaux moraliste ou
l'immoralité de Marivaux*).
76. Cité par Wittekindt, *op. cit.*, p. 102. Il s'agit du numéro du 30 mars 1748.
Le jugement de la critique hambourgeoise était d'autant plus important
que les traductions étaient destinées en premier lieu au public de Hambourg, devant lequel jouait souvent Schönemann : d'où la traduction de
L'Héritier de Village en dialecte *platt*.

tisme étroit, à une époque pourtant beaucoup plus tardive, nous fait
souvent penser à celui de Gottsched, nous constatons qu'il se rencontre avec lui pour admettre que Molière a trop aimé la farce, que
le reproche que lui fit Boileau d'avoir allié Térence à Tabarin est
fondé ; mais Molière était « obligé de travailler pour le peuple », et
lorsqu'à l'inverse il donna sa comédie la plus grave, « ... il avait
franchi de trop loin la sphère des idées vulgaires. *Le Misanthrope*
fut abandonné parce qu'on ne l'entendait pas. On était encore trop
accoutumé au gros rire... ». La Harpe estime d'ailleurs que le rire
« est une si bonne chose en elle-même que, pourvu qu'on ne tombe
pas dans la grossière indécence ou la folie burlesque, les honnêtes
gens peuvent s'amuser d'une farce, sans l'estimer comme une
comédie »[77]. C'est, avec un peu plus d'ouverture, le point de vue
de Gottsched ; la comédie se trouvait en son temps, en Allemagne,
à peu près au point où elle se trouvait en France avant Molière, mais
il a justement manqué un Molière pour y relever la farce d'inspiration « welche », pour en faire l'amusement licite des honnêtes gens,
et l'on comprend la plus grande susceptibilité de Gottsched à l'égard
du comique populaire. En ce qui concerne plus précisément Arlequin, il est intéressant de voir que La Harpe, qui traite pourtant avec
le plus grand dédain le théâtre de Marivaux, jugé futile et ennuyeux,
lui accorde — comme Krüger — l'initiative dans la transformation
de « ce personnage idéal qui jusque-là n'avait su que faire rire et
que, pour la première fois, il rendit intéressant en le rendant amoureux »[78]. Ce personnage « idéal » est celui que Gottsched appelait
une chimère contre nature et que Krüger encore regardait comme
un « monstre » avant que Marivaux et quelques autres ne l'aient
purgé de son extravagance première.

Au 18e siècle, la rivalité entre « Théâtre d'Arlequin » et « Théâtre
de Molière » était parfaitement connue des Allemands qui attendaient
de Paris leur approvisionnement en divertissements comiques ; mais
la position mixte des Italiens apparaissait mal aux yeux d'un partisan des distinctions tranchées comme Gottsched, il les voyait infiniment éloignés du Théâtre Français et tout proches de la Foire ;
Marivaux restait pour lui l'auteur de base du Théâtre Italien, tandis
que Destouches faisait les belles soirées du Français, d'où Arlequin

---

77. *Lycée*, t. 6, pp. 245-246 et 263.
78. Cité par M. Arland dans le *Théâtre Complet* de Marivaux, coll. de la
Pléiade (Notes sur *Arlequin poli par l'Amour* p. 1533){ F. Deloffre relève
également cette condescendance de La Harpe en notant qu'elle se fonde
d'ailleurs sur une assertion inexacte — la priorité de Marivaux. (*Th. C.*
I p. 83).

était proscrit. Son propre combat pour prendre de l'influence sur
quelques troupes où se trouvaient des éléments ayant bénéficié
d'une formation « académique », celles de Schönemann et de Koch
après que la *Neuberin* l'eut déçu[79], lui semblait identique à la lutte
des Comédiens Français contre la popularité des Italiens de Paris ;
et ceux-ci ne parodiaient-ils pas dans leurs spectacles les pièces
« sérieuses »[80], tout comme les pitres allemands introduisaient la
farce jusque dans la tragédie ? Que Gottsched ait pu soupçonner
d'exploiter le rire vulgaire un auteur auquel La Harpe reprochera
d'être trop fin et de faire à peine sourire n'est donc pas si surprenant chez un doctrinaire qui pensait par catégories et distinguait
deux partis.

---

79. Après avoir indiqué que la *Neuberin* répandit « largement et profondément » en Allemagne l'esprit de la réforme de Gottsched, réalisant grâce
à cette nouveauté d'excellentes affaires, Goedeke (*Grundriss...* 2ᵉ éd.,
t. 3, Dresde, 1887, pp. 363-364) estime que « plus tard elle se sentit plus
indépendante qu'elle ne l'était, se commit avec les adversaires de Gottsched, poussant la frivolité propre aux comédiens jusqu'à le ridiculiser
sur la scène de son Théâtre, et ne fit plus alors que de très mauvaises
affaires, tombant d'année en année plus bas... », etc. Récit très moral
donc, qui s'achève sur la sentence : « son exemple est un avertissement
contre la présomption et l'ingratitude ». De fait, Caroline Neuber connut
des revers dans les années 1740 : sa troupe fut dissoute une première fois
en 1743 et rappelée l'année suivante ; en 1745, lors des fêtes du couronnement, son art « noble » fut tenu en échec à Francfort par l'Arlequin
Müller et par le mime Nicolini. Elle perdit ses meilleurs acteurs : Schönemann en 1739, Koch en 1748 ; toutefois, Theophil Döbbelin (le futur grand
Principal berlinois) entra encore dans sa Compagnie en 1749. En 1748,
elle avait donné à Lessing (qui avait alors 18 ans) le baptême du public
en jouant *Der junge Gelehrte*. Elle dut définitivement licencier sa troupe
en 1750, suivant elle-même un engagement à Vienne qui ne lui réussit
guère. Mais il faut dire qu'à l'époque de la décadence de la *Neuberin*
l'autorité de Gottsched était elle-même sur le déclin. Vues d'une façon
plus réaliste, en dehors des sentences morales, les causes semblent plutôt d'une part l'inéluctable renouvellement (Schönemann et Koch fondè-
rent leur propre troupe), d'autre part, pour la tension des rapports avec
Gottsched, les discordances difficiles à éviter à la longue entre l'enseignement doctrinal et le désir d'indépendance de comédiens fortement
concurrencés et soumis au verdict du public. Nous n'attribuerions pas
davantage à Gottsched la responsabilité pour cause d'« incompétence »
(*Theaterfremdheit*, cf. Kindermann, *op. cit.*, p. 483). Les points de vue ne
pouvaient tout simplement rester les mêmes ; une entente prolongée et
sans nuages était impensable, étant donné l'autoritarisme universitaire
de l'époque et les conditions dans lesquelles les troupes avaient à chercher leur vie. C'est une conséquence directe de cette curieuse distorsion
de la vie théâtrale allemande de l'*Aufklärung* entre les Professeurs d'une
part, les troupes ambulantes et leur « gros public » d'autre part.

80. Les Italiens ont ainsi parodié les tragédies de Voltaire, qui les en détes-
tait. Nous avons vu que Gottsched s'indignait d'une telle frivolité, comparable aux pitreries accompagnant les *Staats-und Heldenaktionen*. Ils paro-
diaient même volontiers leurs auteurs infidèles, présentant *L'Ile de la
Folie* après l'échec de *L'Ile de la Raison* au Théâtre Français !

Krüger voyait par contre dans le théâtre de Marivaux le meilleur antidote contre la vulgarité, comme le montre sa préface du deuxième tome des traductions, où il oppose la délicatesse morale de son auteur au matérialisme du public allemand[81]. L'Arlequin de Marivaux est à ses yeux un naïf, un pur, et non un stupide ni le truchement « d'équivoques déshonnêtes » — ce dernier rôle étant plutôt celui des Trivelin et Frontin —, atteignant par cette innocence même la juste mesure des choses et la vérité du sentiment, à l'inverse de l'extravagance du type habituel. Cette vue du personnage nous rappelle la glose de Lamotte sur une réplique de l'Arlequin de *La Double Inconstance* (qu'il ne cite d'ailleurs qu'à peu près : « Quand vous me plaignez, je ne suis plus si fâché d'être triste »), où, sous l'apparence d'une « contradiction bouffonne » ou d'une subtilité exagérée, il trouve l'expression la plus spontanée et la plus juste d'un sentiment naturel[82].

Le critique français dont l'opinion nous importe peut-être le plus par comparaison est Marmontel, à cause de son audience en Allemagne et de ses affinités avec Lessing. Marmontel est d'abord témoin qu'à Paris les spectacles qui rapportaient le plus étaient ceux qui étaient voués à la farce — dont il admet d'ailleurs l'existence, mais seulement pour divertir la « grossière populace » ; la satire de Krüger contre la prospérité d'Arlequin, de *Hanswurst* et des traîneurs de rapière n'est donc pas valable uniquement pour l'Allemagne et son public « barbare » de l'époque ! En ce qui concerne plus particulièrement Arlequin, les *Eléments de Littérature* présentent un sentiment nuancé, favorable au fond à ce type bergamasque, dont il rappelle les grands interprètes à Paris : Dominique[83],

---

81. Ce passage de la préface de 1749, sur lequel nous reviendrons, est également reproduit dans l'ouvrage de Wittekindt, pp. 108-109.
82. Cf. *Les Paradoxes de Lamotte réunis et annotés par B. Jullien*, p. 14. Le passage est extrait de son *Discours sur l'Eglogue*. La réplique exacte est : « Toutes les fois que vous me plaignez, je suis la moitié moins fâché d'être triste » (II, 6) ; on ne se piquait pas alors d'exactitude en citant. Lamotte, ami de Marivaux, (mais son concurrent au soir de la première, puisqu'en ce 6 avril 1723 les Italiens présentaient *La Double Inconstance* et les Comédiens Français *Inès de Castro*, tragédie de Lamotte !) entreprend toute une démonstration pour convaincre que la réplique d'Arlequin n'est ni bouffonne ni à l'inverse trop fine. Sur le dernier point le commentateur n'est qu'à demi consentant : « Or il n'y a pas d'homme de goût qui pût supporter le retour de pensées aussi éloignées du simple que celle que cite Lamotte. Il se peut qu'elles soient pourtant fort naturelles ; Je ne suis pas éloigné de le croire... mais c'est une nature qui répugne et que l'on fait bien de ne pas reproduire » (*ibid.*, note pp. 141-142). Comme presque toujours dans les jugements français de tendance rationaliste, c'est l'excès de subtilité qui chez Marivaux est incriminé.
83. Dominique le père, de l'ancien Théâtre Italien, et non son fils qui jouait Trivelin.

Thomassin, Carlin ; il cite deux comédies dont l'*Arlequin sauvage* de de l'Isle, un auteur du Théâtre Italien qui a été largement exploité par les troupes allemandes[84], mais Marivaux est passé sous silence[85]. Dans ce genre de théâtre, l'interprétation est bien chose capitale, et d'autant plus qu'est plus librement pratiquée l'improvisation et que tout ce qui n'est pas écrit : postures, gestes, mimiques, crée l'effet au moins autant que les paroles. Le tort des théoriciens comme Gottsched, en mettant dans le même sac toutes les variétés du type, est aussi d'avoir négligé des différences sensibles dans la conception et la tenue du rôle. En Allemagne, Schuch le père a été lui aussi vanté pour son interprétation joyeuse et sans vulgarité excessive, qui explique sans doute son succès prolongé devant la bourgeoisie francfortoise ; mais à Leipzig, Gottsched entendait relater les prouesses de l'Arlequin Müller, qui accentuait son jeu pour défier sa rivale « noble » Caroline Neuber, la Faculté et les Sociétés savantes qui la soutenaient, et pour opposer un théâtre populaire, de marque allemande en dépit du nom et de l'habit du bouffon, à leur théâtre « francisé » comme dans les Cours. . D'une façon générale, on peut avancer que les Arlequinades allemandes étaient plus « fantastiques » — mot régulièrement employé par le maître — et plus brutalement grossières que les françaises par suite d'une contagion des farces de magie et de sorcellerie[86], comme des propos graveleux du *Hanswurst*.

VIII. — *ADMIRATEUR DE MARIVAUX ET AVOCAT D'ARLEQUIN : JUSTUS MŒSER.*

Arlequin — non plus « ennobli sous le masque »[87] par Marivaux, mais le bouffon d'origine autour duquel gravite le spectacle, en

---

84. Louis-François de l'Isle (ou Delisle) de la Drevetière (1682-1756) est représenté fréquemment sur les *Theaterzettel* par *Arlequin sauvage* (1721), *Arlequin au banquet des sept sages* (1723), mais surtout par *Timon et le Misanthrope* (1722) et par *Le Faucon et les Oies de Boccace* (1725). Lessing parle de ces deux comédies dans son plaidoyer pour Arlequin (*Dramaturgie*, n° 18). Du même auteur, l'*Epître à Eucharis*, citée par X. de Courville, (*Luigi Riccoboni*, II, pp. 229-230) vante un amour qui interdit la licence.
85. Marmontel, *Œuvres complètes* (18 vol. 1818), t. XII, pp. 278-279.
86. On trouve par exemple dans les répertoires la farce du *Dr. Faust*, agrémentée de *Hanswurst* ou d'Arlequin jouant un rôle de valet « tourmenté de toutes les manières imaginables » par les démons qu'a évoqués son maître.
87. Krüger, première préface de ses traductions de Marivaux (1747).

compagnie de toute sa « famille » — fut réhabilité en Allemagne par
l'essai de Justus Möser : *Défense du comique grotesque*[88] ; c'était
en quelque sorte la revanche de l'expulsion ignominieuse de 1737.
Aucun écrivain allemand de l'époque n'avait tant reçu de Marivaux
que celui-là ou du moins n'avait avoué sa dette avec tant de bonne
grâce et de persévérance. Nous reproduisons ci-dessous sans cou-
pure le passage d'une lettre qu'il adressa le 17 décembre 1785, à la
fin de sa carrière littéraire, à Friedrich Nicolai ; il vient d'y évoquer
une œuvre de ses débuts, *Essai de quelques peintures des mœurs
de notre temps*, parue d'abord en feuilletons hebdomadaires au
cours de l'année 1746 :

« ... Mais j'avais fait mes premiers devoirs à l'école de Marivaux, relu plus de dix fois mon Saint-Evremond et travaillé sur des
modèles français ; cela me rendit trop fin et presque pointilleux sur
les mœurs. Plus tard, je dirigeai mes efforts dans le sens de Voltaire
et donnai dans sa manière une *Etude sur le caractère de Martin
Luther et l'esprit de sa Réforme*. Mais j'aperçus bientôt que sa
manière ne convenait qu'à lui seul et qu'il fallait avoir intégralement
son esprit pour se former sur lui. L'abbé Coyer me plut un temps,
et finalement c'est Rousseau qui m'attira complètement dans son
orbite. C'est de là que viennent les variations de mon style. Mon
Arlequin est écrit dans le style habituel du barreau[89] et un Français,
qui l'a traduit pour un journal bruxellois et n'a rien compris à ce
style, en a fait une chose tout à fait burlesque. Mais de tout cela,
voyez-vous, c'est mon préféré de vieille date, Marivaux, *ille meos
habuit qui primus amores*, qui demeure mon homme, et je n'ai nulle
honte de reconnaître la lourde dette que j'ai envers lui. Le jugement
global qu'on porte ordinairement sur son œuvre concerne ses pièces de théâtre et non ses deux romans qui, durant mes années
d'école, étaient dans les mains de tous les gens ayant le goût des
lettres. Et pourtant, maintenant, le seul parmi les Français *qui spec-
tatorem oblectat*, c'est Rousseau. Mais je m'arrête sur ce sujet »[90].

---

88. *Harlequin oder Verteidigung des Groteske-komischen*, 80 pp. in 8°, 1761,
    sans éd. ni date, réed. à Brême chez Cramer en 1777.

89. Möser écrit en français *stile du barreau*.

90. Justus Möser, *Sämmtliche Werke*, publiées en 1843 à la Librairie berli-
    noise de Nicolai par B.-R. Abeken, livre 10, pp. 190-191 (section consacrée
    à la *Correspondance avec Nicolai*). Les « portraits de mœurs » que Möser
    vient de rappeler avaient été réunis en volume en 1747 (*Versuch einiger
    Gemälde von den Sitten unserer Zeit*) à Hanovre, où paraissait la même
    année la première partie du Théâtre de Marivaux traduit par Krüger.
    Möser était né en 1720 à Osnabrück, où il fit une carrière dans la haute
    administration.

Cette confidence est intéressante à plus d'un titre : elle fournit d'abord l'exemple, au milieu du siècle, d'une formation scolaire et d'une éducation d'écrivain *entièrement acquises dans le sillage de modèles français* — avec l'évolution caractéristique vers Rousseau au cours des années 1760[91] — et illustre ainsi ce problème de l'imitation qui a dominé l'époque. Nicolai a publié un éloge de Möser (*Leben Justus Mösers*), et l'éditeur de la *Bibliothek der Schönen Wissenschaften*, des *Lettres sur la Littérature moderne*, de l'*Allgemeine deutsche Bibliothek*[92], quelque peu gêné par ce franc aveu d'origines littéraires purement étrangères, ajoute en commentaire : « Toutefois, Möser serait difficilement devenu l'homme qu'il est devenu, au moins en tant que savant et en tant qu'écrivain, sur la base d'une formation purement française... Les œuvres qu'il publia dans la suite sont d'un genre totalement différent. Il y souffle un tout autre esprit »[93]. Nous laisserons au biographe la responsabilité d'une affirmation que semble bien contredire la lettre qu'il avait auparavant évoquée, n'en citant d'ailleurs qu'une demi-phrase et l'assortissant des réflexions suivantes, bien intéressantes pour nous :

« Quand on confronte la façon d'écrire et l'expérience du monde qui distingue les deux écrivains français de sa jeunesse avec ce savoir d'école mal équarri qui passait alors en Allemagne pour le seul vrai savoir, on conçoit aisément qu'un jeune homme, ayant éprouvé précocement un tel plaisir à les lire qu'il les avait relus plusieurs fois, rapportait de l'Université des idées plus nettes sur le hiatus entre la sagesse d'école et la vie humaine véritable que beaucoup de ses maîtres, fort érudits, n'en purent jamais acquérir. Il faut songer en outre que Möser, dans sa prime jeunesse, ne s'instruisit point d'après les comédies de Marivaux, subtiles exagérément, mais d'après ses deux romans, ainsi qu'il ressort de la lettre en question. Mais ceux-ci, grâce à leurs situations pleines du plus haut intérêt, à leurs caractères si vrais et si délicatement nuancés, témoignent d'une remarquable connaissance des âmes et en faveur d'une souple philosophie de la vie, prenant les hommes tels qu'ils sont et *peuvent* être, ce à quoi la sagesse d'école, entêtée dans ses principes et sans expérience, n'accorde nulle attention... »[94].

---

91. C'est en 1765 que Möser publia par ex. sa *Lettre à M. le Vicaire savoyard, à remettre à M.Jean* (sic) *Rousseau*.
92. La *Bibliothèque* pour les vol. I-IV, avec Mendelssohn ; les *Lettres* avec le même, Lessing, etc.
93. F. Nicolai, *Leben Justus Mösers* dans les *Œuvres Complètes* de ce dernier, éd. préc., t. 10, p. 15. On pense à l'exhortation de Schiller aux écrivains allemands : perfectionner la forme grâce à l'étude des œuvres françaises, mais ne pas les prendre pour modèles, parce qu'un esprit vivant ne les anime pas.
94. *Ibid.*, pp. 13-14.

Il est certes remarquable que Justus Möser mette ainsi en vedette dans la littérature du siècle l'œuvre de Marivaux et, dans cette œuvre, les deux principaux romans, alors que les jugements habituels visaient en effet les comédies. Rappelons qu'en France, la même année 1785, d'Alembert trouvait lui aussi les romans de Marivaux « supérieurs à ses comédies par l'intérêt, par les situations, par le but moral qu'il s'y propose », avec « des peintures plus variées, plus générales, plus dignes du pinceau d'un philosophe »[95] ; les arguments ainsi énumérés expliquent bien l'attachement fidèle de Möser, mais que l'*Eloge* académique paraît tiède à côté de la gratitude qu'il exprime ! Retenons encore l'utile renseignement sur l'engouement, autour de 1740, pour les romans non encore traduits[96] de Marivaux, leur vogue parmi des jeunes gens qui recevaient une éducation en partie française et auxquels ils apportaient l'air de Paris, un air plus excitant, plus *moderne* que celui qu'ils respiraient. L'étonnant est que Möser, adversaire déclaré, plus tard, de l'esprit académique, fût un disciple convaincu de Gottsched ; il est vrai qu'il partageait ses idées sur l'imitation en même temps que ses ambitions patriotiques. Celui qui allait, du vivant du « maître saxon », entrer dans le prétoire pour réhabiliter dans une plaidoirie pleine d'esprit et de force persuasive le « bouffon welche » et « toute sa séquelle » fut d'abord un Gottschédien notoire ; ce n'est pas le premier cas que nous rencontrons : combien ont emprunté au maître avant de combattre ses thèses, que l'évolution périmait et que la fadeur de leurs fruits littéraires condamnait ?

On a donc la surprise de lire dans le panégyrique de Nicolai que les œuvres de Möser à cette époque (1745-1750) se situent « *entre Gottsched et Marivaux* »[97]. Cette situation étrange, que nous n'avons trouvée mentionnée qu'à cet endroit, signifie simplement que les « peintures des mœurs » de Möser s'inspirent de sa lecture passionnée des romans de Marivaux[98], tandis que sa tragédie de 1749, *Arminius* — l'un des ouvrages de ce temps sur le sujet national par excellence — est aussi « régulière », logique et noble que Gottsched pouvait le souhaiter : un « Arminius français » dit Bäthe,

---

95. *Eloge de Marivaux*, cf. *Th. C.*, II, p. 988.
96. Les traductions sont beaucoup plus tardives : *Der emporgekommene Landmann* (*Le Paysan parvenu*) 2 vol., Berlin, 1787 (trad. de Lotich pour les trois premiers livres, de Wilh. Christhelf Siegmund Mylius pour les cinq autres) ; *Josefe*, adaptation de *La Vie de Marianne* par Joachim Friedrich Schulz, 3 vol., Berlin, 1788-1791.
97. Cf. Justus Möser, *Œuvres Complètes*, éd. préc., t. 10, p. 15.
98. Une étude comparative est à faire sur ce point. Nous l'avons réservée, notre enquête actuelle étant consacrée au théâtre. Il est à noter que Möser et son biographe ne disent rien des feuilles morales de Marivaux.

qui énumère les autres[99]. Elle vint toutefois trop tard pour être recueillie dans la *Deutsche Schaubühne*, cet honneur étant auparavant échu au *Hermann* de Joh. Elias Schlegel[100]. De même que Gottsched et Marivaux semblent difficiles à rapprocher, les feuilles morales et l'*Arminius* de Möser sont apparemment peu conciliables ; mais Marivaux lui-même n'avait-il pas fait *Annibal* — que la reprise au Théâtre Français en 1747 avait remis en mémoire, même en Allemagne, puisque Lessing et Weisse se mirent à le traduire[101] — dans un intervalle de ses *Lettres au Mercure* et deux ans avant la publication du *Spectateur Français*[102] ?

Malgré le précédent de Krüger, Justus Möser ne semble plus penser à son favori Marivaux quand il fait prononcer à l'accusé Arlequin un plaidoyer *pro domo* : il ne le cite pas[103]. C'est d'ailleurs du grotesque qu'il est ici question, d'un Arlequin militant qui se présente comme « un citoyen nécessaire et agréable du monde comique », qui vante le « rire vigoureux et bienfaisant » dont il est, solidairement avec sa famille[104], le grand maître. Plutôt que de relever dans ce personnage, comme l'avait fait Krüger au bénéfice de quelques « bonnes têtes » françaises qui l'avaient humanisé, la spontanéité rafraîchissante, préservée du vernis des conventions, Möser souligne deux aspects qui intéressent le moraliste, le philosophe et ce qu'on peut bien appeler déjà le sociologue : Arlequin, c'est le sel populaire, mais le plaisir qu'il donne n'est pas uniquement fait pour la populace ; Arlequin, c'est l'incongruité, mais l'incongruité joyeuse apprend souvent plus sur l'homme et sa conduite qu'un grave discours. Le personnage est donc pris dans son épaisseur, dans toute son exubérance et sa bizarrerie — relevant de ce *goût baroc* (*sic*,

---

99. Cf. Ludwig Bäte, *Justus Möser, advocatus patriae*, Athenäum Verlag, Frankfurt/Main et Bonn, 1961, pp. 58-62.

100. La tragédie d'Hermann est insérée au tome IV de 1743, réimprimé en 1748.

101. Cf. p. 332, n° 13 de la bibliographie : *Annibal*, et J. Lacant : *Lessing et Marivaux* (*ibid.*, p. 354, n° 289 ter).

102. Cf. F. Deloffre et M. Gilot, *J.O.D.* p. 73 : *Annibal* a sans doute été composé entre les *Pensées sur différents sujets* (mars 1719) et les *Lettres contenant une Aventure* (nov. 1719) ; le *Spectateur* débutera en mai 1721.

103. Cf. éd. préc., t. 9, pp. 63-104. Möser cite plusieurs fois Molière, mais ni Marivaux ni de l'Isle.

104. Cf. *ibid.*, p. 99 : les personnages qui continuent à porter le masque « représentent diverses variétés du risible qui ne peuvent être rendues sensibles au public qu'à l'aide de la peinture : chacun *voit* en moi la bonne sottise ridicule. M. Scapin est subtil, Mezzetin ricanant, Trivelin grincheux, Pierrot un rustaud (...). Je ne vois d'ailleurs pas pourquoi les fous de la création chimérique n'auraient pas leur propre nature, comme leurs modèles dans la Création véritable ».

en français dans le texte)[105] qui était pour Gottsched à peu près l'équivalent des « ténèbres gothiques » pour les écrivains de la Renaissance — et c'est sous cette forme non édulcorée qu'il est trouvé salutaire : salutaire par le gros rire, dont tous ont à de certains moments besoin, salutaire par le « miroir concave » qu'il oppose aux folies humaines.

Avec un malin plaisir, Arlequin s'acharne à citer parmi ceux qui ont besoin de lui les « importants » : le savant las pris de bâillements à la vêprée, le ministre débordé soupirant après sa délivrance, la baronne annihilée par un trop bon repas et « dont les fautes de son prochain n'arrivent plus à délier la langue enflée à force de jacasser ». Le *Hamburger Correspondent* n'aimait pas Arlequin dans les avant-propos, on l'entend ici au prétoire ; mais Möser lui donne une verve qui est égale à sa réputation. « De l'estomac princier l'acidité s'est infiltrée dans les régions du cerveau, les courtisans incommodés ont épuisé par ordre alphabétique leurs histoires lubriques, le bouffon — ou plutôt le maître de maison, qui a pris depuis quelque temps son rôle — mâchonne son cure-dent et loue les Orientaux, qui divertissaient leur compagnie à table avec des jongleuses nues, pour ne pas interrompre la digestion par des pensées sérieuses... ». C'est la minute d'Arlequin : « la sage Nature, qui a tout prévu, les a confiés à ma tutelle ». La mission d'Arlequin est de « disperser la torpeur, éclaircir les humeurs, amollir les glandes, amener les hommes, au moins une minute par jour, à songer à leur vocation en ce monde. Et qu'on n'aille pas croire qu'on puisse y parvenir par des moyens plus bénins : la cervelle de ces gens est entourée d'une si épaisse morve... ». Donc, les gens graves relèvent tous les premiers d'une cure d'Arlequinade ; l'originalité de Möser est à notre sens d'avoir montré que, si c'est le vulgaire qui rit le plus fort, ce n'est pas lui qui a le plus de profit à tirer de cette cure.

Mais Arlequin avait été incriminé surtout à cause de ses propos indécents (*Zoten*), de son immoralité. A la Foire de la Saint-Michel, en 1737, la *Neuberin* l'avait apostrophé de la plus rude manière :

---

105. *Ibid.*, p. 85. Ayant le sens de ses limites, Arlequin ne revendique cependant qu'une « antichambre sur le théâtre » : « Le goût de ce qui est de travers, c'est-à-dire le *goût baroc*, est à coup sûr étrangement beau, mais n'a pas sa place au temple parmi les œuvres durables qui doivent accéder à l'immortalité. Seul un Bartas, *le prince des Poètes François*, comme on le nomme, est en état de mettre en vers burlesques la grandeur de la Création ; et il faut un fou pour provoquer la Sainte Trinité dans le goût de Watteau ». Möser ajoute en note qu'il s'agit de *La Semaine* de (du) Bartas et du *Temple du Goût* de Voltaire.

« Adieu, compagnon dérisoire et démodé,
Hanswurst et Arlequin !
Sur-le-champ il faut que tu meures.
Assez longtemps tu nous régalas de ta plate obscénité,
Assez longtemps tu attaquas notre moralité.
Tout disparaît un jour, même les cochonneries[106].
Nous voulons désormais allier le sérieux à la grâce »[107].

Réhabiliter Arlequin, c'était montrer à l'inverse son action bienfaisante, en tant que porteur de joie et facteur de détente : «... et qui songe un court instant combien il importe à l'Etat que j'incite un ministre atrabilaire à écouter patiemment l'innocence, un sujet opprimé à mieux supporter son fardeau, que je prépare des Etats provinciaux réfractaires à consentir à de nouvelles charges, ou que tout simplement j'apaise un esprit emporté, relève une âme abattue, redonne de la flamme à un cœur las et, à la main engourdie d'un auteur, de la vigueur pour de nouveaux desseins, jugera manifeste qu'une vieille cantatrice ne pourra jamais, dans une chapelle princière où elle doit incliner les âmes à la dévotion, obtenir selon sa méthode des résultats aussi probants que ceux que j'ai obtenus jusqu'à présent, à l'applaudissement unanime des gens de condition, qu'elle soit haute ou basse... » Arlequin ne se contente pas de provoquer des mouvements « utiles à l'intérêt général » dans des âmes « totalement rouillées », il frappe les esprits et réformes les mœurs par le moyen de l'exagération, de « ce qu'on nomme en peinture la caricature » : «... ma manière de peindre les mœurs se justifie en cela que j'expose sur la scène de petits écervelés en leur donnant des proportions gigantesques et des écervelés royaux sous forme de miniature chinoise, afin que ces derniers puissent être considérés de près également par les myopes ». Moins intolérant que ses adversaires, Arlequin ne prétend pas accaparer le genre : ceux qui se sentent une disposition à la gaîté iront écouter Molière et ceux qui souhaitent entendre le ton de la bonne société « plongeront leur âme morale dans les délices de la comédie touchante ». Mais il est des heures où le « fameux sourire supérieur » n'est plus qu'un mythe ; Arlequin se tient alors prêt : « On dit, c'est vrai, que l'âme du sage sourit et que le corps du bouffon déchaîne un éclat de rire ; mais

---

106. « *Einmal stirbt alles aus, sogar die Schweinereien* » (!) Le mot, emprunté au vocabulaire d'Arlequin, dépare l'apostrophe...

107. Ces vers sont cités par L. Bäte *loc. cit.* Ils semblent indiquer plus qu'une expulsion : une exécution. Herbert Eulenberg parle d'un bûcher et d'un mannequin en habit bariolé jeté sur le brasier, la *Neuberin* venant costumée en Thalie déclamer la sentence.

cette oppression de la bonne nature n'est peut-être que l'effet tyrannique de la mode. Peut-être qu'un franc rire serait aussi quelquefois salutaire au sage ; peut-être son âme sourirait-elle de voir que
j'ai réussi à secouer son ventre flegmatique ».

IX. — *LESSING DONNE LA REPLIQUE A MŒSER.*

Justus Möser avait cité Lessing dans son plaidoyer : Arlequin
présumait que c'était un homme d'assez de discernement pour se
faire un jour son panégyriste, mais qu'il élèverait peut-être une
objection contre l'efficacité morale des caricatures, les spectateurs
pouvant se croire bien au-dessus de pareils ridicules. Ainsi inter-
pellé, Lessing recommande vivement dans sa *Dramaturgie*[108] la lecture de l'essai, qu'il a trouvé aussi spirituel que solide, mais il
déclare n'avoir jamais eu l'idée d'une telle objection. En tout cas,
il rompt à son tour une lance en faveur du personnage et, comme
jadis pour Krüger, c'est à nouveau Marivaux qui lui en fournit l'occasion. Occasion qui, avouons-le, n'est pas des meilleures : comme
il le dit lui-même à la fin de l'article, « en dehors d'Arlequin intervient encore dans *Les Fausses Confidences* un autre valet, qui mène
toute l'intrigue. Tous deux furent parfaitement joués... » etc. Cet
autre valet nuit un peu au rôle d'Arlequin, qui reste secondaire ;
mais *La Double Inconstance* ou *Le Jeu* n'avait pas été retenu au
répertoire du « Théâtre National » : Löwen qui avait de l'estime pour
les « fines comédies de Marivaux », sauf quand elles risquaient de
répandre en Allemagne la contagion de certains types spécifiquement français[109], avait probablement relevé dans *Les Fausses Confidences* l'acuité particulière des problèmes sociaux, qui l'intéres-
saient. Le changement de nom et d'habit du valet niais, débaptisé
en *Peter*, fournissait cependant un motif de reprise du thème et,
comme ce sont les raisons de Gottsched que Lessing passe en
revue pour les réfuter laconiquement, Marivaux était bien l'auteur
qu'il fallait. L'« Arminius littéraire »[110] n'avait même plus à craindre
un désobligeant parallèle avec Démétrius !

Lessing note d'abord que ceux des théâtres allemands qui
tenaient à être appelés réguliers[111] ont tous adhéré — ou plutôt
« fait semblant d'adhérer » — à l'exclusive lancée contre Arlequin,

---

108. Au dix-huitième feuilleton dans son compte rendu des *Fausses Confi-
    dences*.
109. Cf. *Geschichte des deutschen Theaters*, rééd. de H. Stümcke, p. 39 et
    ibid. XXXX.
110. L'expression, appliquée à Lessing, est de H. Heine (*Deutschland*).
111. *Dramaturgie*, n° 18, pp. 73-74 de l'éd. Otto Mann.

mais que la *Neuberin* elle-même jouait « quantité de pièces dont le personnage principal était Arlequin », sous un autre nom et au prix d'un nouvel habit. C'est reconnaître tout de même l'ancienne autorité du maître et le rayonnement de la troupe de Leipzig, d'autant plus que ce changement — même si on le juge très superficiel — a été conservé à Hambourg, malgré le plaidoyer de Möser. L'essentiel de l'argumentation de Lessing, après quelques boutades qui lui suffisent à se débarrasser des scrupules des Gottschédiens, est que le personnage est multiple, ce qui suggère qu'il exprime quelque chose de profond, toujours présent sous des aspects divers ; en somme c'était un point commun des plaidoyers de Krüger et de Möser, le premier distinguant sous le nom « welche » des personnages fort différents et le second faisant présenter à Arlequin sa famille, composée de membres à la fois ressemblants et bien distincts. Voici le passage principal du feuilleton de Lessing, où l'on retrouve toute sa vivacité coutumière :

« Sérieusement : s'il est supportable sous un autre nom, pourquoi ne le serait-il pas sous le sien ? — C'est une créature étrangère, dit-on. Quelle importance ? J'aimerais que tous les fous parmi nous fussent des étrangers ! — Il se comporte comme nul d'entre nous ne se comporte ... Eh bien ! il n'a donc pas besoin d'expliquer longuement au préalable qui il est. — Il est absurde de montrer tous les jours le même individu dans des pièces qui changent ... C'est qu'il ne faut pas le considérer comme un individu, mais comme un genre tout entier ; ce n'est pas Arlequin qui paraît aujourd'hui dans *Timon*, demain dans *Le Faucon*, après-demain dans *Les Fausses Confidences*, ce sont des Arlequins ; le genre souffre mille variétés ; celui de *Timon* n'est pas celui du *Faucon*, celui-là vivait en Grèce, celui-ci vit en France ; c'est seulement parce que leur caractère a des traits généraux communs qu'on leur a laissé ce nom qui leur est commun... ».

Nous retrouvons ici l'habituelle sympathie de Lessing pour le comique de source et de saveur populaires, son refus de la conception d'une comédie évoluant vers le sérieux tout pur sous prétexte de respecter les bienséances et d'éduquer le public. Le sec rationalisme de Gottsched de même que les bienséances de l'aristocratie française — copiées par l'aristocratie allemande — lui étaient odieux ; de nouveau, il a ici maille à partir avec ses vieux adversaires... Pourtant, dans la dix-septième *Lettre sur la Littérature moderne*, il avait bien dû reconnaître l'état initial du théâtre allemand, au moment où Gottsched entrait en lice : les tragi-comédies étaient « remplies d'absurdités, de grandiloquence, d'ordure et de plaisanteries populacières. Nos comédies consistaient en travestis et sorcelleries, et les coups de bâton en étaient les trouvailles les plus ingénieuses ». D'autre part, son goût pour le genre touchant semblait l'éloigner de la sève comique la plus corsée. Ces tendances ne s'excluent pas réellement, ou du moins il s'est efforcé très tôt de définir la « vraie comédie » comme celle qui sait à la fois faire rire sans contrainte et émouvoir ; *Minna von Barnhelm* témoigne suffisamment que cet effort a su aboutir[112]. Lessing défendit tout naturellement le comique populaire et même le burlesque, qu'il ne se résigne pas à exclure pour satisfaire la raison ou la décence, surtout quand ce mouvement lui permettait d'accabler le parti adverse. Le plus bel exemple en est peut-être donné par sa vive attaque contre les bienséances françaises, l'uniformité et l'affectation qu'elles engendrent, dans une confrontation avec la manière espagnole au sujet du *Comte d'Essex*[113] ; on saisit alors sur le vif l'origine nationale et bourgeoise de cette contestation du bon goût français ou francisé, lequel tend à exclure un comique réputé trivial et bien entendu aussi le mélange des genres :

« Mais Cosme[114], ce *Hanswurst* espagnol, cette alliance inouïe des pitreries les plus vulgaires avec la gravité la plus solennelle, ce mélange du comique et du tragique qui vaut au théâtre espagnol sa détestable réputation ? Je suis bien éloigné de le défendre. A vrai dire, s'il ne heurtait que les bienséances — on comprend de quelles bienséances je veux parler — s'il n'avait d'autre vice que d'offenser le respect qu'exigent les grands, que de contrarier les façons, l'étiquette, le cérémonial par lequel on essaie de persuader à la majorité des hommes qu'il existe une minorité qui est faite de meilleure étoffe qu'elle, eh bien ! la transition la plus insensée du

---

112. On passe dans *Minna* du larmoyant (scène avec la dame en grand deuil I, 6) à un comique de tonalité moliéresque (scènes entre Just et l'aubergiste, scène de Riccaut, etc.). Mais l'observation critique de l'homme et de la société est seule en cause, aucun type burlesque n'est utilisé, aucun élément de farce n'intervient ; nous ne saurions approuver Otto Mann (éd. de la *Dramaturgie*, p. 419) qui parle de comique « plus rude » à propos de l'aubergiste — intrigant et obséquieux, sans rien de forcé — et même de Riccaut (IV, 2), dont la peinture est certes intentionnellement accusée, mais non caricaturale. Un « renouvellement de la multiplicité des plans comiques » ne peut être invoqué qu'à cause de la combinaison du plaisant et du touchant, à l'exclusion du grotesque.
113. *Dramaturgie*, n° 68. Les discussions sur les tragédies du *Comte d'Essex*, de Th. Corneille, Banks et un auteur espagnol « anonyme » (Antonio Coello), où Lessing fait œuvre à la fois de comparatiste et de théoricien dramatique, remplissent une partie importante de la *Dramaturgie* : feuilletons 22-25 et 54-70. Le passage que nous traduisons vient immédiatement après l'éloquente attaque contre les bienséances françaises.
114. C'est le valet du Comte : « Cosme est peureux comme quatre ; et tous les bouffons espagnols ont ce trait en commun... » etc. (n° 60).

bas au relevé, du saugrenu au sérieux, du noir au blanc, me sem-
blerait plus souhaitable que la froide uniformité que m'infligent, m'en-
dormant infailliblement, le bon ton, le beau monde, les manières de
Cour et tout ce qu'on peut énumérer de pauvretés du même acabit ».
On sent la passion dans le souffle polémique qui anime cette phrase ;
aussi bien ce n'est pas le seul endroit où Lessing exhale sa ran-
cœur contre la « tourbe distinguée des Cours »[115]. Après la déconvenue de Hambourg, il plaçait ses espoirs en Vienne, plutôt que
dans un Berlin trop francisé par la volonté de son souverain ; le
public viennois était traditionnellement attaché au comique populaire le plus virulent et Lessing critiquait en 1770 Sonnenfels, qui
avait reçu mission de surveiller le Théâtre Allemand de Vienne, de
déployer un zèle excessif contre le burlesque[116]. Dès 1749, la campagne de Gottsched contre le « bouffon welche » avait trouvé un
écho dans le recueil de la *Deutsche Schaubühne zu Wien*, qui se
rattache d'ailleurs expressément à celle qui avait paru de 1740 à 1745
à Leipzig : le nom d'Arlequin disparaît des distributions, notamment
de celle de *La Fausse Suivante*, traduite par Heinrich August Ossenfelder[117] ; mais là encore — là sans doute plus que partout ailleurs
— il ne pouvait s'agir que d'un « vœu pieux » !

Le désir de relever le niveau de la comédie, constamment rava-
lée par les troupes ambulantes tentées de cultiver la facilité, et la
volonté de maintenir cependant la *vis comica*, son origine et sa raison d'être essentiellement populaires, de ne pas faire du théâtre
comique une simple dépendance des « œuvres morales »[118], auraient

---

115. Dans une lettre du 25 août 1769 à Fr. Nicolai, Lessing exprime sa considération pour la liberté avec laquelle le baron Joseph von Sonnenfels
a dit leur fait, à Vienne, aux courtisans (« *dem vornehmen Hofpöbel* »).
Cf. *Gesammelte Werke*, Hanser Verlag, p. 1105.

116. *Ibid.*, p. 1115 : dans une lettre du 25 oct. 1770 à Eva König, Lessing, tout
en disant son espoir que Sonnenfels parviendra à faire de la meilleure
besogne à Vienne que lui-même n'en a pu faire à Hambourg, écrit : « Le
zèle trop rigide de M.v. Sonnenfels contre le burlesque n'est pas le meilleur chemin pour se concilier le public ». Sonnenfels, qui a raillé la prétention d'une « Magnificence latine », dans une ville d'importance secondaire comme Leipzig, de régenter tout le thétâre allemand, avait cependant une doctrine proche de celle de Gottsched : il voulait un théâtre
« épuré ».

117. *Die falsche Bediente, oder der bestrafte Betrüger*, titre indiqué parfois
sous la forme erronée du pluriel : « *Die falschen Bedienten* », qui, malgré
la précision du sous-titre, a provoqué une bien curieuse confusion avec
Les Fausses Confidences (voir notre étude des traductions).

118. Plusieurs auteurs de comédies de l'époque — qu'on pense à Gellert en
Allemagne ! — publièrent également des feuilles ou essais sur les mœurs,
voire des leçons de morale. La combinaison de tels travaux avec la composition de pièces elles aussi destinées à agir sur les mœurs est typique
pour ce siècle.

dû orienter les préférences de Lessing vers un théâtre où les types populaires sont conservés pour déclencher le franc rire, mais où dominent l'observation des mœurs, la psychologie, les portraits et maximes pour provoquer ce que Möser appelle le « sourire averti » et Lessing lui-même le « rire de l'intelligence » : le théâtre de Marivaux. Le jugement global que l'on trouve au début du feuilleton sur *Les Fausses Confidences*, sans être défavorable, se manifeste cependant par un grand élan : trop de raffinement, de « dissection métaphysique », trop peu d'action et de diversité ; n'est-ce pas une nouvelle occasion de constater la parenté du goût de Lessing avec celui de Diderot, et plus encore peut-être avec celui de d'Alembert[119] ? C'est un fait aussi qu'il n'a pas usé quant à lui des « personnages de chimère », mais est resté sur le plan de l'observation réaliste.

X. — *ARLEQUIN AU « TEMPS DES GENIES »*.

C'est avec Goethe que nous achèverons cet examen rapide d'une querelle qui reste fondamentale pour l'histoire de la comédie allemande à l'époque des « Lumières » et à laquelle l'œuvre de Marivaux s'est trouvée mêlée — ce qui paraît moins surprenant quand on songe d'une part à l'extrême raffinement de ce théâtre dans son fond et dans sa forme, et d'autre part au fait que la partie la plus considérable en avait été donnée à une troupe regardée en Allemagne comme tout à fait populaire. Le *Jeu*, *Les Fausses Confidences*, *La Fausse Suivante*, *La Mère Confidente*, *L'Epreuve*, telles sont les pièces qui ont connu en Allemagne la meilleure fortune[120], toutes du répertoire « italien » ; deux exceptions à la rigueur, mais qui concernent des *Nachspiele* (compléments de spectacle) : *Le Dénouement Imprévu*, illustré par son commentaire dans la *Dramaturgie*[121], *La Dispute* dont les traductions et le succès furent tardifs, et dont on n'ignorait pas l'accueil décevant qui lui avait été réservé à Paris par le public du Théâtre Français. Quant à *La Seconde Surprise de l'Amour*, aussi bien dans la version de Krüger (*Der andere Betrug*

---

119. On ne peut qu'être frappé de la ressemblance entre le paragraphe où Lessing résume en quelques lignes, au début du 18ème feuilleton de la *Dramaturgie*, ses jugements sur le théâtre de Marivaux et ce qui concerne les comédies dans le long *Eloge* postérieur de d'Alembert : la première semble comme une esquisse — de nuance toutefois un peu moins critique — du second.

120. Nous en jugeons d'après les collections de *Theaterzettel* et les études de répertoires que nous avons dépouillées.

121. Cf. *Dramaturgie*, n° 73.

der Liebe, Ier tome, 1747) que dans la reprise très libre de Jünger (*Das Rezidiv,* 1803), bien qu'elle semble avoir eu le meilleur sort parmi les comédies du répertoire « français », on ne la trouve pas bien fréquemment dans les collections d'affichettes[122] ; aucune commune mesure avec la fortune d'une autre adaptation de Jünger, celle du *Jeu* (*Maske füt Maske*), qui permit à Marivaux de se perpétuer dans les mémoires allemandes... quand on voulut bien mentionner le nom de l'auteur après celui du traducteur !

Goethe a manifesté son amitié pour les types traditionnels de la farce en écrivant *Les Noces de Hanswurst ou comment va le monde,* resté à l'état de fragment dans ses œuvres de jeunesse. Mais plus que cette Arlequinade d'une fidélité très poussée à la tradition populaire[123], c'est le jugement porté par lui en 1773 — c'est l'année de *Goetz,* en pleine période des « génies » — sur les résultats fâcheux de la campagne de Gottsched contre les bouffons et en faveur des bienséances qui nous intéresse : « Nous avons les bonnes mœurs et partant l'ennui, car pour les *jeux d'esprit* (en français), qui remplacent chez les Français pitreries et gaillardises, nous n'avons nulle disposition, notre société et notre caractère ne fournissent d'ailleurs pour cela aucun modèle ; c'est ainsi que nous nous ennuyons avec régularité[124], et bienvenu sera tout auteur qui mettra enfin sur le théâtre un peu d'entrain et de mouvement »[125].

---

122. L'ouvrage de F.-L.-W. Meyer sur Schröder et son Théâtre de Hambourg (1823) comporte une étude des répertoires avant que Schröder ne succédât à son beau-père Ackermann et note pour 1768 (au temps de l'*Entreprise,* c'est-à-dire du « Théâtre National ») *Der zweite Betrug der Liebe* : ce titre maladroit — car il n'a pas à première vue le sens que Marivaux a donné à la *Surprise de l'Amour* — identifie la traduction de Krüger. L'ouvrage de Friedrich Walter sur le « Théâtre National » de Mannheim signale parmi les pièces jouées par ce Théâtre « *Das Rezidiv,* L 3 (com. en 3 actes) *nach Marivaux von J.-F. Jünger,* Regensburg, Montag u. Weis, 1803 » ; la pièce porte la cote G 594 parmi les textes imprimés (t. 2, p. 48). On trouve cependant peu de preuves concernant cette pièce ; par contre, *La Surprise de l'Amour française* (ou *français*) semble avoir été jouée assez souvent en original dans les Cours francisées, de même que *La Surprise de l'Amour italienne,* c'est-à-dire la première.

123. Venant après beaucoup de farces du même genre (*Harlekins Heirat...* etc) ce fragment de *Hanswursts Hochzeit oder der Lauf der Welt* est dans le style du *Rüpelspied ; Hanswurt* est le traditionnel malotru et non un « grand diseur de bons mots », à la française.

124. Le mot employé par Goethe, *regelmässsig,* fait sans doute en même temps allusion à la qualité majeure vantée chez les Français et recommandée aux Allemands par Gottsched. Goethe emploie dans le même esprit des mots français : *Sozietät* (société dans le sens de « bonne société ») « ... *ennuyieren* wir uns... ».

125. Cité par L. Bäte, *op. cit.,* p. 87.

Cette simple déclaration, faite dans une lettre, a son importance : les temps ont changé et elle tend à redorer le blason du bouffon « impudent » auquel Krüger, à la génération précédente, opposait l'Arlequin ennobli par Marivaux et quelques-uns de ses confrères. On y retrouve, s'opposant aux jeux trop intellectuels du style *rococo*, cet appétit de liesse populaire et d'action qui répond davantage au tempérament allemand et qui était volontiers considéré en France, à l'époque, comme une manifestation de la « rusticité tudesque »[126], mais qui fut avoué et affirmé par les jeunes auteurs du *Sturm-und-Drang* comme signe d'une vitalité supérieure. Le « bouffon welche » croisé avec le *Hanswurst* national, que Krüger disait dépourvu de toute qualité naturelle et auquel Marivaux avait rendu selon lui l'ingénuité première, aurait été tout au contraire privé par les Français, par l'abus d'esprit et le goût étroit qui sont leur apanage, de sa qualité essentielle : celle d'une force déchaînée, exprimant dans son dérèglement, par ses explosions de joie incongrue, la Nature qui résiste à l'étouffement des conventions.

Est-ce à dire que les jeux d'esprit incriminés par les jeunes « génies » n'avaient plus aucune audience à attendre en Allemagne ? La réponse peut être donnée par Gotter : l'année suivante, soit en 1774, il publie sa nouvelle version des *Fausses Confidences*[127] ; jusqu'à la fin du siècle, elle restera l'une des pièces favorites du répertoire de comédie ; il est vrai que les promoteurs du mouvement *Orage et Passion* n'étaient guère enclins à enrichir cette partie du répertoire... Est-ce à dire encore qu'Arlequin y reprend son nom et sa casaque, comme l'avait suggéré Lessing ? Un coup d'œil sur les rôles nous montre que, tandis que l'audacieux valet Dubois est très bourgeoisement devenu *Süssholz* — un ami de Dörner-Dorante qui a seulement pris la livrée pour pénétrer dans la place —, Arlequin, quant à lui, est redescendu au niveau du quotidien : c'est un banal *Stefan, Steffen* dans la version viennoise, ou *Anton*[128].

---

126. L'expression, employée par exemple par Rousseau dans le *Discours sur les Sciences et les Arts*, avait été vivement contestée par Gottsched, qui y opposa le raffinement des Cours de Vienne, Dresde, Berlin et Hanovre (*Neuestes aus dem Reiche der anmutigen Gelehrsamkeit*, numéro d'août 1751). Mais ce n'est pas dans les Résidences que les jeunes « génies » chercheront la trace des vertus allemandes !
127. *Die falschen Entdeckungen* (ou *Vertraulichkeiten*), Gotha, 1774.
128. Nous avons vu au 44ᵉ tome d'une collection théâtrale publiée chez l'éditeur viennois Joh. Jos. Jahn la traduction de Gotter sous le titre *Die falschen Vertraulichkeiten*, avec le nom de *Steffen, ein Bedienter* pour Arlequin. La pièce est simplement indiquée comme « une comédie en trois actes d'après Marivaux, Vienne, 1774 », sans nom de traducteur. Dans un *Regiebuch* que nous avons pu voir dans les archives du Théâtre de Weimar, et qui doit dater de la période 1800-1825 (la main du copiste permet de le présumer), les noms ont été changés, et le butor s'appelle *Anton*.

3

Conditions de vie
du Théâtre Allemand

I. — *LES OBSTACLES.*

a) *Méfiances ecclésiastiques et académiques*

La querelle d'Arlequin fut, nous avons essayé de le montrer, l'un des épisodes d'un conflit plus général entre partisans et adversaires des traductions et de l'imitation : épisode d'autant plus original que les premiers — du moins tant qu'ils suivirent Gottsched — refusaient le bouffon étranger parce qu'ils ne voulaient traduire et imiter que ce qui était digne de l'être, tandis que les seconds trouvaient dans le « bouffon welche » assez d'étoffe et de diversité pour le germaniser complètement. Mais la querelle d'Arlequin est au centre de la vie et des luttes du théâtre comique allemand pendant une grande partie du siècle pour une autre raison : l'Eglise luthérienne n'était pas plus indulgente aux comédiens ni à la comédie que l'Eglise catholique en France, et les bouffons, quelle que fût à leur origine, donnaient prise à sa réprobation ; la pantomine et les improvisations scabreuses étaient de nature à rendre cette animosité plus vive encore. Löwen, dans son *Histoire du Théâtre Allemand,* cite un exemple qui date du début du siècle : la veuve de Maître Velten, énergique comme le sera plus tard la *Neuberin,* répliquant à l'attaque d'un prédicateur de Magdebourg par un factum intitulé *Témoignage de vérité sur les spectacles ou comédies, en réponse à M. Johann Joseph Winkler, diacre de la Collégiale de Magdebourg, qui les a violemment attaquées dans un écrit s'efforçant en vain de les rendre haïssables.* On ajoutait que ce témoignage était une synthèse de ceux de nombreux théologiens, « réunis et présentés par Madame C.-E. Velten, *Principale* des Comédiens de la Cour Royale de Pologne et Electorale de Saxe, en l'an 1711 »[1]. Parmi les innombrables

---

1. Löwen, *Geschichte des deutschen Theaters,* rééd. de 1905, p. 18.

attaques de même style, celle du pasteur doyen de Hambourg, Goeze,
*Enquête théorique sur la moralité de la scène allemande d'aujour-
d'hui* (1769), est restée célèbre : il y posait dès le titre des questions dont la réponse était facile à deviner sur l'opportunité d'écrire,
faire jouer et imprimer des comédies, et sur la possibilité de considérer le théâtre, « tel qu'il se présente aujourd'hui, comme un temple de la vertu[2], une école de nobles sentiments et de bonnes
mœurs »[3]. Cependant il disait son estime pour Gellert et louait grandement *Minna von Barnhelm,* s'il reléguait Molière « indiscutablement parmi les plus exécrables professeurs de vice »[4].

Ce sont encore les auteurs français qui sont les plus ouvertement incriminés ; et Goeze ne repoussait pas, quant à lui, le *Tartuffe,*
mais les comédies qui témoignaient de l'incurable frivolité française :
George Dandin, Amphitryon écrit par Molière « pour complaire à
son roi luxurieux »[5]. Tout ce qui, touchant à l'amour ou au mariage,
n'était pas traité avec gravité, le moindre badinage sur de tels sujets
était considéré comme une tentative de corruption et les Français
étaient suspects de s'y adonner avec un goût particulier et de la
façon la plus dangereusement insinuante. L'Université, malgré
l'exemple de quelques-uns de ses membres illustres qui écrivaient,
faisaient jouer et imprimer des comédies, n'était guère dans son
ensemble moins méfiante à l'égard du divertissement théâtral ; Gottsched avait cependant comme garant l'honnête Destouches, Gellert
avait éloquemment montré, dans son cours inaugural sur la comédie touchante, que « la vertu, quand elle est présentée sur la scène,
y plaît bien davantage que dans la vie ordinaire»[6]. L'enquête médiocrement rassurante du pasteur Goeze sur la moralité du théâtre alle-

---

2. Allusion au prologue de Löwen : *La comédie dans le Temple de la Vertu.*
   N'oublions pas que Löwen était peu de temps auparavant directeur artistique du « Théâtre National » de Hambourg.
3. Sur cet écrit, voir E. Schmidt, *Lessing,* pp. 627-631.
4. *Ibid.* : « Ce vrai patriarche, ce modèle si hautement vanté des auteurs dramatiques est à ranger indiscutablement parmi les plus exécrables professeurs de vice, et je ne crois pas que Voltaire, par ses divers traités où
   l'impudence et la vilénie se dressent de toute leur taille et que Satan lui-
   même n'aurait pas l'insolence de confectionner, ait fait autant de mal que
   lui ».
5. Le *Tartuffe* est traité par Goeze avec faveur : c'est l'hypocrisie du catholique se livrant à des simulacres de dévotion qui est mise à nu, le pasteur
   estime que le premier châtiment des scélérats de cet acabit est d'avoir
   été « démasqués en public par un Molière et sa bande ». *George Dandin,*
   par contre, c'est le ridicule jeté sur le mari trompé, c'est aux yeux de Goeze
   le triomphe de l'adultère.
6. Gellert, *De comoedia commovente* (1751), trad. allemande de Lessing,
   Gesammelte Werke, I, p. 942.

mand eut toute l'approbation de la Faculté de Théologie de Göttingen, et surtout l'on ne peut oublier la mésaventure de Christian Heinrich Schmid, Professeur d'éloquence et de poésie à l'Université de Giessen : l'auteur de la *Chronologie du Théâtre allemand*, l'éditeur de l'*Almanach des Muses allemandes* et d'un célèbre *Théâtre Anglais* en sept volumes[7] fut cité par son Recteur devant les juges de Darmstadt pour avoir avili sa plume académique jusqu'à louer dans un poème intitulé *L'Apparition* une troupe de comédiens ambulants ! Cette troupe n'était pourtant pas la première venue, puisque c'était celle du *Principal* Seiler et d'Ekhof, dont Lessing a vanté l'art de dire ces sentences morales qui doivent venir de « l'abondance du cœur » pour couler naturellement des lèvres et persuader le public[8]...

b) *Les princes « francisés »*

Si la méfiance ou une hostilité ouverte s'est maintes fois exprimée au cours du siècle contre les gens de théâtre et leur négoce, plus particulièrement quand ils présentaient des comédies d'origine française suspectes de répandre l'*esprit fort*, l'irrévérence envers les valeurs morales, le goût de la dépravation, il a souvent manqué aux troupes ambulantes le soutien des grands. C'est un chapitre sur lequel les écrivains et critiques de théâtre sont d'une abondance inépuisable : l'espoir de la fondation d'un « Théâtre National » stable, permanent, subventionné, délivré des impératifs purement financiers, a été lié à l'idée même de nation allemande, cette idée ne comportant pas un projet, inconcevable à l'époque, d'unité politique, mais la volonté de dégager, et d'exprimer grâce au théâtre, ce qu'on peut appeler la *personnalité allemande*[9]. C'est ce qui fait que cette histoire de l'invasion des scènes allemandes par des pièces étrangères — surtout quand il s'agit de pièces aussi foncièrement étrangères que celles de Marivaux — et de tentatives de libération commencées par Gottsched lui-même, réclamant dès 1742 que se missent

7. Cet *Englisches Theater*, publié en 1772 chez Daniel Ludwig Wedel à Danzig et Leipzig, fournit un apport considérable aux répertoires, à cette époque où le drame bourgeois était en pleine vogue.

8. *Mémoires de Brandes*, trad. par Picard, t. I, pp. 434-435. Rappelons que Seiler fut l'Entrepreneur du « Théâtre National » de Hambourg, choisi dix ans plus tard par le baron Dalberg pour diriger le « Théâtre National » de Mannheim ; sur Ekhof, modèle des comédiens allemands, voir la *Dramaturgie*, feuilles 3 et 4.

9. Cf. le célèbre épilogue de la *Dramaturgie* : « Oh ! la charitable inspiration que de procurer aux Allemands un Théâtre National alors que nous autres Allemands ne sommes pas encore une Nation ! Je ne parle pas de la constitution politique, je parle seulement du caractère moral... » etc. (éd. Otto Mann, p. 392).

enfin à la tâche les « libres esprits allemands »[10], déborde le cadre
de l'histoire littéraire proprement dite et s'insère dans la lente évolution des esprits vers une prise de conscience nationale ; mais pour
que celle-ci mûrisse, il faudra les graves événements militaires et
politiques de l'ère révolutionnaire et napoléonienne, qui implique-
ront le peuple et les princes dans un mouvement qui n'était jusqu'alors qu'une campagne menée par une partie de la bourgeoisie
intellectuelle. Or, justement, les souverains des multiples Etats allemands étaient loin de partager, dans leur ensemble, les aspirations
des promoteurs d'un théâtre national : d'éducation française, soucieux d'échapper à la « rusticité tudesque », se trouvant à l'aise
dans un cosmopolitisme culturel qui se conciliait au mieux avec
leur particularisme politique, beaucoup d'entre eux considéraient le
théâtre des troupes ambulantes comme le divertissement sans
valeur du vulgaire[11].

Ces compagnies, dont les plus importantes jouaient parfois pendant toute une saison dans une même cité, étaient des « gens du
voyage », plantant leur théâtre de ville en ville, rivalisant aux Foires
de Francfort, Leipzig ou Breslau, et cet état nuisait à leur réputation
sinon à leurs mœurs. Les Eglises, les Cours et les Universités se
rencontraient souvent dans le mépris dont elles accablaient ces
comédiens, ambulants par nécessité ; il est caractéristique de voir
un observateur des mœurs comme le baron von Knigge, qui pourtant s'intéressait au théâtre, écrire en 1790 encore, dans son ouvrage
sur le *Commerce des hommes* (*Ueber den Umgang mit Menschen*)
« Quel genre d'hommes sont pour l'ordinaire ces héros et ces héroïnes de théâtre ? Des gens sans mœurs, sans éducation, sans principes, sans savoir : des aventuriers ; des gens de la plus basse
extraction ! d'impudentes courtisanes »[12]. Il manquait tout naturellement à des gens si méprisés cet « encouragement substantiel d'un

---

10. Avant-propos de la *Deutsche Schaubühne*, où Gottsched recommande de
ne pas « continuer à surcharger notre théâtre de traductions ».

11. La « patente » ou « privilège » accordé par le prince à une troupe pour
divertir le peuple avec une caution officielle, en telles villes et telles
périodes de l'année, n'impliquait aucun intérêt de sa part ni du côté de
son entourage ; un exemple significatif : Frédéric II accorde à Schönemann en 1744 le privilège pour Breslau, capitale de la province qu'il vient
d'annexer, mais c'est pour se débarrasser de son Théâtre allemand de
Berlin, auquel il a refusé de consentir le moindre soutien (cf. Kindermann, *op. cit.*, IV, p. 508).

12. Cité par Kindermann, *op. cit.*, p. 480. Knigge, qui fut chambellan à la
Cour de Weimar à l'époque où Goethe y vivait ses premières années d'amitié avec le grand-duc, avait publié en 1788-1789 des feuilletons de critique
dramatique (*Dramaturgische Blätter*) à Hanovre.

grand souverain » dont parle Löwen dans un libelle[13]. Il n'est pas
indifférent de constater que Gottsched lui-même, dans la préface du
Nötiger Vorrat (1757), se plaint que « nos Cours et la noblesse qui
a voyagé *soient* en secret les admirateurs jurés de l'esprit étranger
et contempteurs pleins de dégoût de l'esprit allemand » ; il s'agit
ici de l'esprit comique[14] et la précision *en secret* se justifie mal
quand on songe à tel souverain comme Frédéric II, qui ne cachait
nullement ses dégoûts[15]. Les efforts des défenseurs du théâtre
national pour susciter l'intérêt et obtenir un soutient moral et matériel des princes ont été longtemps vains. La cantate de Grossmann à
la mémoire de Lessing indique bien dans ces quatre vers :

> « Il veut amener les Princes
> A s'intéresser à la manière allemande,
> A l'art allemand, plus efficacement
> Que n'ont fait leurs devanciers »[16].

ce qui fut l'espoir et la grande déception de l'auteur et du critique
dramatique. Il était d'ailleurs symptomatique que le premier essai
de « Théâtre National » fût tenté dans une ville bourgeoise et non
sous la protection d'un mécène !

La solution que recommandait Löwen, dans son libelle des
« exhortations amicales à la Société des comédiens de Koch », pour
surmonter la gallomanie des princes, consistait en incessants efforts
de perfectionnement portant sur les répertoires et sur le jeu afin de
soutenir la comparaison avec les troupes françaises engagées ou
invitées par les souverains, voire par des membres de leur famille[17] ;

---

13. *Freundschaftliche Erinnerungen...*, p. 25 : « *der Mangel an barer Auf-
    munterung von seiten eines grossen Herrn* ».
14. Rappelons que Gottsched se proposait dans le *Nötiger Vorrat* de fournir
    la documentation nécessaire, au point de vue des œuvres, pour écrire
    l'histoire du théâtre allemand ; le mot employé, *Witz*, se rapporte à la
    comédie.
15. « La scène allemande est abandonnée à des bouffons orduriers... »
    (extrait de *Histoire de mon temps*, cité par Kindermann, *op. cit.*, IV,
    p. 508). Le théâtre allemand n'était plus représenté à Berlin, en 1746, que
    par les Arlequinades de Schuch.
16. Cette cantate a été publiée dans le vingtième numéro du *Theaterjournal
    für Deutschland* (1782, pp. 60-64). La Compagnie des comédiens du Prince-
    évêque de Cologne, Electeur d'Empire (*Kurkölnische Hofschauspieler-
    gesellschaft*), l'avait présentée sur scène.
17. Le frère de Frédéric II, Henri de Prusse, eut à Rheinsberg sa propre
    troupe française, qu'il continua à entretenir après la mort du roi en
    1786 — alors qu'à cette date naissait à Berlin un quatrième « Théâtre
    National » allemand. C'est de la troupe de Rheinsberg que venait cette
    Alceste Bonnivant que Theodor Fontane met en scène dans son roman
    historique *Vor dem Sturm*, qui se déroule durant l'hiver 1812-1813 (cf.
    notre art. déjà cité dans *Etudes Germaniques*). En cette période tardive

c'était une nécessité d'abandonner la facilité et la routine, « surtout quand on a affaire à des concurrents aussi redoutables que le
sont les acteurs français »[18]. Mais n'aboutissait-on pas alors à un
véritable cercle vicieux ? Cette médiocrité intellectuelle et morale
des *Principaux* et de leurs comédiens qu'incriminait Löwen ne pouvait disparaître que si les Cours soulageaient les troupes de leurs
soucis quotidiens, et les répertoires ne pouvaient atteindre le degré
de raffinement requis que par de nouveaux emprunts aux recueils
de théâtre français : c'est d'ailleurs ce qui explique le « rebondis-
sement » de comédies comme *Les Fausses Confidences* ou le *Jeu*
en plein *Sturm-und-Drang* ou pendant la période de floraison classique, une germanisation apparemment plus poussée se manifestant
par quelques changements arbitraires et une traduction moins étroitement calquée sur l'original[19]. Löwen reconnaissait lui-même la
même année dans son *Histoire* (1766) que les troupes allemandes
étaient contraintes de viser d'abord leur meilleur client : le spectateur populaire, cet « oiseau de passage » qu'il ne fallait pas
« effaroucher » par trop d'ambition[20]. Les grands s'écartaient de la
vulgarité, les condamnations pastorales retenaient une partie de
la bourgeoisie. Relever le niveau du théâtre allemand ? On se heurtait à un dédit presque général : « Nos grands ont une pensée som-
nolente dès qu'il s'agit de divertir leur nation ; le patriote des grandes villes n'a pas assez de moyens, ou, quand il en a, c'est le goût,
l'envie, le zèle qui lui font défaut »[21]. Le cas typique, qui avait provoqué la plus vive déconvenue de Lessing, était celui du souverain
dont les exploits pouvaient donner à la littérature allemande ce
« contenu national » qui lui avait manqué jusque-là[22] ; mais, plus

---

et malgré l'insurrection prête à se déclencher contre l'occupation française, des acteurs français venaient encore déclamer dans les châteaux de
la vieille Marche de Brandebourg...

18. *Freundschaftliche Erinnerungen..., loc. cit.*
19. Voir dans notre étude des traductions quelques échantillons de cette
liberté que s'arrogèrent Gotter (1774) et Jünger (1794), ainsi que l'exposé
de la doctrine de germanisation dans l'avant-propos de la collection du
Théâtre comique des Français (1777).
20. *Geschichte des deutschen Theaters*, éd. préc., p. 26.
21. *Geschichte des deutschen Theaters*, éd. préc., p. 67.
22. Les succès militaires et politiques acquis par Frédéric II aux dépens de
la France et de l'Autriche, le rôle européen que jouait un Etat allemand
du nord fournissaient un contenu national (« *nationaler Gehalt* »,l'expression est de Goethe) d'actualité ; la poésie de Klopstock et tout le mouvement des « bardes » y ajoutèrent à partir de 1765 un contenu national —
d'authenticité plus problématique — puisé aux sources du passé germanique ; les « bardits pour la scène allemande » de Klopstock reprenaient
en une trilogie (1767-1787) la geste du vainqueur des légions romaines,
qu'avaient déjà mise en scène, dans leurs tragédies francisées, Joh. Elias
Schlegel (1741) et Justus Möser (1749).

que tout autre, Frédéric le Grand se refusait à cautionner l'entreprise.

c) *Un cas typique : Frédéric le Grand*

C'est un cas qui vaut que nous nous y arrêtions un peu, non seulement à cause de cette intéressante contradiction entre la volonté politique et les penchants littéraires, mais parce que dès le milieu du siècle l'influence de Frédéric prévalut parmi les souverains et la noblesse[23] ; ses admirateurs (« *fritzisch gesinnt* ») se rencontraient partout dans la haute société allemande. Auteur français que corrigeait Voltaire (« Je veux savoir son français, que m'importe sa morale ? »)[24], en correspondance avec lui depuis 1736, il engagea peu après son accession au trône une troupe de comédiens français qui lui causa quelques soucis et beaucoup de dépenses[25]. Quand on lit ses jugements tantôt lucides, tantôt surprenants sur les deux littératures, que ce soit dans sa correspondance (avec d'Alembert, Grimm, etc., avec Voltaire surtout — correspondance dont on peut dire qu'elle est son chef-d'œuvre en risquant moins d'opposition que lorsqu'on l'affirme du dernier nommé), que ce soit dans son essai *De la Littérature allemande* qui fit scandale en 1780, on y trouve un ensemble de raisons qui justifie son choix, dans le présent, en faveur des lettres et du théâtre français : la guerre de Trente ans a ruiné en même temps que le pays la culture allemande, car « les Muses veulent que les eaux du Pactole arrosent les pieds du Parnasse »[26] ; certes, ce désastre commence à s'effacer, mais les premiers efforts de redressement se heurtent à deux obstacles majeurs :

---

23. Fontane écrit très légitimement, au chap. 19 de son récit historique *Avant l'Orage*, à propos d'une dame de la noblesse prussienne : « Née au milieu du siècle, soit à une époque où l'influence de la Cour de Frédéric commençait à s'imposer dans les milieux de la noblesse, elle avait reçu une éducation française ; elle savait par cœur de longs passages de *La Henriade* avant de savoir qu'il existât une *Messiade* ; d'ailleurs, le nom de l'auteur de cette dernière œuvre eût suffi à la dissuader de prendre connaissance de son contenu... » (éd. du Nymphenburger Verlag, p. 119).
24. Nous citons d'après l'édition des œuvres de *Frédéric le Grand*, 30 vol. in 8°, Berlin, 1846 et suiv., chez Rodolphe Decker, imprimeur du Roi. Lettre du 12 sept. 1749 à Algarotti (tome 18, p. 66). Le réalisme du roi est brutal, qui se manifestera en 1750-1753 pendant le séjour de Voltaire à sa Cour. Ce dernier écrivait élégamment, à propos de ces corrections : « Je raccommode une boucle à vos souliers, tandis que les Grâces vous donnent votre chemise et vous habillent » (Lettre écrite de Cirey en janvier 1738, t. 21, pp. 135-136).
25. Sur cette troupe, cf. Kindermann, *op. cit.*, IV, pp. 611 et suiv. : *Rokoko-Theater der Fürstenhöfe, das Theater Friedrichs des Grossen.*
26. Lettre à Voltaire du 8 septembre 1775, t. 23, p. 350.

« Nos Allemands ont l'ambition de jouir à leur tour des avantages des beaux-arts ; ils s'efforcent d'égaler Athènes, Rome, Florence et Paris. Quelque amour que j'aie pour ma patrie, je ne saurais dire qu'il y réussissent jusqu'ici ; deux choses leur manquent, la langue et le goût »[27].

Le roi de Prusse ne perd toutefois pas confiance : le goût peut « se communiquer » par l'étude des auteurs classiques, anciens et français ; la langue sera « rectifiée » par deux ou trois génies qui « naturaliseront les chefs-d'œuvre étrangers »[28]. On ne peut qu'être frappé de la ressemblance de ces espoirs avec les thèses de Gottsched... un demi-siècle après les *Frondeuses raisonnables* et l'*Essai d'un Art Poétique critique pour les Allemands*. Mais en 1725 Gottsched était déjà fier de sa langue, qu'il voulait défendre contre les empiètements du français en fondant une « Société des Muses allemandes »[29], tandis que Frédéric l'accable encore en 1775, alors qu'elle avait été illustrée entre temps par des œuvres qui pouvaient lui assurer quelque crédit ! Il semble d'ailleurs répondre négativement à Gottsched, et surtout il se montre bien conscient de la responsabilité qui lui revient ainsi qu'à ses pairs quand il écrit :

« La langue est trop verbeuse ; la bonne compagnie parle français, et quelques cuistres de l'école et quelques professeurs ne peuvent lui donner la politesse et les tours aisés, qu'elle ne peut acquérir que dans la société du grand monde »[30].
Sonnenfels, quelques années plus tôt, à Vienne, n'avait pas prétendu autre chose : le théâtre allemand de comédie manque d'une langue affûtée par l'usage du grand monde[31].

Dans son essai *De la Littérature allemande*, Frédéric II, responsable et témoin du délaissement de l'allemand par la haute société,

---

27 Lettre à Voltaire du 24 juillet 1775, t 23, p. 337.

28. Lettre à Voltaire du 8 septembre 1775, *loc. cit.*

29. *Die vernünftigen Tadlerinnen*, 2ème feuilleton, I, pp. 16-18 de l'éd. du Gottsched-Verlag. Les statuts obligeaient à écrire une lettre de candidature en un allemand pur et à n'employer aucun mot étranger dans la conversation. Deux ans plus tard (1727), Gottsched fondait à Leipzig la *Deutsche Gesellschaft*.

30. Lettre à Voltaire du 24 juillet 1775, *loc. cit.*

31. *Briefe über die wienerische Schaubühme*, 17ème lettre, datée du 1er avril 1768 : « Mais l'Allemagne a-t-elle jusqu'à cette heure une langue de la haute société ? Est-il même possible qu'elle y parvienne un jour alors que dans toutes les Cours, dans toutes les capitales, sièges de ce qu'on appelle le commerce du beau monde, dans toutes les assemblées, on parle uniquement le français ? (...). L'Allemand n'a pas de langue pour le théâtre parce qu'il n'a pas de langue pour la conversation ».

y revient : « Enfin, pour ne rien omettre de ce qui a retardé nos progrès, j'ajouterai le peu d'usage que l'on a fait de l'allemand dans la plupart des Cours d'Allemagne »[32]. L'influence du morcellement politique ne lui échappe pas davantage, lui paraissant même sans remède : « Il y a cependant une difficulté qui empêchera toujours que nous ayons de bons livres dans notre langue : elle consiste en ce qu'on n'a pas fixé l'usage des mots et, comme l'Allemagne est partagée en une infinité de souverains, il n'y aura jamais moyen de les faire consentir à se soumettre aux décisions d'une Académie »[33]. Il fonda l'Académie de Berlin, mais lui donna pour langue officielle... le français et ne confia la direction de ses travaux qu'à des Français[34]. Le résultat a été décrit plus d'une fois par le souverain prussien ; il écrit en 1773 à d'Alembert : « Pour nos tudesques, ils ont vingt idiomes différents et n'ont aucune langue fixée ; cet instrument essentiel qui manque nuit à la culture des belles-lettres »[35]. Dans l'essai de 1780, il prend le soin de montrer qu'il ne fait que subir ; « *J'entends* parler un jargon dépourvu d'agréments que chacun manie à sa guise »[36]. Cette ouverture de l'allemand à la poésie, qui avait déjà produit les plus beaux fruits, lui apparaît comme un vice ; seuls comptent la précision, ce « discernement fin » qu'il admire chez les meilleurs écrivains français ; pour resserrer ce langage diffus, il propose encore des exercices de traduction, de Thucydide à La Rochefoucauld, avec *Les Lettres Persanes* et *L'Esprit des lois*[37]. Il faut que Grimm prenne enfin contre lui la défense du parler tudesque : « Les Allemands disent

32. *De la Littérature allemande*, t. 7, p. 121.

33. Lettre du 6 juillet 1757, t. 21, p. 78.

34. Cette Académie des Sciences de Prusse, fondée en 1744-1746, fut présidée d'abord par Maupertuis, puis de Paris par d'Alembert ; c'est à elle que fut présenté en 1784 le mémoire de Rivarol *sur l'universalité de la langue française* (Frédéric avait lui-même écrit dans son essai de 1780 que « maintenant, cette langue est devenue un passe-partout, qui vous introduit dans toutes les maisons et dans toutes les villes », t. 7, p. 122). On pouvait à la rigueur lui présenter des mémoires en latin, voire en allemand.

35. Lettre du 28 janvier 1773, t. 24, pp. 593-594. Il y a, dans l'esprit du critique, carence réciproque : il manque aux auteurs une langue adéquate et à la langue des auteurs capables de l'enrichir. Or, son estime ne va qu'à la langue littéraire : « une langue ne mérite d'être étudiée qu'en faveur des bons auteurs qui l'ont illustrée » (t 7, p. 122).

36. Cité par Sayous, *op. cit.*, II, p. 308. Ces formules de mépris corroborent, d'une façon plus rude, les regrets exprimés régulièrement au cours du siècle par les critiques de goût classique à propos des traductions : l'allemand a trop de raideur et d'imprécision.

37. *De la Littérature allemande*, t. 7, p. 104.

(...) que la langue allemande n'est plus ce jargon barbare qu'on
écrivait il y a cinquante ou soixante ans, dur, diffus, embarrassé,
qu'elle a pris de l'harmonie et du nombre, de la précision et de
l'énergie »[38].

Nul Allemand de l'époque n'a corroboré avec plus d'empressement les dédains français envers la « barbarie allemande » ; dès
1739, le prince royal soupirait :

> « Ah ! quand verrai-je enfin ma stérile patrie
> Réformer de son goût l'antique barbarie. . . ? »[39]

et, trente-six ans plus tard, le roi confirmait : « Pour le goût, les
Allemands en manquent sur tout (...) L'Allemagne est actuellement comme était la France du temps de François Ier »[40]. Le seul
remède possible était de tenter une greffe française — pour reprendre une de ses images — sur le « sauvageon » allemand, et c'est
bien dans cette intention, en même temps que pour satisfaire son
besoin des plaisirs de l'esprit, qu'il avait fait « l'acquisition » de
Maupertuis, qu'il était devenu « possesseur » de Voltaire[41]. Celui
qui signait ses œuvres *Le Philosophe de Sans-Souci* et que Voltaire surnommait flatteusement le Salomon ou le Marc-Aurèle du
Nord[42] suivait son modèle en exprimant l'idée d'un déclin inéluctable après l'éclat du siècle de Louis XIV ; il plaignait d'Alembert
d'avoir à faire l'éloge d'académiciens tous « très médiocres », alors
que Fontenelle avait eu jadis une meilleure part[43] ; « parmi la foule
de gens d'esprit dont la France abonde », il ne trouvait plus « de

---

38. Lettre de Grimm à Frédéric — qui appelait plaisamment M. de la Grim-
     malière cet Allemand devenu Français par adoption, et fit des façons pour
     se laisser « offrir » en 1763 sa *Correspondance Littéraire*, y renonçant
     d'ailleurs en 1766 — datée du 26 sept. 1780, t. 25, p. 337.
39. Lettre à Voltaire du 10 oct. 1739, citée par Sayous, *op. cit.*, II, p.170.
40 *Id.*, 24 juillet 1775, *loc. cit.*
41. Le dernier terme se trouve dans une lettre du 4 sept. 1749 (t. 22, p. 215)
     où le roi déploie ses séductions pour attirer Voltaire à sa Cour : si celui-ci
     accepte, il signera désormais « *Frédéric, par la grâce de Dieu Roi de
     Prusse, Electeur de Brandebourg, possesseur de Voltaire* ».
42. Voltaire lui écrivit aussi « *Votre Humanité* » au lieu de « Votre Majesté ».
43. Lettre du 27 avril 1773, t. 24, pp. 598-599. L'idée de la décadence après le
     « grand siècle » comparée au reflux qui suivit le « beau siècle d'Auguste,
     où la médiocrité succéda aux talents », revient dans toute une série de
     lettres ; elle ne touche bien sûr ni Voltaire ni d'Alembert. Il écrit par
     exemple à Voltaire : « Avec vous finit le siècle de Louis XIV. De cette
     époque si féconde en grands hommes, vous êtes le dernier qui nous reste »
     (lettre du 28 février 1767, t. 23, p. 125) ; à d'Alembert : « J'ai vu les restes
     de ce siècle à jamais mémorable pour l'esprit humain ; tout dépérit à
     présent, mais la génération suivante sera plus mal que la nôtre » (lettre
     du 28 janv. 1773, t. 24, pp. 593-594). Voltaire lui avait écrit dès le 27 mai
     1737 (lettre reproduite t. 21, p. 68) : « Nos belles-lettres commencent à

ces esprits créateurs, de ces vrais génies qui s'annoncent par de grandes beautés... »[44]. C'est l'excès d'analyse qu'il blâmait, comme d'Alembert avait critiqué, dans le *Discours Préliminaire* de l'*Encyclopédie*, l'abus de l'esprit philosophique dans les belles-lettres et notamment « je ne sais quelle métaphysique du cœur qui s'est emparée de nos théâtres ». Cependant son appétit de littérature française ne s'est guère lassé en près de cinquante ans de règne ; l'ardeur qu'il manifestait au début en écrivant à Voltaire : « J'attends de vous des comédiens, des savants, des ouvrages d'esprit, des instructions... »[45] ne passa pas comme un feu de paille.

Ce cas illustre est d'autant plus typique qu'on ne saurait parler de francophilie ; la phrase humoristique qu'il écrivit à Voltaire, du camp de Mollwitz, le 2 mai 1741 : « On regarde en Allemagne comme un phénomène très rare de voir des Français qui ne soient pas fous à lier » correspond assez à sa propre expérience ; certes, il présente cette opinion comme l'effet des « préjugés des nations les unes contre les autres », mais dans ses écrits il la reprend volontiers à son compte : si les Allemands sont « une espèce de végétaux en comparaison des Français », ils ont du moins un solide bon sens qui tranche sur le caprice et l'inconséquence de leurs voisins ; et le premier homme d'esprit de France n'en est pas le moins fou[46]. De même, la franchise parfois brutale des Allemands lui paraît dans le fond plus estimable que la politesse française, faite de « termes équivoques et de flasques adoucissements qui défigurent la vérité ». Le roi de Prusse conserve son tempérament et sa fierté d'Allemand, il a seulement été séduit par certaines œuvres classiques et par la vivacité de l'esprit français[47]. Le regret

---

bien dégénérer... » etc. Même indication dans le *Discours Préliminaire de l'Encyclopédie* (er juillet 1751), où d'Alembert écrit : « Ne soyons donc pas étonnés que nos ouvrages d'esprit soient en général inférieurs à ceux du siècle précédent », en exceptant de ce déclin « quelques hommes d'un mérite rare avec qui nous vivons ».

44. Lettre à Voltaire citée dans la note précédente.
45. *Id.*, sept. 1740, t. 22, p. 28.
46. Cf. t. 22, p. 67 ; t. 23, p 103 (lettre à Voltaire du 13 aotû 1766) ; t 23, p.83 (lettre au même du 12 mai 1770 : « Votre nation est de toutes celles de l'Europe la plus inconséquente ; elle a beaucoup d'esprit mais point de suite dans les idées (...). Il faut que ce soit un caractère indélébile qui lui est empreint »). Sur Voltaire lui-même, le roi exprime vis-à-vis de tiers une opinion toute semblable : « C'est bien payer un fou », « La cervelle du poète est aussi légère que le style de ses ouvrages » (cité par Sayous, II, p. 178).
47. L'« aimable *vivacité* » des Français, jugée parfois « trop impétueuse », revient sous la plume de Frédéric ; mais l'histoire de France lui paraît révéler, au gré du tempérament national, « de bien courtes époques de sagesse pour une aussi longue suite de folies » (lettre précitée).

formulé par Löwen : « Je crois toujours que ce monarque n'aurait pas été entièrement acquis à la littérature française si dans les années de sa formation un Gellert, Uz, Lessing, Ramler, Weisse et l'ensemble de nos bons auteurs d'aujourd'hui avaient fleuri : mais quelles ténèbres pesaient alors sur notre goût, sur notre poésie et notre théâtre ! » — regret que l'éditeur trouve « tout à fait pertinent »[48] — nous laisse au contraire bien sceptique, à voir comment le roi accueillera les nouveautés apportées au théâtre par le « réveil » allemand :

« Soyons donc sincères — écrit-il dans son essai de 1780 — et confessons de bonne foi que jusqu'ici les belles-lettres n'ont pas fleuri dans notre sol (...). Pour vous convaincre du peu de goût qui, jusqu'à nos jours, règne en Allemagne, vous n'avez qu'à vous rendre aux spectacles publics. Vous y verrez représenter les abominables pièces de Shakespeare traduites en notre langue et tout l'auditoire se pâmer d'aise en entendant ces farces ridicules et dignes des sauvages du Canada (...) Mais voilà encore un *Goetz de Berlichingen* qui paraît sur la scène, imitation détestable de ces mauvaises pièces anglaises, et le parterre applaudit et demande avec enthousiasme la répétition de ces dégoûtantes platitudes »[49].

Cette déception fait que les espoirs initiaux se teintent désormais d'ironie : « Nous aurons nos auteurs classiques, chacun pour en profiter voudra les lire ; nos voisins apprendront l'allemand ; les Cours le parleront avec délice... »[50] etc. Une dépréciation aussi accusée heurta de front ceux que Löwen appelait les « patriotes » dans son *Histoire du Théâtre allemand*, le malaise affecta même l'entourage du roi. Les années autour de 1780 sont d'ailleurs celles où un changement semble se dessiner dans l'attitude des princes : le soutien accordé par le grand-duc de Weimar au jeune « génie » dont les « platitudes » théâtrales dégoûtaient Frédéric, la fondation d'un « Théâtre National » allemand sous l'égide de l'Electeur Palatin — même si les motifs en étaient essentiellement politiques[51] — revêtent un importance capitale. Quelques signes plus discrets sont relevés dans les *Mémoires* de comédiens-auteurs réputés de l'époque : Iffland relate que la princesse douairière Elisabeth-Auguste, qui continuait à résider à Mannheim, fréquentait le Théâtre alle-

---

48. Préface de la rééd. de l'*Histoire du Théâtre allemand* par H. Stümcke (Berlin, 1905), p. XXV.

49. Cité par A. Sayous, *Le dix-huitième siècle à l'étranger*, t. 2, p. 308.

50. *Ibid.*, p. 309.

51. Il s'agissait de sauvegarder le rang de Mannheim après le départ du Prince qui s'installait sur le trône de Münich.

mand et avait conçu une opinion toute différente de celle qu'elle cultivait auparavant[52] ; dans l'entourage immédiat du roi de Prusse, sa sœur Amélie confie à Brandes qu'elle commence à se « réconcilier » avec le théâtre allemand et lui commande même une pièce sur un sujet biblique[53]. Auparavant, la plupart des Cours en usaient comme celle de Prusse ; nous avons vu que la Cour de Dresde, malgré les humbles sollicitations de Gottsched adressées au ministre Manteuffel, n'était guère disposée à trouver le théâtre allemand à la hauteur de ses exigences ; Schönemann eut moins de bonheur encore quand il s'installa à Berlin en 1742 bien qu'il ait allégué, dans la requête qu'il présentait au nouveau souverain, que son « inclination pour les belles-lettres » l'avait poussé depuis des années à « déployer les plus fervents efforts afin de mettre sur pied un théâtre allemand qui fût pareil en tous points au théâtre français »[54]. A tout prendre, Frédéric aimait mieux l'original, qui lui coûtait déjà très cher ; Schönemann n'obtint rien.

d) *Théâtres de Société*

Les Résidences de Prusse, de Saxe, etc. captent souvent l'attention, faisant oublier cette nuée de Cours moyennes et petites qui imitaient les grandes. Un exemple typique est fourni par celle d'Ansbach-Bayreuth, où Wilhelmine, la sœur préférée de Frédéric II, parvint à entretenir une troupe française[55]. Son fils, le margrave Frédéric-Christian-Charles-Alexandre, fut élevé dans la langue française et son ignorance de la littérature allemande a alimenté la chronique : le Pape Clément XIV ne dut-il pas lui apprendre un jour que Peter Uz, l'« Horace allemand », était né et demeurait encore à Ansbach ?[56] Par contre, il était fort au courant de la vie littéraire et théâtrale de Paris : hôte discret des salons, familier de l'Académie et de la Comédie Française, il conquit et fit « régner » à Ans-

---

52. *Mémoires* d'Iffland, trad. Picard, p. 162 (année 1785).
53. *Mémoires* de Brandes, trad. Picard, II, pp. 80-82. Confidence faite à Potsdam, à l'époque des débuts du « Théâtre National » : de retour à Mannheim, l'acteur écrivit la pièce.
54. Autorisé à jouer à Berlin (après avoir remporté un succès d'estime à Leipzig et reçu les éloges dithyrambiques de Gottsched au 3ème tome de la *Deutsche Schaubühne*), Schönemann se plaignit dès 1743 à ce dernier du « préjugé de S. M., selon lequel aucun Allemand n'est capable d'écrire quelque chose d'intelligent et de bon, et encore moins en tant que comédien de figurer quelque chose de sensé sur une scène ». Célébré dans de nombreux Prologues ou Epilogues joués sur ce Théâtre allemand, Frédéric n'y vint jamais (Cf. Kindermann, *op. cit.*, IV, pp. 506-507).
55. *Ibid.*, p. 655.
56. Cf. J.-J Olivier, *Les Comédiens Français dans les Cours d'Allemagne au 18ème siècle*, 3ème série, Paris, 1903, chap III, p. 56.

bach, treize années durant, la « divine Electre », Mlle Clairon[57]. Sa
maîtresse suivante était une Anglaise, Lady Craven, mais c'est en
français qu'elle écrivit des comédies ; elle installa dans un manège
désaffecté un « théâtre de société » où les jeunes gens de la Cour
étaient conseillés par Etienne Asimont. Fait exceptionnel : le répertoire de cette scène d'amateurs fut imprimé en 1789[58] ; on n'y
trouve bien entendu que des pièces françaises. L'imitation des plaisirs de Versailles et de Paris, le lien entre le règne des favorites
(cette *Mätressenwirtschaft* qui soulevait l'indignation de la bourgeoisie luthérienne) et les spectacles français n'étaient pas l'apanage d'Ansbach ; mais, là encore, les années 1780 devaient contre-
carrer ces douceurs par un coup de semonce assez rude : le succès, au « Théâtre National » de Mannheim, puis sur la scène de
Schröder à Hambourg, du drame de Schiller qui les stigmatise,
Intrigue et Amour. Dans cette pièce dont l'actualité est vigoureuse-
ment soulignée[59], le bouffon n'est plus un jovial Arlequin populaire,
mais le grand chambellan von Kalb, marionnette entièrement francisée de cette Cour corrompue, l'un des personnages les plus stu-
pides et les plus vils de la scène allemande. Si Löwen, moins de
vingt ans plus tôt, avait craint la séduction des petits-maîtres français sur les planches[60], Schiller en présentait une réplique allemande bien propre à bannir ce péril !

A une époque où, pour reprendre une affirmation du Grand Frédéric, « toute l'Allemagne voyageait en France »[61] et, comme le
déplorait Gottsched en 1757, les nobles voyageurs se faisaient les
« admirateurs jurés de tout ce qui était étranger », la vie théâtrale

---

57. Melle Clairon avait fait ses débuts au Théâtre Italien, en 1736, dans
L'Ile des Esclaves, puis s'était illustrée au Théâtre Français dans la tragédie, de 1743 à 1765 ; elle semble avoir joué au château de Triesdorf, à
partir de 1773, un rôle déterminant dans les affaires de la petite principauté.

58. Les deux volumes parus contiennent surtout des pièces écrites par des
« personnes de la Société » ; parmi les trois comédies composées par
Lady Craven, l'une, en 5 actes et en prose, s'intitule *Le Déguisement*.

59. Les allusions à certaines Cours du sud-ouest de l'Allemagne sont claires
et la scène des joyaux offerts par le duc à sa favorite, acquis grâce à la
vente de « volontaires » à l'Angleterre pendant la guerre d'Indépendance
américaine, se réfère à des scandales récents (Cf. *Kabale und Liebe*, II,
2, et la note de l'éditeur des *Schillers Werke, Nationalausgabe*, t. V, Weimar, H. Böhlaus Nachfolger, 1957, pp. 221-222).

60. Cf. dans la rééd. de l'*Histoire du Théâtre allemand* de Löwen par
H. Stümcke, p. XXXX, un passage du libelle *Freundschaftliche Erinnerungen* et notre chap. ultérieur de critique sur *Marivaux moraliste*.

61. *Mémoires de Brandebourg*, cités par A. Sayous, *Le dix-huitième siècle à
l'étranger*, t. 2, p. 155.

de Paris était très suivie en Allemagne. Les troupes françaises dans les Résidences s'efforçaient du reste d'en présenter une sorte d'abrégé ; leurs comédiens, dont certains avaient acquis de la réputation, allaient souvent d'un prince à l'autre, cherchant, comme l'indique Kindermann, le contrat le plus lucratif[62]. Les vedettes parisiennes elles-mêmes ne dédaignaient pas de faire de longues routes pour venir en représentation : on vit Lekain et Préville à Bayreuth[63]. Dans les grandes occasions officielles, le théâtre français jouait un rôle de premier plan : ainsi, pour le mariage de la princesse Friederike, fille de Wilhelmine, avec Karl Eugen de Würtemberg, en 1748, les comédiens de la Cour jouèrent *Les Vacances* de Dancourt, *Démocrite* de Regnard, le *Jeu* de Marivaux[64] ; les jeunes époux devaient d'ailleurs créer un théâtre français d'amateurs où ils jouaient eux-même les premiers rôles et qui fit les belles soirées de la Résidence de Stuttgart et des autres châteaux de la famille ducale : un véritable modèle du genre. Il est évident que le bruit provoqué par ces fêtes, surtout à l'occasion des mariages princiers, attirait l'attention des *Principaux* sur les répertoires français ; rappelons-nous la promesse de Schönemann, en quête du privilège et de libéralités royales, de faire un théâtre « pareil en tous points au théâtre français » : cela commençait par les répertoires, par la comédie « relevée ». Ainsi, malgré le fossé qui existait souvent entre la Cour et la Ville, et mis à part le marché encore actif de la farce populaire, une symbiose s'établissait dans le domaine du théâtre.

Marivaux est souvent nommé dans les annales des Cours, notamment pour les fêtes accompagnant fiançailles et mariages : ce théâtre d'amour qui mène invariablement à une « bonne fin » après une mise en évidence de tendres sentiments exprimés avec délicatesse semblait le plus adéquat. C'est un auteur qui plaisait aux Résidences et il n'est pas interdit de penser que ce fait a stimulé certaines réserves de la critique bourgeoise ou certaines méfiances académiques à propos de la « frivolité » de son théâtre ; on peut noter une attitude analogue à l'égard de Dancourt, dont le cas, comme l'a fait ressortir A.-W. Schlegel[65], est pourtant bien différent ; les préférences universitaires en faveur de Destouches

---

62. Kindermann, *op. cit.*, IV, p. 585.

63. En 1756 et 1761 (*ibid.*, p. 655).

64. *Ibid.* Les pastels du peintre suédois Roslin, ornant la salle de musique de Wilhelmine, montrent quelques-uns des principaux acteurs.

65. A.-W. Schlegel, *CLD*, t. 2, pp. 282-283 : Marivaux est excepté, avec Destouches, du reproche de libertinage lancé contre Dancourt.

ne pouvaient être entièrement partagées par les courtisans. Cependant, quand il s'agissait d'un souverain qui, tel Frédéric le Grand, avait la « témérité », étant « étranger et presque barbare de juger des pièces du théâtre français »[66], les choses changeaient quelque peu, car on prenait en général comme autorité de référence Voltaire et le clan des philosophes. Comme tous ceux qui se réglaient sur le goût de Voltaire, l'estimant le plus fin[67], Frédéric II n'approuvait ni la « métaphysique » ni le « larmoyant » dans la comédie. Sa lettre à Voltaire du 11 janvier 1750, qui commence par un petit poème en octosyllabes sur « les goûts frelatés et nouveaux » de ceux qui, lassés de la « forte peinture » de Molière, ont cherché à frayer d'autres voies pour la comédie, est dirigée surtout contre la « secte de La Chaussée » et les « monstres bâtards et flasques » qu'elle engendre, mais elle atteint tous ceux qui ont subordonné la satire aux « douceurs » ; le roi veut qu'on renoue avec « l'art charmant des Térence et des Molière » et refuse un théâtre qui soit « un bureau général de fadeurs, où le public peut apprendre à dire *Je vous aime* de cent façons différentes » : cette saillie condamne la comédie d'amour de Marivaux comme le genre touchant[68].

Ce qui distingue le cas de Frédéric de celui des princes qui se laissaient seulement aller à la pente de leur éducation et de leur plaisir, c'est que, critique, il a une certaine doctrine littéraire, qui n'est certes pas originale, mais brille par une intransigeance sans ménagement, à la prussienne[69], et qu'en historien il analyse la situation de son pays. Suivant la formule *Qui aime bien châtie bien*, son patriotisme l'oblige à souligner l'*indigence* allemande dans le domaine des belles-lettres, et tout particulièrement du théâtre : s'il

---

66. Lettre à Voltaire, du 28 mars 1738, t. 21, p. 180.
67. *Id.*, du 21 juin 1760 (donc après la brouille de 1753), t. 23, p. 87 :« Jamais aucun auteur avant vous n'a eu le tact aussi fin, ni le goût aussi sûr, aussi délicat que vous l'avez ». Ces flatteries sont courantes entre les deux correspondants ; mais on trouve dans des confidences à des tiers, de part et d'autre, les griefs les plus graves et même, de la part du roi, les jugements les plus méprisants, surtout sur le caractère de Voltaire il est vrai. On ne peut s'empêcher de penser à la scène entre Vadius et Trissotin !
68. Pour Frédéric II, le domaine propre à chaque genre est nettement tranché : la comédie larmoyante, c'est « ... Melpomène / Qui vient sur la comique scène (...) / Dans les atours d'une bourgeoise / Languissante, triste et sournoise... » ; la comédie doit être uniquement vouée à la « plaisanterie qui attaque les mœurs ». Dans le touchant, seule *Nanine* trouve grâce à ses yeux.
69. Intransigeance très semblable à celle du Prussien que louait Krüger dans son Prologue de 1744 pour être venu, condamnant sans appel les bouffons, relever le théâtre allemand.

accorde une préférence à la comédie — alors qu'en Allemagne
« Melpomène n'a été courtisée que par des amants bourrus » — ce
n'est pas en se fondant sur une pièce comme *Minna von Barnhelm*
(où l'héroïne l'appelle pourtant un grand homme!) que la Prusse
avait d'abord fait interdire et qu'il persiste à ignorer, mais en van-
tant une comédie, alors fort appréciée, de l'officier autrichien Cor-
nelius von Ayrenhoff : *Der Postzug oder die nobeln Passionen* :
« Les amants de Thalie ont été plus fortunés : ils nous ont fourni
du moins une vraie comédie originale : c'est le *Postzug* dont je
parle »[70]. Mais une hirondelle ne fait pas le printemps ; il y a dans
la formule du roi une nuance de provocation, et la conclusion de
l'essai de 1780 sur l'état de la littérature allemande (« *des défauts
qu'on peut lui reprocher, quelles en sont les causes, et par quels
moyens on peut les corriger* ») revient, malgré une certaine désil-
lusion et la notion d'un déclin des Français, au point de départ, lors
du début de la grande correspondance avec Voltaire : c'est essentiellement chez eux qu'il convient de s'instruire[71].

II. — *LES INFORMATEURS — FREDERIC MELCHIOR GRIMM*

Certains princes allemands passionnés de lettres françaises
avaient un informateur sur place : c'était alors la mode en pays
étranger, de demander à un chroniqueur attitré un bulletin de
Paris[72] ; Frédéric, encore héritier du trône, avait ainsi reçu Thieriot
de la main de Voltaire, et Baculard d'Arnaud prit la suite. Mais l'informateur le plus célèbre fut Melchior Grimm, le plus français des
Allemands selon Sainte-Beuve[73]. Ce disciple de Gottsched[74] — qui

---

70. *De la littérature allemande*, t. 7, p. 94. La comédie *der Postzug* est de
    1769 ; sa traduction française (*L'Attelage de Poste*) figure au tome 10
    du *Nouveau théâtre allemand* de Friedel et Bonneville (1782-1785). Loué
    aussi par Sonnenfels dans les *Lettres sur le théâtre viennois,* adversaire
    résolu du *Sturm und Drang*, Ayrenhoff approuva l'essai de Frédéric dans
    une *Lettre d'un homme sincère à son ami*, publiée en 1781 à Francfort
    et Leipzig.
71. Lettre à Voltaire de décembre 1736 (t. 21, p. 25). Le prince héritier ajou-
    tait à l'époque l'Angleterre amie des arts, mais la mode shakespearienne
    des années 1770 l'avait détourné de ce modèle ; de même Gottsched, lié
    à l'Angleterre par son admiration pour Addison dans les années 1720 et
    1730, avait mis en garde contre « l'ordure anglaise » en 1752.
72. Cf. André Cazes, *Grimm et les Encyclopédistes*, Paris, PUF, 1933, p. 35.
73. Sainte-Beuve lui a consacré deux de ses *Causeries du Lundi* (t. 7, 1853,
    pp. 226-260).
74. Né à Ratisbonne en 1723, venu étudier à Leipzig en 1742, élève et disciple
    de Gottsched avec lequel il eut plus tard, de Paris, une correspondance.
    Une lettre du 20 janvier 1751 assure par exemple le «maître saxon »
    qu'il est nécessaire de compter Diderot «parmi les plus fortes têtes du siècle».

inséra dans le quatrième volume de la *Deutsche Schaubühne* une bien faible tragédie de sa composition, *Banise* — s'installa à Paris en 1748 ; pendant vingt ans, de 1753 à 1773, il expédia chaque quinzaine à quelques personnages, « les plus éclairés et les plus augustes de l'Europe », ses feuilles manuscrites réputées secrètes : le rédacteur voulait ménager ses relations et garder son indépendance de jugement, si bien que la *Correspondance Littéraire* ne fut publiée, partiellement, qu'en 1812, la divulgation définitive n'intervenant qu'en 1877[75]. Les premiers abonnés furent des princes allemands ; d'après Meister, qui prit la relève de Grimm en 1773, il existait quinze ou seize exemplaires de la *Correspondance* « depuis l'Arno jusqu'à la Néva ». Pour bien juger de l'influence de ces bulletins bi-mensuels dans le domaine qui nous occupe, il faut à notre sens tenir compte de plusieurs facteurs ; aujourd'hui la tendance semble être de minimiser l'importance de cette curieuse « industrie » que pratiquait Grimm, qu'on imagine suivant les descriptions qui en ont été faites dans sa « boutique », rivé comme un « galérien » à la fameuse « chaise de paille », copiant et recopiant inlassablement pour livrer ses « chalands » en temps voulu !

Il est vrai que ces feuilles touchaient en principe très peu de monde ; en Allemagne quelques souverains, princesses ou grands. Le directeur s'était fait « depuis longtemps une loi de ne donner cette *Correspondance* qu'à des princes »[76] ; ainsi, la faveur de ces comptes rendus confidentiels prenait un plus haut prix, et Grimm, auquel la landgrave de Hesse-Darmstadt paya un titre de baron du Saint-Empire[77], apparaissait comme l'ambassadeur de l'Europe auprès de la culture française. En réalité, le secret, exigé à Paris, ne devait pas être uniformément gardé dans les Résidences étrangères, et la *Correspondance* eut des lecteurs attentifs qui sont plus importants pour l'histoire littéraire générale que ses illustres destinataires. Nous n'en voulons pour témoin que Goethe : après avoir indiqué que ce bulletin était envoyé contre une rémunération très élevée à

---

75. Nous citerons d'après l'éd. Tourneux en 16 vol., de 1877.

76. Il y eut en réalité bien des abonnés qui n'étaient pas de rang princier ; dans une liste pour les années 1763-1766, jugée d'ailleurs incomplète par son auteur, nous relevons le « maître de chapelle Mozart » (le père du compositeur, qui payait un tarif réduit), M. et Mme Necker, Helvétius, Walpole, etc... et Diderot (gratuit).

77. C'est en 1771 que la landgrave versa les 4 000 florins qui firent de Grimm un baron de l'Empire. Il était en outre Conseiller de la grande Catherine, ministre plénipotentiaire de Saxe-Gotha, pourvu de multiples décorations. L'information littéraire avait fait une Excellence de « l'ancien cuistre » vilipendé par Rousseau au livre neuvième des *Confessions*.

des princes et à des personnes très riches d'Allemagne, qu'il satisfaisait l'extrême curiosité éprouvée à l'égard de Paris — « qu'on
pouvait bien regarder à l'époque comme le centre du monde cultivé » — et que le moindre intérêt n'en était pas la publication « par
petites portions » des œuvres les plus belles de Diderot, ce qui
maintenait le suspens d'une livraison à l'autre, Goethe ajoute : « A
moi aussi, grâce à la bienveillance de hauts protecteurs, il fut donné
d'avoir régulièrement communication de ces feuilles, et je ne man-
quai jamais de les étudier avec ardeur en leur accordant le plus
grand crédit »[78]. Cette considération ne s'est pas démentie plus
tard : en 1812, quand Goethe note les ouvrages importants qui ont
« donné du bouquet » à l'année, on retrouve la *Correspondance de
Grimm*[79]. Certes, ce commerce de critique, la courtisanerie envers
les puissants et la tyrannie envers ses amis[80] ne font pas de Melchior Grimm un personnage très séduisant, encore que Goethe
relève très justement qu'il avait su trouver accès et se faire une
place de choix dans un cercle « extraordinaire »[81], et il y a des raisons de penser qu'en fait d'idées, il avait surtout celles des autres[82],
mais ce sont justement les opinions du parti « philosophique », sa
façon de juger les ouvrages qui passionnaient et l'aristocratie allemande et les écrivains qu'elle protégeait. Grimm était un Allemand
— et cette qualité lui fut reconnue fort opportunément sous la Révolution — dont la « patrie d'adoption » était la France ; il était l'hôte
des salons, un habitué des « gens de lettres » et de l'Académie,
l'ami des « philosophes », en correspondance privée avec plusieurs
souverains[83]. Sa présence à Paris au cœur de la vie intellectuelle

---

78. *Nachtrag zu den Urteilsworten französischer Kritiker*, (*Goethes Werke*,
    éd. de H. Böhlau, t. 45, pp. 145-146). Goethe considère la *Correspondance
    Littéraire* comme un tout, en attribuant le mérite à Grimm ; les « hauts
    protecteurs » dont il parle sont certainement ceux de la famille régnante
    de Weimar, donc après le changement de mains de 1773.
79. Il s'agit des *Carnets journaliers* ; la *Correspondance de Grimm* se trouve
    en bonne compagnie : les *Mémoires* de Saint-Simon et « des extraits
    manuscrits de *Sur l'Allemagne* de Mme de Staël ».
80. Le « cher tyran » de Mme d'Epinay abusait volontiers de l'amitié de
    Diderot et de quelques autres collaborateurs bénévoles.
81. Cf. note 78 ci-dessus. Goethe insiste sur l'esprit et le talent qui régnaient
    dans cette société et sur le fait que Grimm y fut admis comme un pair.
82. Il avouait Diderot pour son maître (cf. sa lettre du 30 juin 1756 au
    même) et, l'appelant « le puits d'idées le plus achalandé de ce pays-ci »
    (*C.L.*, VII, 20), trouvait tout naturel d'y puiser.
83. Assidu chez Mme Geoffrin, qui avait recueilli les restes de « l'inventaire »
    de Mme de Tencin, chez Helvétius, d'Holbach, Mme Necker (mère de
    Mme de Staël), il eut une correspondance privée avec Frédéric de Prusse
    et Catherine de Russie, les rois de Suède et de Pologne, la landgrave de
    Hesse, les ducs de Saxe-Gotha et Weimar, le duc de Brunswick, le prince
    Henri à Rheinsberg, le prince de Kaunitz à Vienne, etc.

faisait de lui l'informateur rêvé et J. Fabre, bien qu'il nous semble d'une sévérité excessive pour le « galérien » de la critique, a parfaitement expliqué l'emprise qu'il exerçait :

« La *Correspondance Littéraire* (...) réalisera toujours pour ses lecteurs d'Allemagne le mélange idéal de piquant et de sérieux qu'ils sont en droit d'exiger d'un compatriote aussi bien frotté d'esprit parisien. Le dogmatisme à la cavalière leur en impose surtout ; la philosophie de Grimm, aussi imperturbable que courte, lui permet de trancher en maître sur tout sujet et fait de sa critique, aux yeux des landgraves, l'oracle de l'intelligence et du bon goût. Mais ce même ton, qui participe de l'Université et du boudoir, explique aussi l'ascendant que Grimm s'est acquis sur son entourage »[84].

Cet « oracle de l'intelligence et du bon goût » prononçait notamment en matière de théâtre. Dès le début de la première feuille, il l'avait mis en vedette, sachant bien que rien n'intéressait autant les Cours : « Les spectacles, cette partie si brillante de la littérature française, en feront une branche considérable »[85]. Ne venait-il pas lui-même d'ailleurs de l'école de Gottsched ? Les principes des comptes rendus, tes que les expose cette première feuille, sont les suivants : une relation véridique des impressions du public, une critique personnelle qui visait elle aussi à l'objectivité, en écartant les préférences et les amitiés, et en fondant les jugements sur des raisons. Ordinairement, Grimm analyse une œuvre qu'il estime importante, puis la discute à la lumière de la « philosophie » ; mais, en ce qui concerne Marivaux, l'époque même où « l'entrepreneur de critique littéraire » commence ses travaux exclut cette méthode, qui s'applique aux nouveautés, si bien que les appréciations de Grimm se rapportent à l'œuvre dans son ensemble. Son prédécesseur l'abbé Raynal avait pu encore donner dans ses *Nouvelles Littéraires*[86] des comptes rendus touchant l'actualité de *Réflexions* lues par Marivaux à l'Académie[87], tandis que le temps où Grimm

---

84. Jean Fabre, *Stanislas-Auguste Poniatowski et l'Europe des Lumières. Etude de cosmopolitisme* (Public. de la Fac. des Lettres de Strasbourg, 1952), p. 334.

85. *Correspondance Littéraire*, mai 1753.

86. L'abbé Raynal avait cessé d'écrire ses *Nouvelles* en 1751, puis les avait reprises en 1754, et les deux entreprises ont fonctionné concurremment pendant dix mois en 1754-1755. J. Fabre estime que Grimm a « subtilisé » l'affaire à l'abbé ; ce qui est sûr, c'est que le critique allemand était mieux placé vis-à-vis de la clientèle allemande (dans laquelle on peut compter Catherine II) et le crédit qu'il acquit grâce à ses relations, renforcé par des tournées en Allemagne, consolidait sa position à Paris.

87. Cf. I, pp. 354, 357 et 469. Il s'agit des trois lectures faites par Marivaux sur *Corneille et Racine* en 1749-1750 (cf. F. Deloffre, Chronologie in *Th. C.*,

fait sa *Correspondance* est celui où le clan des « philosophes » voit
en Marivaux un écrivain qui « survit à sa réputation ». En outre,
Grimm « juge sévèrement les œuvres d'imagination et fait une battue générale des faiseurs de romans et autres vermines »[88], ce qui
ne peut incliner son jugement en faveur de Marivaux ; ajoutons que
personne moins que Grimm n'était capable d'apprécier l'originalité,
la *singularité* de cet auteur, qui a fait hocher la tête à tant de critiques plus ouverts que lui : en cela, il était bien resté fidèle à l'esprit timoré et prosaïque du gottschédianisme.

Nous citerons, parmi les jugements de Grimm sur Marivaux,
celui qu'il a composé à la mort de l'écrivain : c'est en général l'occasion de brosser le portrait de l'homme et de serrer son jugement
sur l'œuvre. Les Allemands ne semblent d'ailleurs pas avoir eu d'autres commentaires à lire sur cet événement que les quelques lignes
que Grimm destinait aux grands de ce monde : notre recherche de
notices nécrologiques parues dans le pays même s'est soldée par
un résultat négatif, alors que le théâtre de Marivaux, autour de 1760,
était largement exploité par les meilleures troupes ; sa mort, qui,
comme le rappelle J. Fabre[89], ne fit pas grand bruit à Paris, passa
donc à peu près inaperçue en Allemagne ; ce n'est que longtemps
après qu'on vit ressortir telle anecdote sur lui[90], qui flattait cette
passion de « savoir des anecdotes de Paris » sur laquelle ironise
Herder dans son *Journal de mon voyage en 1769*[91]. Cette mode mise
à part, on semble s'y être peu intéressé aux écrivains eux-mêmes,
à leur personnalité, à leur vie. Le nom de Marivaux est reproduit de

---

I, XXVIII). Raynal est extrêmement élogieux : « ... des choses fines, profondes, agréables... » ; « ... un parallèle (..) plein de noblesse et de philosophie » ; « .. un ouvrage considérable », et la sévérité des jugements
avoisinants (un « radotage » de Fontenelle, « un discours extrêmement
lourd » de l'évêque de Rennes, « beaucoup d'expressions basses et d'idées
fausses » dans un morceau de Duclos) fait encore ressortir cette faveur.
Le chroniqueur notait cependant lors de la première lecture faite par
Marivaux que « le public (...) s'est réconcilié avec lui » et à la troisième
qu'il « n'a pas été écouté » .

88. A. Cazes, *op. cit.*, p. 39.

89 *Marivaux*, in *Dictionnaire des Lettres Françaises*, 18ème s, t. II, p. 169.

90. On trouve par exemple dans le *Livre de poche pour les comédiens et les
amateurs de comédie* (année 1779, p. 155) une anecdote bien dans le goût
de l'époque sur un assaut de générosité entre Fontenelle et Marivaux,
avec cette conclusion : « Qui est le plus digne de l'admiration de la postérité ? Marivaux, l'homme, ou Marivaux, l'auteur de théâtre ? » Récemment, Sigrid v. Massenbach, traductrice de Marivaux, a inséré *le Miroir*
(*der Spiegel*) dans le recueil d'histoires d'amour françaises qu'elle a
publié au Rothe-Verlag de Heidelberg sous le titre *Alles oder nichts, Tout
ou rien*.

91. Ed. Aubier, p. 160.

façon souvent incorrecte sur les affichettes et dans les critiques[92].
Plus féru de précision — sinon plus précis — que d'autres, Lessing
affirme au début du dix-huitième feuilleton de sa *Dramaturgie* que
« Marivaux a travaillé pendant près d'un demi-siècle pour les Théâtres de Paris ; sa première pièce est de l'année 1712 et sa mort sur-
vint en 1763, alors qu'il avait soixante-douze ans »... et l'on s'étonne
que, prenant le soin de présenter un auteur connu, il en ait pris si
peu pour être exact[93].

Lessing qui, justement, avait consacré en 1754 un long article
à la mémoire de Destouches[94] — ce qui montre bien que cet auteur
correct et fade n'était pas le favori du seul Gottsched — n'écrit que
des lignes rapides pour résumer son opinion sur le théâtre de Marivaux, dans un feuilleton où il abordera d'autres sujets, et plusieurs
années après sa disparition[95]. Les dernières nouvelles concernant
l'activité de Marivaux en faveur des Théâtres de Paris remontaient,
il est vrai, aux années 1746 (*Le Préjugé vaincu*) et 1747, où la
reprise d'*Annibal* au Théâtre Français fit en Allemagne l'effet d'une
nouveauté. C'était en 1763 un auteur dramatique dont, depuis plus
de quinze ans, on n'apprenait plus rien par la chronique parisienne.
Il était donc normal qu'on comptât son œuvre dans ce répertoire
ancien que d'aucuns traitaient de « vieilleries » et auraient voulu
voir exclure au profit du drame (*Schauspiel*) et de l'opérette, tandis que d'autres demandaient qu'on y revînt sans cesse, cette antinomie ne faisant que s'accuser dans les années 1770[96]. *L'originalité
du cas de Marivaux est qu'au moment même où cessaient les nouvelles venues des Théâtres parisiens, le premier tome des traductions de Krüger « réactualisait » l'œuvre au profit des troupes allemandes.*

---

92. *Mariveaux* est fréquent, on rencontre *Mariveau* et même *Marivault*.
93. *Le Père prudent et équitable*, de 1712, ne peut être compté au nombre de
    ses travaux « pour les Théâtres de Paris ». De la première à la dernière
    pièce qui y furent jouées, soit de *L'Amour et la Vérité* (ou, la première
    pièce n'ayant pas été connue de la critique allemande, disons d'*Arlequin
    poli par l'Amour*) au *Préjugé vaincu* (1720-1746), on est loin du demi-
    siècle. Rappelons en outre que Marivaux est mort alors qu'il venait
    d'achever sa soixante-quinzième année.
94. *Leben des H. Philipp Néricault Destouches, Theatralische Bibliothek,
    I. Stück* (*O.C.* éd. par Karl Lachmann, tome 6, pp. 153-159).
95. Le feuilleton nᵒ 18 est daté du 30 juin 1767, Lessing y disserte surtout
    sur Arlequin à propos de Marivaux et consacre la seconde partie à du
    Belloy.
96. En 1778, par exemple, les *Frankfurter gelehrte Anzeigen* s'élèvent contre
    le reproche fait à la Société des comédiens de Saxe Electorale de recou-
    rir à des comédies françaises de l'ancien répertoire, alors qu'elle n'en
    est qu'à louer (nᵒ 38, p. 300).

Voici donc un extrait du bref *in memoriam* contenu dans la *Correspondance Littéraire* du 15 février 1763, après l'annonce de la mort de Louis Racine : « Nous avons encore perdu un autre écrivain célèbre (...). Cet auteur a fait quelques tragédies détestables[97] (...) Il avait un genre à lui, très-aisé à reconnaître, très-minutieux, qui ne manque pas d'esprit, ni parfois de vérité[98], mais qui est d'un goût bien mauvais et souvent faux (...) ; aussi le *marivaudage* a passé en proverbe en France. Marivaux avait de la réputation en Angleterre, et s'il est vrai que ses romans ont été les modèles des romans de Richardson et de Fielding, on peut dire que, pour la première fois, un mauvais original a fait faire des copies admirables. Il a eu parmi nous la destinée d'une jolie femme, et qui n'est que cela : c'est-à-dire un printemps fort brillant, un automne et un hiver des plus durs et des plus tristes. Le souffle vigoureux de la philosophie a renversé depuis une dizaine d'années toutes ces réputations étayées sur des roseaux... ! »

Suit une phrase sur la susceptibilité de Marivaux, son « caractère ombrageux », son « commerce épineux et insupportable ». Le tout est sec et sur ce ton de supériorité qu'on prend à l'égard des choses qui ont fait leur temps et dont on est revenu ; le « souffle vigoureux de la philosophie »[99] fait sourire, de la part de Grimm. Il reviendra plus dédaigneusement encore sur cet écrivain dans son bulletin du 1er juin 1765, à propos des deux ouvrages « détestables » qui occupent la plus grande partie des quatre volumes in-12 parus sous le titre *Œuvres diverses de M. de Marivaux* (*Le Don Quichotte moderne* et *L'Iliade travestie*) : « Marivaux n'est déjà pas trop supportable quand il est bon, mais c'est bien pis quand il est mauvais » — un de ces « mots » tels qu'on les aimait alors et qui, finalement, ne signifient pas grand'chose.

Il convient naturellement d'ajouter à ces bulletins d'information sur l'actualité littéraire la lecture d'ouvrages et de périodiques français : les écrits cités et discutés dans les correspondances, les richesses de la bibliothèque de certaines Résidences[100] montrent combien étaient suivies les publications de Paris, sans compter les rééditions hollandaises ou germano-hollandaises, très soignées et

---

97. Grimm ne vérifie pas plus ses informations que Lessing !
98. D'Alembert reconnaîtra même dans son *Eloge* : ... le cœur parle quelquefois un moment son vrai langage » (*Th. C.*, II, p. 987).
99. Quelques années plus tard, Herder, dans le *Journal de mon Voyage en 1769*, considérera au contraire la philosophie des « Lumières » comme le signe de l'affaiblissement et de l'essoufflement de la culture française...
100. Celle de Gotha, au château de Friedenstein, est remarquable. Le duc de Saxe-Gotha fut l'un des abonnés de Grimm.

moins coûteuses que leur modèle[101]. Réservant le cas de savants comme Gottsched ou Christian Heinrich Schmid — qui a réuni pour son *Index des principaux ouvrages* une documentation considérable, avec ce souci de ne rien négliger qui restera celui de la philologie allemande[102] — nous noterons l'intérêt suscité par des ouvrages d'histoire et de doctrine, touchant le théâtre, ou par des polémiques qui trouvaient leur prolongement en Allemagne. D'Alembert, Marmontel, mais aussi Fréron et Palissot, plus tard La Harpe admiré comme poète tragique avant que son dogmatisme critique n'ait impressionné ses lecteurs allemands, semblent avoir été très pratiqués[103].

Citons brièvement au hasard quelques faits : Herder lui-même, si défiant envers l'esprit philosophique français, nomme d'Alembert, et Marmontel comme des personnages « notables » pour lui avant de se rendre à Paris en 1769[104]. On s'étonne de trouver dans le roman de Fontane *Avant l'Orage*, qui décrit la vie de la noblesse rurale prussienne dans les châteaux du Marais de l'Oder avant l'insurrection de 1813 contre l'occupant français, une discussion épistolaire sur les mérites de La Harpe[105]. Des auteurs bien oubliés figurent parfois dans les bibliothèques aux reliures armoriées, tel

---

101. Lessing en fournit un exemple en présentant l'éd. Arkstée & Merkus du *Théâtre de Marivaux*, Amsterdam et Leipzig, 1754, dans la *Gazette de Berlin* (cf. le début de notre étude ultérieure sur *Marivaux moraliste.*).

102. *Anweisung der vornehmsten Bücher...*, 1781. Schmid soupèse la valeur de ses sources ; jugement mitigé sur le *Mercure de France*.

103. Marmontel a connu un succès considérable avec ses *Contes moraux*, dont les traductions sont nombreuses, tandis que ses comédies musicales et comédies-ballets (*La Fausse Magie, Zémire et Azor*) étaient très prisées dans les Résidences. Ces succès ont certainement contribué à l'intérêt suscité par sa *Poétique Française*, ses *Eléments de Littérature*, ses *Mémoires*. La Harpe a été connu comme auteur de *Mélanie* (adaptée par Gotter sous le titre de *Mariane*) ou du *Comte de Warwick* avant de trouver une large audience comme historien de la littérature. Fréron, malgré les attaques de Voltaire, Palissot, malgré sa querelle avec les « philosophes », ont trouvé des lecteurs pour *L'Année Littéraire*, les *Lettres sur quelques écrits de ce temps* et pour les *Mémoires Littéraires*. En ce qui concerne le Théâtre-Italien, son *Histoire anecdotique et raisonnée*, par Desboulmiers (1769), n'est pas passée inaperçue en Allemagne.

104. *Journal de mon Voyage en* 1769, éd. Montaigne, p. 159.

105. *Vor dem Sturm*, chap. 25, p. 164 (éd. du Nymphenburger Verlag) : la vieille comtesse de Pudagla, qui fait encore jouer ou déclamer en français dans son château de Guse, écrit à son protégé, le Dr. Faulstich : « Je ne saurais partager votre admiration pour de La Harpe... » etc. Au cour du même récit, le comte Drosselstein cite un mot de Lemierre (dont le *Guillaume Tell* est préféré par la comtesse à celui de Schiller) qu'il déclare emprunter aux *Anecdotes dramatiques*.

ce Juvenel de Carlencas avec une « nouvelle édition augmentée » en 1749 de ses *Essais sur l'histoire des belles-lettres, des sciences et des arts*[106] : le chapitre de la comédie, quand il aborde l'évolution du genre après Molière, vante *Le Dissipateur* de Destouches, épargne La Chaussée malgré des réserves sur la pruderie à laquelle il condamne Thalie[107], cite quelques auteurs mineurs, mais omet tout bonnement Marivaux[108]. Il est vrai qu'il avait écrit d'abord : « ne pouvant imiter le langage si simple de la nature, elle court après l'esprit » ; grief répété à satiété, mais qui ne pouvait s'imposer aux Cours friandes d'esprit français. La preuve était fournie en tout cas qu'on pouvait en 1749 — l'année où Krüger publiait à Hanovre son second volume de traductions de Marivaux — traiter de la comédie en France sans citer son nom.

III. — *LES VILLES ET LE « THEATRE NATIONAL »*.

L'absence de capitale a fait que plusieurs villes allemandes ont eu successivement ou concurremment un rôle dominant dans la vie théâtrale, tandis que ceux que préoccupait la création d'un « Théâtre National » qui pût servir de phare s'interrogeaient sur la cité où ils auraient les meilleures chances de réussite : Hambourg, Berlin, Vienne...? Chaque ville, de la grande cité prospère à la petite Résidence princière, pouvait prétendre s'imposer à l'attention dans ce domaine : Brandes raconte dans ses *Mémoires* qu'il composa pour le mariage du prince royal de Prusse avec Elisabeth-Ulrique de Brunswick une pièce de circonstance intitulée *Berlin, ou le Centre du bon goût* et que, « comme cette pièce était infiniment flatteuse pour le public, Schuch, après y avoir fait quelques changements, s'en servit dans plusieurs autres villes ; et, de cette manière, le Centre du bon goût se trouva bientôt non seulement à Berlin, mais aussi à Breslau, à Dantzick et à Königsberg »[109]. L'attrape eût été moins

---

106. Chez les fr. Duplain, rue Mercière, à Lyon.
107. Les pp. 126-146 du tome premier sont consacrées à la comédie. L'auteur veut dans la comédie du naturel et non de l'esprit, des caractères soutenus et non de beaux sentiments : « Thalie, d'abord bouffonne, puis enjouée, est une prude dans sa vieillesse ».
108. Fagan, Boissy, Brueys et Palaprat... Marivaux doit être compris dans l'*etc.*
109. Brandes, *Mémoires* (trad. Picard), t. I, p. 323. L'anecdote est d'autant plus savoureuse que les villes indiquées sont celles de Prusse, où Schuch avait licence de jouer, et que les Prussiens, renommés pour leur énergie ou leur sérieux, ne l'ont jamais été particulièrement pour le bon goût.

aisée en France et beaucoup d'Allemands, surtout dans les Résidences et les châteaux, estimaient que le centre du bon goût, donc du bon théâtre, ne pouvait être qu'à Paris et qu'il fallait fixer ses regards de ce côté, tandis que les Viennois le localisaient volontiers dans leur ville, du moins en ce qui concerne les pays de langue allemande. Madame de Staël écrit encore au début du 19ᵉ siècle, alors que la fondation d'un « Théâtre National » ne fait plus l'objet des désirs et des regrets :« Une grande ville qui serait un point de ralliement serait utile à l'Allemagne pour rassembler les moyens d'étude, augmenter les ressources des arts, exciter l'émulation », mais elle voit très justement une contrepartie dans la perte de recueillement et même d'indépendance qu'entraîne le développement de la vie sociale et des plaisirs mondains[110] ; en ce qui concerne l'émulation, elle est provoquée, certes, dans une capitale culturelle par la coexistence de théâtres rivaux, mais le propre de l'Allemagne dans ce domaine était justement une rivalité de ville à ville : moins de densité et une meilleure répartition.

Le centre vital du théâtre allemand pendant la période qui nous occupe fut d'abord, sans conteste, Leipzig. C'était une ville qui n'avait alors que 30 000 hab. ; elle avait souffert de la guerre de Trente ans et sa prospérité était toute récente, mais solidement assise sur ses trois Foires annuelles, et favorisée par sa situation entre les cités de l'ouest, Cologne et Francfort, et celles de l'Est, Dresde et Breslau. Pas de Cour, peu de noblesse, point de garnison : une ville bourgeoise où la culture allemande pouvait d'autant mieux se développer que son Université était réputée la meilleure, la préférée de la bonne société ; Goethe y fut envoyé, de Francfort, en 1765. Leipzig avait à la fois l'attrait des vieilles traditions allemandes (« *das altväterisch-biedermännische Leipzig* » !) et la renommée d'un style de vie raffiné et de mœurs sans austérité : sur ce dernier point le contraste était frappant avec Zürich, qui allait devenir sa grande rivale comme centre d'impulsion de la culture allemande dans les années 1740. Tout cela était favorable au développement du théâtre ; son alliance avec l'Université, inconcevable en d'autres lieux, allait lui donner un lustre inhabituel : personne ne contestait, entre 1730 et 1740, que Leipzig possédât le meilleur théâtre d'Allemagne, et dans cette ville de culture on pouvait se risquer à mettre au répertoire Racine et Destouches, à expulser Arlequin de la scène. Le reste était à l'avenant : Leipzig était le berceau

---

110. *De l'Allemagne*, éd. des Grands Ecrivains, I, chap. 11, pp. 179-180. Mme de Staël souligne même, parmi les avantages que feraient perdre aux Allemands une capitale et ses plaisirs, leur « bonne foi scrupuleuse ».

du journalisme et le foyer de l'édition, Jean-Sébastien Bach était *Cantor* à la Thomaskirche.

Un fait est caractéristique pour cette position dominante de Leipzig : Gottsched put y fonder en 1727 la *Société Allemande*[111] et énumérer les raisons pour lesquelles elle méritait ce titre plutôt que l'appellation plus modeste de « Société Leipsickoise ». Nous retiendrons celle qui a trait au « privilège » concernant la langue, le creuset où les dialectes provinciaux se fondent ensemble jusqu'à ce que se décante une langue commune : le haut-allemand[112], ainsi que celle qui concerne la diffusion des ouvrages[113], car toutes deux intéressent au premier chef le théâtre. Gottsched ne cessa d'ailleurs de soutenir par ses travaux le primat de Leipzig dans les domaines linguistique, littéraire et théâtral[114] ; sur ce dernier point, la double activité de traduction et de création réputée « originale » de son ménage et de ses disciples aboutit, comme nous le savons, à la publication du *Théâtre Allemand* dans les années 1740, mais il ne faut pas négliger l'importance de l'enseignement universitaire dans un pays où le prestige des Facultés était considérable, ni celle des revues d'actualité culturelle qui lui permettaient de faire valoir son autorité en toute occasion. Ses jeunes partisans disposaient eux-mêmes d'un organe assez vif pour combattre le clan adverse zürichois (*Die Belustigungen des Verstandes und des Witzes*, *Les Amusements de la Raison et de l'Esprit*), mais il y eut à partir de 1744 une dissidence et elle aboutit à la fondation d'un périodique nou-

---

111. Gottsched transformait la *Poetische Gesellschaft* de Leipzig, qu'il présidait depuis l'année précédente, en *Deutsche Gesellschaft*, et s'attendait à des résistances. Son plaidoyer sous forme d'*Annonce* (*Nachricht*), publié chez Breitkopf, est cité par Waniek, *Gottsched*, p. 87.

112. *Ibid.* Gottsched expose que, grâce à des dispositions académiques spéciales, les lettrés de toutes les provinces affluent à Leipzig, y trouvent à remplir un office public et y demeurent ; et, « bien que le dialecte de Meissen parlé à Leipzig n'ait en lui-même aucun avantage sur les autres, « par le mélange de tant de dialectes divers de toutes les nations allemandes se dégage petit à petit la meilleure manière de s'exprimer en allemand, tant en ce qui concerne les tournures que la prononciation... » etc.

113. *Ibid.* « Ici, à cause du grand commerce de livres qui se fait dans les trois célèbres Foires, on a la meilleure occasion de voir et de lire les nouveautés qui paraissent dans toute l'Allemagne et c'est encore un privilège de cette ville... » etc. Ces livres sont aussi à l'occasion des recueils de pièces françaises en original.

114. La grammaire allemande (qui eut deux traductions françaises au cours du siècle), les mensuels (*Beiträge zur critischen Historie der deutschen Sprache, Poesie und Beredsamkeit ; Neuer Büchersaal...; Neuestes...*) qui s'étendent sur trente ans (1732-1762) témoignent de cette immense activité.

veau, les *Bremer Beiträge* — l'édition émigrait vers le Nord — qui accaparèrent rapidement l'attention. Gottsched perdait progressivement l'élite de la jeunesse universitaire qui avait été longtemps marquée par lui ; sur le double plan de la doctrine, où les Zürichois prononçaient en 1740 une offensive dans le sens des conceptions et des œuvres anglaises[115] tandis qu'il restait l'avocat du classicisme français, et de la création littéraire, à laquelle se vouaient désormais les *Beiträger*, las des positions « critiques »[116], Gottsched se voyait dangereusement concurrencé, et le rayonnement de Leipzig paraissait menacé.

Les démêlés de Gottsched avec la *Neuberin*, le déclin et la dissolution de cette troupe illustre qui avait rehaussé le répertoire comme le recrutement des comédiens, portaient également atteinte à la position privilégiée de Leipzig ; les succès de l'Arlequin Müller et ceux de l'opérette anglaise, que d'anciens acteurs de Caroline Neuber, Schönemann et Koch, y faisaient triompher, ravalaient la ville « la plus cultivée d'Allemagne » au niveau commun[117]. Il est certain que les *Lettres sur la situation des belles-lettres en Allemagne* de Nicolai, en 1755, montraient que la grande époque des doctrinaires de Leipzig et de Zürich était passée. Cependant il convient de ne rien exagérer : dans les années 1750, si l'étoile de Gottsched avait pâli, celle de Gellert s'était levée ; ancien disciple du « maître saxon », puis son collègue sinon son égal à l'Université, il était devenu, surtout grâce à ses *Fables*[118], une sorte de précepteur moral et littéraire des Allemands ; cette influence se déploya au théâtre,

---

115. C'est en 1740 que Bodmer publiait sa *Dissertation critique sur le merveilleux en poésie*, Breitinger son *Art Poétique critique* (réplique à celui de Gottsched) et sa *Dissertation critique sur la nature, les buts et l'emploi des symboles*. Professeurs comme Gottsched, ils avaient commencé comme lui par une imitation du *Spectator* d'Addison et Steele (*Les Discours des peintres*, 1721-1723) et entretenu avec lui une longue correspondance (1732-1739).

116. L'idée souvent exprimée est que la théorie doit accompagner la création et non la précéder : dans un pays où la littérature, et notamment la littérature dramatique, est encore dans son « enfance » (Löwen en 1766) et se résume en traductions et imitations, la guerre des théories a quelque chose de dérisoire ; mais les *Beiträger*, ennemis de la dispute, pencheront vers les thèses zürichoises. C'est dans leur revue que Klopstock, qui avait élu domicile en 1746 à Leipzig, publia en 1748 les trois premiers chants de la *Messiade*.

117. Rappelons que Caroline Neuber dut congédier sa troupe en 1750, que Schönemann puis Koch, en représentant à Leipzig une opérette « graveleuse » (Gottsched) de Coffey-Weisse en 1750 et 1752, déclenchèrent une guerre de libelles.

118. Gellert enseigna les lettres et la morale à l'Université de Leipzig à partir de 1745, ses *Fables et Récits* sont de 1746.

dans la théorie comme dans la pratique, en faveur de la comédie sentimentale, et la relève ainsi accomplie fut une défaite pour la rigidité des principes : Gellert s'intéressait à la psychologie féminine, aux mouvements et nuances du cœur plus qu'à la satire des mœurs, que la *Gottschedin* avait maniée avec lourdeur et âpreté[119]. Le déplacement du centre de gravité de la vie théâtrale allemande commença à devenir évident seulement dans les années 1760, quand Ackermann s'installa à Hambourg, puis loua son Théâtre à l'*Entreprise* pour un premier essai de « Théâtre National », y revint après l'échec de ce dernier, avec F.-L. Schröder qui allait prendre la suite[120] et y connaître cette suite d'éclats et de déconvenues qui jalonnent l'existence des grandes scènes.

Si la vie théâtrale allemande avait eu pendant la première moitié du siècle son foyer le plus brillant à Leipzig, on peut dire qu'elle fut dominée au cours de la seconde par les initiatives prises à Hambourg — et cela malgré son développement simultané dans d'autres villes, malgré la déception infligée par le public de la cité hanséatique à Lessing en 1768 et trente ans plus tard encore à Schröder,

---

119. Gellert avait cependant fait la satire de la fausse dévotion dans sa comédie *Die Betschwester* (*La Bigote*, 1745) à l'exemple de la *Gottschedin* (*Die Pietisterei im Fischbeinrocke*, 1736). Si l'on prend comme exemple typique de son théâtre *Les tendres Sœurs* (*Die zärtlichen Schwestern*, 1747) on y voit une rivalité amoureuse, et qui cède à la tendresse familiale, un peu comme dans *Les Serments Indiscrets* — mais avec une absence de combativité de l'amour et au milieu de touchantes effusions qui sont loin de Marivaux (à moins qu'on ne pense, pour la tendresse familiale et l'assaut de générosité, au cas particulier de *La Mère Confidente*) et qui corroborent ce qu'écrit Lessing dans sa *Dramaturgie* (n° 22) sur le caractère de ce théâtre où se reconnaissait la bourgeoisie luthérienne allemande. Notons que la dernière pièce citée de Marivaux a paru en traduction la même année que *Les Tendres Sœurs*, traduite par Uhlich.

120. Konrad Ackermann, qui s'était d'abord installé à Hambourg dans « la ci-devant maison de pantomimes de Nicolini » (Brandes, *Mémoires*, I, p. 394), inaugura le 31 juillet 1765 le magnifique Théâtre qu'il avait fait construire au *Gänsemarkt* ; Löwen était le conseiller de la troupe et son Prologue *La Comédie dans le Temple de la Vertu*, ouvrit le spectacle de gala. En 1767, Ackermann loua ce Théâtre à l'*Entreprise* et Löwen devint directeur artistique du premier « Théâtre National » ; après l'échec, Ackermann reprit en 1769 son Théâtre dont il légua la direction en mourant, en 1771, à Schröder qui ne l'abandonna qu'en 1798.

121. Cf. Kindermann, *op. cit.*, IV, p. 556. Le renoncement de Schröder à la fin du siècle prend une signification particulière : le public élégant (« *der feinere Teil des Publikums* », précise Schröder dans sa lettre d'adieu) manifeste sa lassitude du répertoire shakespearien et de la véhémence du *Sturm und Drang* ; avec empressement, il revient au goût français et Schröder pose une question que lui inspire le dépit patriotique : « Est-ce qu'un Théâtre allemand, même satisfaisant à l'idéal le plus élevé, trouverait à l'étranger pareil accueil ? »

délaissé au profit d'une troupe française et contraint à l'abandon[121].
Hambourg, comme Leipzig, n'était pas Résidence : ville bourgeoise,
bon terrain en principe pour l'avancement de la culture allemande[122].
Le grand port avait plutôt profité que pâti de la guerre, un riche
patriciat et une pléiade de juristes, pasteurs, fonctionnaires, artis-
tes[123] dominaient cette République de 75 000 âmes (en 1740) qui
osait rivaliser avec les Cours. Deux poètes hambourgeois, Brockes
et Hagedorn, semblent exprimer l'ambiance qui régnait dans la cité
au 18e siècle : l'un par sa piété souriante[124], l'autre par la gaîté et
l'élégance de ses chants, poésie fugitive qui paraît épouser les arabesques du *rococo*, « les premiers qui puissent se comparer à ceux
des Français » selon Haller[125]. Mais dans cette ville au commerce
florissant, le théâtre était souvent regardé comme un simple divertissement et traité dans le style des affaires. Avant la fermeture provisoire du « Théâtre National » en décembre 1767, un épilogue avait
été récité en scène et s'achevait par un appel : « Vous, Allemands,
un mot encore : ne nous oubliez pas, nous qui sommes des Allemands ! »[126]) ; à la réouverture, en mai 1768, le public donna ses
faveurs à un illusionniste espagnol et le « Théâtre National », assiégé
par ses créanciers, traîna une existence misérable ; dès 1767, il avait
fallu engager des équilibristes pour sauver la caisse. On sait en quels
termes d'amère ironie Lessing évoque après coup cette affaire, comment il y a été mêlé : « Justement, j'étais sur le marché, sans emploi ;
personne ne voulait m'embaucher : sans doute parce que personne
ne savait à quoi je pouvais bien servir... »[127]. Plus tard, les tracta-

---

122. L'importance culturelle de ces deux cités est confirmée par l'Index des
noms de lieu, qui clôt le tome V de l'*Histoire de la Littérature Allemande*
de de Boor-Newald (« De l'humanisme tardif à la sentimentalité », soit
jusqu'en 1750) : Leipzig vient de loin en tête pour le nombre des mentions ; suivent Hambourg et Strasbourg, mais pour ce dernier centre il
s'agit des 16ème et 17ème s.
123. Peinture, architecture, musique étaient cultivés à Hambourg, qui eut
son Opéra en 1678 et où Händel séjourna au début du siècle.
124. Patricien, sénateur, Brockes a surtout publié un *Contentement terrestre
en Dieu,* en huit parties (1721-1748).
125. Cité par P. Grappin (*Littérature Allemande,* éd. Aubier, p. 346). Hagedorn fut salué à l'époque comme l'*Horace allemand.* Ses *Odes et Chan-
sons* (1742-1752) fournissent un bon exemple de « ce qu'on peut appeler
le style *rococo* en poésie ». Il a écrit les couplets du divertissement pour
L'Ecole des Mères de Marivaux, trad. Ekhof, (1753).
126. Allusion à la troupe française qui s'apprêtait à conquérir les planches
que le « Théâtre National » évacuait à cause de l'insuffisance des recettes. C'est Mme Lœwen qui récita cette adresse à « l'excellent public ».
127. *Dramaturgie,* 101-104 : cet épilogue fut publié dans la collection complète, à Pâques 1769, donc après la dissolution définitive du « Théâtre
National » à Hanovre (mars 1769), et non en feuilleton à la date indiquée
du 19 avril 1768.

tions avec les marchands que raconte Brandes, pendant le séjour de Schröder à Vienne, donnent une idée des conditions précaires dans lesquelles vivait le théâtre d'une ville de premier plan[128].

L'échec du « Théâtre National » n'étouffait pas le désir de ce que Löwen avait appelé « une scène de chez nous, faite pour des Allemands »[129], mais rendait au contraire plus aiguë la question qu'il posait dans son *Histoire* : « Quel prince ou quelle grande ville prendra soin du plaisir et du goût de son peuple de cette façon-là ? » Le plan exposé paraissait bien simple : souverain ou république, il s'agissait de supprimer la fonction du *Principal* à la fois acteur, directeur et marchand de spectacles, nommer un homme « finement qualifié en matière de beaux-arts et de belles-lettres », qui engagerait les comédiens, choisirait les pièces, aurait l'autorité entière sur le théâtre sans être acteur lui-même[130]. C'est le rôle que Löwen comptait jouer à Hambourg, celui que jouera plus tard à Mannheim le baron Dalberg. Mais le réformateur avait considéré d'emblée avec quelque réserve l'immixtion des bourgeois de Hambourg dans les affaires du théâtre — hormis le soutien financier indispensable — et conclu en faveur de Berlin : « Donc nous en revenons toujours à Berlin. Un roi puissant, un prince qui a de lui-même du goût et du penchant pour rendre son peuple heureux et content, une liberté de pensée et d'expression comme en république, une réunion d'hommes qui ont prouvé, tant dans la critique que dans la création, qu'ils sont les plus dignes de relever la littérature de l'Allemagne et avant tout son théâtre. Qu'on nous montre dans une seule ville allemande un concours de si beaux génies capables d'unir leurs énergies pour y contribuer ! » Löwen évoquait l'image, qu'il croyait tentante pour Frédéric, des « heureux temps d'un Louis XIV allemand » ; mais le roi de Prusse voyait dans la littérature un délassement maintenant l'esprit occupé et l'aiguisant, et non un élément de sa politique de puissance[131]. La déconvenue hambourgeoise faisait en tout cas que les questions « *quelle ville, quel prince ?* » coïncidaient désormais, et il est notable — encore une fois — que c'est le modèle français qui était invoqué pour inciter à se dégager de l'influence française[132].

---

128. Brandes, *Mémoires*, I, p. 134. Il s'agit de la période 1780-1785.
129. *Freundschaftliche Erinnerungen...*, cf. rééd. Stümcke, XXXIX.
130. Les citations de ce paragraphe sont empruntées à l'*Histoire du Théâtre Allemand* (1766), pp. 68-69 de la rééd. précitée.
131. Sa correspondance en témoigne à plus d'un endroit ; voir notamment (A. Sayous, *op. cit.*, t. 2, p. 237) l'extrait d'une lettre adressée à son familier le marquis d'Argens au début de la guerre de Sept ans.
132. Ceci rappelle l'argument des « Modernes », notamment de Fontenelle, dans la Querelle des Anciens et des Modernes : ne pas imiter les ouvrages des Anciens, mais l'exemple qu'ils ont donné en innovant.

Après l'expérience amère de Hambourg, Lessing écrivait à Nicolai, le 25 août 1769 : « Que Vienne soit ce qu'on voudra, je m'en pro-
mets en tout cas davantage pour la littérature allemande que de
votre Berlin francisé »[133]. Une circonstance significative allait renforcer ce dépit contre la francisation de Berlin : *Minna*, contrefaite
dans une adaptation de Rochon de Chabannes, fut représentée sous
le titre *Les Amants généreux* à Berlin, Karl Lessing en fit un rapport
indigné à son frère, et Erich Schmidt parle d'un « forfait littéraire »
— comme d'Alembert l'avait dit de *L'Iliade travestie* dans son *Eloge*
— « qui n'était possible qu'en Allemagne »[134]. Vienne était-elle donc
la capitale souhaitable pour y asseoir le « Théâtre National » allemand ? Löwen avait tranché la question de façon péremptoire dans
son *Histoire du Théâtre allemand* : « Vienne ? Certainement pas, bien
que les bonnes grâces de l'Empereur y entretiennent un Théâtre allemand permanent »[135]. Et pourtant, son libelle contre le *Correspondant impartial de Hambourg* montre qu'il savait apprécier tout soutien accordé à une scène allemande, et notamment « la paternelle
sollicitude avec laquelle sa Majesté Impériale au glorieux règne
traite le Théâtre allemand »[136]. Dans ses *Lettres sur le Théâtre viennois*, soit deux ans plus tard (1768), Sonnenfels ne voit de chance
de parvenir à un théâtre allemand en état de supporter la concurrence des troupes françaises que si les auteurs se placent sous la
protection d'un grand souverain disposé à les encourager et à
l'école de la bonne société : cela ne semblait guère réalisable qu'à
Vienne et le baron viennois daube sur le pédant allemand qui pensait perfectionner la langue et réformer le théâtre à partir d'une
« bien gentille petite ville » comme Leipzig, à l'écart du commerce
du monde et des grands intérêts[137] !

---

133. Lessing, *Gesammelte Werke* (Hanser Verlag, Münich, 1959), t. 2, p. 1105.
134. Cf. Erich Schmidt, *Lessing*, t. I, pp. 486-487 ; pour l'*Eloge*, cf. *Th. C.*, II,
    p. 981.
135. Rééd. de H Stümcke, p 68.
136. Il s'agit du libelle *Erste und letzte Antwort auf die ungegründete Beur-
    teilung des 4. Teils der Löwenschen Schriften in dem* 191 *sten Stücke des
    sogenannten unparteiischen Hamburgischen Correspondenten von diesem
    Jahre*, Hambourg, 1766. Au titre du périodique, qui comporte l'épithète
    impartial, Löwen ajoute *soi-disant*.
137. Dix-septième Lettre datée du 1er avril 1768 (p. 100). Sonnenfels invoque
    l'exemple de Molière et de ses successeurs : le premier « était reçu dans
    toutes les bonnes compagnies et recherché d'elles, il vivait sous l'œil, la
    protection, les encouragements formels de Louis XIV (...), d'où le ton
    aisé qui règne dans ses comédies... » ; les seconds « se mêlaient au grand
    monde et ont appris de lui ses manières, sa politesse, sa langue, les
    transplantant dans leurs ouvrages ». Vient alors la comparaison attris-
    tante avec la « Magnificence latine » (Gottsched) qui a voulu régenter le

Les Viennois reprochaient aux auteurs et aux comédiens d'Allemagne de manquer, de l'aveu même de la critique allemande, d'usage du monde et de ce bon goût sans lequel il n'est point de bonne comédie. Beaucoup d'Allemands trouvaient en revanche Vienne trop excentrique et trop particulière dans ses goûts pour en faire le centre de la vie théâtrale des pays de langue allemande : tandis que le penchant pour la comédie sentimentale et édifiante s'affirmait de plus en plus dans la critique allemande, on y aimait surtout la drôlerie, l'insolence, une piquante frivolité. Beaucoup s'irritaient aussi des prétentions telles qu'on les voit s'afficher dans la préface du *Théâtre Allemand de Vienne* (1749), recueil qui faisait simplement suite à celui de Gottsched : « Les privilèges que lui assurent depuis vingt et un ans l'auguste protection impériale ainsi que la présence, dont il s'honore, des premières têtes couronnées de la terre lui donnent le pas sur tous les autres Théâtres allemands. Et même il ne serait pas si difficile de le faire passer avant les Théâtres fameux de Paris et de Londres, si seulement nous avions accoutumé de reconnaître à notre langue les mérites que tous les peuples civilisés accordent à la leur »[138]. Dans les années 1770, la propension du public populaire à n'applaudir que des farces très épicées et le penchant des gens de condition pour une verve satirique et libertine sont volontiers reniés ; Vienne continue d'exalter son théâtre, mais en soulignant une orientation nouvelle du public qui confère à la cité un meilleur droit de s'imposer dans ce domaine à l'ensemble des pays allemands. On lit par exemple dans le *Calendrier Théâtral* pour 1772 des *Considérations sur le goût régnant à Vienne en ce qui concerne les pièces de théâtre* qui manifestent un regain de confiance :

« Désormais, le bon goût semble avoir établi chez nous sa demeure. C'est le mot d'ordre de tous les gens éclairés, de toutes les sociétés distinguées. Noblesse, bourgeoisie et bas-peuple connaissent le beau et l'exigent. Tout ce qui, même de loin, se rapproche de la farce inspire maintenant du dégoût. La bonne comédie elle-même, quand elle ne fait que railler les ridicules, plaît moins que naguère ; ce qu'on réclame en premier lieu, ce sont des pièces touchantes où domine l'action, et l'on ne tolère tout au plus que quelques scènes comiques intercalées ! »

---

théâtre et faire rayonner sa réforme d'une ville insignifiante où « le commerce du monde est à l'avenant ». Sonnenfels fait un grand éloge de son compatriote Ayrenhoff, que distinguera aussi Frédéric II.

138. *Deutsche Schaubühne zu Wienn nach alten und neuen Mustern, Vorrede.*

Cette année 1772 est d'ailleurs importante pour la vie théâtrale viennoise : elle vit la dissolution de la troupe française qu'avait engagée vingt ans plus tôt le comte Franz Esterhazy, chef de l'Intendance des Théâtres de la Cour[139], et qui donnait ses représentations au Burgtheater, en alternant avec l'Opéra italien et la troupe allemande qui possédait en propre le Théâtre du Kärntertor. Or, cette troupe française avait exercé sur la noblesse l'attrait majeur ; elle se déplaçait avec la Cour, pour jouer dans les petits Théâtres des Résidences d'été, à Laxenburg, à Schönbrunn[140]. De plus, offrant la première démonstration d'un théâtre littéraire, elle avait eu une notable influence sur le style, jouant un rôle « pédagogique » dans le sens des bienséances, de la mesure, du classicisme. Ses répertoires sont connus et, dans la comédie, la part de Marivaux, qui répondait sans doute mieux que Destouches au goût spontané de la haute société viennoise, est frappante : si l'on ajoute aux pièces qu'elle jouait les traductions que présentait la troupe allemande — y compris la comédie que le régisseur Heubel avait tirée de *La Vie de Marianne*[141] — et les pièces que jouaient en amateurs zélés les archiducs et courtisans du Théâtre de Cour proprement dit (*Höfisches Theater*), comme cet *Arlequin poli par l'Amour* dont, le 27 janvier 1744, le principal rôle était tenu par la petite archiduchesse Maria-Anna[142], on arrive au nombre de quatorze comédies imputables, directement ou par personne interposée, à cet auteur : nombre considérable, que nous n'avons trouvé nulle part ailleurs, et qui si l'on se réfère à l'influence du Théâtre français tant sur le répertoire que sur le style du Théâtre allemand, pourrait servir de commentaire à la déclaration faite au moment même où le premier reçut son congé : « Désormais, le goût semble avoir établi chez nous sa demeure... ». La troupe française avait en quelque sorte épuisé son rôle éducatif ; Joseph II, qui avait succédé à Marie-Thérèse, tenait à mettre en vedette unique le Théâtre allemand : en 1776, il érigea le Burgtheater de Vienne en « Théâtre National Allemand ».

---

139. Cette troupe, dirigée par Jean-Louis Hébert, venait de La Haye. Elle joua des œuvres de cent vingt auteurs différents, cinq cent pièces dont la moitié fut publiée par l'éditeur viennois Ghelen.
140. Au sujet du théâtre français à l'époque de Marie-Thérèse, cf. *Jahrbuch der Gesellschaft für Wiener Theaterforschung*, 1953-1954.
141. *Ibid.*, p. 99 : On joua en 1758 au Théâtre du Kärntertor *Marianne, die glückliche und unglückliche Waise...* (« *Marianne, l'Orpheline heureuse et malheureuse, ou l'Ecole de toutes les belles filles, comment elles peuvent, dans l'honneur, parvenir à un grand bonheur*, comédie en 3 actes de Marivaux / Heubel).
142. *Ibid.*, dans la liste des pièces citées au chap. 2, avec un extrait du rapport du Cérémonial de la Cour précisant que S.A.S., âgée de six ans, tenait le rôle principal, ce qui ne laisse pas d'étonner.

Un tel exemple ne pouvait que piquer d'émulation les princes allemands. Malgré les réticences que nous avons évoquées, la force d'attraction de Vienne en tant que centre de la puissance impériale, foyer prestigieux de vie sociale, de culture et de théâtre, restait efficace, notamment sur les meilleurs comédiens[143] et le motif invoqué en 1766 par Löwen pour éliminer Vienne d'un choix éventuel (le manque d'auteurs) devenait de moins en moins soutenable au fur et à mesure que les deux frères Stephanie publiaient leurs œuvres, au cours de la période 1770-1787[144]. Le gant, du côté allemand, allait être bientôt relevé par un prince qui avait donné au théâtre, dans sa Résidence de Mannheim, un lustre exceptionnel, l'Electeur Palatin Charles-Théodore, mais pour des raisons d'opportunité politique plus encore que par conviction personnelle[145], et c'est deux ans après la décision impériale, en 1778 donc, que parut le décret donnant mission au baron Dalberg de créer un « Théâtre National ». Le parallélisme entre les deux côtés est ici frappant, une évolution semblable s'y manifeste : dès 1730, la noblesse de la Résidence palatine avait engagé une troupe française qui, glanant dans les divers répertoires de Paris[146], jouait dans un théâtre aménagé au château même ; mais le plus haut renom appartint à la Résidence des champs de Schwetzingen, avec son Théâtre du château et son Théâtre de verdure — œuvre de Nicolas Pigage — et se répandit dans toute l'Europe : les fastes de la réception que la Cour y réserva en 1753 à Voltaire sont

---

143. La *Neuberin* y alla jouer en 1750 après ses déboires en Saxe, Schröder y trouva en 1781 une revanche sur l'incompréhension du public hambourgeois et Iffland pose dans ses *Mémoires*, à propos de l'appel que lui avait lancé en 1789 Jünger (le futur adaptateur du *Jeu*, de la *Seconde Surprise* et de la *Mère Confidente*, était *Theaterdichter* au « Théâtre National »), la question significative : « Quel homme, quel artiste ne se sentira pas profondément troublé, quels que soient ses opinions et ses principes, quand on lui offre une sphère d'activité dans une ville telle que Vienne ? » (p. 155. Nous avons redressé une maladresse de traduction de Picard). Et Iffland triomphait alors au « Théâtre National » de Mannheim, auquel les premières des drames de Schiller avaient donné un éclat particulier.

144. Gottlieb Stephanie le Jeune, surtout, dont les comédies et les drames ont paru isolément et en recueil (6 vol. 1774-1787).

145. On sait que, prenant la régence à Münich, Charles-Théodore dut faire quelque chose pour rassurer la bourgeoisie de son ancienne capitale ; on avait même envisagé de transférer à Mannheim l'Université de Heidelberg ! Toutefois, l'Electeur avait déjà manifesté depuis plusieurs années son intérêt naissant pour le théâtre allemand (cf. Kindermann, *op. cit.*, IV, p. 689).

146. Le répertoire, très éclectique, emprunte aux Théâtres Français, Italien et de la Foire. Molière domine ; Regnard, Destouches, Marivaux y sont bien représentés.

restés célèbres[147]. Cependant la troupe française fut congédiée en 1770, un vaste Théâtre construit en ville pour la population et, après qu'on eut sollicité Ekhof et Lessing qui déclinèrent l'offre, ce fut Theobald Marchand qui, en 1777, prit en main les destinées de ce « Théâtre allemand du Prince Electeur »[148].

C'est un Théâtre qui avait déjà, comme le notait Mozart dans une lettre à son père[149], les caractères d'un « Théâtre National » permanent ; Charles-Théodore emmenant à München Marchand et ses comédiens, il fallait cependant, pour que le véritable — celui qui allait présenter les premiers drames de Schiller — vît le jour, recruter une troupe de talent : les largesses de l'Electeur, l'habileté de Dalberg et la faveur des circonstances[150] en vinrent à bout. Est-ce à dire que ce Théâtre allemand renonçait à jouer des traductions d'œuvres françaises ? En aucune façon. Dalberg qui, pour remplacer les plaisirs de l'opéra et du ballet[151], avait mis sur pied en 1777 une troupe d'amateurs représentant des pièces françaises et allemandes — formule mixte intéressante pour un Théâtre de Cour — n'était, bien qu'il semblât plus orienté personnellement vers la scène anglaise[152], nullement hostile aux répertoires français. Parmi les personnalités de la Ville qui furent appelées à jouer un rôle important dans la fondation et l'administration du premier Théâtre allemand, on trouve le libraire Christian Friedrich Schwan : connu,

---

147. Les deux Théâtres de Schwetzingen furent construits en 1752 et 1775. Voltaire, habitué à la parcimonie et aux aigreurs de la Cour de Frédéric, y fut fêté comme un Dieu : on joua quatre de ses tragédies ; il remercia par la dédicace de l'*Orphelin de la Chine* (1755), l'envoi de *Tancrède* qui y commença sa carrière allemande et, chose plus extraordinaire, par la composition d'*Olympie*, dédiée à Charles-Théodore et dont la première eut lieu à Schwetzingen le 30 sept. 1762...

148. Ekhof, pressenti comme directeur, resta à Gotha (sa troupe devait après sa mort constituer l'essentiel de celle du « Théâtre National »), Lessing qu'on voulait comme « dramaturge » (choix significatif !...) demeura comme bibliothécaire du duc de Brunswick à Wolfenbüttel. Marchand pouvait faire le lien entre les deux cultures : Strasbourgeois élevé à Paris, il avait été comédien, puis directeur de troupe, jouant à Mayence, Francfort et Strasbourg.

149. Cette lettre de nov. 1777 est citée par Kindermann, *op. cit.*, IV, p. 690.

150. Il s'agit surtout de la dissolution de la troupe de Gotha, qui libéra Iffland, Beck, Beil, etc.

151. Le départ prochain de l'Electeur avait fait interrompre les représentations.

152. Dalberg, qui était pleinement homme de théâtre, joua lui-même avec sa femme dans la troupe d'amateurs de la Cour et écrivit des pièces, que signale Iffland dans ses *Mémoires* (p. 114 : un *Jules César* d'après Shakespeare ; p. 118 : *L'Homme Colère*, comédie sur un modèle anglais, etc.).

comme l'indique Iffland dans ses *Mémoires*, « pour les très grands services qu'il rendit à la littérature allemande dans le Palatinat »[153], il fut aussi en même temps traducteur de pièces françaises et c'est en 1778 qu'il publia cette version du *Jeu* (*Die Verkleidung*) qu'on s'obstine à omettre dans les listes de traductions de Marivaux, bien qu'elle soit signalée par le *Calendrier de Théâtre de Gotha* comme par l'*Almanach pour les comédiens et les amateurs de comédies* et qu'elle figure dans maint répertoire[154]. On continua donc à jouer des pièces d'origine française, surtout dans la comédie, où la provision allemande restait nettement déficiente. Le tournant était tout de même capital : sans changement de prince[155], l'une des plus anciennes et des plus solides citadelles du théâtre français en Allemagne devenait le rempart du théâtre allemand. A l'ouverture du « Théâtre National », le 7 octobre 1779, l'Electeur fut salué comme « le premier prince d'Allemagne qui renonçât au Théâtre français et érigeât un Théâtre National allemand ».

La capitale du seul Etat d'Allemagne qui eût acquis au cours du siècle une importance européenne ne pouvait se tenir indéfiniment à l'écart de ce mouvement, en se dérobant à l'évolution des esprits et en ignorant la montée de la nouvelle littérature allemande. Il fallut cependant attendre un changement de règne pour que Berlin commençât à jouer le rôle que Löwen et d'autres lui avaient dévolu. En 1778, au milieu de circonstances difficiles, Frédéric II fit brusquement l'économie de sa troupe française, qui venait tout juste de prendre possession du nouveau Théâtre qu'il lui avait fait construire[156], mais son essai de 1780 exprimait sans ambages son mépris

---

153. *Ibid.*, pp. 84-85. Schwan fut l'éditeur des premiers drames de Schiller ; il l'avait mis en contact avec Dalberg, permettant ainsi la représentation des *Brigands* par le « Théâtre National ».
154. *Gothaer Theaterkalender, Jahrgang* 1779, p. 177 : *Die Verkleidung, ein L. in* 3 *A., Mannheim* 1778, 8°, *nach Marivaux' Jeu de l'Amour et du Hazard, von H. Schwan* ». — *Taschenbuch für Schauspieler und Schauspielliebhaber* : « *Schawan, Ch. Friedr., Buchhändler zu Mannheim, geb.* 1733. *Die Verkleidung,* 1777 ». (1779, p. 259). L'exemplaire que nous avons eu en mains donne raison, pour la date, au *Calendrier de Gotha*. Schwan a traduit aussi *Le Marchand de Smyrne,* de Chamfort.
155. Sur ce point, le cas de Mannheim diffère de celui de Vienne et plus tard de Berlin, où la conversion au théâtre allemand est due au changement de règne, Joseph II et Frédéric-Guillaume II s'éloignant de leur prédécesseur Marie-Thérèse et Frédéric II.
156. Cf. Kindermann, *op. cit.*, IV, p. 633. La formule de congédiement est restée célèbre : « Voici venir des temps qui nous préparent des scènes si sérieuses que nous pourrons nous passer des comiques, et c'est pourquoi je me vois dans le cas de retirer les traitements et pensions des acteurs et actrices français. Donc, je vous charge par la présente de donner à ces gens leur congé ». Ils furent licenciés sur-le-champ.

du théâtre allemand ; le *Principal* Theophil Döbbelin, logé dans le
vieux théâtre de la Behrenstrasse, avait cependant commencé à jouer
pendant la saison 1783-1784 des auteurs du *Sturm-und-Drang*. En
1786, à la mort de Frédéric, tout changea rapidement : le Théâtre de
la Behrenstrasse fut fermé et, deux jours plus tard, Döbbelin rouvrit
l'ancien Théâtre français du Gendarmenmarkt, sous le titre de *Théâtre National Royal*[157]. Le nouveau roi était acquis à la cause allemande ; irréductible, le Prince Henri continua à faire jouer en français dans son Théâtre du château de Rheinsberg la troupe dirigée
par Blainville. En 1788, Döbbelin, *Principal* d'ancien style et mauvais
financier, fut évincé au profit du Professeur Johann Jakob Engel[158],
et Kindermann précise que ce nouveau « Théâtre National » se
détourna des répertoires français pour jouer des drames sentimentaux d'origine ou de facture anglaise, des « tableaux de famille »
d'Iffland, des pièces de Kotzebue dont débutait à cette époque la
brillante carrière, tandis que l'opéra (Gluck, Mozart, Salieri) prenait
une place de plus en plus grande. Il était normal qu'un passé tout
récent incitât à s'éloigner, à Berlin plus qu'ailleurs, des répertoires
français ; la carence du répertoire comique allemand était d'ailleurs
partiellement comblée par la production de Kotzebue[159] ; mais l'examen des programmes de ce « Théâtre National Royal » montre que
Marivaux par exemple n'en fut nullement exclu, du moins sous la
forme des adaptations de Jünger et de Gotter, et l'on peut même
compter la reprise d'une de ses pièces parmi les succès les plus
marquants[160].

---

157. Le *Königliches Nationaltheater* fut inauguré le 5 décembre 1786.
158. Engel était l'auteur d'un traité sur la mimique, d'opérettes et de pièces
     touchantes dont l'une (*Der dankbare Sohn*, *Le Fils ingrat*) avait été tra-
     duite en français en 1772. Brandes prétend dans ses *Mémoires* qu'il est
     à l'origine de ce choix, et même du goût de Frédéric-Guillaume II, alors
     qu'il était encore Prince Royal, pour le théâtre allemand. Un directoire
     où se trouvait Ramler, ami de Lessing, assistait Engel.
159. Les premiers grands succès de Kotzebue à Berlin furent *Menschenhass
     und Reue* (*Misanthropie et Repentir*, 1788) et la comédie *Die Indianer
     in England*. Avec Kotzebue, utilisateur habile des idées de ses devan-
     ciers, on peut dire que ce sont un peu des mélanges de la comédie euro-
     péenne qui s'emparaient de la scène allemande.
160. Le *Calendrier de Gotha* signale dans le nouveau répertoire du « Théâtre
     National Royal » pour la saison 1792-1793 *Die falschen Entdeckungen*
     (*Les Fausses Confidences*) sous le nom du seul Gotter ; Kindermann
     (*op. cit.*, p. 645) rétablit la véritable origine de la pièce et cite sa présen-
     tation au crédit du Théâtre (dans sa rivalité souvent malheureuse avec
     l'Opéra) tant elle eut de succès ; ce n'était pourtant pas une nouveauté,
     puisque la publication de la pièce à Gotha datait de près de ving ans
     (1774). Par contre, *Maske für Maske* (adaptation du *Jeu* par Jünger) fur
     donnée en primeur pendant la saison 1791-1792, alors que la publication
     à Leipzig n'eut lieu qu'en 1794.

Nous n'insisterons pas sur le cas particulier de Weimar : l'exceptionnelle constellation littéraire qui dominait cette petite principauté à la fin du siècle, la longue direction de Goethe suffisent à expliquer que son Théâtre ait attiré tous les regards. Madame de Staël dit très bien que cette Résidence de six à sept mille âmes, d'importance politique nulle, « n'avait d'ascendant que par ses lumières »[161]. Ajoutons que ce phénomène était moins surprenant en Allemagne qu'il ne l'eût été ailleurs, non seulement à cause de l'éparpillement de la puissance dans ce pays, mais en vertu d'une tradition ancienne qui fait que les foyers de culture n'y coïncident pas forcément avec les centres urbains les plus peuplés et les plus prospères[162]. Il fallait cependant, à un Théâtre installé à demeure et qui ne pouvait compter sur le grand public d'une ville importante, le soutien fidèle d'un mécène : c'est ce que l'on avait déjà vu pour un temps à Schwerin, quand Schönemann put en 1750 y installer sa troupe au château[163] et ce que l'on vit aussi à Gotha quand le duc, en 1775, résolut d'y créer un Théâtre à ses frais[164].

Notons enfin que *le mécénat théâtral a largement dépendu de l'intérêt que les princes portaient à l'idiome national comme langue de culture.* Presque tous les écrits sur le théâtre font ressortir à cette époque l'importance cruciale du problème linguistique : Gottsched avait pour sa part parfaitement compris que, s'il fallait recommander d'imiter la « régularité » qui règne dans les meilleurs ouvrages des Anciens et des Français, il fallait défendre en même temps la langue, l'unifier, la protéger contre les emprunts au français et même au latin, en exalter les vertus[165]. Les querelles du siècle

---

161. *De l'Allemagne,* 1ère partie, chap. 15 (p. 86 dans l'éd. abrégée d'A. Monchoux).

162. Pensons à la renommée majeure, jusque dans le présent, des Universités des petites villes dont elles constituent le noyau, et qui furent d'ailleurs, à la fin du XVème et au XVIème s, des foyers de vie théâtrale (cf. M. Gravier in *Littérature Allemande* de F. Mossé, pp. 235-236).

163. Des comédiens allemands étaient pour la première fois appointés comme *Hof-Comödianten,* tout en conservant le droit d'aller jouer quatre mois de l'année à Hambourg et à Hanovre.

164. Voyant Seiler rompre son contrat avec la Cour de Gotha, le duc résolut de créer dans son château un Théâtre, « aménagé avec beaucoup de goût et muni de toutes les machines nécessaires » (cf. Brandes, *Mémoires,* II, p. 22).

165. Les *Frondeuses Raisonnables* (4ème feuille, I, pp. 36-37 dans l'éd. du Gottsched-Verlag) sèment la dérision sur les mots français ou latins et sur les hybrides qui se mêlent à l'allemand dans le langage des gens « distingués » ; une intéressante correspondance a été échangée entre Gottsched et Fontenelle, en 1728-1732, sur les qualités et les faiblesses de l'allemand comparé au français (cf. notre article déjà cité sur *Gottsched législateur...*).

autour du théâtre n'ont cessé de prendre appui sur des jugements —
en général dépréciatifs — des vœux, des regrets, des efforts concernant la langue : la conscience de son infériorité, provisoire ou essentielle, par rapport au français, la volonté de l'illustrer par des œuvres
originales, mais aussi de la faire progresser en cultivant un art de
traduire — la pierre de touche étant ici, plus que les nobles alexandrins de la tragédie, le vif dialogue de la comédie, qui reflète la
conversation des *honnêtes gens.* L'argument contraire : l'insuffisance, voire le danger des traductions au moment où l'allemand doit
affirmer ses vertus propres est également avancé. Le succès de
l'institution de « Théâtres allemands » marque l'époque où plus de
confiance s'établit dans la langue, et une indépendance nouvelle
des traductions, soumettant le style des originaux aux propriétés
de l'allemand[166], est venue témoigner en sa faveur. A cet égard le
mémoire de Rivarol sur l'universalité de la langue française, présenté à l'Académie de Berlin en 1784, soit à la fin du règne de Frédéric le Grand, a, en ce qui concerne l'ensemble de l'Allemagne,
une valeur rétrospective plutôt que valeur d'actualité : l'appui donné
par les Cours les plus francisées, à partir de 1775[167], au théâtre en
langue allemande, en fournit la preuve ; et n'est-ce pas précisément
la même année que, sur les planches du « Théâtre National » de
Mannheim, le maréchal de Cour von Kalb, dans *Intrigue et Amour,*
vient accabler de son ridicule l'emploi des modes et des locutions
françaises ?

IV. — *LES TROUPES — PRINCIPAUX ET INTENDANTS.*

Il nous reste, après avoir jeté un coup d'œil sur le rôle des princes et des villes, à considérer brièvement la vie de ces troupes

---

166. Les éloges répandus à l'époque sur la nouvelle traduction des *Fausses
Confidences* par Gotter (1774) sont d'autant plus intéressants que cette
période est celle d'une création intense de Goethe pour le théâtre (*Goetz,
Clavigo, Stella* !). Eloges que nous estimons peu mérités après étude
comparée ; mais nous jugeons par rapport à l'œuvre que nous admirons,
que toute modification semble abîmer, et il faut tenir compte de ce
besoin de renouvellement, de *germanisation*, concernant la langue et le
fond, dans le registre de la sentimentalité (*Empfindsamkeit*).
167. Nous y incluons le Théâtre de Cour de Gotha, bien qu'il n'ait pas eu la
prétention de s'appeler « Théâtre National », mais Ekhof et sa grande
équipe lui donnent un relief particulier. Le duc de Saxe-Gotha, comme
les souverains de Mannheim et de Weimar, était féru de culture française, ainsi qu'en témoignent sa bibliothèque de Friedenstein, remplie
d'ouvrages en cette langue, son abonnement à la *Correspondance Littéraire*, etc.

ambulantes qui, pendant la plus grande partie du siècle, ont satisfait avec plus ou moins de bonheur au besoin de théâtre, toujours très vif en Allemagne. Les conditions concrètes de leur existence, telles qu'elles apparaissent dans les *Mémoires* et les polémiques, éclairent toute étude concernant la fortune d'un auteur dramatique étranger, qui a dû passer par elles pour atteindre le grand public et même dans une certaine mesure le public aristocratique, puisque les grandes troupes suivaient volontiers les Cours dans leur Résidence d'été.

En tête de sa biographie d'Ekhof, acteur célèbre et traducteur de Marivaux, Hugo Fetting a placé une chronologie où il n'a pas manqué de noter en 1763 la mort de l'auteur dont le comédien interprétait de si savoureuse façon *L'Héritier de Village*, ajoutant : « auteur très joué par les troupes ambulantes allemandes ». Cet engouement, Kindermann estime pour sa part qu'il n'a pas survécu à la formation de troupes sédentaires et stables, obligées de sélectionner les répertoires et d'y introduire de la nouveauté. Il y a là un problème essentiel à notre recherche et, si cette dernière observation était confirmée par l'étude des répertoires connus, un phénomène qui pourrait sembler curieux, surtout si l'on songe à tout ce qui a été écrit par les contemporains sur les misères du recrutement et de l'existence des « bandes ». Il est certain que les meilleures, après la réforme de Gottsched et sur le modèle de la Compagnie Neuber dont elles étaient d'ailleurs issues[168], se sont efforcées de suivre les succès de Paris. Il est évident aussi que les « Théâtres Nationaux » et autres grandes troupes fixes[169], quand ils se sont constitués, ne pouvaient se contenter de reprendre les répertoires des « bandes » itinérantes, même dans le domaine de la comédie. Mais le renouvellement nécessaire pouvait être acquis de diverses manières : en découvrant par exemple une comédie passée inaperçue, et c'est ce qui est arrivé en 1777-1778 pour *La Dispute* de Marivaux ; ou bien en remettant au goût du jour un répertoire ancien, et c'est ce qui est arrivé pour plusieurs pièces du même auteur.

Notre enquête particulière n'a donc pas corroboré une affirmation qui nous paraît être de caractère trop général : malgré le déca-

---

168. Schönemann et Koch, *Principaux* des troupes les plus célèbres après le déclin et la renonciation de Caroline Neuber, sont d'anciens acteurs de cette dernière ; la direction de Schönemann s'étendit de 1739 à 1757, celle de Koch de 1749 à 1775.

169. Nous pensons entre autres au Théâtre de Hambourg sous la direction de Schröder (1771-1798), qui ne reprit pas la dénomination de « Théâtre National », de fâcheuse mémoire après la faillite de 1768.

lage qui existe entre une œuvre dont l'apogée en France se situe vers 1730, dont les traductions apparaissent dans la librairie allemande autour de 1750[170], et la formation des Théâtres permanents après 1770, on n'y constate point d'élimination de Marivaux... à moins de tomber dans le piège de nombreuses affichettes, recopiées docilement par les almanachs, et qui, peut-être pour accentuer l'impression de nouveauté ou pour insister sur l'indépendance de l'adaptation, oublient l'auteur au profit du traducteur[171]. On relève au contraire sans étonnement que la troupe du « Théâtre National » de Mannheim s'est taillé pendant la saison 1792-1793 un beau succès avec *Les Fausses Confidences* : ne vivait-elle pas dans la sécurité, avec tout le loisir de préparer un spectacle bien étudié, ses meilleurs éléments n'avaient-ils pas été formés naguère par Ekhof, n'étaient-ils pas dirigés désormais non plus par un *Principal* besogneux, mais par un homme qualifié[172] ? La même pièce a été jouée au « Théâtre National » de Berlin sous l'intendance du Professeur Engel, et à Hambourg par Schröder qui, au milieu d'un programme orienté vers Shakespeare et les fièvres du mouvement *Orage et Passion*, a monté aussi avec amour la comédie de Marivaux qu'il préférait : *La Fausse Suivante*[173]. Quant à la version du *Jeu* écrite par Jünger (*Maske für Maske*), elle a figuré au répertoire de tous les Théâtres permanents, s'y maintenant longtemps. Nous sommes donc loin de l'abandon d'un répertoire vieilli. L'observation serait plus vraie pour La Chaussée et Destouches : dans les années 1770 et 1780, le premier a commencé à paraître trop doucereux par rapport à cette véhémence à la mode que les fidèles du répertoire français eux-mêmes trouvaient chez Diderot et chez L.-S. Mercier, tandis que le second — d'ailleurs plus long à supplanter — paraissait

---

170. Ce ne sont bien entendu que des dates moyennes. *La Surprise de l'Amour* (1722) et *La Double Inconstance* (1723) commencent la série des comédies en 3 actes, achevée par *Les Fausses Confidences* (1737) ; 1730 est la date du *Jeu*. Pour les traductions, nous considérons ici la première série de pièces imprimées : en 1747, celle de *La Mère Confidente* par Uhlich, en 1747-1749, les douze comédies traduites par Krüger, en 1753 *L'Ecole des Mères* dans la version d'Ekhof.

171. Les adaptations de Gotter (*Les Fausses Confidences*) et surtout Jünger (le *Jeu*, la *Seconde Surprise*, *La Mère Confidente*) leur sont souvent attribuées sans partage par les affichettes et almanachs.

172. Sur Dalberg comme « éducateur de ses comédiens » voir Kindermann, *op. cit.*, IV, pp. 697-698.

173. F.L.W. Meyer écrit dans son livre à la mémoire de Schröder (1823) que « *La Fausse Suivante* de Marivaux fut de tout temps la pièce favorite de Schröder parmi toutes les comédies du répertoire français. Il la représenta le 19 nov. (1787) sur sa propre scène (...). L'accueil du public contredit les espoirs du directeur ».

fade à certains à côté de l'agressive gaîté d'un Beaumarchais[174]. Par contre, l'inimitable *singularité* de Marivaux, dont la critique française avait fait un argument contre lui, jouait maintenant en sa faveur. Qu'un homme de théâtre d'une certaine réputation et habile à accommoder les œuvres d'autrui trouvât dommage que telle de ses comédies ait été maltraitée par l'ancien traducteur et voulût lui faire réparation, en donnant en même temps à l'expression une teinte à la mode, avec ou sans changement d'étiquette[175], et le produit passait sans encombre pour une nouveauté.

Les grandes troupes permanentes étaient évidemment mieux armées pour jouer et faire apprécier Marivaux que les « bandes » dont la composition changeait sans cesse et que harcelaient les sou-

---

174. Le genre « larmoyant », très en vogue dans les années 1750 (cf. *Pro comoedia commovente*, de Gellert, 1751) et 1760 (cf. *Dramaturgie*, notamment les feuilletons 8, 20, 21), a été ensuite évincé par les drames de Diderot et de L.-S. Mercier. Pour ce dernier, *La Brouette du Vinaigrier* a connu un énorme succès (au moins trois traductions, de constantes représentations), et non seulement pendant la période favorable du *Sturm und Drang*, mais longtemps après : nous avons trouvé la pièce au programme du Théâtre Municipal de Francfort en 1830. Marchand jouait *Der Essigmann mit seinem Schubkarren*, dans une traduction de M... (lui-même sans doute) à Mannheim avant la fondation du « Théâtre National » et aux foires de Francfort. Mercier rendit visite au « Théâtre National » de Mannheim en 1788 et loua une représentation des *Brigands* (*Mémoires* d'Iffland, p. 151). Quant à Beaumarchais, il obtint en Allemagne un succès notable, à la fois comme auteur de drames (on trouve souvent son *Eugénie* et *Les deux Amis*) et comme auteur comique : les traductions du *Barbier* abondent, la première semblant avoir été celle d'Ewald (en 1775 d'après la *Chronologie* de Ch.-H. Schmid ; recueillie en 1778 dans la collection Dyk) ; même constatation pour le *Mariage* : Joh. Rautenstrauch en a publié une traduction à Vienne dès 1785, on en trouve aussi une adaptation (*Der tolle Tag*, titre qui restera attribué en Allemagne à la comédie) dans le *Théâtre posthume* de Jünger (au 2ème tome, le premier contenant entre autres *Das Recidiv*, c'est-à-dire la *Seconde Surprise*, Ratisbonne, 1803). Iffland relate dans ses *Mémoires* une grande représentation du *Mariage* au « Théâtre National » de Mannheim et sa propre composition d'un *Figaro en Allemagne* (pp. 117 et 152), comme il y avait eu en 1780 un *Père de Famille allemand* à la suite de celui de Diderot ! Pendant la même période, le succès de Destouches s'épuisait : le *Journal de Théâtre pour l'Allemagne* (n° 18, 1781) déplore le peu de succès de *L'Ambitieux et l'Indiscrète* devant un public accoutumé désormais au foisonnement des personnages et à l'incohérence des situations.

175 Gotter avait gardé le titre original : *Die falschen Entdeckungen* (exactement : « les fausses révélations »), ou, dans d'autres éditions *Vertraulichkeiten* (« confidences »). Jünger, féru d'indépendance, a changé l'étiquette : *Maske für Maske* — opportunisme sans doute à cause de la mode shakespearienne : *Mass für Mass, Mesure pour Mesure* — et le Jeu avait déjà subi d'autres métamorphoses (voir notre chap. des traductions) ; *Das Recidiv*, titre plus ou moins adéquat pour la *Seconde Surprise*.

cis matériels ; la nécessité du renouvellement ne s'est pas traduite
par une élimination de cet auteur, mais par un choix un peu plus
étroit parmi ses pièces[176] et par la refonte des anciennes versions
dans le sens d'une *germanisation* plus ou moins réelle, qui représente au fond un stade plus avancé de l'adoption. C'est plutôt pour
la première période que des questions se posent et c'est elle qui
excite notre curiosité : « *auteur très joué par les troupes ambulantes* » — comment ces comédiens, dont la plupart étaient sans formation ni contact avec le monde et dont beaucoup recherchaient
encore l'effet dans l'improvisation triviale, la déclamation ou la
charge, ont-ils pu s'acquitter de rôles si savants en nuances, filer
des répliques à l'enchaînement si précis ? Un aperçu de la vie de
ces troupes fait mieux comprendre l'intransigeance de Gottsched
dans la querelle d'Arlequin, personnage dont la présence permettait de transformer en une pitrerie rentable les comédies les plus
raffinées de Marivaux, et éclaire le problème des premières traductions, faites au sein des troupes et à leur usage. La condamnation
du système des comédiens recrutés au hasard, sans institution ni
doctrine, menant une vie d'aventurier sous la férule d'un « soi-disant
Principal » d'origine variée, dentiste ou limonadier[177], congédiés par
lui ou le quittant sans préavis suivant les fluctuations de la caisse,
des rivalités ou des tentations, a été prononcée bien des fois dans
la seconde partie du siècle, et de la plus sévère façon. Lessing l'a
fait en termes tranchants dans l'épilogue de la *Dramaturgie* : « Nous
avons des gens qui jouent, point d'art du jeu. Si un tel art a existé
jadis, eh bien ! nous ne l'avons plus ; il s'est perdu ; il faut le réin-
venter complètement »[178].

---

176 Les deux tomes de traductions de Krüger renfermaient sept comédies
    en trois actes et cinq *Nachspiele* Certaines de ces pièces ont été peu
    jouées et ont disparu rapidement des répertoires. Par contre, *Les Faus-
    ses Confidences* (qui ne figurent pas dans ce recueil) et le *Jeu* ont pour-
    suivi et renforcé leur succès à l'époque de Théâtres fixes ; d'autres
    comédies ont également survécu, et des *Nachspiele* tels que *Le Legs*
    (*Das Vermächtnis*), *La Dispute* (sous deux titres différents) et *L'Epreuve*
    (*Die Prüfung*) n'ont été découverts et utilisés que tardivement (1776,
    1777-1778, 1783) Voir notre étude des traductions

177 Au début du 18ème s, le *Principal* Beck, *Hanswurst* populacier, était
    un ancien dentiste. Son successeur Hasscarl avait dans sa troupe un
    certain Markgraf qui ne savait ni lire ni écrire, etc. (Löwen, *Histoire du
    Théâtre allemand*, p. 21 de la réédition). Dans sa notice en tête des
    Mémoires d'Iffland, Picard résume ainsi l'autobiographie de Brandes,
    également traduite par lui dans la collection des *Mémoires sur l'Art dra-
    matique* : « C'est la vie d'un véritable aventurier » ; il le compare à Laz-
    zarillo de Tormes et à Guzmán d'Alfarache (XXI-XXII).

178. *Dramaturgie*, n° 111-04, p. 391 de l'éd. Otto Mann.

Une évolution s'est produite au cours du siècle dans le recrutement des comédiens ; déjà, Caroline Neuber et Schönemann, sous l'impulsion de Gottsched, avaient favorisé l'incorporation à leurs troupes d'éléments ayant un début de formation académique. De ce mode de recrutement nouveau dépendait en grande partie l'alimentation des répertoires, au sens où l'entendait le maître de Leipzig : traductions de pièces « régulières », création de pièces « originales » à leur image[179]. La naissance d'un théâtre littéraire en Allemagne était liée à cette sorte d'osmose entre l'Université et la scène, qui ne pouvait être efficace que dans la mesure où l'autorité de Gottsched était relayée à l'intérieur même des troupes par des hommes formés par lui et restant à sa dévotion[180]. Cette indéniable évolution, du comédien de tempérament, satisfait de son inculture et réjouissant le public populaire par des improvisations vierges de toute réminiscence littéraire, à l'acteur connaissant à fond le répertoire et s'efforçant de l'enrichir, a été jugée de diverses façons : très tardivement dans le siècle, elle était révoquée en doute par des *Aufklärer* qui, voyant les outrances et les déclamations du style *Sturm-und-Drang* remplacer les nuances avec lesquelles on jouait naguère les comédies de Destouches et de Marivaux dans la Compagnie Koch, parlaient de rechute, de rusticité incorrigible, de « débraillé », de trivialité[181]. Ce qui est fort intéressant pour nous, c'est que c'est presque toujours en relation avec le répertoire français de comédie et souvent en comparaison avec l'interprétation que lui donnaient les troupes françaises en visite ou à demeure chez les princes que ces observations pessimistes sont lancées : c'est, suivant le *Theaterjournal für Deutschland* de 1781, l'inaptitude à se couler dans des rôles qui exigent l'esprit de conversation, la souplesse et la feinte, qui continue à caractériser l'acteur, ou plutôt le « déclamateur » allemand[182].

---

179. L'exemple typique est, rappelons-le, celui de Krüger, immatriculé aux Universités de Halle et de Francfort-sur-l'Oder, avant d'entrer dans la Cie. Schönemann en 1742 et de lui créer en quelques années tout un répertoire de comédies traduites et originales.
180. On sait que Gottsched eut des mécomptes avec plusieurs de ses anciens disciples ou protégés passés à la pratique du théâtre.
181. *Journal de Théâtre pour l'Allemagne*, n° 18, 1781, à propos d'une pièce de Destouches.
182. Dans cet « extrait de lettre » publié par le journal, un lien est établi entre les nouveaux répertoires allemands, « l'engeance » d'où sortent la plupart des auteurs, leur horizon borné à la petite bourgeoisie, le peu de considération qui les entoure, le goût du public fasciné par l'opéra ou l'opérette et la vulgarité des comédiens cherchant leur salut dans des effets simplistes. Conclusion : « Le comique est moribond depuis la mort du père de la scène allemande, depuis la mort de Koch » (soit en 1775, alors que Koch dirigeait la première scène allemande fixe à Berlin).

Lessing a cependant fait un éloge dithyrambique d'un acteur allemand, Conrad Ekhof, supérieur dans les grandes figures tragiques comme dans les premiers rôles de comédie. N'écrit-il pas à propos de son interprétation du personnage d'Orosmane : « Tout ce que Rémond de Saint-Albine, dans son *Comédien*, veut qu'on y observe, est exécuté par M. Ekhof avec une telle perfection qu'on croirait que lui seul a pu fournir au critique son modèle »[183] ? Un concert de louanges s'élève autour de celui que Reichard appelle le « père de l'art dramatique allemand », dont Nicolai disait qu'il était de ces acteurs « tels qu'on n'en voit habituellement qu'un en un siècle », comparé par Brandes aux Garrick et Lekain, expert en diction, maître de l'attitude et du geste[184] ; sa volonté de faire d'un métier vilipendé et précaire un art qui, comme les autres, procure l'accès et l'estime des meilleures sociétés, de former pour cela les comédiens dans une « Académie »[185] au lieu d'en abandonner le recrutement au hasard et le dressage à la routine, fait en même temps de lui le premier guide de sa profession.

Pourtant, Ekhof fournit aussi le meilleur exemple de l'instabilité des acteurs de cette époque : il a été, comme s'expriment volontiers les documents d'époque, la « parure » de toutes les troupes en renom, allant de Schönemann à Schuch, de Koch à Ackermann, puis débauché par Seiler pour aller à Weimar, avant de diriger enfin sa propre troupe à Gotha[186]. Or, le départ d'un grand comédien, apte

---

183. *Dramaturgie*, seizième feuille (sur *Zaïre*). En ce qui concerne Rémond de Saint-Albine, Lessing précise en note : *Le Comédien*, partie II, chap. X, p. 209 ; il en avait traduit un extrait dans sa *Theatralische Bibliothek*.

184. Pour les jugements concernant Ekhof, cf. la monographie de Hugo Fetting, pp. 180, 197. Diseur et déclamateur inégalable, affirme Schröder ; quant au geste, il se servait beaucoup de ses mains, doigts écartés ou levés : c'est ainsi que le montre une gravure qui le représente avec Mme Böck dans *L'Héritier de Village*, un de ses plus grands succès comiques d'après les *Mémoires* de Brandes.

185. Ekhof fut l'initiateur d'une éphémère *Schauspieler-Akademie* ouverte le 5 mai 1753 à Schwerin. Les témoignages, de Löwen et Nicolai à Iffland, montrent un homme en perpétuelle réflexion sur sa profession et ses rôles. Le projet d'un Conservatoire d'art dramatique remplaçant avantageusement les « Sociétés Allemandes » créées par Gottsched a été exposé par Löwen dans son *Histoire* (p. 69).

186. Il avait débuté à Lüneburg, le 15 janvier 1740, dans le rôle de Xipharès (*Mithridate*), au sein de la Compagnie Schönemann, avait fait un bref passage chez Schuch en 1757, était devenu en 1758 la vedette masculine de Koch, s'était joint à Ackermann en 1764 et avait donc été en 1767-1768 en tête des comédiens du « Théâtre National » de Hambourg, jouant avec autant de brio le Jürge (Blaise) de *L'Héritier* que le major von Tellheim, M. d'Orbesson dans *Le Père de Famille*, ou Orosmane. En 1771 (mort d'Ackermann, dont la troupe est prise en mains par Schröder),

à jouer les premiers rôles dans les emplois les plus divers, rendait caduc le répertoire « littéraire » de ces troupes dépourvues de réserves : il fallait alors se reconvertir aux facilités de l'opérette et de la farce. Il est intéressant d'autre part de noter les critiques de Schröder : tout en reconnaissant la qualité exceptionnelle de sa diction (« le plus grand orateur de théâtre qu'ait sans doute possédé une nation »), il reproche à Ekhof d'avoir, « en imitateur servile des Français », exagéré ses effets dans le comique comme dans le tragique, détaillé un texte plutôt que modelé un personnage ; son éducation, faite à Hambourg dans un milieu de bourgeoisie quelque peu étriqué, l'aurait en outre « laissé ignorant du ton du grand monde (...). C'est ainsi qu'il ne craignait pas, étant en scène, de se râcler la gorge, se détournant à peine pour cracher et puis enchaînant... ». Ce reproche de ne pas se conformer aux manières du monde, tout en jouant un répertoire d'origine ou d'inspiration française qui les exige, ce blâme concernant l'excès d'importance accordé aux beautés formelles, on les retrouve plus d'une fois dans les critiques de l'époque ; on voit qu'Ekhof lui-même n'en était pas exempt.

La difficile concurrence avec les troupes françaises engagées par les Cours a été stigmatisée en 1766 par Herder avec sa vigueur coutumière : «Mais voici que la plupart des princes allemands entretiennent des acteurs français et ce n'est qu'à grand'peine qu'ils autorisent en allemand, pour le bas-peuple, des jeux de bateleurs, persuadant ainsi bien des gens qu'il n'est pas possible d'obtenir un théâtre allemand qui soit bon et décent ». A cette attaque contre les effets de la gallomanie des grands, Herder joint un argument contre la création d'une scène allemande modèle protégée par un prince : l'ambition des Cours n'est point de s'imiter, mais de se dépasser l'une l'autre, et pour cela elles préfèrent copier ce que l'étranger a de plus brillant, si bien que la quiétude des troupes françaises ne serait nullement troublée par une telle entreprise[187]. L'évolution des acteurs allemands, depuis les grasses bouffonneries de *Hanswurst* et les facéties d'Arlequin, qui incommodaient souvent la critique mais attiraient la foule, jusqu'aux bienséances et à la diction modulée à la française, a d'ailleurs provoqué des réactions ironiques, comme si les comédiens s'aventuraient là sur un terrain qui ne leur conve-

---

il va jouer avec Seiler à la Cour de Weimar jusqu'à l'incendie du château en 1774, puis termine sa carrière à Gotha (mort en 1778). Ses comédiens — dont Iffland qui avait débuté chez lui l'année précédente — formeront l'essentiel de l'effectif du « Théâtre National » de Mannheim.

187. Cf. l'article *Haben wir eine Französische Bühne ?* (« Est-ce un théâtre français que nous avons ? »), éd. Suphan, t. 2, pp. 209 et 213-214.

nait guère ; un libelle de la même année 1766 met en balance l'époque où les drôleries d'Arlequin rapportaient du pain en même temps
que la réprobation des critiques, et les exigences du présent : « Si
les choses continuent de la sorte, il faudra qu'ils aillent tous, autant
qu'ils sont, faire leurs études sinon à Halle, du moins à Leipzig, où
jadis papa Gottsched, père des comédiens, inspira la dame Neuber
et puis encore Schönemann, et détrôna avec son *Caton*, cette bouffonnerie grave, tant de bouffonneries joyeuses »[188].

La réalité resta assez éloignée de ce pronostic humoristique. En
1781, le *Journal de Théâtre* insère une lettre où, face à ces « acteurs
nés » que sont les Français, la rusticité présomptueuse des comédiens allemands est déplorée ; certes, l'aisance française n'est pas
dans la nature des Allemands, mais on pourrait y suppléer par l'étude,
« prendre la nature sous les bras » pour la redresser[189]. Les troupes
ambulantes continuaient à se débattre au milieu de grandes difficultés et à recruter au hasard ; l'exemple le plus typique est sans doute
celui de Brandes, qui avait été mendiant et laquais avant de se faire
comédien et qui redevint provisoirement valet quand, le *Principal*
Koch, malgré le renom de sa troupe, fut obligé de licencier plusieurs de ses acteurs en été à Hambourg[190] ; tel autre était par
contre fils d'un bailli de Lithuanie et avait fait ses études à Königs-

---

188. *Lettre à un défunt présentateur de marionnettes (au nom du moucheur
de chandelles de la Compagnie Ackermann)*, Brême, 1766. Il s'agit du
Caton mourant qui avait provoqué les moqueries acerbes du clan zürichois dans les *Observations critiques* de 1743. Selon l'*Histoire du Théâtre Allemand* de Löwen, pp. 13-16, Maître Velten, qui dirigea dans la
seconde moitié du 17ème s. la première Société régulière de comédiens
allemands, s'était entouré d'étudiants et avait lui-même fait après coup
des études universitaires à Leipzig.
189. L'auteur de la lettre (non datée et signée Anton), observant que, de
nature, un valet ou une soubrette est en France plus raffiné et mondain
que maint seigneur en Allemagne, en tire deux conclusions : que le
comédien allemand doit suppléer par son art à la nature, mais aussi —
ce qui est fort important pour les traductions de Marivaux notamment
— qu'on devrait bien, quand on transplante une comédie de France en
Allemagne, adapter ces domestiques « avisés et spirituels » aux réalités
allemandes. Il s'agissait en somme d'une rencontre sur une position
médiane, par un double effort d'adaptation du traducteur aux réalités
de son pays, du comédien au style de vie du pays voisin : problème sur
lequel nous aurons à revenir dans l'étude des traductions.
190. Brandes, *Mémoires* (trad. Picard, I, pp. 181 et suiv.). Son autobiographie
édifie sur les misères des comédiens : quand les recettes baissent, licen-
ciements ; quand elles s'effondrent, dissolution ; des actrices ne trouvent d'autre moyen de subsister que la prostitution (*ibid.*, p. 235). Seiler
sera le premier à créer un fonds de retraite pour les comédiens : deux
représentations « à bénéfice » par an et une retenue sur les gages hebdomadaires, payés le samedi ; mais cet effort ne durera pas (*ibid.*, II,
pp. 51-52).

berg[191]. Brandes décrit dans ses *Mémoires* la servitude et grandeur des troupes auxquelles il appartint : les recettes n'étaient bonnes que durant les Foires ou dans les villes avec garnison en quartiers d'hiver ; pour jouer des pièces « régulières » (littéraires), il fallait disposer au minimum d'un très bon acteur, et, s'il partait, tout était désorganisé : ainsi, Schönemann se trouva dépourvu quand Ekhof se brouilla avec lui, le quittant pour Schuch[192] ; Koch échoua, comme Schönemann, en été à Hambourg parce que les marchands allaient souper aux champs... Le manque de salles adéquates, la précarité des finances, les réactions inopinées du public compliquaient la tâche des troupes en déplacement : ainsi, quand Seiler eut débauché à Brunswick quelques-uns des meilleurs acteurs d'Ackermann, et notamment Ekhof, sa troupe joua à Lünebourg dans une brasserie, elle reçut à Osnabrück des pierres du public, déçu de ne pas voir d'Arlequinades, et frisa la banqueroute... que Seiler n'évita que grâce à l'aide conditionnelle d'un beau-père apothicaire de la Cour[193] !

Ces troupes trouvaient plus de sécurité quand elles pouvaient s'installer dans une Résidence ou une ville importante, ce qui ne les empêchait point de partir en tournée pendant quelques mois ; tel fut le cas de Seiler, après cette période difficile, quand il obtint de se fixer à Weimar (1771-1774) ; mais alors, il fallait allonger et rénover le répertoire, tandis que les troupes en déplacement constant pouvaient se contenter d'un répertoire court et mêlé de pièces anciennes[194]. Ces Compagnies instables, à l'existence parfois éphémère, ont été encore nombreuses dans le dernier quart du siècle, alors que se multipliaient les Théâtres à demeure : l'almanach théâtral de Gotha, qui sollicitait de leurs directeurs des renseignements sur leurs déplacements, leurs programmes, le succès de leurs représentations, a toujours la prudence d'indiquer : « Liste de *quelques-unes* des troupes jouant dans le pays ou à l'étranger... »[195]. Il est tradi-

---

191. *Ibid.*, p. 290.
192. Ce départ eut lieu en 1757 et Schönemann renonça la même année à diriger sa troupe, qui passa brièvement sous la responsabilité d'Ekhof (lequel n'était resté que dix-huit semaines avec Schuch) avant d'être prise en charge par Koch en 1758.
193. Les tribulations de cette troupe avant son engagement de 1771 à Weimar sont racontées par Brandes (*op. cit.*, I, pp. 430-431).
194. Admis à s'installer en 1771 dans une Résidence exigeante comme celle de Weimar, Seiler (avec Ekhof) remplaça 45 pièces vieillies par 60 nouvelles.
195. *Verzeichnis einiger Schaubühnen...* » L'éditeur (Reichard) évite toute préséance en les rangeant par ordre alphabétique. Il demande instamment qu'on lui signale « les listes des troupes de leur localité (cela

tionnel de reprendre contre elles les griefs exposés par Löwen, Lessing et beaucoup d'autres : dans l'Avertissement de la *Dramaturgie*, Lessing cite en exemple la règle essentielle énoncée par Joh. Elias Schlegel pour assurer le succès du théâtre danois, et qui édicte qu'« on ne doit pas laisser aux acteurs eux-mêmes le soin de travailler pour leurs profits et pertes », ce qui condamne la désignation parmi eux d'un *Principal*, toujours enclin à rabaisser un art libéral au niveau du simple négoce[196]. L'ensemble constitué par des *Principaux* sans culture, employant mal l'argent (avares ou prodigues à contretemps), des acteurs sans instruction ni moralité, de violentes rivalités entre les troupes et à l'intérieur des troupes, des répertoires calculés pour complaire au plus grand nombre ou favoriser les « rôles efficaces », compte tenu des points forts d'une Compagnie, des aides financières inconstantes[197], a été considéré par la critique, dans la seconde partie du siècle, comme une entrave absolue au développement d'un répertoire et d'un jeu de qualité artistique, le théâtre n'étant plus alors qu'un des aspects les plus médiocres de la vie sociale.

Quand se constituèrent les Théâtres permanents, le système de l'*Intendance*, confiée dans les Résidences à un haut dignitaire de la Cour, ayant un homme de métier pour le seconder, mais arbitre suprême en toute matière de théâtre, concernant le répertoire, le personnel, la distribution des rôles, les dépenses[198], répondait à la

---

s'adresse aux amateurs de théâtre) ou placées sous leur direction », en joignant l'indication des « débuts, départs, décès, rôles distribués et pièces mises au répertoire », avec un appel à l'amour-propre : « Les Compagnies qui se trouveront omises ou mal indiquées dans ce relevé n'auront à s'en prendre qu'à l'entêtement ou à la négligence de leurs *Principaux* et de leurs membres, qui n'auront prêté aucune attention aux sollicitations répétées et publiques de l'éditeur, lui celant leurs listes ». (année 1785, p. 194). C'est un droit au recensement et à l'historiographie des troupes que s'arroge le *Calendrier Théâtral de Gotha*.

196. *Dramaturgie, Ankündigung*, pp. 3-4 de l'éd. Otto Mann.

197. Sur les manques et les tares des troupes ambulantes, cf. l'*Histoire du Théâtre allemand* de Löwen (pp. 52-61 de la rééd. de H. Stümcke). Lessing, dans l'Avertissement de la *Dramaturgie*, justifie le maintien au répertoire de pièces médiocres, même au « Théâtre National », pourvu que le « dramaturge » (lui-même en l'occurence) ne cherche pas à abuser le public sur leur valeur, mais lui explique au contraire les motifs de son insatisfaction. Les raisons sont sans mystère : le manque de chefs-d'œuvre et le fait que « certaines pièces médiocres doivent être maintenues au répertoire pour la simple raison qu'elles renferment certains rôles excellents permettant à tel ou tel acteur de montrer toutes ses capacités. De même, on ne s'empresse pas de rejeter une partition musicale parce que le texte en est misérable ».

198. Le baron von Dalberg fut Intendant du « Théâtre National » de Mannheim pendant 25 ans, de 1778 à 1803 ; à Münich, où avait émigré l'Electeur

règle majeure énoncée par J.-E. Schlegel et approuvée par Lessing ; cette charge incombait normalement à un grand amateur de théâtre et à un « patriote littéraire », souvent auteur lui-même[199], et un Intendant comme le baron Dalberg, qui dirigeait avec une parfaite compétence et une autorité longtemps incontestée, en se faisant assister par un comité de comédiens, les affaires du « Théâtre National » de Mannheim, assura à l'établissement un pouvoir d'initiative dans le domaine du répertoire et une stabilité dans le domaine du personnel que l'ancien système ne permettait évidemment pas d'obtenir : ainsi furent joués les premiers drames révolutionnaires de Schiller, ainsi un acteur aussi sollicité qu'Iffland put y demeurer seize années, malgré les offres tentantes auxquelles il objectait sa « vieille liaison » avec le « Théâtre National »[200].

Il nous semble pourtant que la dénonciation des tares des troupes ambulantes, fort compréhensible au 18e siècle où il était clair qu'elles se trouvaient en position d'infériorité vis-à-vis des troupes françaises gagées et installées à demeure, est reprise aujourd'hui encore avec trop d'empressement : à croire que la *Prinzipalschaft* fut la source de tous maux pour un théâtre allemand que Löwen dit en 1766 « dans l'enfance ». N'y avait-il donc pas, dans ce grouillement de troupes qui venaient se concurrencer de façon plus ou moins loyale dans les Foires et les fêtes[201], qui rendaient visite à la moindre ville, quelles que fussent les conditions matérielles qu'elle

---

Palatin, un rôle similaire fut dévolu au comte d'Empire von Seeau. Brandes relate dans ses *Mémoires* (II, p. 171) qu'il prit la direction d'un Théâtre allemand fondé à Riga sous l'Intendance du Conseiller privé et chevalier von Vittinghof (celui-ci, d'après le *Calendrier Théâtral de Gotha*, eut également la charge du Théâtre allemand de Saint-Pétersbourg). On trouve à Münster un baron von Böhne et un major von Dincklagen à la tête du Théâtre, etc. Le Professeur Engel eut des responsabilités analogues à celles d'un Intendant quand il supplanta en 1788 l'ancien *Principal* Döbbelin, qui gardait le titre de directeur du « Théâtre National » de Berlin. Le titre d'Intendant est resté attaché à la fonction de direction jusque dans le présent.

199. Dalberg, par exemple, est l'auteur de plusieurs comédies dont le « triptyque » sur le mariage : *Die eheliche Probe, Die eheliche Vergeltung, Die eheliche Versöhnung* (*L'Epreuve, La Revanche, La Réconciliation conjugale.*)

200. Iffland, *Mémoires* (trad. Picard), p. 237 et *passim*.

201. Brandes, *Mémoires* (trad. Picard), II, p. 29 : Döbbelin, jouant à la Foire de Leipzig en même temps que Seiler venu de Gotha, répand le bruit que le bâtiment menace de s'écrouler, fait crier « au feu ! » pendant une représentation, etc. Aux fêtes du couronnement de Francfort en 1745, la *Neuberin* jouait son répertoire « relevé », où Destouches et Marivaux étaient à l'honneur, devant des bancs vides (cf. E. Mentzel, *Geschichte der Schauspielkunst in Frankfurt am Main*, p. 191), le mime Nicolini et l'Arlequin Müller attirant la foule par des parades.

leur offrît, portant le théâtre partout où l'allemand pouvait être compris[202], des aspects positifs ? Le territoire linguistique était entièrement couvert par une activité théâtrale intense, le répertoire allemand — et bien entendu celui qu'il avait emprunté à la France — pénétrait ainsi dans les lieux les plus inattendus. Du point de vue qui nous occupe, le répertoire ancien de traductions, remplacé dans les Théâtres permanents par des pièces originales ou des adaptations nouvelles en nombre restreint, se maintenait plus longtemps grâce aux troupes itinérantes qui, comme nous l'avons souligné, subissaient moins la nécessité de renouveler leur provision : quand, faute de nouveautés, les recettes baissaient, le moment était simplement venu de faire ses paquets. Pour ne citer qu'un exemple parmi ceux que nous avons trouvés dans les calendriers de théâtre, l'*Almanach de Gotha* pour l'année 1792 signale parmi les sociétés de comédiens la Compagnie Kuntz, dont la « base » était en été Hermannstadt, en hiver Temeswar (Banat), et qui de là rayonnait ; le *Principal* avait écrit à la rédaction : « L'été dernier, j'ai joué plusieurs mois avec ma Compagnie dans la célèbre forteresse turque de Belgrade. On m'avait fort opportunément installé en théâtre la mosquée turque nouvellement construite... »[203]. Il ajoute la liste des pièces représentées dans la mosquée et l'on y trouve *Die Verkleidung*, c'est-à-dire la version du *Jeu* que le libraire Schwan avait publiée en 1778 et qui ne figurait plus guère, à cette époque, au répertoire des Théâtres fixes.

Ces inconvénients sont réels et devaient se montrer particulièrement nuisibles dans un théâtre comme celui de Marivaux, où la précision dans la progression du moindre dialogue et la discrétion des effets sont des éléments essentiels. Toutefois, malgré la tutelle d'un public encore mal dégrossi et la tyrannie de la caisse, on ne peut négliger le fait que les troupes ambulantes, à la recherche de rentables succès, ont été amenées à tout jouer, échappant ainsi au dogmatisme gottschédien et au moralisme des pasteurs. Les querelles du siècle, c'est aussi le procès d'Arlequin, c'est l'affirmation d'une logique guindée et d'une décence apeurée comme principes directeurs de la scène ; ce despotisme-là, venu de l'extérieur, est

---

202. Avant son installation à Weimar en 1771, Seiler, partant de Hanovre, allait jouer à Hambourg, Lüneburg, Celle, Stade, Hildesheim, Osnabrück etc., parfois dans des salles misérables où tout changement de décor était exclu ; les voyages continuels empêchaient l'étude de pièces nouvelles et le manque de nouveautés obligeait à repartir... L'ancien *Entrepreneur* du « Théâtre National » de Hambourg était bien près de la faillite (Brandes, *op. cit.*, I, p. 423).

203. *Gothaer Theaterkalender, Jahrgang* 1792, p. 287.

sans doute plus dangereux pour le théâtre que celui qui émane du public populaire, partenaire normal de tout spectacle, et qui est plus facile à infléchir que celui des doctrinaires. Il n'est pas certain non plus, malgré l'aisance et les commodités qu'elles donnaient, le recrutement, la formation des nouveaux, le règlement des conflits internes qu'elles facilitaient, que la garantie financière du prince et la tutelle d'un homme bien en Cour aient toujours été plus avantageuses pour le théâtre que l'existence de « bandes » réduites à leurs propres ressources[204]. Le bénéfice ne fut évident que là où un Dalberg ou à plus forte raison un Goethe fut préposé à cette tâche.

V. — LE PUBLIC, LES COMEDIENS ET MARIVAUX.

Ce qui a le plus incommodé la critique de l'époque, c'est la docilité de ces troupes mal rentées à l'égard d'un public qui préférait à la sensibilité le gros rire : les disputes sur la notion d'une élite de spectateurs (« der angesehene Teil des Publici »), à laquelle s'opposerait un rebut beaucoup plus volumineux (« der sinnliche Teil der Zuschauer »)[205], et sur la véritable mission du théâtre — consiste-t-elle à combler les aspirations de la première, ou bien à contenter les besoins du second ? — sont de toutes les époques ; mais la dépendance à l'égard du nombre n'a jamais été aussi marquée que durant la grande période d'activité des troupes itinérantes.

---

204. Si l'esclavage vis-à-vis du public diminuait, si la caution d'un homme de Cour pouvait favoriser des initiatives hardies, dans d'autres cas l'esprit d'entreprise d'une scène subventionnée peut être paralysé par la bureaucratie ou par des intérêts étrangers au théâtre. Un témoignage emprunté à Baudelaire : voulant faire jouer Est-il bon, est-il méchant ? de Diderot par la Gaîté, il écrit à son directeur Hostein, le 8 nov. 1854 : « Dans les théâtres subventionnés, rien ne se fait, rien ne se conclut, rien ne marche ; tout le monde y est timide et bégueule » (O.C. de Diderot, Garnier fr., 1875, t. 8,p. 141).

205. Dans son libelle contre le critique du Hamburgischer unparteiischer Correspondent (« Erste und letzte Antwort... », Hambourg, 1766), Löwen avait soutenu l'existence d'une élite du public, dans laquelle il rangeait « tous les bienfaiteurs, amateurs et promoteurs du théâtre à Vienne, Leipzig, Hambourg et autres lieux », tandis qu'il relevait dans un autre libelle de la même année (Freundschaftliche Erinnerungen..) que « le spectateur sans goût fait la grande majorité », qu'il « ne voit pas une comédie sérieuse avec le même plaisir que Le Malade imaginaire et Le Bourgeois gentilhomme » et que « le comédien est forcé de se régler sur le spectateur ». Le libelle Ueber die Leipziger Bühne (Dresde, 1770), lettre ouverte adressée à Löwen, revient sur l'influence d'un grand public matérialiste et « sensuel », que les Principaux doivent « repaître » : Koch avec des opérettes, Wäser avec des pantomimes.

Cette emprise du public ne rencontrait pas d'obstacle : la plupart des *Principaux* était sans formation ni ambition littéraire ; ceux-là même qui en avaient, tel Koch[206], étaient d'abord obligés de compter la recette, les acteurs n'apprenaient le métier que par la routine et les aspects extérieurs : Brandes débutant fut initié par le machiniste et le maître de ballet ; l'échec de ce futur grand tragédien lors de son premier essai dans *La Mort de César* ne peut surprendre[207]. Or, ce public dont les réactions décidaient du répertoire et du jeu manquait lui-même d'une éducation ; dans ce couple de partenaires inséparables que forment comédiens et spectateurs, la médiocrité est contagieuse. Lessing, obligé comme dramaturge attaché au « Théâtre National » de Hambourg de distribuer des éloges à ses principaux acteurs, accuse par contre le public d'indifférence et de matérialisme ; dépité de voir qu'une comédie d'inspiration nationale comme sa *Minna* était loin de recevoir l'accueil qui avait été fait en France au médiocre *Siège de Calais* de Buriette de Belloy[208], il risque même le terme de « barbares » par comparaison avec le public français. En réalité, sauf quelques brillantes exceptions, et dans la totalité des troupes, des comédiens sans culture ni principes se laissaient guider par le comportement du public le plus nombreux ; Schiller observe encore en 1803, à propos d'une comédie, que les acteurs allemands barbouillent ou peinturlurent volontiers leur texte dès qu'ils ne sont plus tenus en lisière par le vers[209].

Finalement, la difficulté était plus grande pour le théâtre de Marivaux que pour les comédies d'autres auteurs français : en dehors des Cours, qui aimaient le voir jouer et le jouer elles-mêmes en original, à quel public s'adressait-il ? La critique, expression de la bourgeoisie intellectuelle, orientait dans son ensemble le genre vers le sérieux, l'attendrissement des liens de famille ou d'amitié, les comportements édifiants, avec une certaine méfiance — qui se poursuivit bien après le déclin de Gottsched — envers la fantaisie et le piquant ; dans ce domaine, seule *La Mère Confidente*[210] pou-

---

206. Koch avait étudié avant de recevoir sa formation d'acteur chez Caroline Neuber. Rappelons qu'il est appelé le « père de la scène allemande », du moins en ce qui concerne la comédie, par le *Theaterjournal für Deutschland* de 1781, n° 18.
207. Il s'agit de la tragédie de Voltaire. Cf. Brandes, *Mémoires*, I, pp. 164-166.
208. Cf. *Dramaturgie*, n° 18 (pp. 74-75 de l'éd. Otto Mann) et Erich Schmidt, *Lessing*, I, p. 589.
209. Lettre de Schiller à Goethe du 20 mai 1803 (*Schillers Briefe*, éd. Jonas, t. 7, p. 41) à propos de la petite comédie *Der Neffe als Onkel* ; le terme employé est *sudeln*.
210. On se souviendra que c'est aussi la pièce « sauvée » par d'Alembert dans son *Eloge* (cf. *Th. C.*, II, p. 987).

vait lui donner pleine et entière satisfaction. Quant au peuple, il attendait de la comédie, de la bonhomie, de la jovialité, une plaisanterie crue et même triviale, des sous-entendus transparents ; certes, Marivaux était à ranger parmi les auteurs gais, et certaines traductions qui coupaient la parole aux amants pour la rendre plus vite au valet et à la soubrette s'efforçaient d'accentuer encore ce caractère ; mais il cultive l'esprit plus que la drôlerie et pratique un sousentendu fin, qui échappait certainement au gros du public quand il n'avait pas échappé au traducteur ; on n'allait jamais jusqu'à l'éclat de rire, sauf dans la version en *platt* de *L'Héritier de Village*[211]. Cette ambiguïté entre la légèreté et la philosophie, qui est l'un des charmes de ce théâtre, et qui fit qu'on le joua en Allemagne d'abord dans le style de l'Arlequinade[212] pour le rapprocher ensuite de plus en plus du registre sentimental[213] risquait de le placer en porte-à-faux : pas assez joyeux pour les esprits simples, pas assez grave pour les tenants de la comédie édifiante ; la subtilité des moralistes français combinée avec des éléments de la farce à l'italienne déroutait.

Pourtant les acteurs allemands les plus célèbres du siècle ont apprécié et souvent fait aimer Marivaux ; cette dualité même permettait à des talents divers de s'exprimer dans son théâtre. Ekhof a traduit *L'Ecole des Mères* et triomphé dans *L'Héritier de Village* : c'était l'époque où les troupes cultivaient la franche gaîté dans le *Nachspiel* (spectacle donné après une tragédie, un drame ou une comédie touchante, avant le baisser de rideau) et ces deux petites pièces ne sont-elles pas justement les plus optimistes et les plus amusantes de notre auteur[214] ? Plus tard, Schröder et Iffland ont eu tous deux une tendresse pour Marivaux. Le premier, novateur s'il en fut, était pourtant hostile à l'ancien répertoire ; le fait qu'il ait préféré *La Fausse Suivante* ne saurait étonner : c'est, dans le domaine de la promiscuité sociale et de la « guerre des sexes »[215],

---

211. Voir le témoignage de Lessing, *Dramaturgie*, feuilleton nᵒ 28, p. 112 de l'éd. Otto Mann.
212. La *Chronologie du Théâtre allemand* de Chr. H. Schmid rapporte ainsi que l'acteur Leppert, de la Compagnie Koch, jouait en caricature l'Arlequin du *Jeu*, corsant le rôle par ses improvisations (cf. p. 130).
213. Ce fut le cas notamment de l'interprétation de *Die falschen Entdeckungen* (*Les Fausses Confidences*, dans la version de Gotter) pendant la période du *Sturm und Drang* et au-delà.
214. Ce sont du moins les deux pièces de Marivaux dont Lessing souligne la gaîté (*Dramaturgie*, feuilletons 21 et 28).
215. Le rôle de Trivelin, les scènes où il profite de son avantage sur celle qu'il croit être une suivante, mais que le spectateur sait être une fille de famille, rendent un son particulier, en ce qui concerne le premier point ; pour le second, les rôles de Lélio, de la comtesse et du faux chevalier sont très marqués.

la pièce la plus audacieuse. Quant à Iffland, il regrettait, nous l'avons vu, que l'excès de pièces de Shakespeare et de *Tempête et Assaut* au répertoire ait relégué dans le passé un certain art cultivé qui s'était développé en jouant Destouches et Marivaux. L'époque avait changé : c'est à partir de 1771 que Schröder, devenu indépendant à Hambourg et trouvant bientôt les pièces originales dont il avait besoin pour dégager un nouveau style, put donner toute sa mesure ; c'est à partir de 1779 qu'Iffland, atout majeur en tant que comédien et auteur du « Théâtre National », remporta à Mannheim ses brillants succès. Quand, en 1774, Gotter publia son adaptation des *Fausses Confidences*, l'attention, en ce qui concerne Marivaux, se fixa sur cette comédie, où l'on découvrait des aspects en harmonie avec les tendances de l'époque *Sturm-und-Drang* : il n'est pas sans intérêt à cet égard de constater qu'Iffland et Schröder ont joué cette pièce, interprétant l'un et l'autre le rôle relativement secondaire, mais de contestation bourgeoise, du procureur Rémy[216]...

Les facteurs sociaux étaient déterminants dans le choix du répertoire des troupes ambulantes, leur manière de jouer, les réactions de leur public. C'est en général pour déplorer cet état de fait que la critique y insiste : le milieu dont sont issus beaucoup d'auteurs et les milieux qu'ils fréquentent ne la satisfont pas, et la raison première est qu'on n'accorde pas en Allemagne, comme on le fait en France, à l'activité d'écrivain la dignité d'une profession indépendante[217] ; de même, il est sans cesse reproché aux comédiens de se satisfaire d'une éducation négligée, de frayer avec les petites gens, et là encore le peu de considération attachée à leur métier les empêche de s'évader de la médiocrité[218]. Mais les facteurs

---

216. Les affichettes de Hambourg et Mannheim montrent en effet que le rôle de Riemer (M. Rémy — Gotter a fait ici une sorte de traduction humoristique du nom, alors qu'il a employé pour d'autres rôles, et notamment pour le comte et Madame Argante, des « noms significatifs » — voir notre étude des traductions) a été tenu par Schröder (après son beau-père Ackermann) et par Iffland.

217. La lettre publiée par le *Journal de Théâtre pour l'Allemagne* (n° 18, 1781) reproche aux auteurs d'avoir un horizon qui ne dépasse pas leur ville natale et de se complaire dans un petit cercle formé de gens de « l'engeance la plus basse, parce que chez les Allemands un simple écrivain dépourvu d'offices et de dignités est un être si méprisé qu'on lui interdit l'accès aux meilleures compagnies... à supposer qu'il y veuille entrer ».

218. La lecture des *Mémoires* d'Iffland et de Brandes montre une nette évolution par rapport à cette situation, car ils s'y vantent de leur audience auprès de certains membres des familles princières (et que l'on songe à l'humble origine du second !), mais il est vrai que c'est après l'établissement de Théâtres allemands permanents.

sociaux jouent un rôle peut-être plus grand encore au niveau du public : il y a un public pour la farce et un public pour la comédie sérieuse, dont les origines et les prétentions sont bien différentes. Dans sa vingt-troisième *Lettre sur le Théâtre viennois*, du 14 mai 1768, Sonnenfels se réfère à Horace pour affirmer que « le public populaire (...) bat des mains aux grossièretés et aux turpitudes, tandis que le chevalier, le noble et l'homme influent par sa fortune en sont choqués, que par conséquent il sera loisible à chacun de montrer par ses applaudissements ou sa réprobation à quelle classe il appartient »[219]. Il y a là un argument qui s'adresse à l'amour-propre et qui, surtout à Vienne, n'était sûrement pas sans efficacité ; le critique, pour combattre d'autre part le sentiment d'infériorité constamment éprouvé par le public du théâtre allemand par rapport à celui du théâtre français — sentiment qui incitait le premier à se contenter de divertissements faciles — avait noté que « les specta-teurs français, en dépit de cette profusion de pièces raffinées et sen-sibles qu'on leur offre, n'en souffrent pas moins très souvent de rechutes dans la farce »[220]. La solution que préconise Sonnenfels est le remplacement du *bas-comique* (il écrit ce terme en français) par des plaisanteries plus fines, afin que « l'amateur de rire y trouve son compte sans que son esprit reste inoccupé ». Il est certain que cette formule, jointe à l'observation sur la façon dont chacun révèle à la comédie son appartenance sociale, ne pouvait que recommen-der Marivaux au bon accueil des spectateurs[221].

---

219. *Briefe über die Wienerische Schaubühne*, Wien, bei Joseph Kurtzböck, auf dem Hofe, 1768, p. 332.
220. Le critique considère comme de telles « rechutes » le bon accueil fait par le public français « aux farces de Regnard, à *L'Ecole des Maris* et pièces analogues de Molière ».
221. Sonnenfels n'a cependant ajouté le nom de Marivaux à celui de Destou-ches que dans la seconde édition de ses *Lettres* (p. 181). Comme Gott-sched, il n'appréciait ni le théâtre italien ni ce qui s'y réfère ; sa sep-tième lettre commence par une citation tirée de l'*Ambigu comique* : « C'était un ouvrage à la glace / Qui partout n'aurait valu rien, / Ces pièces-là sont à leur place / Sur le théâtre italien ».

4

Les traductions

I. — *INVENTAIRE.*

a) *Faiblesses de l'étude ancienne de V. Golubew*

Les listes de traductions allemandes des œuvres de théâtre de Marivaux que nous avons vues comportent toutes d'importantes lacunes et de grosses erreurs. L'ouvrage de référence sur la question est la dissertation de doctorat de Victor Golubew, publiée à Heidelberg en 1904 : *Les comédies de Marivaux dans des traductions allemandes du 18e siècle*[1]. Nous traduisons nous-même le titre de cette étude sans souci d'élégance, soucieux seulement d'exactitude, car il n'implique pas forcément — et on n'y trouve pas en effet — un relevé complet des traductions des comédies, sans parler du fragment de traduction d'*Annibal* confectionné par Lessing étudiant. Golubew possède un style agréable, il fait des remarques judicieuses encore qu'un peu décousues, mais il aime surtout l'anecdote et le trait fugitif[2], sa connaissance de Marivaux est trop visiblement insuffisante, et disons que, même s'il ne prétendait pas être complet,

---

1. *Marivaux' Lustspiele in deutschen Uebersetzungen des 18. Jahrhunderts, Inauguraldissertation*, etc. Heidelberg, 1904, libr. univ. Carl Winter. C'est ce petit livre que cite en référence le *Grundriss* de K. Goedeke.
2. Il emprunte par exemple à J.-J. Olivier la citation des vers satiriques de Frédéric II sur un juge qui va étudier à Paris, mais ne s'intéresse qu'aux frivolités :
   De crainte que Cujas ne gâta (*sic*) son cerveau,
   Il ne lut que Mouhi, Moncrif et Marivaux.
   (*Epître sur les Voyages*)
   Imitation peu significative de Voltaire. Il consacre trois pages de ce mince ouvrage à l'installation de la troupe Schönemann au château de Schwerin et à la très banale dédicace, écrite dans le style pompeux de l'époque, par Ekhof remettant sa traduction de *L'Ecole des Mères* à la jeune princesse Louise Friederike de Mecklembourg (cf. *op. cit.*, pp. 2 et 41-44).

sa recherche des traductions imprimées a manqué d'application. La méthode qu'il semble avoir voulu employer : un déroulement chronologique des traductions, avec des indications sommaires sur leur publication et des extraits assez longs, qui soulignent des détails parfois insignifiants mais n'entrent pas réellement dans la matière du sujet — une maladresse, une bévue aurait-elle donc plus d'intérêt que la transformation d'une intrigue sous prétexte de l'adapter à une autre époque et à un autre pays ? — donne l'impression d'une sorte de causerie aimablement superficielle. Golubew était de Saint-Pétersbourg[3] et son étude a fort peu l'allure d'un travail allemand. Peut-être a-t-il pensé en adapter le ton à la « légèreté » de Marivaux...

Parlant des pièces (non imprimées) jouées par la *Neuberin* en tournée à Hambourg en 1735, il indique parmi elles certaine comédie intitulée *Die angenommene Sprödigkeit* (soit « La pruderie supposée »), qu'il attribue à Marivaux sans commentaire ni note[4] ; est-ce donc l'une des *Surprises de l'Amour* ? La question n'est pas posée. Il cite bien entendu les deux tomes de Krüger, mais, arrivé à *La Double Inconstance*, qui ouvre le tome second, il retraduit en français — on ne sait trop pourquoi — le titre allemand *Die beiderseitige Unbeständigkeit*, ce qui donne : « *L'Inconstance mutuelle* »[5]. Puis il nous raconte la « jolie histoire » de la traduction par Conrad Ekhof d'une pièce en un acte de Marivaux ; *La Mère Confidente*[6] ! Certes, il aperçoit la confusion qui a été faite par Schröder et Thiele, dans leur édition de la *Dramaturgie*, entre la traduction de Marivaux insérée au premier tome du *Théâtre Allemand de Vienne* sous le titre *Die falschen Bediente, oder der bestrafte Betrüger* (et qui est évidemment *La Fausse Suivante, ou le Fourbe puni*) et *Die falschen Vertraulichkeiten* (*Les Fausses Confidences*), pièce que Lessing a commentée sans en nommer le traducteur, alors qu'elle ne figure pas au recueil de Krüger[7]. Il est vrai que Wittekindt avait signalé avant lui cette bizarre erreur[8], qui suppose une ignorance et deux bévues :

---

3. « *... von Victor Golubew, aus Petersburg* ».
4. *Op. cit.*, p. 6.
5. *Ibid.*, p. 10.
6. *Ibid.*, p. 41. L'erreur est de taille : les deux pièces présentent une Mme Argante dont l'une, tyrannique, a manqué son œuvre d'éducation et dont l'autre, compréhensive, l'a réussie... *L'Ecole des Mères* n'était d'autre part qu'un *Nachspiel* (cf. *Dramaturgie*, n° 21).
7. *Dramaturgie*, n° 18.
8. W. Wittekindt, *Johann Christian Krüger*, p. 13. Le biographe de Krüger se réfère à Schröder et Thiele, affirmant dans leur édition de la *Dramaturgie*, p. 111, que Krüger a traduit *Les Fausses Confidences* sous le titre *Die falschen Bediente* (*Théâtre allemand de Vienne*, 1756, n° 4 du recueil). Il s'agit du recueil d'inspiration gottschédienne dont la première édition

il fallait d'abord substituer le pluriel *Bedienten* au singulier *Bedien-te*, confondre ensuite *confidents* — qui se dit pour serviteurs, mais plutôt dans la tragédie — et *confidences*, et enfin tout ignorer de l'intrigue des *Fausses Confidences*, où, s'il y a un fourbe, c'est pour seconder l'amour et il n'est nullement puni[9], comme l'indiquait le sous-titre qui est, lui, parfaitement traduit...

Golubew a donc bien fait de confirmer l'erreur commise, et cette confirmation n'a hélas pas empêché cette confusion de se perpétuer, puisqu'elle est reproduite par Fromm dans sa *Bibliographie*[10]. Mais on se demande pourquoi il éprouve le besoin d'ajouter : « Nous tenons pour dénuée de fondement l'hypothèse selon laquelle Krüger serait l'auteur de *Die falschen Bediente* » et d'en faire la démonstra-tion[11]. N'eût-il pas été plus utile d'identifier le véritable traducteur ? Or, il reproduit sans commentaire les initiales G.A.O., dont est signée cette traduction, qui ne sont évidemment pas celles de Krüger, mais dont le mystère peut être éclairci : pour résoudre ce petit problème, il suffisait de se rappeler que Lessing, à la même époque, annonçait déjà les publications nouvelles dans la *Gazette privilégiée de Berlin*[12] et que la perspicacité du jeune critique était rarement en défaut. Nous avons donc trouvé en 1749, dans les articles qu'il fit pour ce journal, l'annonce de la *Deutsche Schaubühne zu Wien*, et au n° 4

---

parut en 1749 ; qu'une pièce de Marivaux — et particulièrement *La Fausse Suivante* — y figurât est une intéressante anomalie, qu'un avant-propos essayait de justifier ; nous y reviendrons.

9. Dubois est même triomphant à la dernière scène : « Ouf ! ma gloire m'accable... » (III, 13).

10. Hans Fromm a sans doute suivi Schröder et Thiele : il se réfère à l'éd. de 1756 de la *Deutsche Schaubühne zu Wien* pour placer sous la rubrique *Fausses (Les) confidences* la pièce *Die falschen Bedienten*... pluriel qu'il suppose ! Il reproduit la mention : « übersetzt v. G.A.O. », sans commen-taire (*Bibliographie deutscher Uebersetzungen aus dem Französischen, 1700-1948*, Baden-Baden, 1951). Nous avons sous les yeux la 2ème éd. du *Grundriss* de Goedeke, t. 3 (Dresde, 1887, p. 366) qui, lui, ne prenait pas position sur le titre original, mais attribuait la traduction à Krüger, en dehors des deux volumes de 1747-1749, qui ne sont pas signés, mais attes-tés par Chr.-H. Schmid.

11. *Op. cit.*, pp. 54-57. Les arguments ne manquent certes pas : Krüger avait déjà traduit la pièce dans son second volume (*Das falsche Kammermäd-chen*), il avait — et pour cause ! (cf. notre exposé sur la querelle d'Arle-quin) — gardé le nom du « bouffon welche », que le *Théâtre allemand de Vienne*, dans le sillage de Gottsched, débaptise. Mais, comme le traduc-teur était facile à identifier, on a l'impression d'une machine qui tourne à vide.

12. Lessing n'a été engagé pour rédiger le feuilleton (selon l'expression actuelle) de la *Gazette de Berlin* qu'en 1751 ; mais il lui a donné des arti-cles sur l'actualité littéraire dès la fin de 1748 (cf. Erich Schmidt, *Lessing*, I, pp. 183-184), à une époque où Mylius dirigeait ce journal.

de ce recueil, titres et initiales dûment rectifiés : *Die falsche Bediente, oder der bestrafte Betrüger* (littéralement : « La fausse servante, ou le fourbe puni »), *ein Lustspiel des Herrn von Marivaux, von H.A.O.*, c'est-à-dire H(einrich) A(ugust) O(ssenfelder), son ancien condisciple. Il ajoute simplement que la traduction est « bien réussie » (*wohl geraten*) ; il sera bientôt moins indulgent pour le même auteur quand il s'agira de ses comédies originales[13] !

Le peu de persévérance de Golubew dans ses recherches se révèle encore quand il avoue, à propos de la version du *Jeu* rédigée par Jünger : « Nous n'avons pas réussi à découvrir un exemplaire imprimé de cette pièce » ; franchise louable, mais excuse-t-elle pareille défaite, alors que ce texte imprimé n'a rien d'introuvable[14] ? Au moins a-t-il vu le manuscrit du souffleur conservé dans les archives du « Théâtre National » de Mannheim, et c'est sur lui qu'il fait un commentaire nécessairement pauvre, car les nombreuses coupures habituelles à la représentation ne permettaient guère de se prononcer sur la qualité d'une traduction ; la brièveté de ce commentaire — une page de très petit format ! ... — contraste avec la longue étude consacrée auparavant à la traduction par Konrad Pfeffel de *L'Ile des Esclaves*[15], une œuvre qui n'apparaît que bien fugitivement et discrètement dans les répertoires, alors que *Maske für Maske*, de Jünger, a été joué et rejoué partout, durant de nombreuses années, et a été remanié à son tour, donnant lieu à une nouvelle descendance[16]. C'est ainsi que la carence de la recherche a eu pour conséquence un déséquilibre des commentaires proprement injustifiable.

L'exemplaire du souffleur de Mannheim a toutefois montré à Golubew que Jünger avait changé un point essentiel de l'intrigue du *Jeu* : quand Silvia permute avec sa soubrette, ce n'est plus elle qui en prend l'initiative, mais M. Orgon son père ; il ne permet plus, il décide. Le critique saisit cette occasion d'entamer un couplet

---

13. Le nom est rétabli par l'éd. (*O.C.* de Lessing, K. Lachmann, rééd. de 1968, t. IV, p. 37). Ossenfelder avait été le condisciple de Lessing à l'Ecole St. Afra, à Meissen, et il était ami de Mylius. Il écrivit des comédies que Lessing jugera « misérables » dans la même gazette, en 1751 (*Ges. Werke*, I, p. 38), le désignant par dérision sous le pseudonyme transparent de *Knochenacker*.

14. Comme il est normal pour un texte utilisé par de nombreux Théâtres et pendant quelque cinquante ans, il se trouve au contraire avec facilité, soit isolé, soit au tome 3 du *Comisches Theater* (Leipzig, 1794). Les archives du « Théâtre National » de Mannheim détiennent justement un exemplaire de la pièce réimprimée en 1796.

15. Golubew, *op. cit.*, pp. 64-87... !

16. Voir notre étude ultérieure des avatars du *Jeu*.

connu : « Ici comme dans la plupart de ses pièces, Marivaux place les fils de son intrigue entre les mains délicates d'une femme et il laisse ensuite, pour ainsi dire, aux dieux invisibles de l'Amour le soin de les tisser ; à peine pourrait-on trouver pour notre auteur un signe plus caractéristique... » etc.[17]. L'intention est bonne, sans doute : il est vrai que Marivaux accorde beaucoup aux femmes, que remplacer l'imagination de Silvia par l'autorité du père est vraiment dénaturer la pièce, la « germaniser » de la plus malheureuse façon ; mais pourquoi Jünger l'a-t-il fait ? Voilà ce qu'un commentaire attentif devrait essayer d'éclaircir. Et Golubew, en parlant des fils de l'intrigue, a tout simplement oublié que Dorante, lui aussi, avait eu l'idée de changer d'habit avec son valet pour mieux observer sa future ; cet échange avec Arlequin était même d'emblée un peu plus risqué que celui de Silvia avec Lisette[18]. En substituant M. Orgon à sa fille, Jünger n'a pas fait passer une initiative purement féminine entre des mains moins délicates, mais il a supprimé la coïncidence, le jeu du hasard, c'est-à-dire qu'il a détruit l'originalité de la pièce. L'adaptateur a conçu la comédie à la manière d'une partie d'échecs : le père réplique à l'information que lui a donnée son intime et ancien ami par une décision qui préserve l'ordre social menacé, qui protège sa fille des cajoleries d'un valet : c'est un coup adroit, c'est même une décision logique et en plein accord avec les bienséances[19], mais où est la fantaisie de Marivaux ? Jünger n'a pas caché son intention, elle est visible déjà dans le nouveau titre qu'il a choisi : *Masque pour Masque* suggère une volonté de réplique, de revanche.

b) *Un test : le monologue d'Hortensius dans La Seconde Surprise de l'Amour*

Il serait cependant injuste de ne voir dans l'enquête de Golubew que les erreurs et les lacunes. Il a aussi d'excellentes idées, comme l'est à notre avis celle de comparer les trois versions allemandes successives du monologue du pédant Hortensius dans *La*

---

17. *Op. cit.*, pp. 122.
18. Le comportement d'Arlequin, dès son apparition sous l'habit de son maître, souligne ce risque, au point que l'auteur semble avoir voulu justifier une certaine invraisemblance de l'entreprise dans les reproches qu'il lui fait adresser par Dorante : « Tu m'avais tant promis de laisser là tes façons de parler sottes et triviales... », etc. (I, 9).
19. Il est piquant de voir que Jünger, plus de soixante ans après la création de la pièce aux Italiens, se fait ici le champion des bienséances, si souvent violées entretemps par le théâtre du *Sturm und Drang* ; il en fut d'ailleurs félicité par la *Gazette Littéraire de Halle* du 31 août 1796.

Seconde Surprise de l'Amour (III, 1). Le personnage, considéré en France comme tout à fait plaisant ou comme trop lourd et trop discoureur[20], constituait en Allemagne, où les érudits se plaignaient encore plus volontiers du peu de cas que les grands faisaient d'eux, une « épine dans l'œil » de nombreux savants en *us* ou de « Magnificences latines » (c'est ainsi que le baron de Sonnenfels, à Vienne, appelait Gottsched), mais faisait d'autant mieux exulter les railleurs de la gravité académique. Rappelons les termes de ce monologue, réjouissant, mais sobre, que l'on cite souvent de travers :

« N'est-ce pas une chose étrange qu'un homme comme moi n'ait point de fortune ! Posséder le grec et le latin, et ne pas posséder dix pistoles ? O divin Homère ! O Virgile ! et vous, gentil Anacréon ! Vos doctes interprètes ont de la peine à vivre ; bientôt je n'aurai plus d'asile : j'ai vu la Marquise irritée contre le Chevalier ; mais incontinent je l'ai vue dans le jardin discourir avec lui de la manière la plus bénévole. Quels solécismes de conduite ! Est-ce que l'amour m'expulserait d'ici ? ».

Le critique dit fort bien que cette comparaison nous permet non seulement de voir à l'œuvre trois traducteurs de tempérament différent, dont les deux derniers cherchent naturellement à surenchérir sur le précédent, mais encore de « jeter un regard de côté sur le développement de la langue allemande au cours d'un demi-siècle »[21]. Et en effet, traduire Marivaux était périlleux : voilà une très bonne pierre de touche. Golubew reproduit donc, l'un après l'autre, les essais de Krüger (1747), de Lambrecht (1786), de Jünger (1803). Pour le premier, point de problème : l'acteur traduit, fidèlement, humblement, mais sa langue est rude, gauche, et il lui arrive de trébucher, parce que des nuances du vocabulaire français lui échappent[22]. Lambrecht, lui, répète sans hésiter les fautes de son prédécesseur, mais il se sent plus libre — Pfeffel et Dyk sont passés par là[23] — et il agrémente le texte de sentences qui lui paraissent opportunes :

---

20. Voir à ce sujet la notice de F. Deloffre dans *Th. C.*, I, pp. 661-663. Le rôle d'Hortensius et notamment le monologue en cause ont été appréciés ou discutés.

21. Golubew, *op. cit.*, p. 123. La reproduction des trois versions englobe les pp. 123-126.

22. Par exemple, il traduit *fortune* par *Glück* (alors qu'il fallait *Vermögen*, comme le confirme la suite : « ... et ne pas posséder dix pistoles ? »). Mais *fortune* se rencontrait souvent dans un sens plus général (cf. Glossaire, in *Th. C.*, II, pp. 1095-1096).

23. Rappelons que, dans la préface de leur collection respective de pièces comiques françaises, Konrad Pfeffel (*Belustigungen nach französischen Mustern*, 1765) et Joh. Gossfried Dyk (*Komisches Theater der Franzosen*, 1777) avaient affirmé le principe de l'indépendance des traducteurs.

« ... La tête pleine et la bourse vide, tel est bien ordinairement le sort des savants. Celle-là est chez moi remplie de grec et de latin, celle-ci ne contient pas dix ducats... » ou encore : « ... O femmes ! femmes ! faut-il que vous soyez donc toujours en contradiction avec vous-mêmes ? Qui me garantit que l'amour ne m'expulsera pas d'ici ? ». Golubew cite sans commentaire ; il ne voit pas que Lambrecht, avec son « O femmes ! femmes ! » a mêlé un peu de Beaumarchais, qui avait alors toutes les faveurs de la mode[24], au texte plus discret de Marivaux. Mais Hortensius n'a vraiment rien à voir avec Figaro...

Reste Jünger : il écrit tout un roman, dont nous ne pouvons retraduire dans le cadre de cette étude générale que des extraits. Le début d'abord :

« Voilà qui ne me plaît pas du tout ! Le baron et la baronne sont un peu trop d'accord à mon gré. — Peut-être que le moyen que j'ai employé a eu l'effet contraire ? Moi qui voulais faire démordre le baron, si je l'avais à l'inverse rapproché de la baronne... ? — Certes, la baronne s'est promis solennellement de ne pas se remarier ; mais bien fol est qui s'y fie ! *Voluntas mulierum est ambulatoria !* », etc. Nous renonçons à poursuivre : le tout couvre près d'une page et demie, avec citations latines, comparaison flatteuse avec tout un cortège de savants illustres[25], invocations — mais non pas simplement, comme dans l'original, au divin Homère, à Virgile et au gentil Anacréon, mais à « toi, ô grand Marcus Tullius, qui soupais sur des tapis brodés d'or ! divin Flaccus, qui faisais bombance à la table

---

24. Le *Barbier* (*Der Barbier von Sevilla*), traduit en 1775 par un avocat de Gotha, S.-H. Ewald, qui collabora au *Calendrier de Théâtre* et au *Journal de Théâtre pour l'Allemagne* de Reichard, fut inséré dans le troisième volume de la collection Dyk en 1778. Le *Mariage* eut en Allemagne un succès et une influence considérables ; il en existe plusieurs versions (dont l'une, titre et sous-titre inversés : *Der tolle Tag...* figure dans le *Théâtre posthume* de Jünger, publié à Ratisbonne en 1803) et Iffland sacrifia à la mode en composant un *Figaro en Allemagne* (*Mémoires*, p. 152). Une traduction avait paru à Vienne en mars 1785 ; Iffland signale une représentation brillante au « Théâtre National » de Mannheim, la même année (*ibid.*, pp. 117-118) ; il parle aussi du « brave Lambrecht », qui se trouvait à Mannheim au printemps de 1786 (p. 140). La version de la *Seconde Surprise* écrite par Matthias Georg Lambrecht porte un titre « libre » : *Solche Streiche spielt die Liebe* (« Voilà les tours que joue l'Amour »), les noms sont germanisés sans toutefois devenir « significatifs ». La pièce a été éditée à Augsbourg par Conrad Heinrich Stage, représentée par le Théâtre de München où Lambrecht fut comédien ; on ne la trouve guère ailleurs.

25. Hortensius se désigne comme un homme qui pourrait « aller *pari passu* avec un Burman, Scaliger, Gronov, Grävius, Casaubonus, Heinse et Ernesti ».

d'Auguste ! toi, gentil Anacréon, dont les boucles ruisselaient du vin de Chypre[26] ! et toi, immortel Aristote, qui sous la protection du Macédonien couronné reposais sur des coussins de Perse ! O vous, étoiles fixes au firmament littéraire, si vous saviez que l'un de vos premiers admirateurs et zélateurs n'aura peut-être plus demain un coin où reposer sa tête ! ».

Le début était trop insistant, trop explicite, et la fin confine au délire. Mais qu'en dit Golubew, qui a choisi cet échantillon ? Il reconnaît que ce langage « plein d'envolée et riche d'images » sort du rôle du « pédant aride » qu'est Hortensius. Nous ajouterions volontiers que Jünger n'est pas, en matière de psychologie, égal à son modèle : la situation ne justifie pas un tel torrent d'éloquence, un parasite inquiet pour son pain quotidien n'est pas aussi disert quand il est seul. Mais le critique a fait précéder ses trois citations d'un jugement général sur ce qu'il appelle la « manière de traduire propre à Jünger » ; le verbe est-il adéquat ? Il la caractérise ainsi : « Elle consiste à renforcer, à élargir le dialogue de l'original — et il semble le faire presque sans s'en rendre compte[27] — par des ajouts personnels, de telle façon que de nouvelles pousses, de nouvelles feuilles jaillissent des haies de rosiers soigneusement taillées de Marivaux ». C'est, nous semble-t-il, traiter avec une bienveillance excessive cette incontinence verbale qui n'a plus rien à voir avec une traduction ; ces « nouvelles pousses » sont des « gourmands », que Jünger aurait dû traiter après coup à la cisaille, même si sa faconde l'entraînait contre son gré. Les exemplaires ou manuscrits de « régisseur » et de souffleur ont d'ailleurs fait obligatoirement ce travail que l'auteur a négligé. Après cette lecture d'un extrait de *Das Recidiv, frei nach Marivaux* — ô combien libre en effet !... — et même de l'ensemble de la « traduction », le commentaire du traducteur de *La Vie de Marianne* sur la nécessité où il se trouvait de couper les longueurs de cet « aimable bavard » qu'était l'auteur[28] prend une saveur toute particulière. Golubew ne s'est pas préoccupé des romans et ne songe donc pas à ce plaisant rapprochement. Aussi

---

26. On saisit ici sur le fait le goût de la glose, l'intempérance du « traducteur » ; est-elle vraiment spontanée, comme le suggère le critique... ?
27. Jünger nous paraît au contraire exploiter à fond les effets comiques, qu'il trouve trop discrets chez l'auteur, en lâchant sa verve et procédant par accumulation, et d'une façon très intentionnelle : il s'agit d'ajouter une quote-part importante — n'est-il pas lui-même auteur adulé ? — et de fournir à un public gavé de drames sentimentaux des occasions de franc rire.
28. Friedrich Schulz, dans l'*Avertissement* (daté de Berlin, le 8 août 1788) de sa version abrégée du roman, qu'il intitule *Josefe*. Nous y reviendrons en traitant des jugements critiques sur la « futilité » de Marivaux.

bien, le « babil » de Marivaux fut-il pendant longtemps l'argument majeur fourni contre lui par des pédants bien réels. Parlant, quelques pages plus loin, d'un certain déclin de l'audience de Marivaux, en France comme en Allemagne, Golubew reproduit un jugement de Geoffroy :

« ... Un autre défaut de Marivaux, c'est sa malheureuse abondance, c'est son intarissable babil. Quand il fait parler une femme, on dirait qu'il ouvre un robinet ; c'est un flux de paroles qui ne s'arrête point »[29].

Ce jugement sévère et bien banal à l'époque a été publié à Paris peu avant que ne le soit à Ratisbonne *Das Recidiv*, traduction nouvelle et libre de la *Surprise* qu'on appelait *française*[30]. Mais il semble qu'en le citant Golubew ait déjà oublié Jünger, auteur que l'on rencontre constamment dans les répertoires, dont les almanachs soulignent les succès[31], et qui, trouvant les « haies de rosiers » de Marivaux trop bien rognées, prêtait ce « flux de paroles » même aux pédants les plus secs.

c) *Rectifications et compléments*

On ne peut trop tenir rigueur au critique du pessimisme outrancier de sa conclusion : il écrit en 1904 et la « belle époque », en France même, n'a pas été favorable à Marivaux. Que ses traductions

---

29. Golubew, *op. cit.*, p. 130. Il cite d'après Sarcey (Préface au *Théâtre choisi* de Marivaux) un article des *Débats* de 1801, qui pourrait être aussi bien signé de La Harpe.

30. La présence de cette adaptation dans les œuvres posthumes pour la scène de Jünger, de même que ce qu'il rapporte lui-même (pp. 129-130) sur l'attachement de F.-L. Schröder pour les comédies de Marivaux — même si le public a boudé en 1812, à Hambourg, *Le Dénouement imprévu* ! — auraient dû rendre Golubew moins affirmatif quant au déclin définitif, irrémédiable, de Marivaux. Son idée qu'en France, au même moment (1800-1820), un « fort courant » se manifestait contre Marivaux, en s'en fiant au dédain du seul Geoffroy, procède d'une insuffisance d'information : rien de nouveau dans les attaques contre le *marivaudage*, qui se répétaient depuis trois-quarts de siècle ; et le graphique des représentations du Théâtre de Marivaux à la Comédie-Française, établi par Mme Chevalley, (*Marivaux*, monographie, Com. Fr., 1966, p. 52) ne montre rien moins qu'une baisse pendant cette période, où une pièce comme le *Jeu* est entrée au répertoire, où *Les Fausses Confidences* et *L'Epreuve* ont confirmé un succès encore neuf dans ce Théâtre, tandis que *Le Legs* y accentuait ses succès anciens.

31. Les comédies de Jünger (*Der Strich durch die Rechnung, Er mengt sich in Alles, Die Comödie aus dem Stegreife, Die Entführung*, etc.) se trouvent dans tous les répertoires que nous avons pu consulter. Il ne faut pas oublier que Döbbelin ouvrit le « Théâtre National et Royal » de Berlin, le 5 décembre 1786, avec sa comédie *Verstand und Leichtsinn*.

du 18ᵉ siècle aient été, comme il l'écrit, « reléguées dans les coins les plus reculés des bibliothèques allemandes pour ne plus jamais en être extraites », c'est ce que montre en partie sa propre étude où quelques-unes d'entre elles sont en effet restées dans ces coins d'ombre ; mais il ajoutait que l'historien de la littérature est seul tenu de les connaître[32]... Nous avons dit que son titre n'impliquait pas forcément une liste exhaustive ; on peut tout de même s'étonner qu'il ait ignoré ou négligé des traductions dont parlent les documents du temps, qu'il ait déclaré forfait devant tel texte important qu'il aurait pu se procurer, qu'il ait affirmé à propos d'autres, dont il connaissait l'existence, qu'ils n'ont pas été édités alors qu'il existe des témoignages du contraire. En ce qui concerne l'oubli dans lequel était tombé Marivaux en Allemagne et bien que les traductions du 19ᵉ siècle fussent hors du rayon de son enquête, il nous semble qu'il aurait pu relever que, peu avant qu'il ne prît la plume, une nouvelle adaptation du *Jeu*, qui devait être au moins la sixième, avait encore paru sur les planches[33] ; au lieu de cela, il décourage toute entreprise qui se rattacherait à la sienne : « Ce serait une tâche ingrate que de vouloir déceler des adaptations allemandes de Marivaux au 19ᵉ siècle ». Il est bien évident qu'en ce siècle le théâtre comique allemand n'a pas vécu d'emprunts comme au précédent, bien que les traductions du français fussent encore nombreuses, mais elles suivaient de préférence l'actualité ; ce qui est au fond surprenant, c'est que cette « tâche ingrate » ne soit pas vaine et qu'on trouve — un siècle, un siècle et demi après la création du *Jeu* dans son pays d'origine — de nouveaux remaniements de cette comédie[34] ; nous parlons d'une époque où la volonté de faire revivre des pièces oubliées n'existait guère, et non du regain actuel.

---

32. Golubew, *op. cit.*, *pp.* 131-132.

33. Le *Regiebuch* n° 1220 du « Théâtre National » de Weimar, que nous avons eu en main, contient une traduction nouvelle du *Jeu* (*Das Spiel des Zufalls und der Liebe*) par J. Savits, acteur et metteur en scène à ce Théâtre : l'affichette du 8 octobre 1881 est celle de la première, Savits jouant le rôle d'Arlequin. Weimar avait gardé à son répertoire, jusqu'au milieu du siècle, la version *Maske für Maske*, qui apparaît dans les programmes sous le seul nom de Jünger : fait courant, mais propre à dérouter les chercheurs inattentifs. Il est intéressant de voir que, tandis que Jünger, comme nous l'avons noté, supprimait au départ de l'intrigue la coïncidence de l'idée qui vient à chacun des deux fiancés pour éprouver l'autre, Savits met au contraire l'accent sur le hasard en le plaçant en tête de son titre.

34. Un siècle après la naissance du *Jeu*, Carl Lebrun, qui dirigea le Théâtre de Hambourg, en fit éditer une traduction nouvelle, dont l'originalité est qu'elle se réclame à la fois de l'auteur initial et de son adaptateur infidèle, gardant le titre du premier et mettant en sous-titre celui du second :

Regardons d'un peu plus près ce petit livre : que nous apporte-
t-il en sus des douze comédies traduites dans les deux tomes de
Krüger (1747-1749) ? Golubew n'a pas relevé l'absence, dans ce
recueil, d'une des grandes pièces de Marivaux, qui avait eu du succès à Paris lors de sa reprise[35], *Les Fausses Confidences*, de même
que celles de pièces en un acte telles que *Le Legs*, *L'Epreuve*, *La
Dispute* — alors que ces compléments de spectacles ou *Nachspiele*
étaient très recherchés des directeurs de troupe qui ne voulaient pas
se contenter d'une Arlequinade quelconque ; il a eu tort, car le
choix de Krüger éclaire la suite : les pièces non retenues auront en
quelque sorte leur revanche, elles feront une carrière allemande très
tardive, brillante parfois[36]. Il cite encore treize ouvrages pour ce siècle : en 1747, *Die vertraute Mutter* (*La Mère Confidente*) d'Adam
Gottfried Uhlich, un ancien acteur de Schönemann, qui avait suivi la
voie tracée par Gottsched en publiant deux volumes de comédies où
étaient mêlés originaux et traductions[37]. Golubew ne mentionne pas
la reprise libre de Jünger : *Ein seltener Fall, oder die Mutter die
Vertraute ihrer Tochter*, qui se trouve dans le même volume des
œuvres de Théâtre posthumes où il a lu *Das Recidiv*, adaptation de
la *Seconde Surprise*[38]. Entraîné par son commentaire d'Uhlich, il
attribue à Ekhof une nouvelle *Mère Confidente* qui n'est en réalité
que *L'Ecole des Mères : Die Mütterschule*, (1753) ; c'est un lapsus
que nous avons déjà signalé. L'ordre qu'il suit semble être en gros
chronologique, mais il convenait dans ce cas de placer entre les
recueils de Krüger et d'Uhlich d'une part, la publication isolée
d'Ekhof d'autre part, le *Théâtre allemand de Vienne* (1749), où se

---

« *Der Liebe und des Zufalls Spiel, oder Maske für Maske*, comédie en
deux actes d'après Marivaux et Jünger » à Hambourg chez Hoffmann &
Campe, 1834.

35. Voir *Th. C.*, II, p. 353, le compte-rendu du *Mercure* sur la reprise de
juillet 1738.

36. C'est le cas des *Fausses Confidences*, justement, dans la version allemande de Gotter, et de *L'Epreuve* dans celle de Meyer.

37. C'est le second volume (chez Johann Heinrich Rüdiger, Danzig et
Leipzig, 1747) qui contient cette traduction. On y trouve aussi *L'Enfant
prodigue* de Voltaire.

38. La comédie, dont le titre lui-même montre la surabondance propre à
Jünger (« *Un cas rare, ou La Mère confidente de sa fille* »), avait paru
chez Wallishausser, à Vienne, en 1803, avant de figurer au premier volume
des *Œuvres de Théâtre posthumes*, publié à Ratisbonne la même année.
D'après Kindermann (*op. cit.*, p. 648), la pièce a été sifflée — dans une
période de forte tension entre la France et la Prusse — par le public berlinois. La glose que Jünger introduit dans le titre est intéressante en ce
sens qu'elle souligne que, plus d'un demi-siècle après que Marivaux a
montré l'heureux effet de la sollicitude maternelle, le cas est encore
considéré comme « rare » par un auteur allemand.

trouve cette fameuse *Falsche Bediente* qu'il a bien réidentifiée comme étant *La Fausse Suivante* sans en découvrir l'auteur, Ossenfelder ; les dates qu'il fournit ne sont que celles de rééditions[39]. De la seconde version de la comédie la plus piquante de Marivaux — celle de Krüger, *Das falsche Kammermädchen*, ayant paru à Hambourg la même année — il saute à une troisième bien plus tardive : *Das vermeinte Kammermädchen*, que l'on trouvera fréquemment sur les affichettes des années 1780 : elle est de 1783 et figure au tome IV du répertoire du « Théâtre National et Royal »[40].

N'ayant pu se procurer un exemplaire de *Die doppelte Unbeständigkeit* (*La Double Inconstance*), découpée en cinq actes pour être « régulière » au sens où l'entendait Gottsched et qui fut jouée en 1752, Golubew ne peut rien dire sur cette traduction, à laquelle on pourrait appliquer les railleries de Lessing sur le même procédé, appliqué par la « docte épouse » du maître saxon à *La Fausse Agnès* de Destouches : « ... Et après tout, quel mal cela coûte-t-il de faire cinq actes avec trois ? », etc. Le critique appelle à tort « Weisskern » le traducteur, Friedrich Wilhelm Weisker, mais il faut dire que l'erreur vient de la *Chronologie du Théâtre allemand* de Chr.-H. Schmid, elle a donc en quelque sorte ses lettres de noblesse[41]. Il insiste sur « l'importance extrême » de la traduction par Pfeffel de *L'Ile des Esclaves* parue au premier volume de sa collection des *Divertissements* en 1765 (*Die Sklaveninsel*). Cette insistance peut paraître abusive, elle se justifie toutefois de diverses manières : Pfeffel choisissait avec soin ses pièces et celle-ci répond parfaitement au goût du temps pour un attendrissement de nature morale, sans compter la critique de certains comportements de classe, qui allait bientôt acquérir plus de force explosive grâce au mouvement du *Sturm-und-*

---

39. Golubew a vu un exemplaire de 1765, Schröder et Thiele, dans leur édition de la *Dramaturgie*, un exemplaire de 1756 (date également fournie par Goedeke, 2ème éd., III, p. 366, qui le rattache au recueil de Krüger).
40. « Comédie en trois actes imitée d'une pièce française de M. Marivaux — représentée au Théâtre National de la Cour de Vienne — chez Joseph Edler von Kurzbek, 1783 ». Friedrich Walter, dans son ouvrage sur les répertoires de Mannheim, indique ce titre, ainsi que la *Calendrier Théâtral de Gotha* de 1789 (p. 178) pour la compagnie Bulla (Budapest) etc.
41. Cf. *Dramaturgie*, n° 13. Le *Jahrbuch der Gesellschaft für Wiener Theaterforschung* 1953-1954 signale cette pièce de Marivaux / Weisker, jouée par les comédiens allemands du Théâtre de la Porte de Carinthie pendant la saison 1752-1753. Pour le nom du traducteur, un Saxon qui fit carrière à Vienne, voir Goedeke, *Grundriss...*, 1955, IV/1, p. 147. Weisker semble avoir produit beaucoup plus de traductions que ne l'indique le *Grundriss* ; il a traduit notamment *Le Médisant* de Destouches, sous un titre (*Der Schmähsüchtige*) qui montre une plus fine compréhension des nuances du français que le titre sous lequel on présentait habituellement cette pièce à l'époque : *Der Verläumder*.

Drang ; mais Pfeffel est un homme de l'*Aufklärung,* il aime que les choses s'arrangent au mieux une fois la leçon donnée, et il trouvait cela aussi au dénouement de *L'Ile des Esclaves.* D'autre part, sa collection est à la charnière de deux époques en ce qui concerne la conception de la besogne du traducteur : il avait des vues personnelles sur ce qu'on pourra appeler désormais l'art de traduire, la réputation lui est restée d'avoir été le premier à prendre garde à la qualité de la langue et à éliminer ce qui ne paraissait pas naturel en Allemagne ou en allemand.

Golubew aborde ensuite une traduction qui appartient déjà à une autre époque — celle de *Werther* — et qui allait connaître un heureux destin : *Die falschen Entdeckungen* (*Les Fausses Confidences*), par celui qu'on pourrait nommer « le traducteur universel », Friedrich Wilhelm Gotter ; c'est alors que cette pièce, négligée vingt-cinq ans plus tôt par Krüger, prit une véritable revanche ; elle avait toutefois été jouée auparavant sur le « Théâtre National » de Hambourg sous le titre *Die falschen Vertraulichkeiten*[42]. Nous reprocherons à l'historien des traductions allemandes de Marivaux une incertitude peu compréhensible sur la date de publication de la pièce, qui figure partout[43], et un oubli qui, à notre avis, n'est pas de simple détail : on trouve dans les répertoires l'ouvrage de Gotter, indiqué d'ailleurs parfois sous son seul nom, également sous la forme *Die falschen Vertraulichkeiten*, qui devait paraître moins équivoque que la première[44] ; il est utile de le préciser, afin de ne pas laisser conclure

---

42. Cf. *Dramaturgie,* n° 18. Lessing, contrairement à une préoccupation fréquente chez lui, ne dit rien de la traduction ; les éditions se taisent ; Golubew : « Qui fut l'auteur de la pièce *Die falschen Vertraulichkeiten,* commentée par Lessing ? Nous ne pouvons malheureusement plus le déterminer. » (*op. cit.,* p. 54).

43. Elle figure notamment à plusieurs reprises sur le *Calendrier Théâtral de Gotha* qui devait être bien informé, puisque l'éditeur, Ettinger, était établi dans cette ville ; les exemplaires ne sont pas rares et portent la date de 1774 ; Golubew annonce d'abord la publication en 1773 (p. 54), puis en 1774 (p. 89).

44. Chr.-H. Schmid, dans sa *Chronologie du Théâtre allemand,* signale pour 1774 la traduction sous la forme *Die falschen Vertraulichkeiten* ; la note de la réédition (p. 307) précise : « jouée pour la première fois le 19 août 1774 sous le titre *Die falschen Entdeckungen* ». Ce dernier titre est assez équivoque, *Entdeckung* pouvant signifier *découverte* aussi bien que *révélation.* Une confirmation du double titre est donnée par le même almanach qui, dressant la liste des pièces jouées en 1776, indique : *Falsche Entdeckungen* (*Vertraulichkeiten*) (année 1777, p. 260). Pour Vienne (année 1778), le *Calendrier* signale que Mme Stephanie, puis Mme Sacco tenaient le rôle de Julie Heiter (c'est le nom que Gotter a donné à Araminte) dans la comédie *Die falschen Vertraulichkeiten.* Les représentations que signale le *Calendrier Théâtral de Gotha* pour la Compagnie Böhm (Düsseldorf et Cologne, Aix-la-Chapelle en été) en 1783-1785, ou pour

que la version antérieure, celle dont Lessing a parlé dans sa *Dramaturgie*, s'est maintenue contre celle-ci — ce qui est arrivé à d'autres pièces de Marivaux offertes dans diverses traductions. Vient ensuite dans la revue de Golubew le *Jeu* et la médiocre version qu'en donna le libraire Schwan, de Mannheim (*Die Verkleidung*, 1778) ; et puis — nous citons : « une autre adaptation, née elle aussi à Mannheim, portant le titre *Welch ein Spass*, et qui n'a été ni imprimée, ni jouée »[45]. Nous prenons ici l'historien en flagrant délit de légèreté : il s'arrête après avoir utilisé — et mal utilisé — une seule source, il émet comme une vérité générale ce qui n'est vrai que pour Mannheim. On se doutait bien que, dans la ville où Schwan était une personnalité que Dalberg avait appelée au conseil du Théâtre, la version concurrente de la sienne ne risquait guère d'être accueillie avec empressement. Mais ailleurs... ? Si Golubew avait consulté l'indispensable *Calendrier Théâtral de Gotha*, il aurait connu l'auteur de *Welch ein Spass !* et surtout constaté que la pièce a été non seulement imprimée, mais que son sort fut beaucoup moins obscur qu'il ne le croit[46].

---

la Compagnie Seipp en 1790, sous le titre *Die falschen Vertraulichkeiten*, concernent à coup sûr la version de Gotter. Plus le temps s'écoule, plus c'est ce titre qui semble prévaloir.

45. Golubew, *op. cit.*, p. 105.

46. Le témoignage avancé est celui de Martersteig : « M. le note dans les Protocoles du Théâtre de la Cour de Mannheim, p. 438 ». Nous avons consulté ces Protocoles et y avons trouvé à la page indiquée (appendice) « Une nouvelle adaptation du *Jeu de l'Amour et du Hasard* de Marivaux, *Welch ein Spass !*, n'a pas été représentée ». Mais où Golubew prend-il qu'elle n'a pas été *imprimée* ? Sans doute simplement du fait que tout ce qui était édité était joué, par une troupe ou l'autre. En tout cas, la source qu'il cite n'appuie qu'une partie de son assertion, et seulement pour Mannheim, cela était bien clair. Prenons maintenant le *Calendrier Théâtral de Gotha*, année 1784 : « Liste des écrits destinés à la scène allemande et parus en librairie, de la St. Michel 1782 à la St. Michel 1783 — I) Pièces... *Welch ein Spass !*, comédie en trois actes d'après Marivaux, par feu M. Lotich, Berlin, 1783, 8° (p. 187) ; l'almanach de l'année précédente citait déjà, dans sa « liste des écrivains et compositeurs actuellement vivants qui ont travaillé pour le théâtre », le nom de Lotich, avec la mention : « érudit à Leipzig » et l'indication: *Welch ein Spass !*, comédie d'après Marivaux. Il s'agit du traducteur des trois premiers livres du *Paysan parvenu* (*Der emporgekommene Landmann*), ouvrage que Wlh. Christhelf Mylius compléta et publia en 1787. Voilà donc pour l'impression. Voyons maintenant la prétendue absence de représentations : le *Calendrier*, année 1785, p. 213, nous apprend, grâce à sa rubrique consacrée à la liste et aux nouvelles des Sociétés de comédiens, que la Compagnie Grossmann (Mayence et Francfort en hiver, Bad Pyrmont en été) a inscrit à son répertoire *Welch ein Spass !*, comédie en trois actes d'après Marivaux ; que la Compagnie Tilly (Lübeck, Eutin, Stralsund en hiver, Rostock et Weimar en été) a mis en répétition une nouvelle pièce intitulée *Welch ein Spass !* ; en 1789, nous lisons (p. 94) qu'un Théâtre dit « de société » promet l'hiver suivant *Welch ein Spass !*, etc.

Golubew se penche ensuite sur le destin allemand de *La Dispute*. Nous avouons que ce destin nous intéresse d'autant plus que la charmante comédie, l'une des plus raffinées de Marivaux, avait été reçue brutalement, le 19 octobre 1744, par le public du Théâtre Français[47]. L'historien relate fort opportunément comment est née la seule traduction qu'il considère, celle de Johann Friedrich Schmidt, envoyé du duc de Weimar à Vienne[48] : « Peu avant 1778, le Théâtre National Impérial et Royal organisa un concours entre auteurs dramatiques. Les prix étaient destinés en première ligne aux pièces susceptibles d'encourager le bon goût et une bonne mentalité. Dans l'avant-propos du volume où furent réunies les œuvres primées, nous apprenons de quelles tentations doit s'écarter un bon auteur de théâtre allemand... » et Golubew cite cet avant-propos : « Vouloir répandre certains sentiments de liberté dans les Etats monarchiques est malséant. Il ne faut pas moins désapprouver : tout choix bizarre du sujet ; un style et des caractères boursouflés et surexcités, et tout ce qui, de quelque manière, touche à la moralité de la scène. C'est actuellement un vice à la mode que de sortir de la Nature dans un grand envol, de ne peindre que des hommes mélancoliques et exaltés, de forcer l'horreur et le dégoût au lieu d'exciter la terreur et la pitié : même des auteurs de génie y succombent parfois ». Ce ton sévère s'expliquait par la médiocrité des résultats du concours : sur plus de cent pièces envoyées, huit seulement, malgré « toute l'indulgence possible », furent publiées pour être représentées au Burgtheater, et parmi elles se trouve un *Conte* en cinq actes d'après Gozzi et, en complément, une comédie en deux actes « d'après Ménandre et Marivaux » : *Wer ist in der Liebe unbeständig ?* (« *Qui est inconstant en amour ?* », titre indiqué par Golubew), auquel on

---

47. Cf. *Th. C.*, II, pp. 595-599.
48. Golubew, *op. cit.*, pp. 105-107. Le *Livre de poche...* de 1779, p. 258, mentionne sous son nom sa traduction imprimée de *La Dispute* et « six traductions inédites ». Le *Grundriss...* (IV-1, p. 657), qui écrit son nom sans *t*, précise les dates de sa vie (1729-1791) et cite les titres de ses pièces, originales ou traduites : parmi ces dernières se trouve *Le Philosophe sans le savoir* (*Der Philosoph, ohne es zu wissen*) de Sedaine, qui, à première vue, convenait mieux à son style (éd. à Francfort en 1767). Sa version de *La Dispute* a été imprimée à Vienne en 1777 avant d'être insérée l'année suivante dans le recueil du « Théâtre National », ce qui montre son antériorité par rapport à celle d'Iéna et explique encore que celle-ci ait pu être considérée comme superflue ; il est peu vraisemblable que son auteur ait ignoré la première, il a plutôt voulu donner une leçon de fidélité : mince épisode dans le conflit entre les tenants du nouveau style — admirateurs de Diderot, de Sedaine, de L.-S. Mercier — et les amants du rococo... ? C'est assez probable. Notons encore que Joh. Fr. Schmidt a publié le *Journal des Théâtres étrangers et allemands* et collaboré au *Calendrier Théâtral de Gotha* (le tout en 1778).

trouve ajoutée parfois la précision : *Sind's die Mannspersonen, sind's die Frauenzimmer ?* (*Sont-ce les hommes, sont-ce les femmes ?*)[49].

Il est intéressant de voir comment la direction du « Théâtre National » de Vienne voulait encourager simultanément le bon goût de l'*Aufklärung* et le bon esprit monarchique ; l'allusion aux exaltations et aux révoltes du *Sturm-und-Drang* est claire. Pour échapper à la suspicion, le conte, la féérie étaient les moyens les plus adéquats ; l'expérience psychologique faite par un prince intemporel à l'intention de la dame qu'il aime ne menaçait pas la quiétude de la monarchie impériale et royale. Golubew a bien fait de rapporter cette circonstance ; il a eu tort, par contre, de ne citer que cette version-là de *La Dispute*. S'il avait consulté le *Calendrier Théâtral de Gotha* ou le *Livre de poche pour les comédiens et les amateurs de comédie* des années 1779, il aurait vu qu'un autre genre de concours avait eu lieu : celui qui opposait au Conseiller weimarien Schmidt un autre traducteur de la petite pièce de Marivaux, passée jusque-là inaperçue. En effet, le Calendrier cite parmi « les pièces imprimées en allemand depuis 1770 » une comédie en un acte publiée à Iéna en 1778, et traduite de Marivaux, intitulée *Der Streit, oder welches Geschlecht brach zuesrt die Treue der Liebe ?* Le traducteur est passé sous silence, mais le rédacteur ajoute : « la pièce a été également remaniée en deux actes par M. Schmidt à Vienne », sous le titre *Wer ist in der Liebe unbeständig*[50] ? Le *Livre de poche* est plus explicite, il se prononce entre les deux ; après avoir cité le titre et signalé sa parution chez Melchior, il commente : « Un travail inutile, puisque le premier volume du Théâtre National Impérial et Royal contient une traduction bien meilleure sous le titre : *Wer ist in der Liebe unbeständig ?* »[51]. Le même almanach théâtral avait précisé, à propos de la version de Schmidt : « Librement imité de Marivaux », énuméré les personnages, fait une remarque sur les conditions du succès[52]. C'est le traducteur anonyme de la brochure

---

49. La collection du « Théâtre National » de Vienne, éditée sous le nom du « Comité du Théâtre » par Gräffer, comporte six volumes (1778-1782) ; elle a été utilisée en Allemagne aussi bien qu'à Vienne (nous l'avons vue dans les archives du Théâtre de Mannheim, sous le n° S 29) ; la traduction de Schmidt est le n° 2 du tome premier. L'indication « d'après Ménandre », qui suit le titre, laisse avec raison Golubew perplexe : Schmidt, s'il « modernise » le style, reproduit l'intrigue de Marivaux.
50. *Calendrier Théâtral de Gotha*, année 1779, p. 194.
51. *Taschenbuch für Schauspielliebhaber*, Offenbach / Main, année 1779, p. 343.
52. *Ibid.*, p. 294. Les personnages sont le Prince, la Comtesse — Thérèse, Karoline, Theodor et Karl, les quatre pupilles du Prince, Tony et Baby leurs gardes (les noms choisis constituent déjà une dissonance...). La remarque précise : « Tout dépend, pour que la pièce puisse plaire, du jeu naïf et plein d'innocence des quatre jeunes pupilles ».

d'Iéna qui se montrait incontestablement le plus fidèle : il avait gardé le titre, lui adjoignant un sous-titre explicatif très exact (*ou quel sexe a trahi le premier la fidélité en amour ?*), respecté la disposition en un seul acte ; mais, en 1778, la mode était à la *germanisation*, c'est-à-dire dans bien des cas au changement, significatif ou non : il fallait montrer son humeur d'indépendance. Comme le dit fort bien Golubew, Schmidt adopte le style de son temps, « celui d'un Klinger, d'un Lenz, d'un H.-L. Wagner ». On voit ce que peut donner le *pathos* d'*Orage et Passion* dans cette petite pièce souriante, dont la profondeur désabusée est soigneusement voilée.

Après avoir confronté sur le monologue du pédant, ainsi que nous l'avons montré, les trois versions successives de la *Seconde Surprise*, c'est encore à un *Nachspiel* que notre critique consacre quelques lignes : il ne s'agit de rien moins que de *L'Epreuve*, autre pièce abandonnée par Krüger et qui, vu son importance, les problèmes d'ordre psychologique et social qu'elle pose, le contraste d'une grande efficacité scénique qu'elle offre entre la cruauté de l'enquête acharnée de Lucidor, la sincérité d'emblée évidente et la douceur d'Angélique[53], devait un jour fêter sa revanche. Signalant rapidement une traduction sur laquelle il estime qu'il n'y a pas grand' chose à dire (« De toutes façons on ne peut la blâmer. Les gallicismes y sont rares ; la langue en est simple et sonne bien ». Une réserve : « Krüger aurait sans nul doute fait parler *plattdeutsch* le fermier Niklas ») et précisant qu'elle a paru dans la collection des *Beiträge, der vaterländischen Bühne gewidmet* à Berlin, en 1793[54], Golubew passe sous silence quelques faits qui ne sont pas dénués d'intérêt : le *Calendrier de Gotha* — nous en revenons toujours à

---

53. C'est d'abord en traduisant et faisant jouer à Bochum (sous l'Intendance de Hans Schalla) *L'Epreuve* qu'A. Schulze Vellinghausen a fortement contribué à la récente renaissance de Marivaux sur les scènes d'Allemagne. Le critique de la *Gazette de Francfort* appréciait le caractère moderne de cette pièce, sorte d'« étude clinique » d'une inquiétude, exempte de la sentimentalité édifiante qui gâchait tant de pièces de l'époque. Le complexe d'infériorité dont souffre en amour l'homme par trop riche (Lucidor a deux fois plus de rentes qu'Araminte !), combiné avec l'autorité que conférait le pouvoir de l'argent, qui avait passé celui de la naissance (et pouvait d'ailleurs en donner...), explique l'attitude de Lucidor : la cruauté qui s'exerce sur Angélique est un trasnfert de sa propre inquiétude. Il faut concevoir ce rôle non comme celui d'une « aventure de campagne » où l'homme d'importance traite avec désinvolture de pauvres gens, mais comme une partie serrée, sérieuse, angoissée même, que joue un jeune homme épris, non seulement pour savoir s'il est réellement aimé, mais pour avoir motif d'aimer davantage lui-même. Cf. à ce sujet l'excellente Notice, avec une citation tirée du *Cabinet du Philosophe*, dans *Th. C.*, II, pp. 501-505.

54. Golubew, *op. cit.*, p. 120.

cette source de premier ordre   — de l'année 1783, dans sa liste d'écrivains ayant travaillé pour le théâtre, nomme Meyer, Friedrich, Ludwig, Wilhelm érudit privé[55] à Vienne, ayant fait des traductions dont l'une est citée d'une façon un peu inhabituelle : « Marivaux, *Epreuve* ».

Il s'agit bien du traducteur dont parle Golubew, et qui dédiera en 1793 « à la scène de la Patrie » ses contributions. L'indication revient dans le *Calendrier* de 1786, avec mention du changement de résidence et de situation de l'auteur[56], mais toujours sans titre. En réalité, on trouve la pièce publiée à Berlin en 1783, sous le titre *Der Versuch*, à Vienne la même année sous le titre curieux *Die Versuchung*, et enfin dans les *Contributions* de 1793 sous le titre *Die Prüfung*[57], le seul que Golubew indique, avec un commentaire qui fait sourire quand on constate ces incertitudes : « Le titre est rendu fidèlement par *Die Prüfung* » ; disons alors que cette fidélité n'a pas été spontanée ! Que la traduction ait été faite dix ans plus tôt que ne l'indique l'historien ne constitue pas un détail insignifiant : en lisant la date de 1793, nous avions pensé que c'était le passage de *L'Epreuve* au répertoire du Théâtre Français, sur lequel se fixaient les regards, même pendant les années difficiles, qui avait attiré l'attention allemande sur cette pièce[58]. La date initiale prouve qu'il n'en est rien. D'autre part, même si le travail de Meyer n'est qu'honnête, sa personnalité ne nous est nullement indifférente : ami intime de Schröder, il partageait son goût pour Marivaux, et c'est lui-même qui

---

55. *Gothaer Theaterkalender*, 1783, p. 200. L'indication : «*privatisiert in Wien*» se rapporte à des études et un enseignement de caractère privé, par opposition aux universitaires.
56. Meyer est indiqué désormais comme Professeur à Göttingue (Université auprès de laquelle il avait été nommé *extraordinarius* et bibliothécaire-adjoint en 1785). C'est l'un des nombreux professeurs dont l'influence et l'œuvre jalonnent l'histoire du théâtre allemand au 18ème s.
57. *Der Versuch, Lustspiel in einem Acte*, Berlin, 1783, 8° ; Goedeke signale une éd. remaniée sous le titre *Die Prüfung*, à Berlin en 1793 (c'est la pièce dont parle Golubew) et à Grätz en 1798. L'almanach de Gotha indique un autre titre pour une édition faite à Vienne (où Meyer se trouvait en mission et lia amitié avec Schröder en 1783) : *Versuchung (die), L. nach Marivaux*, Wien, 1783, 8° (année 1785, p. 164). Les affichettes des représentations varient d'un titre à l'autre, le titre *Die Prüfung* semblant prévaloir à partir de la saison 1792-1793. Un exemple : celui de la Compagnie Seconda, qui avait le privilège du Prince Electeur de Saxe, met en répétitions, pendant cette période « *Die Prüfung vom Professor Meyer* » (noter l'omission de l'auteur initial) ; elle va jouer la même comédie à Prague, au cours de la saison 1793-1794, mais on précise cette fois : « *a(us) d(em) F(ranzösischen) des Marivaux, von Meyer* » (Cf. *Calendrier de Gotha*, 1794, p. 354 ; *Taschenbuch fürs Theater*, publié par H.-G. Schmieder, Mannheim, 1795, p. 89).
58. Cf. Monographie établie par Mme Sylvie Chevalley, Com. Fr., 1966, p. 42.

en a fait état dans la biographie du grand acteur et directeur qu'il a écrite[59].

Connaissant le grand besoin de *Nachspiele* qu'avaient les troupes[60], on s'étonne de ne trouver nulle mention, dans l'ouvrage de Golubew, d'une pièce qui, sans avoir reçu brillant accueil à ses débuts, n'en avait pas moins gardé une place honorable au répertoire du Théâtre Français[61] et qui comportait de surcroît ce que la majeure partie de la critique allemande disait attendre avant tout de la comédie : une étude de caractères. L'humeur joyeuse de Blaise devenu Jürge, le savoureux dialecte manié par Krüger et dit à la perfection par le Hambourgeois Ekhof avaient fait des années durant la fortune de *L'Héritier de Village* sur les Théâtres des villes du Nord ; grâce à Pfeffel, grâce à Schmidt et à son rival, grâce à Meyer, *L'Ile des Esclaves*, *La Dispute*, *L'Epreuve* ont fait carrière en Allemagne après la mort de leur auteur[62]. Mais *Le Legs...* ? Il serait assez surprenant que la pièce soit passée inaperçue ou n'ait tenté personne, alors qu'une comédie dont l'intrigue est voisine, *La Pupille* de Fagan, a eu grand succès en ce pays[63]. En réalité, Golubew semble avoir oublié *Le Legs*, que Krüger n'avait pas inclus dans son recueil, bien que cette pièce fût moins susceptible d'offenser Gottsched que les autres[64]. S'il avait pris la peine de consulter le *Calen-*

---

59. Cf. F.-L.-W. Meyer, *Friedrich Ludwig Schröder*, II/1, Hambourg, 1819, p. 33 ; cité d'ailleurs par Golubew, *op. cit.*, p. 63.

60. D'anciennes méthodes pour compléter un spectacle : un *Vorspiel* (Prologue), allégorique, ou, pour amadouer le public, une bouffonnerie finale, s'estompèrent de plus en plus dans la seconde partie du siècle ; on recourait alors volontiers à une comédie gaie en un acte ou à un *Singspiel* (opérette).

61. Après la reprise de 1749 avec Préville dans le rôle du marquis, la pièce fut, dans les décennies suivantes, la comédie de Marivaux la plus fréquemment jouée au Théâtre-Français, distançant de peu la *Seconde Surprise*.

62. A partir de 1765 pour la première, de 1777-1778 pour *La Dispute*, de 1783 pour *L'Epreuve* qui se maintint plus longtemps.

63 Sur cette similitude, cf. *Th. C.*, II, p. 285. Nous avons trouvé la pièce de Fagan aussi bien jouée en original dans les Résidences (par ex. à Vienne, pendant la saison 1752-1753) que représentée, et fréquemment, dans la traduction de Giesecke, figurant au recueil de Walz, sous le titre *Die Mündel*. Dans son *Index*, sous le nom de Fagan, Chr. Heinrich Schmid appelle *La Pupille* « la meilleure comédie touchante » des Français.

64. Comme le note F. Deloffre (*Th.C.*, II, p. 286), il y a un peu de la manière de Destouches, si chère au ménage Gottsched, dans l'opposition de caractère entre Lépine, « Gascon froid, mais adroit », et son maître, fébrile et maladroit. Une comédie sans Arlequin, où l'intrigue financière qui justifie le titre a moins de relief que les caractères... Il est vrai que ces caractères devaient paraître trop « singuliers » aux censeurs de l'*Aufklärung*, le bon sens trop longuement tenu en échec, l'action trop lente. Et Gottsched lui-même préférait qu'une comédie s'intitulât clairement *Le Dissipateur*, *Le Glorieux*, etc.

drier *Théâtral*, il aurait vu que la pièce a bel et bien été traduite et jouée, que la traduction est l'œuvre d'un des personnages les plus étonnants de l'époque, ce Johann Joachim Christoph Bode, hautboïste, polyglotte, rédacteur du *Hamburger Correspondent*, un temps associé à Lessing dans la malheureuse affaire de le « Librairie des Savants », éditeur des *Odes* de Klopstock et du *Götz* de Goethe... etc.[65]. Le Calendrier de 1776 cite, dans son habituelle liste des auteurs vivants ayant travaillé pour la scène, le nom de Bode, l'accompagnant de la mention « *Das Vermächtniss*, traduit du français de Marivaux, imprimé » ; le titre est muni de l'astérique qui signale les pièces qui ont été représentées ; on le retrouve d'ailleurs plus tard dans les listes de pièces mises sur le théâtre[66]. Le *Livre de poche* précise la date de publication : 1769[67].

d) *Incertitudes et inadvertances*

Il est certain qu'il est délicat de prétendre faire un dénombrement complet et même d'éviter les erreurs quand il s'agit de dresser la liste des traductions allemandes d'un auteur dramatique au 18e siècle : par insuffisance d'information ou par négligence, les documents d'époque sont souvent imprécis ; d'autre part, s'il est relativement facile de se procurer les pièces qui ont été admises dans un recueil, celles qui n'ont été qu'imprimées isolément peuvent exiger des recherches d'une longue patience, sans que leur

---

65. Erich Schmidt (*Lessing*, I, pp. 674-675) note encore que Bode garda les moutons avant d'être hautboïste militaire, et que, doué pour les langues qu'il apprit très rapidement, il trouva sa véritable voie à parir de 1768 dans la traduction ; mais Lessing lui déconseilla de travailler sur les comédies de Marivaux (*Le Legs*) et de Voltaire (*Le Café ou L'Ecossaise*) et l'orienta vers les Anglais : c'est ainsi qu'il traduisit Sterne, Goldsmith, Fielding ; c'est Lessing qui lui aurait « mis en main *A Sentimental Journey*, un de ses livres favoris, et, Bode ne sachant pas traduire l'adjectif de façon adéquate en allemand, a forgé le mot *empfindsam*, si bien qu'un courant allemand très étranger à Lessing fut baptisé par lui ». L'œuvre de traducteur de Bode s'acheva à Weimar par les *Essais* de Montaigne (1793).

66. Il convient toutefois de se montrer prudent lorsque les almanachs ne précisent pas l'auteur, comme c'est fréquent : Iffland a écrit un drame de même titre. Lorsque l'on trouve par exemple dans le *Calendrier de Gotha*, année 1799, p. 250, pour le nouveau répertoire de la Compagnie Tilly (Brunswick et Lübeck), à la fois *Maske für Maske* (version du *Jeu* écrite par Jünger) et *Das Vermächtniss*, sans autre précision, on est tenté de les unir sous la rubrique des traductions de Marivaux, alors qu'il est plus probable, à cette date, qu'il s'agit du drame d'Iffland.

67. *Taschenbuch für Schauspieler und Schauspielliebhaber*, année 1779, p. 236 : « Bode, J.J.C., imprimeur à Hambourg, *Das Vermächtniss*, traduit du français (1769) », etc.

découverte soit certaine ou paie de la peine qu'on a prise. On ne saurait donc trop s'étonner de la proportion limitée des titres relevés dans les ouvrages généraux, ni même des lacunes d'une étude spécialisée[68]. La question est dominée, rappelons-le, par la masse énorme de la matière : ce théâtre a longtemps vécu de traductions, que l'évolution rapide de la langue et le particularisme des troupes[69] poussaient à refondre. Vu leur médiocrité générale, dénoncée sans cesse au cours du siècle par la critique, un véritable intérêt s'attache seulement à celles qui ont fait longuement carrière sur de nombreuses scènes, ou qui marquent une initiative, un esprit nouveau[70], ou encore qui constituent un ensemble évoluant autour de l'une des grandes pièces du répertoire Marivaux, comme le *Jeu*.

En ce qui concerne l'imprécision des documents, on peut se référer à Reichard lui-même, qui n'a pas caché à ses lecteurs du *Calendrier Théâtral de Gotha* que, n'ayant pas sous la main toutes les pièces qu'il mentionne, il avait omis quelquefois d'indiquer le nombre d'actes, le lieu de publication ; de même, il supprime à partir de 1780 l'astérisque qui signalait auparavant les pièces réellement jouées, « à cause de l'incertitude qui s'attache toujours à cette sorte de renseignements »[71]. A vrai dire, bien d'autres choses manquent sur de nombreux documents : par exemple le genre auquel appartient la pièce[72], le nom de l'auteur ou du traducteur, le fait même

---

68. La dissertation de Wilhelm Printzen, antérieure à celle de Golubew (*Marivaux Sein Leben, seine Werke und seine literarische Bedeutung*, Münster, 1885), dresse une liste fort courte de traductions où, sauf Ekhof pour *L'Ecole des Mères*, manque le nom de leur auteur ; on n'y trouve, outre les deux volumes de Krüger, que *Die Mütterschule, Der Streit, Die Verkleidung, Die falschen Entdeckungen*. Printzen ajoute à cela un « Recueil de quelques comédies traduites du français, de Marivaux », publié en 1747 à Hanovre chez la veuve de Johann Adolf Gerken... dont il suffit de lire les titres pour constater qu'il s'agit tout simplement du premier volume de Krüger ; il reproduit en sus sans opposition le faux titre *Die falschen Bedienten*. Cette étude, peu documentée, s'achève sur une bien décevante conclusion : « Marivaux est un de ces écrivains auxquels il n'a manqué, pour faire œuvre vraiment significative et durable, qu'une époque plus favorable que celle à laquelle il a vécu ».
69. Nous pensons surtout aux grandes troupes qui disposaient d'un *Theaterdichter*.
70. Par exemple : *Les Fausses Confidences* (version Gotter) firent vraiment carrière ; la traduction en *platt* de *L'Héritier de Village* représente une heureuse initiative ; *L'Ile des Esclaves* a été transcrite par Pfeffel dans un esprit nouveau, quoi qu'on en pense d'ailleurs. Les traductions ou adaptations du *Jeu* constituent un ensemble d'avatars intéressants.
71. *Calendrier Théâtral de Gotha*, année 1780, p. 140.
72. Le genre est souvent marqué par des initiales : *T(ragödie), L(ustspiel), D(rama)* ou *Sch(auspiel)* — ce dernier terme remplace fréquemment *Drama*, qui a aussi en allemand le sens plus général de pièce de théâtre — , *S.* ou *Sg. (Singspiel*, comédie avec chants, opérette), etc.

qu'il s'agit d'une traduction. Or, la grande similitude des titres — que de simulations, de déguisements, d'épreuves dans la comédie ! ... — et les libertés qu'on prenait alors avec eux sont des sources permanentes de confusion. Quelques exemples feront mieux toucher ces difficultés. Un même titre peut désigner des pièces bien différentes : quand dans un almanach ou sous la plume d'un dramaturge comme Lessing, on trouve *Der Spieler* sans spécification, a-t-on affaire à la comédie de Regnard ou au drame d'Edward Moore, pièces à succès qui voisinent dans le répertoire[73] et font toutes deux le spectacle d'une soirée entière ? « *Die Mütterschule, L. aus dem Französischen* » (« *L'Ecole des Mères*, comédie traduite du français ») peut être la brève comédie gaie de Marivaux ou la longue comédie larmoyante de La Chaussée ; heureux si le nombre d'actes a été noté, ou s'il s'agit d'un programme, où la première ne peut apparaître qu'en qualité de complément[74] ; mais, quand sur une affichette de Francfort, en 1771, on trouve ce titre avec la seule précision : « comédie en deux actes », l'indécision demeure[75].

Der bestrafte Geck pourrait être *Le Petit-maître corrigé* et n'est que *Le Fat Puni*, de Pont-de-Veyle. *Le Triomphe de l'Amour (Der Triumph der Liebe)* qui figure dans le vaste répertoire de Gottsched intitulé *Nötiger Vorrat* n'est visiblement pas celui de Marivaux[76]. Des recoupements, ou lorsqu'il s'avère possible, le recours au texte permettent de sortir d'embarras : le *Calendrier de Gotha* pour l'année 1792 signale les pièces que la Compagnie Franz Seconda (Dresde) a mises à son répertoire en 1790-1791 et, trouvant en tête *Die Kolonie* et *Maske fü Maske*, on pense tout naturellement à Marivaux pour le premier titre comme pour le second. Mais, comme aucune version allemande de *La Colonie* ne nous est connue d'autre part, ce voisinage n'est sans doute que fortuit, et le *Livre de Poche* de 1779 cite justement une comédie avec chants en deux actes, « tirée du fran-

---

73. Dans la liste des pièces jouées en 1767 par le « Théâtre National » de Hambourg, écrite de la main de Lessing, le titre apparaît avec ou sans spécification (*Der Spieler, Der Spieler* von Moor (*sic*), *Der Spieler* von Regnard).

74. Lessing compare ces deux comédies et propose de les jouer dans une même soirée (*Dramaturgie*, n° 21).

75. Collection de *Theaterzettel* de l'*U.B.* de Francfort, affichette du 1er avril 1771 : elle affirme qu'il s'agit d'une comédie qui n'a pas encore été jouée dans cette ville ; est-ce une version en deux actes de la comédie de Marivaux (comme cela sera fait quelques années plus tard pour *La Dispute* par le Conseiller Schmidt), ou une pièce différente ?

76. Gottsched, *Nötiger Vorrat*, p. 327. L'auteur indiqué est « Johannes Schultz, *teutscher Comicus* », la pièce, éditée à Münich, est une fiction en un acte dans le genre de l'opéra.

çais », publiée à Francfort en 1778 sous le titre *Die Kolonie*, et dont il est dit grand bien après un récit de la pièce qui montre que cette opérette n'a rien de commun avec la comédie de Marivaux[77]. Il n'est pas jusqu'aux comédies jouées en français qui ne témoignent parfois de la concurrence des titres ! Le 28 janvier 1756, des jeunes gens de la noblesse jouent chez le comte Haugwitz *La Joie imprévue* ; mais c'est une comédie écrite par le comte Durazzo, ancien ambassadeur de Gênes et directeur du Théâtre français de Vienne[78]...

En revanche, les variations du titre d'une même pièce, dans une même traduction, ne sont pas rares. Nous connaissons déjà les malheurs des *Fausses Confidences*, confondues avec *La Fausse suivante*, à cause d'un pluriel erroné (« *Die falschen Bedienten* ») et d'un curieux malentendu entre *confidents* et *confidences* ; Lessing lui-même, présentant en 1754, dans la *Gazette de Berlin*, l'édition Arkstée & Merkus, ne traduit-il pas malencontreusement ce titre par *Die falschen Vertrauten*[79] ? Il est vrai que le titre exact sera rétabli treize ans plus tard dans sa *Dramaturgie*. Lorsque Gotter, en 1774, eut publié une version plus libre destinée à relancer le succès de la pièce, les incertitudes sur le titre ne prirent point fin : suivant l'endroit et la date, le titre ancien : *Die falschen Vertraulichkeiten* revient à la place du nouveau (*Entdeckungen*), faisant présumer — à tort — qu'il s'agit de deux versions différentes. Il nous avait semblé que, moins équivoque, le terme *Vertraulichkeiten* avait fini par prévaloir ; mais si le *Calendrier de Gotha* de 1786 indique que la Compagnie Böhm, en pays rhénans, a inscrit à son répertoire *Die falschen Vertraulichkeiten*, le même almanach relate en 1790 un incident (extérieur à la pièce) survenu pendant une représentation de « *Die fal-*

---

77. Cf. *Cal. de Gotha*, 1792, p. 274. *Taschenbuch...*, 1779, p. 300.
78. *Wiener Theaterspielplan* 1741-1765, établi par le Dr. Harald Kunz. Le titre de Marivaux pourrait d'autant mieux faire illusion qu'on trouve, dans ce relevé des pièces jouées à la Cour, dans les palais et châteaux, les théâtres publics, les couvents et collèges, etc. *Arlequin poli par l'Amour* (1744), *Die falschen Bedienten oder die bestraften Betrüger* (avec le pluriel erroné, transmis par contagion au sous-titre), *Le Dénouement imprévu* (1751, à la Cour), *Die doppelte Unbeständigkeit* (version de Weisker), *La Mère Confidente* (1754, dans une maison noble à Prague), *L'Epreuve* (dans la Résidence d'été de Laxenburg), *Le Préjugé vaincu*, les deux *Surprises* (l'« italienne » et la « française ») le *Jeu*, et même, sous l'étiquette double de Marivaux / Heubel, la comédie en trois actes tirée de *La Vie de Marianne*, avec le sous-titre (que nous traduisons) : « *L'Ecole de toutes les belles filles, comment elles peuvent dans l'honneur acquérir un grand bonheur* » (1758, *Théâtre du* Kärntnertor). — Même similitude des titres dans le répertoire allemand original : *Der Freigeist* de Joachim Wilh.v. Brawe (1758) succède à celui de Lessing (publié en 1755).
79. « Les faux confidents » ! Lessing n'avait pas encore lu cette pièce, dont il fera la critique, treize ans plus tard, dans la *Dramaturgie*..

schen Entdeckungen, von Gotter », à Hermannstadt, le 18 août 1788[80].
Ce titre apparaît même, à l'occasion, au singulier, ce qui est susceptible d'égarer davantage encore sur son sens[81].

On sait qu'une controverse a été lancée par Lessing, dans sa
Dramaturgie, sur le titre du *Dénouement imprévu* : déployant tout un
raisonnement, il voulait qu'on mît *Die unvermutete Entwicklung*
(exactement : « Le Développement imprévu ») à la place de la traduction de Krüger : *Der unvermutete Ausgang* (« L'issue imprévue »)[82]. Cette critique a eu pour conséquence qu'on trouve concurremment les deux titres. Ce genre de préoccupations n'était pas le
fait du seul Lessing : les titres ont été traduits souvent, au début,
avec beaucoup de maladresse, et, dans quelques troupes, on les a
simplement modifiés, par la suite, aussi librement qu'on remaniait
le dialogue, voire le découpage des scènes. Quand Krüger traduisait *La Surprise de l'Amour* par *Der Betrug der Liebe*, il montrait sa
gaucherie et son embarras : la notion même n'était peut-être pas très
familière aux Allemands de 1740 ! Ainsi traduit, le titre oriente vers
l'imposture de l'amour, l'histoire d'un faux amant ou d'une amante
qui trompe. Quand la pièce apparut en 1770 au répertoire de la Compagnie Ackermann (Hambourg), elle se présentait sous la forme plus
claire et plus juste : *Die Ueberraschung der Liebe*[83] ; or, il semble
bien qu'il se soit agi de la traduction de Krüger plus ou moins remaniée comme on le faisait volontiers à l'époque : Brandes ne raconte-
t-il pas qu'il était commis à la tâche de « ravauder » d'anciens textes[84] ? Et, quand il s'agissait d'une traduction, on se donnait rare-

---

80. *Calendrier Théâtral de Gotha*, 1786, p. 163, et 1790, pp. 21-42 (Compagnie
Seipp). Goedeke (IV/1, p. 659) signale que la pièce a été jouée au Burgtheater de Vienne sous le titre *Die falschen Vertraulichkeiten*, indication
exacte, mais insuffisante.
81. *Calendrier Théâtral de Gotha*, 1780, p. 170 (dans la liste des « mises en
allemand » — *Verdeutschungen* — depuis 1770) : *Entdeckung (Falsche)* ;
l'interprète (*Dolmetscher*) Gotter est nommé, mais non l'auteur initial.
82. *Dramaturgie*, n° 73. Lessing ne loue pas tant Marivaux d'avoir préparé
l'issue (qui n'est donc pas imprévue) en montrant dès le début la tiédeur
de l'inclination de Melle Argante pour Dorante, qu'il ne lui reproche d'avoir
brusquement changé l'orientation de sa pièce à la sc. 11, en lui inspirant
un amour subit pour Eraste — une faute du point de vue dramatique, que
le titre chercherait seulement à justifier.
83. Cf. *Theaterzettel* de la Cie. Ackermann, après qu'il eut repris la direction
de sa troupe à la suite de l'échec du « Théâtre National ».
84. Le Professeur Engel, à Berlin, avait chargé Brandes de ce que ce dernier
appelle ds *ravaudages* : accélérer le dialogue, changer le dénouement,
etc. (*Mémoires*, II, pp. 435-442) ; le comédien « arrangeait » ainsi des
pièces étrangères, sans même toujours savoir qui en était l'auteur : il
cite parmi ses travaux dans ce genre « *Sigismond, prince de Pologne, ou
la Vie n'est qu'un songe*, d'après Lesage » et son traducteur Picard ajoute
en note : « la pièce est de Boissy ».

ment la peine de recourir à l'original. En ce qui concerne la première *Surprise*, on la trouve désignée encore par un autre titre : l'affichette qui annonce qu'elle sera jouée en français le 20 septembre 1741 à Francfort traduit par complaisance le titre, et sous la forme amusante *Der Ueberfall der Liebe*[85], le premier terme signifiant : attaque par surprise, coup de main.

Fréquents au dix-huitième siècle, et fréquemment aussi promus au premier rôle à cause de leur valeur explicative ou moralisatrice, les sous-titres peuvent eux-mêmes rendre l'identification d'une comédie plus difficile, ou au contraire aider à découvrir une confusion ; mais cette dernière remarque ne peut s'appliquer, en ce qui concerne Marivaux, qu'à *La Fausse Suivante, ou le Fourbe puni*[86]. La traduction des titres, comme celle des dialogues, a subi une évolution marquant un désir d'indépendance ou même une volonté de changement : Gotter en 1774, Meyer en 1783 cherchent encore à traduire exactement *Les Fausses Confidences, L'Epreuve*[87] ; mais, quand il s'agit d'une pièce très jouée, et depuis longtemps, sous son titre d'origine comme le *Jeu*, les auteurs de versions plus libres soulignent dès le titre la nouveauté de leur propos. Schwan, peu inspiré, n'hésite pas à remplacer le plus joli titre de Marivaux par le plus plat : *Die Verkleidung* (« Le Déguisement »), incomplet de surcroît, car il aurait fallu pour le moins indiquer que ce déguisement est double[88]. Jünger, peu avant la fin du siècle, met plus ingénieusement un titre au goût du jour, avec une réminiscence shakespearienne :

---

85. Cf. *Theaterzettel* conservée à l'*U.B.* de Francfort.
86. .Ce sous-titre d'une comédie très jouée en Allemagne (et jusqu'à la fin du siècle, par Schröder) a été accolé par erreur à d'autres comédies du même auteur. Celui de *L'Ile de la Raison* (*Les Petits Hommes*) concerne au contraire une pièce qui, n'ayant point pris à Paris, semble n'être jamais sortie du second volume de Krüger (1748), où se trouve sa traduction. La promotion du sous-titre est fréquente pour d'autres auteurs : *La Fausse Agnès*, ou *Le Poète campagnard*, de Destouches, devient *Der poetische Dorfjunker* (sans doute en faveur du pittoresque, plus attractif, et parce que la référence à *L'Ecole des Femmes* était moins claire pour un public allemand) ; *Le Mariage de Figaro, ou la Folle Journée, der tolle Tag*, etc... Il y a parfois combinaison des deux titres : *Le Philosophe marié, ou le Mari honteux de l'être*, de Destouches, se trouve dans le répertoire d'Ackermann (saison 1766-1767) sous la forme : *Der Philosoph, der sich der Heirat schämet*.
87. Nous avons cependant constaté les incertitudes quant au choix du terme exact, de *Entdeckungen* à *Vertraulichkeiten*, de *Versuch* à *Prüfung* ; mais l'intention était justement de respecter le titre.
88. Le titre de la comédie d'Aunillon (*Les Amants déguisés*), qui semble avoir été « la source d'inspiration immédiate de Marivaux » (*Th.C.*, I, p. 783), était déjà plus précis ; nous avons d'ailleurs rencontré un titre analogue : *Die verkleideten Liebhaber*, comédie en trois actes tirée du français, sans autre précision.

Masque pour Masque. Quarante ans plus tard, Karl Lebrun, tout en se référant à cette adaptation à cause de son long succès, manifeste une tendance qui se confirmera : le retour au titre original[89] qui, dans son imprécision, laisse ouvertes de gracieuses perspectives, au lieu de définir ou de marquer des intentions comme le font les titres de tant de comédies au siècle des « Lumières ». Aussi bien les traducteurs les plus récents ont-ils respecté le titre donné par Marivaux, tandis qu'ils se montrent plus indépendants en transcrivant celui d'autres pièces du même auteur[90]. Pour en revenir à Jünger, le titre qu'il a octroyé à la *Seconde Surprise* (« La Récidive »), s'il est licite, ne permet pas en tout cas à lui seul d'identifier la pièce quand on le rencontre sous la forme « *Das Recidiv, von Jünger* ».

Le chapitre des incertitudes et des erreurs probables ou évidentes doit être clos par un rapide examen de celles qui ont été reproduites ou introduites dans des ouvrages plus récents. En voici quelques exemples : la réédition de la *Chronologie du Théâtre allemand* de Chr.-H. Schmid[91], reproduisant un passage sous la date de 1740 et ainsi rédigé : « La fille de Schönemann, E.-L.-D. Schönemannin (future Mme Löwen), qui venait tout juste d'avoir ses sept ans (...), commença à jouer des rôles d'enfants : (...), Mlle Argante dans une comédie de Marivaux », précise en note : « Mlle Argante dans *Die Mütterschule* de Marivaux/Ekhof »[92]. Disons que, s'il n'y a pas

---

89. La traduction, non imprimée, utilisée par la *Neuberin* en 1735 à Hambourg, ajoutait au titre un adjectif bien peu juste : *Das verwirrte Spiel...* (« le jeu embrouillé »...), alors que rien n'est plus clair que le déroulement de cette comédie. Lebrun, en 1834, rétablit le titre de Marivaux, mais y ajoute en sous-titre celui de Jünger qui avait fait ses preuves, sans apercevoir que cette combinaison renferme une contradiction : il fallait choisir entre le hasard (la coïncidence de l'idée venue aux amants de se travestir) et la volonté de compensation et de revanche qu'implique *Masque pour Masque*. Cinquante ans après, Savits ne retient que le titre d'origine, et c'est aussi celui que l'on trouve dans les deux versions modernes que nous avons sous les yeux : *Das Spiel von Liebe und Zufall*, trad. Dörnemann, chez Kurt Desch, Münich, 1961 ; même titre, trad. Tilli Breidenbach, chez Steyer, Wiesbaden, sans date (manuscrits hors commerce, à l'usage des Théâtres).

90. Sigrid v. Massenbach traduit ainsi *Les Fausses Confidences* simplement par *Vertraulichkeiten*, titre qui évoque en allemand d'abord le sens de *familiarités, privautés* ; la *Seconde Surprise* par *Die Listen der Liebe* (« Les ruses de l'Amour ») et *La Double Inconstance* par le dicton *Trau, schau, wem ?* (à peu près : « méfiance est mère de sûreté ») en conservant toutefois le titre original en sous-titre : « *oder Unbestand auf beiden Seiten* » (manuscrits pour la scène édités par Ralf Steyer).

91. *Chronologie des deutschen Theaters*, réédition de Paul Legband, Berlin, éd. de la Société de l'Histoire du Théâtre, 1902.

92. *Ibid.*, p. 258. La réimpression comporte même une erreur typographique certaine, indiquant que la fillette était née à Lüneburg en 1738.

d'impossibilité absolue, l'étrangeté de cette nouvelle aurait du moins mérité un commentaire plus étendu : la traduction d'Ekhof a été publiée en 1753 ; était-elle écrite et fut-elle jouée l'année même où Ekhof entra dans la troupe Schönemann, en 1740 ? D'autre part, s'il est vrai qu'Angélique, fille de Mme Argante, se plaint à la scène 6 devant Lisette de l'enfance dans laquelle la maintient sa mère, disant : « Il y a des petites filles de sept ans qui sont plus avancées que moi », cela n'implique pas que ce rôle de l'éveil à l'amour puisse être tenu sur une scène publique par une « actrice » de cet âge ! D'après Eichhorn qui a étudié les répertoires d'Ackermann, le *Principal* jouait lui-même le rôle d'Argante dans... *La Fausse Suivante...* Il y a bien un M. Argante, mais dans le *Dénouement imprévu*, et la confusion entre une comédie en trois actes et un simple *Nachspiel* est assez insolite. S'agit-il pourtant de cette pièce, qui faisait partie du répertoire d'Ackermann et est passée de là à celui du « Théâtre National » de Hambourg ? Voyons le commentaire : « Il jouait ce caractère excellemment, intelligemment, avec une certaine bonhomie simple et pleine d'indulgence, qui s'étendait au ton et jusqu'à la démarche. Il montrait donc qu'il pouvait jouer les pères véritablement tendres, sans rodomontades, en s'inspirant tout simplement de sa propre bonhomie »[93]. Cette analyse ne correspond pas trop bien au rôle du père dans *Le Dénouement imprévu* : faible et désarmé devant l'aplomb de son fermier Maître Pierre, M. Argante est un père de comédie tout à fait traditionnel, qui veut marier sa fille contre son gré et ne ménage point les rodomontades[94].

Passons sans insister sur les inadvertances que l'on trouve dans les ouvrages les plus récents, même les mieux documentés et les plus utiles. Dans un ouvrage de synthèse capital pour l'histoire du théâtre et auquel nous nous référons souvent, un *Festin de Pierre* n'est-il pas attribué par mégarde à Marivaux[95] ? Dans l'édition de la *Dramaturgie* que nous gardons toujours sous la main, le titre *Die beiderseitige Unbeständigkeit* (indiquant donc qu'il s'agit de la traduction de Krüger) est censé correspondre à *La Double Inconstance, ou le Fourbe puni*[96] : tribulations d'un sous-titre qu'on avait

---

93. La référence d'Eichhorn est le périodique *Unterhaltungen*, 1769, VII, p. 283.
94. Cf. la fin de la scène 7 : menaces traditionnelles, réclusion à vie dans un couvent...
95. Kindermann, *op. cit.*, Index, p. 819 (on renvoie à la page 421, où il est question d'un décor dessiné par Paolo Antonio Brunetti pour une représentation de cette pièce au Théâtre-Italien).
96. *Dramaturgie*, éd. Otto Mann (1958), p. 426 (note sur le feuilleton n° 26, où Lessing parle de la musique de scène et note que celle de *La Double Inconstance* doit être toute différente de celle de *L'Enfant Prodigue* de Voltaire).

déjà accroché aux *Fausses Confidences* ! ... Il est vrai que la préoccupation majeure attachée à Marivaux donne un facile avantage sur les historiens et les critiques pour qui cet auteur ne joue qu'un rôle épisodique.

e) *Originaux et traductions dans les répertoires*

En ce qui concerne les représentations des pièces de Marivaux, il ne peut être question d'en faire un relevé complet — du moins aussi complet que le permettraient les documents conservés. Il est cependant utile d'effectuer quelques sondages en se servant des collections d'affichettes, des almanachs, etc., afin de savoir ce qui a été vraiment joué, dans le texte original et en traduction, et ce qui a « bien pris ». W. Printzen en a fait d'abord l'essai, en se limitant au Théâtre de la Cour de Gotha pendant la période de 1759 à 1771[97] : les *Theaterzettel* lui permettent de relever onze titres, et la fréquence des représentations est le meilleur critère du succès. Ainsi, *La Colonie*[98], *Le Legs*, *L'Ile des Esclaves*, *Les Serments indiscrets* n'apparaissent qu'une fois. Nous avons eu en main les exemplaires imprimés sur place, marqués au sceau ducal (*Bibliotheca Ducalis Gothana*)[99] : *L'Ile des Esclaves* a été jouée le 20 janvier 1755, pour l'anniversaire de « SAS Mgr. le Prince héréditaire », et le duc de Weimar était venu en voisin se mêler à la distribution ; *Les Serments indiscrets* ont été joués et imprimés à Gotha, en 1764, pour fêter « le jour de l'Anniversaire de la Naissance de SAS la Duchesse de Saxe-Gotha » et la distribution comprend plusieurs Altesses Sérénissimes dont le prince héritier qui, dans le rôle de Frontin, se faisait traiter de coquin et de maraud.

Un second groupe est constitué par des comédies jouées une dizaine de fois : *L'Ecole des Mères, Der unvermutete Ausgang, Die falschen Vertraulichkeiten oder der Haushofmeister*[100], *Das Spiel der*

---

97. Dissertation de doctorat précitée sur *Marivaux, sa vie, ses œuvres et son importance littéraire*, Münster, 1885. La période considérée précède la venue à Gotha, après l'incendie du château de Weimar (1774), de Conrad Ekhof.
98. Le titre de cette comédie jouée en original est ensuite traduit, pour annoncer le contenu de la pièce : *Das Weiberregiment* (« Le gouvernement par les femmes »).
99. L'impression, faite à Gotha par J.-C. Reyher, comporte la distribution où la particule nobiliaire des courtisans, *von*, est francisée en *de*.
100. Il s'agit sans doute de la traduction qui a servi également à Hambourg (cf. *Dramaturgie*, n° 18) ; noter le sous-titre : « ou l'Intendant ». Les autres titres allemands sont ceux de Krüger, avec la rectification que nous avons déjà signalée pour les *Surprises* (il s'agit ici de la seconde) : *Ueberraschung* au lieu de l'inexact *Betrug*.

Liebe und des Zufalls, Die andere Ueberraschung der Liebe. Deux pièces dominent la partie du répertoire comique empruntée à Marivaux : *Das falsche Kammermädchen oder der bestrafte Betrüger* et surtout *L'Héritier de Village*[101]. Ce succès confirme ce que nous apprend l'examen d'autres répertoires : critiquée par les censeurs moraux pour la frivolité et l'équivoque des situations et des personnages, *La Fausse Suivante* passait au contraire dans les Cours francisées pour peindre au naturel une liberté de mœurs et de parole qu'on enviait et pour faire valoir tout le piquant de l'esprit français. Quant à *L'Héritier de Village*, sa robuste gaîté, sans subtilité « métaphysique », a convenu à tous les publics allemands, nobles ou roturiers jusqu'à l'époque du *Sturm-und-Drang*. Le public noble de Gotha s'amusait des prétentions et des leçons du paysan enrichi, qui divertissait à la même époque le public bourgeois de Hambourg. Ekhof eut moins de succès avec la même pièce quand, après l'incendie du château de Weimar, il vint diriger le Théâtre de la Cour de Gotha : la version en *platt*, dans laquelle il avait triomphé à Hambourg, n'y était plus une « marchandise pour la place », comme dit Lessing[102].

Le succès de cette traduction de Krüger nous incite à nous pencher un instant sur le répertoire comique de la grande troupe à laquelle il a appartenu pendant huit ans, jusqu'à sa mort prématurée, le 23 août 1750[103]. La Compagnie Schönemann, la plus importante au milieu du siècle, héritière de celle de la *Neuberin* pour le culte de la comédie littéraire, nous entraîne vers d'autres horizons : les villes hanséatiques, les plaines de la mer Baltique. Son engagement par le duc de Mecklenbourg et son installation au château de Schwerin, en 1750, ont constitué un événement pour le théâtre allemand : c'était un honneur et une sécurité que les princes n'accordaient jusque-là qu'à des troupes françaises — Schönemann en avait fait l'amère expérience à Berlin au début du règne de Frédéric[104] ! — et la Compagnie gardait quatre mois de liberté pour aller en tournée, notamment à Hambourg, riche cité et foyer de la vie théâtrale où les succès étaient plus significatifs qu'à Schwerin ou Rostock. Deux faits nous recommandent encore de mettre cette troupe en vedette :

---

101. *La Fausse Suivante* revient 20 fois, *L'Héritier de Village* 39 fois.
102. *Dramaturgie*, n° 28.
103. Krüger était entré dans la Cie. Schönemann à Berlin en 1742. Il mourut à vingt-sept ans, lors d'un séjour de la troupe à Hambourg.
104. Schönemann, malgré sa promesse de cultiver un répertoire relevé, inspiré des Français, obtint en 1742 la concession pour toutes les provinces prussiennes, mais non le concours financier du roi, qui venait tout juste de recevoir ses comédiens et son corps de ballet de Paris.

son plus grand acteur n'étant autre qu'Ekhof, elle eut encore un traducteur de Marivaux après la disparition de Krüger ; d'autre part, ses répertoires ont été éclairés par l'ouvrage magistral que lui a consacré Hans Devrient[105].

Ce dernier attribue à la version en dialecte bas-allemand de *L'Héritier de Village* et au succès qu'elle a connu pendant un bon quart de siècle une valeur particulière : il y voit une « réaction naturelle de défense contre le carcan du style français, l'élan spontané vers la libération de l'art ». Il fallait relâcher l'étau du pédantisme gottschédien pour que la réforme prît sa valeur éducative, pour que l'exemple français portât ses fruits. Même importance en ce qui concerne le jeu : les comédiens avaient l'habitude de se guinder dans les rôles français, tandis qu'Ekhof, merveilleusement à l'aise dans son personnage de Jürge (Blaise), entraînant ses camarades dans la voie d'un réalisme sans vulgarité, accomplissait là un « chef-d'œuvre[106] de la corporation allemande des comédiens ». Ce fut une des leçons majeures qui orientèrent un art encore hésitant ; l'enthousiasme de Nicolai, lors d'une visite faite en mai 1773, est significatif à cet égard[107].

Six autres comédies de Marivaux ont été régulièrement jouées par la Compagnie Schönemann pendant la période qui a précédé et suivi son installation à Schwerin : *La Double Inconstance, La Fausse Suivante, Le Jeu de l'Amour et du Hasard* dans les traductions de Krüger, *La Mère Confidente* dans celle qu'avait publiée Uhlich (1747) et deux *Nachspiele : Le Dénouement imprévu* (Krüger) et un peu plus tard *L'Ecole des Mères* (Ekhof)[108]. Cette dernière pièce fut l'une

---

105. *Joh. Friedr. Schönemann und seine Schauspielergesellschaft* (« contribution à l'histoire du théâtre au 18ème s. »), Hambourg et Leipzig, chez Leopold Voss, 1895.
106. Le mot est pris dans le sens du chef-d'œuvre de maîtrise des anciennes corporations.
107. On en trouve le récit dans l'ouvrage de Hermann Uhde sur *Conrad Ekhof* (Leipzig, 1876), p. 200. L'acteur déclama quelques fragments pour ses visiteurs, Nicolai et August Mylius ; après les avoir fait pleurer dans le rôle de Lusignan (*Zaïre*), « il fit un bond, rejeta sa robe de chambre et, par contraste, se mit à jouer en *plattdeutsch* son *Héritier de Village*, dont l'effet était des plus réjouissants ». Les visiteurs partirent pleins d'admiration et une correspondance s'établit entre Nicolai et le grand comédien.
108. On trouve *Le Dénouement Imprévu*, sous le titre que critiquera Lessing (*Der unvermutete Ausgang*), joué par Schönemann à Breslau dès 1749. Arrivée le 20 juillet 1750 à Hambourg, la troupe y joue cette pièce, le 23, *La Double Inconstance* (*Die beyderseitige Unbeständigkeit*, titre de Krüger), qui sera fréquemment donnée par la suite. Le 15 mai 1753, on présente *Die neue Probe* (*L'Epreuve nouvelle*) « *de Marivaux* » : erreur probable d'auteur.

des favorites du répertoire de Schwerin : la princesse Louise-Frédérique avait « daigné Elle-même charger de la traduction » Ekhof, comme il le dit dans sa dédicace du 17 décembre 1752 — une intervention qui n'a rien de surprenant quand on sait qu'à l'exemple de beaucoup de Cours allemandes celle du duché avait son théâtre d'amateurs, qu'animaient les princesses Louise et Ulrike, et où l'on jouait les pièces françaises dans leur texte original[109]. Le 8 mars 1753, la Compagnie Schönemann présente *Die Mütterschule* à Rostock avec une autre comédie intitulée *Damon, oder die wahre Freundschaft* (*Damon ou l'Amitié véritable*) et dont l'auteur, ainsi que le précise l'affichette, était « un jeune critique féru de théâtre, Gotthold Ephraim Lessing ».

D'après Devrient, ce sont les années 1750-1754 qui marquèrent l'apogée de Schönemann. En 1754, Marivaux domine le répertoire de comédie, avec six pièces et seize soirées sur quatre-vingt-onze représentations données à Hambourg, tandis que Destouches n'a que quatre pièces réparties en six soirées : une situation assez inhabituelle à l'époque, et que les documents qui concernent les autres années ne semblent d'ailleurs pas confirmer, car on y retrouve Destouches devançant Marivaux et Molière[110]. D'autre part il n'est pas inintéressant de trouver dans la liste des pièces *exclues* des études du premier Conservatoire allemand d'art dramatique, fondé par Ekhof à Schwerin en 1753, *L'Ile des Esclaves* et *L'Ile de la Raison*[111].

Une impression moins favorable sur la place occupée par Marivaux se dégage de l'étude des répertoires de la Compagnie Ackermann, achevée en 1957, au prix d'un labeur énorme, par Herbert Eichhorn[112]. Il s'agit d'environ trois mille journées de spectacle, pendant les dix-sept années (1754-1771) qui ont précédé le mouve-

---

109. Devrient a découvert cette activité grâce à une brève indication des *Mecklenburgische Nachrichten* et aux papiers laissés par la duchesse Louise (princesse de Würtemberg devenue duchesse de Mecklembourg).
110. Les documents sont fragmentaires ; d'après les affichettes conservées, Destouches aurait eu sept pièces au répertoire en 1753, Marivaux six, Molière cinq. En 1756, La Chaussée (dont on donne par ex. *L'Ecole des Mères*) et — sans doute par compensation — Regnard font partie des auteurs les plus joués, de même que Boissy.
111. Cf. Gerhard Piens : *Conrad Ekhof und die erste deutsche Theaterakademie*, 1956. L'auteur se demande si cette exclusion n'avait pas pour cause la médiocrité des traductions (de Krüger). Mais Ekhof et ses collègues de la troupe Schönemann qui s'occupaient de la formation des jeunes n'étaient pas choqués par les autres travaux du même traducteur. Il est plus tentant de supposer que les « utopies sociales » n'avaient pas la faveur des « Comédiens de la Cour de Mecklembourg ».
112. *Konrad Ernst Ackermann und die Ackermanische Gesellschaft deutscher Schauspieler*, thèse non imprimée de la F.-U. Berlin, 1957.

ment de rupture *Tempête et Assaut*. La dispersion des documents a obligé l'auteur à faire des investigations dans une cinquantaine de bibliothèques et d'archives en Allemagne, en Suisse, en France, mais il n'a pu inventorier avec précision qu'un tiers des représentations. Malgré cette limite, c'est une étude qui permet d'avoir une bonne vue d'ensemble. Le nom d'Ackermann évoque à nouveau la vie théâtrale à Hambourg, avant et après l'aventure du « Théâtre National », mais le territoire couvert par cette troupe fut en réalité immense et montre quel était le rayon d'action des Sociétés de comédiens allemands à cette époque : quarante-quatre Théâtres dans quarante villes, de Königsberg à la Suisse alémanique[113], de Strasbourg et Colmar à Varsovie. Les statistiques établies par Eichhorn montrent, pour ce qui est du moins des représentations qu'il a pu appréhender, que seize auteurs ont été joués plus de vingt-cinq fois : sept Français et sept Allemands — judicieux équilibre ! — auxquels s'ajoutent Holberg et surtout Goldoni. Voltaire, joué sur les deux tableaux[114], domine de haut cette cohorte, Destouches se trouve à égalité avec Weisse que suivent à distance, du côté allemand, Lessing, J.-E. Schlegel, Krüger — plus joué que son auteur français favori.

Marivaux n'arrive qu'à la treizième place, devancé non seulement par Destouches, mais aussi par Molière, Legrand, Regnard et même Saint-Foix. Plus que cet ordre étrange nous intéresse le fait qu'il n'apparaît que tardivement au répertoire : en 1765 *La Fausse Suivante* et *Les Fausses Confidences*, en 1766 *L'Héritier de Village*, en 1770 *La Surprise de l'Amour*. Les 15, 16 et 17 avril, on trouve en une concentration inhabituelle *das falsche Kammermädchen, der Bauer mit der Erbschaft* et *die falschen Vertraulichkeiten*. C'est donc après avoir été rejoint par Ekhof et surtout après s'être fermement installé à Hambourg[115] qu'Ackermann a fait mettre en répétitions des comédies de Marivaux : elles convenaient mieux au public habitué et élégant de cette grande cité qu'aux publics de rencontre des nombreuses villes précédentes. Il n'en est pas moins vrai que les vingt-sept représentations portées au crédit de Marivaux font piètre figure quand on les compare par exemple aux cinquante inscrites

---

113. Bâle, Zürich, Winterthur, Schaffouse, Baden, Berne, Soleure, Aarau, Lucerne.

114. Voltaire (95 représentations) domine le répertoire tragique, mais ses comédies (*L'Enfant Prodigue, Le Café ou l'Ecossaise*, etc.) sont également jouées.

115. Ekhof a rejoint la troupe d'Ackermann à Hanovre en avril 1764 ; d'abord locataire du Théâtre de Koch (qui jouait alors à Leipzig), le *Principal* fit construire son propre Théâtre, inauguré le 31 juillet 1765, sur le Gänsemarkt de Hambourg.

au compte de Goldoni. Ce résultat fait mieux ressortir encore l'importance du renouveau de faveur qui a entouré dans le dernier quart du siècle l'œuvre de théâtre de Marivaux, et qui s'est porté aussi bien sur plusieurs pièces déjà connues que sur des « découvertes »[116]. Nul doute que les gaucheries, voire les non-sens qui déparaient les anciennes traductions ne soient devenus petit à petit intolérables au public : ce théâtre est si délicat, il supporte si mal une interprétation médiocre, que ce soit en le traduisant ou en le disant... A cet égard, les adaptations qui fleuriront à partir de 1774[117], malgré un certain avilissement des originaux sur lequel nous aurons à revenir, marquent la reprise d'un élan qui semblait se lasser ; presque tous ces noms d'auteurs comiques français, qui figurent en une liste interminable au répertoire d'Ackermann[118], vont bientôt s'effacer ; Marivaux, à travers les adaptations de deux de ses comédies, sera encore présent un siècle plus tard.

C'est un bref coup d'œil sur le théâtre viennois qui montrera le mieux cette continuité ; Gotter et Jünger, auteurs des adaptations des *Fausses Confidences* et du *Jeu* restées le plus longtemps au répertoire, étaient tous deux Saxons, mais le premier avait « gagné le cœur des Viennois »[119] en publiant, sous le titre *Die falschen Vertraulichkeiten*, une version qui leur était destinée, et le second détenait le poste influent de *Theaterdichter* au Burgtheater quand il composa *Maske für Maske*[20]. Nous aurons l'occasion, en étudiant individuellement ces adaptations, d'en dire plus sur leur brillante fortune ; il ne s'agit pour l'instant que d'un aperçu, et jetons d'abord un regard sur le théâtre français à Vienne à l'époque de Marie-Thérèse,

---

116. Parmi les découvertes, celle du *Legs* (1776), de *La Dispute* (1777-1778), de *L'Epreuve* (1783). Voir notre étude des traductions.

117. Dès 1765, Konrad Pfeffel a publié son adaptation de *L'Ile des Esclaves* (*ibid.*), mais c'est celle des *Fausses Confidences* par Gotter (Gotha, 1774) qui marque le début d'une nouvelle période de succès.

118. Nous ne pouvons reproduire cette liste, sorte de répertoire des auteurs dramatiques français aux 17ème et 18ème siècles, et témoignage frappant de « l'invasion » des scènes allemandes. Parmi les auteurs comiques, seuls resteront Molière, Marivaux et Beaumarchais (qui figure ici en réalité pour ses pièces du « genre sérieux », l'enquête s'achevant en 1771, à la mort d'Ackermann).

119. Cf. Golubew, *op. cit.*, p. 100. Une édition eut lieu à Gotha (... *Entdeckungen*), une autre à Vienne (... *Vertraulichkeiten*) avec de très légères variantes « localisant » la pièce, la même année 1774.

120. Cette pièce a figuré dès 1792 au répertoire des « Théâtres Nationaux » de Vienne et de Berlin, bien qu'elle n'ait été imprimée qu'en 1794 à Leipzig avant d'être rééditée à Vienne par Wallishausser. Jünger a occupé son poste au Théâtre de Vienne de 1789 à 1794.

grâce à l'étude globale des répertoires viennois présentée par Harald Kunz pour la période 1741-1765 : elle concerne à la fois les Théâtres publics, le Théâtre d'amateurs à la Cour, les troupes des institutions et collèges (où le français avait remplacé le latin sur la scène) et les tréteaux populaires (*Marktbühnen*)[121]. Il y eut à partir de 1752 et pendant vingt ans, à Vienne, un Théâtre français permanent[122], qui jouait au Burgtheater en alternance avec l'Opéra italien et les comédiens allemands, ou dans les salles des Résidences d'agrément, à Laxenburg et Schönbrunn, où il retrouvait sa meilleure clientèle : celle de la Cour.

Les comédies de Marivaux ont tenu une place non négligeable dans les répertoires en langue française : l'Impératrice tenait à une parfaite décence, on aimait un théâtre divertissant mais raffiné, ou bien touchant, voire larmoyant. Il apparaît bien nettement qu'entre les comédies gaies de Marivaux et les comédies sentimentales de Nivelle de La Chaussée (*Le Préjugé à la mode, Mélanide*, etc.) qui furent très jouées, il y eut beaucoup moins de place qu'en Allemagne pour la comédie sérieuse, moralisante, un peu froide d'un Destouches. Il semble que les archiducs et la noblesse du Théâtre de la Cour aient surtout représenté, à l'occasion des anniversaires et des fêtes, des pièces en un acte : on trouve à partir de 1744 *Arlequin poli par l'Amour, Le Dénouement imprévu, Le Legs, l'Epreuve, Le Préjugé vaincu*, etc. La troupe française joue le *Jeu*, les deux *Surprises* (l'« italienne » en 1761-1763, la « française » en 1764-1765), *Le Prince travesti*. Dans certaines maisons nobles des villes de l'Empire, un Théâtre de société joue également Marivaux : ainsi, le 25 août 1754, on présente chez les Kollowrat, à Prague, *La Mère Confidente*, avec des acteurs recrutés dans un cercle d'amis. Les comédiens allemands[123] ne semblent pas avoir cultivé particulièrement Marivaux : il est probable que le public le plus attiré par sa manière préférait le goûter dans l'original. Nous trouvons à leur programme, pendant la saison 1759-1750, *Die falschen Bedienten, oder die bestraften Betrüger*, c'est-à-dire, sous ce titre affublé d'un pluriel absurde, *La Fausse Suivante ou le Fourbe puni*. Puis viendront *La Double Incons-*

---

121. *Wiener Theaterspielplan* 1741-1765, von Dr. Harald Kunz (dans les Annales de la Société d'Etudes Théâtrales de Vienne, 1953-1954). De cette enquête n'étaient exclues que les « maisons des champs » de la noblesse autrichienne, hongroise, etc., tandis que les Théâtres d'institutions (Collège des Jésuites, *Theresianum*...) étaient pris en compte.

122. Il s'agissait d'une troupe venue de La Haye et dirigée par Jean-Louis Hébert. Les Annales citées plus haut lui accordent un rôle formateur en ce qui concerne le style d'un « théâtre littéraire », qui n'existait pas encore à Vienne.

tance (*Die doppelte Unbeständigkeit*, version de Weisker, autre
Saxon qui vécut à Vienne), *L'Ecole des Mères* dans la traduction
d'Ekhof ; en 1758 apparaît la version dramatique de *La vie de
Marianne* dont l'auteur, Heubel, était contrôleur du Théâtre français.
Les traductions les plus courantes en Allemagne à cette époque,
celles de Krüger, ne paraissent pas avoir été utilisées à Vienne, où
leur laborieuse lourdeur eût sans doute constitué un écueil ; mais
les productions d'Ossenfelder et de Weisker n'étaient guère plus
aisées.

La période qui suit celle dont Kunz dresse l'inventaire a vu une
évolution favorable au théâtre de langue allemande, considéré
comme épuré désormais, et qui avait toutes les préférences de
Joseph II. Rappelons qu'en 1772 la troupe française a été congédiée,
en 1776 le Burgtheater érigé en « Théâtre National ». La *Chronique
Théâtrale de Vienne*, rédigée par des amis de la scène ayant pour
adage « *Les opinions sont libres comme l'air* »[124], note le succès des
Fausses Confidences dans la version de Gotter, le 1er octobre 1774,
succès confirmé lors des nombreuses représentations suivantes ;
c'est à cette occasion que le chroniqueur félicite le public viennois
qui, jusqu'aux plus hautes galeries, n'a rien laissé passer des finesses de la pièce, alors que, par une étrange énigme, il réagit stupi-
dement à la tragédie[125]. Entre une comédie qui exige des spectateurs « très sensibles et éclairés » et ce public de Vienne, une connivence durable s'était ainsi établie. La rétrospective intitulée *Cent
soixante-quinze ans de Burgtheater* (1776-1951) montre — pour nous
en tenir aux deux titres mentionnés plus haut — que *Die falschen
Vertraulichkeiten* ont eu quarante représentations entre 1776, qui
n'était plus l'année de leur nouveauté, et 1798 ; cinquante-deux entre
1798 et 1856[126]. Pour *Maske für Maske*, on compte soixante-huit
représentations de 1792 à 1840.

---

123. Ces comédiens jouaient au Kärnterthortheater et, en alternance, au
Burgtheater (am Michaelerplatz).
124. *Historisch-kritische Theaterchronik von Wien* (...)*verfasst von Freunden der Schaubühne. Meynungen sind zollfrey* ! Publication de la librairie Emerich Felix Bader, à Vienne ; le n° 11, daté du 29 octobre 1774
tome premier, deuxième partie), rapporte ce succès des *Fausses Confidences* — en attribuant d'ailleurs la « traduction » à Pfeffel... — au
Kärnertortheater, vante la finesse de la plupart des comédies de
« Mariveau » (*sic*) tout en critiquant le manque d'action qui en serait
le corollaire et fait des commentaires sur les réactions du public.
125. On entend rire le public viennois « aux passages les plus beaux, les plus
émouvants, les plus terrifiants des tragédies » : « c'est une énigme qui
n'a pu encore être éclaircie ».
126. Des retouches ont été faites en 1818 et 1830, un remaniement opéré en
1833 par le comte Mailáth.

II. — DEUX INITIATIVES DE KRUEGER.

a) L'Héritier de Village en bas-allemand

On connaît le succès de *L'Héritier de Village* en Allemagne et le témoignage que porte Lessing en faveur de son effet sur le public de Hambourg dans le vingt-huitième feuilleton de la *Dramaturgie* ; la pièce faisait partie du répertoire de la troupe d'Ackermann avant la fondation du « Théâtre National » et, vu le plaisir qu'elle faisait, a été tout naturellement reprise par la direction de ce Théâtre, Ekhof et Madame Böck continuant à y tenir les rôles principaux. Les causes de cet engouement pour une pièce qui avait été négligée ou dépréciée à Paris[127] sont claires : la comédie du « paysan gentilhomme » est d'un comique franc, facilement accessible, il s'y ajoute le sel de la satire des mœurs frivoles du beau monde en France, Colette et Colin ont beaucoup de fraîcheur campagnarde et Maître Blaise lui-même, malgré ses nouvelles ambitions, conserve par sa rondeur, sa bonhomie, ses mots pittoresques, toute la sympathie du public ; le dénouement n'altère en rien la gaîté de la pièce : la banqueroute de M. Rapin remet au contraire tout en place, le bon sens est restauré, des folies évitées, Colin s'écrie « vive la joie » ! et revient au nom familier de « papa »[128], Blaise « pense qu'il y a encore du vin dans le pot et qu'il va le boire ». Résumant l'action dans son compte-rendu, Lessing dit à ce propos : « ... Jürge n'est plus à nouveau que Jürge, Hans (Colin) est repoussé, Grete (Colette) reste pour compte, et la fin serait assez morose si la chance pouvait ôter davantage qu'elle n'a donné : bien portants et joyeux ils étaient, bien portants et joyeux ils restent ». Cette santé et cette jovialité qui ne se démentent pas étaient sans doute plus susceptibles d'entraîner un public allemand qu'un public français de l'époque.

Mais l'une des grandes raisons du succès fut aussi la traduction en dialecte *platt* de Krüger. Donnons encore à ce sujet la parole à Lessing ; après avoir vanté l'humeur goguenarde et la malice de la satire, il ajoute : « et la naïveté de la langue paysanne ajoute encore à tout ceci un assaisonnement particulier ». Golubew reproduit deux anecdotes montrant avec quel amour et quel naturel Ekhof jouait le rôle de Jürge, au point qu'un villageois, le voyant en scène, s'était écrié : « Où diable ces gens-là ont-ils pu dénicher ce paysan ? » et

---

127. Cf. *Th. C.*, I, pp. 545-549.
128. La leçon de bonnes manières avait été faite à Colin par Arlequin : dans la société, on dit « Monsieur, et non papa » (sc. 8).

que le grand acteur, pour donner à des visiteurs, alors qu'il jouait
à Weimar, un échantillon des deux faces de son talent, avait choisi
un extrait de *Der Bauer mit der Erbschaft* après une scène de
Zaïre[129]. Le critique tire de la traduction la mieux réussie de Krüger quelques conclusions : la preuve est ainsi faite qu'il était capable de donner à ses traductions un cachet national — ou pour mieux
dire provincial — lorsque le caractère de la pièce l'exigeait. Nous
ajouterons que ce cachet n'était pas acquis au détriment de la fidélité au texte, au ton, à la manière, comme ce sera le cas pour plusieurs de ses successeurs. Golubew fait encore une réflexion qui
dépasse le cas personnel de Krüger : « Dans sa version allemande,
L'Héritier de Village de Marivaux, par son ton naturel, sa bonne
humeur saine et vigoureuse, contribua à frayer un chemin qui tendait à l'opposé du schématisme français, vers la liberté et la spontanéité de la création, et qui eut ce magnifique aboutissement : *La
Cruche cassée* de Kleist »[130].

L'idée est toujours celle d'un jeu d'abstractions, subtilités psychologiques, jonglerie de mots, pratiqué par les auteurs comiques
français, et qui aurait détourné pendant une bonne partie du siècle
les auteurs allemands, lancés sur la voie de l'imitation par Gottsched et par la faveur des Cours, du goût qui leur est naturel pour
le concret et pour l'expression directe. Il nous paraît cependant peu
équitable de fonder cette opposition traditionnelle sur un tel exemple : la « bonne humeur saine et vigoureuse » vient ici de l'original,
que Krüger a suivi avec sa docilité coutumière. L'emploi d'un dialecte provincial savoureux était certainement dans son esprit un élément essentiel de cette fidélité. Il faut reconnaître le mérite d'une
telle initiative, y voir l'amorce d'une heureuse « germanisation » qui
a permis aux meilleures pièces françaises de survivre dans les répertoires allemands[131], mais non lui attribuer toute la vivacité et le naturel qui en résultent, comme si l'original y était pour peu de chose ;
il y a là une illusion, d'ailleurs compréhensible, qui vient de l'usage
toujours réjouissant du *platt* surtout si l'on compare ces dialogues en
langue du cru aux phrases laborieuses, aux expressions calquées
sur le français, artificielles, parfois à peine intelligibles, qui remplissent les autres traductions de Krüger s'essoufflant à faire converser
les amants de Marivaux.

---

129. Golubew, *op. cit.*, p. 33. La question du paysan est naturellement posée
    en *platt*. L'histoire de la visite matinale de Fr. Nicolai et quelques autres
    à Weimar et des démonstrations d'Ekhof est empruntée à la biographie
    de l'acteur par Hermann Uhde, p.200.

130. Golubew, *op. cit.*, p. 33.

Lessing estimait « magistrale » la traduction en dialecte de *L'Héritier de Village* et Wittekindt, dans sa biographie de Krüger, ajoute qu'en écoutant Jürge, Lise (Claudine), Hans et Grete, « on oublie totalement leur origine étrangère ». Il admet pourtant que la confrontation avec l'original fait apparaître dans la version allemande un peu plus de vulgarité dans le ton[132]. Mais n'est-ce pas là une expérience courante avec les personnages comiques, paysans ou valets, empruntés à Marivaux ? Il est vrai que la lecture de cette traduction[133] enchante, qu'on y trouve mainte trouvaille d'expression, que le pittoresque du parler populaire s'adapte parfaitement, dans la plupart des cas, au texte original. Bien sûr il y a, comme toujours chez Krüger, quelques erreurs de sens ou des omissions, rares d'ailleurs, qui révèlent sans doute un peu d'embarras. Lessing, dans son feuilleton de la *Dramaturgie*, prend la peine de démontrer que, dès la première scène, des inconséquences apparaissent dans la traduction, qu'il a fallu rectifier à la représentation en se référant au texte français, et qu'il attribue à une impression défectueuse[134]. Nous nous bornerons nous-même à donner deux exemples. Le premier concerne une erreur sur le sens : « Moi, la faire taire ! arrêter la langue d'une femme ? un bataillon, encore, passe ! » s'exclame dans la scène 3 le chevalier gascon, et Krüger traduit la dernière phrase par : « *Das würde ein Battalion* (sic) *umsonst unternehmen* », soit : « un bataillon n'en viendrait pas à bout ». Le second concerne une omission, d'importance mineure, mais qui, chez un traducteur toujours si soucieux de ne négliger aucun détail, trahit sans doute l'embarras : dans la scène 7, où Blaise annonce au fiscal qu'un gros monsieur comme lui ne paiera sa dette qu'à la longue, après de multiples sollicitations, l'expression « chiquet à chiquet » (petit à petit) est remplacée par un simple *Ja*.

---

131. Nous pensons notamment à la vague nouvelle de traductions et d'adaptations de pièces de Marivaux à partir de 1765 (date de la seconde version de *L'Ile des Esclaves* par Pfeffel) et à l'effet qu'elles ont eu de maintenir cet auteur dans les répertoires, sans prononcer ici de jugement de valeur sur les libertés prises afin de les rapprocher des habitudes allemandes de vie et de langage, ou pour les rendre plus conformes à l'évolution du goût en Allemagne.

132. W. Wittekindt, *Joh. Christian Krüger*, p. 116.

133. Le premier volume de traductions de Krüger s'achève sur *Der Bauer mit der Erbschaft*. La liste des acteurs de la comédie, p. 361, montre que le traducteur a bien entendu gardé 'le nom d'Arlequin, conservé selon son habitude le nom de Mme Damis, fait du Chevalier un baron, tandis que les quatre paysans qui vont parler le dialecte *platt* portent des noms en accord avec leur langage : Jürge, Lise, Hans, Grete.

134. Cf. *Dramaturgie*, pp. 112-113 dans l'éd. Otto Mann.

Nous ne pouvons ici, comme le fait complaisamment Golubew, reproduire deux pages de cette traduction pour en montrer les agréments. L'image qu'il veut en donner dès l'abord en écrivant : « C'est une vraie scène de village, avec des fenils, des ormes et un château seigneurial à l'arrière-plan, peinte sur de la porcelaine de Meissen »[135] nous paraît d'ailleurs peu exacte : cette porcelaine ne serait pas d'un grain très fin... Mais l'emploi d'expressions pittoresques, de dictons, de mots français déformés : *Dischkerören* (discours), *Pullitschigkeet* (politesse), *apperpos !* (à propos !), *Madress* (« *ik war mie eene Madress holen* » : c'est que j'aurons une maîtresse », sc. 2), etc., appuie les effets comiques. Krüger ne laisse guère échapper les effets qu'il découvre dans l'original, dès qu'une possibilité se présente de les transposer : ainsi, le mot naïf de Colette, quand elle apprend que son père la destine au Chevalier : « Eh bien ! tant mieux, je serai Chevalière » est fort bien rendu par : « *So war ich eene Baroonsche* »[136]. Par contre, lorsque Blaise dit d'Arlequin qui prétend avoir été huit ans à la Cour : « ... je li baillerons ma fille pour apprentie, il la fera courtisane », le traducteur ne peut exploiter la fâcheuse confusion et se contente d'écrire : « *he sall eene Havdame drut maken* » (il fera d'elle une dame de la Cour) (sc. 1). Les savoureuses leçons de Blaise sur le « bel air », sur la vertu du beau monde qui « n'est point hargneuse », sont transcrites fidèlement malgré la difficulté qu'offrait maint détail, et les termes expressifs employés soutiennent la comparaison avec ceux de l'original[137]. Krüger n'ajoute pas constamment au texte comme le feront la plupart de ses successeurs, qui trouveront Marivaux trop sobre dans le registre du « bas-comique ». Parfois cependant la vivacité de l'original l'entraîne à accumuler les images, comme dans le charmant couplet où Colin, faisant sa cour à madame Damis, lui vante sa propre gaîté : « ... c'est toujours moi qui mène le branle, et pis je saute comme un cabri... » — « *ik föhr allemal den Danss op* (c'est toujours moi qui mène la danse), *wenn wie Poolsch dansst* (quand nous dansons la polonaise), *und da spring ik as een Buk* (et là je saute comme un cabri), *so licht as een Grashüpper* (aussi léger qu'une sauterelle), *ik dreih mie herum as een Krüselding* (je tourne sur moi-même comme une toupie). . . »[138].

---

135. Golubew, *op cit.*, pp. 29-32.
136. *L'Héritier de Village*, sc. 8. *Baroonsche*, mot comique forgé avec le suffixe populaire *-sche* (*Die Müllersche*, « la femme Müller »), au lieu de *Baronin*.
137. Ainsi, « une vertu négligente... point hargneuse » : « *eene slampige* (*schlampige*). . . *keene brumige Döget* (*Tugend*) ».
138. *Ibid.*, sc. 14.

b) *Le prologue de l'Ile de la Raison*

Pour Wittekindt, le biographe de Krüger, la traduction en dialecte bas-allemand de *L'Héritier de Village* est un « point lumineux » dans la grisaille de son premier volume ; le second a aussi le sien : la traduction du Prologue de *L'Ile de la Raison*[139]. Chez un traducteur auquel on reproche une fidélité excessive et souvent maladroite, on loue tout naturellement les endroits où il a su, par exception, prendre une initiative. C'est le cas ici ; le critique part d'ailleurs du principe qu'une traduction exacte « n'est pas pensable sur une scène étrangère »[140]. Le prologue de *L'Ile de la Raison*, où deux spectateurs attendant au foyer du Théâtre-Français que la comédie commence sont eux-mêmes mis en scène, posait un problème particulier : en se demandant si la pièce qu'ils vont voir est tirée de *Gulliver*, ils en viennent à évoquer les défauts, les mérites et surtout l'attitude des Français face à l'étranger. Cela ne pouvait guère passer tel quel dans la version allemande puisque les deux personnages, le marquis et le chevalier, y changent de nationalité — leur titre le marque déjà : le marquis, type spécifiquement français, est remplacé par un comte, le chevalier par un baron — et que leur débat concerne les gens et les choses de leur pays.

Krüger pouvait d'autant moins laisser intact le texte original que le marquis attaque les Français sur une faiblesse qui leur était traditionnellement reprochée : « ... pour de l'esprit, nous en avons à ne savoir qu'en faire ; nous en mettons partout, mais de jugement, de réflexion, de flegme, de sagesse, en un mot, de cela (*montrant son front*), n'en parlons plus, mon cher Chevalier ; glissons là-dessus : on ne nous en donne guère ; et entre nous, on n'a pas tout le tort » (sc. 1). Cette opposition établie entre l'esprit et la pensée constituait une objection à la mode que Marivaux connaissait bien... pour en avoir été lui-même la cible[141]. D'une façon plus générale, c'était une opinion assez répandue chez les Anglais et les Allemands — que le pronom indéfini employé par le marquis (« on ne nous en donne guère ») peut fort bien désigner ; Herder et même Lessing ont exprimé des idées voisines, en distinguant *Witz* (bel-esprit, apanage indiscuté des Français) et *Geist* (esprit moins vif, mais qui va plus loin, source de la pensée)[142]. C'est un « petit marquis », super-

---

139. W. Wittekindt : *Johann Christian Krüger*, p. 114.
140. *Ibid.*
141. Cf. *Le Spectateur Français*, sixième et septième feuilles (*JOD*, pp. 137-138 et 145-149).
142. Une opposition analogue a été souvent affirmée entre le goût, qu'on abandonne volontiers aux Français, et le *génie*, force créatrice.

ficiel et vain, qui présente ici cette opinion parce qu'elle lui paraît brillante ; ce n'est qu'une pose, qui relève de la fausse modestie ; au moins a-t-il le bon goût de ne pas insister quand son compagnon le perce à jour, et ce dernier tire habilement de l'aveu nonchalant du marquis un éloge des Français, suivi d'un long et éloquent réquisitoire contre ce qu'on pourrait appeler le masochisme national : visiblement, l'auteur plaide avec tout son cœur pour une attitude plus digne[143].

Que pouvait faire le traducteur de tout ce débat ? Il était exclus de faire passer au compte des « tudesques » l'excès de bel-esprit ; mais, d'autre part, la véhémente protestation contre l'attitude d'infériorité adoptée vis-à-vis des autres nations s'appliquait à merveille à ses compatriotes et Krüger avait, non moins que le chevalier mis en scène par Marivaux, le souci de la dignité de son pays. L'application était si facile qu'en écoutant le chevalier dire : « Toute notre indulgence, tous nos éloges, toutes nos admirations, toute notre justice, est pour l'étranger... », on ne peut guère manquer de penser à l'amertume de Lessing dans l'épilogue de sa *Dramaturgie* : « Nous sommes encore les imitateurs jurés de tous ce qui est étranger, encore et toujours, en particulier, les admirateurs serviles de ces Français jamais assez admirés ; tout ce qui vient de l'autre côté du Rhin est beau, charmant, adorable et divin... » etc.[144]. Dans l'idée de Lessing, la vanité qu'il reproche constamment aux Français comme une sorte de péché national les pousse, non pas à faire leur propre critique et à jouer l'humilité auprès des autres, mais au contraire à ne penser et à ne dire que du bien d'eux-mêmes.

Krüger, en tant que traducteur, avait la vocation de la fidélité : là où son biographe le félicite d'avoir remanié un Prologue qu'il ne pouvait guère respecter, lui-même s'excuse à la fin de sa préface ; nous sommes encore loin, en 1749, de cette « germanisation » qui sera présentée comme recommandable par Pfeffel en 1765, comme indispensable par Dyk en 1777. Les termes qu'il emploie sont bien dignes d'intérêt par le chagrin qu'ils révèlent : « Je demande pardon d'avoir cru opportun de refondre le Prologue de *L'Ile de la Raison*, d'après nos mœurs. De même que le comte professe avec un franc mépris que ses compatriotes et lui-même, lors de la distribution de l'esprit et du jugement, s'en sont retournés les poches à peu près vides, de même, dans l'original français, le marquis faisait cet aveu[145],

---

143. C'est une idée qui lui était chère (cf. *Th. C.*, I, p. 1084, note 7).
144. *Dramaturgie*, feuilleton unique 101-104, daté du 19 avril 1768.
145. En réalité, le marquis distinguait, comme nous l'avons vu, entre l'esprit et le jugement, la réflexion etc. Krüger écrit *Witz und Verstand*, ce dernier terme représentant très bien ce que le marquis exprimait familièrement par le pronom neutre *cela* en montrant son front.

mais lui par vanité, parce qu'il était persuadé qu'en tout état de cause on demeurerait persuadé du contraire. Plût au ciel que j'eusse pu, sans me rendre inintelligible ni passer pour un flatteur, prêter au comte le même caractère ! J'ai tant d'affection pour ma patrie et j'aurais aimé défendre son honneur avec tant d'opiniâtreté que je n'aurais pas alors changé une syllabe ! » Nous voyons que le regret de Krüger n'est pas seulement celui d'un traducteur obligé de sortir de la règle d'exactitude qu'il s'est fixée ; pour être conforme à la réalité, le seigneur allemand doit exprimer un mépris *sincère* de l'esprit allemand et risque d'en être cru par une bonne partie du public ; le patriote souffre d'avoir dû peindre ces mœurs-là au naturel.

Il s'agit donc à nouveau de l'attitude dédaigneuse de la noblesse et des Cours. Krüger n'oublie pas qu'il est homme de théâtre, auteur de comédies avant d'être traducteur, et il oriente la discussion vers ce domaine, tandis que Marivaux se contentait d'en partir, élargissant vite le débat[146]. Il est à propos de nous rappeler le Prologue de 1744, rédigé en alexandrins pour la troupe Schönemann et intitulé *L'Art dramatique frère des Arts libéraux*, où Krüger déplorait certes la faveur du gros public pour les bouffons, mais disait sa foi en une comédie allemande originale[147]. Le débat développé par Marivaux à propos d'une imitation supposée de *Gulliver* dans sa comédie, l'affirmation tranchante du marquis que, « s'il ne s'en agissait pas, *il* partirait tout à l'heure » n'offraient-ils pas la meilleure occasion de reprendre ce sujet qui lui tenait tant à cœur ? Dans sa version, le comte (le marquis français), qui parle franchement et non par affectation, exprime avec beaucoup plus de brutalité des choses analogues : il espère que la comédie qu'on va donner sera remplie de folies et de sottises, car c'est en cela seulement que les Allemands excellent ; s'il y trouvait des choses sensées, ce ne pourrait être qu'une pièce d'origine française, ou bien l'auteur aurait par exception échappé à l'esprit de sa nation. C'est une façon ingénieuse de retourner le dialogue du modèle (*Le Chevalier* : « Ainsi, si nous n'avons rien de sensé dans cette pièce, ce ne sera pas à l'esprit de la nation qu'il faudra s'en prendre — *Le Marquis* : Ce sera au seul Français qui l'aura fait »).

---

146. Le Chevalier, *raillant* : « Peut-être bien, d'autant plus qu'en général (et toute comédie mise à part), nous autres Français, nous ne pensons pas ; nous n'avons pas ce talent-là ».

147. Voir notre étude antérieure sur la querelle d'Arlequin. L'importance de ce Prologue, loué par Gottsched et inséré dans le tome 6 de sa *Deutsche Schaubühne*, fut grande. Krüger y fait dire notamment à l'Art dramatique : « Si l'Allemagne cesse d'aller chercher son esprit à l'étranger / Je ferai plus d'effort pour le faire briller. »

La langue ne pouvait manquer d'être évoquée puisque, depuis les premières feuilles de Gottsched, sa défense et illustration avait été entreprise, contre l'invasion du français favorisée par les Résidences[148]. Nul ne s'étonnera donc que le comte complète son opinion en affirmant qu'un Allemand, dès qu'il s'exprime dans sa langue, ne saurait rien dire de sensé. Comme son modèle et dans la même intention de convaincre, Krüger met en valeur la contradiction ; il n'y a pas que des marquis dans la haute société française, il n'y a pas dans l'aristocratie allemande que des contempteurs jurés de l'esprit, de la langue, du théâtre national. De même qu'il avait donné au comte plus de lourdeur, il ajoute à l'éloquente chaleur du chevalier de Marivaux un ton plus pathétique : « Malheur à l'esprit d'un Allemand qui ne parvient à s'exprimer qu'en termes français et qui disparaît dès qu'il emploie sa langue ! » s'écrie-t-il. Pour expliquer le prestige de la comédie de provenance française, autrement que par une différence essentielle de qualité, il invoque l'attrait qu'exerce tout ce qui est étranger ; mais là se révèle encore la contradiction inhérente à l'entreprise gottschédienne dans son ensemble : lutter contre l'emprise trop forte d'une influence étrangère tout en contribuant à la propager, c'était, malgré le motif invoqué (la nécessité d'avoir pour les débuts un guide et de sentir l'aiguillon de l'amour-propre national), prêter le flanc à la critique.

Krüger publiait, pour la seconde fois en deux ans, un volume de traductions. Il venait, dans sa préface, de dire tout le bien qu'il pensait de Marivaux, d'affirmer l'utilité de son théâtre pour l'éducation du cœur et de l'esprit, de s'exprimer par contre sans indulgence sur le compte de ces « êtres qui ne sont autre chose que des corps » et dans lesquels il fallait bien reconnaître la majorité de ses compatriotes, puisqu'il ajoutait que « ces bagatelles, un cœur sensible et une heureuse raison » sont « des choses peu estimées en Allemagne »[149]. Son chagrin de patriote et d'auteur déçu aboutissait en somme à un jugement aussi peu favorable sur son pays que celui du clan adverse, qui prenait carrément son parti de la supériorité française dans le domaine des arts. Pour marquer la différence, il était nécessaire de suggérer que l'engouement des Cours allemandes

---

148. L'hebdomadaire *Les Frondeuses Raisonnables* (1725-1726) ironise sur l'allemand francisé. Gottsched et son groupe ne cesseront plus de vouer leurs efforts à l'étude et au soutien du haut-allemand, suivant le mot d'ordre : *Reinigkeit und Richtigkeit der Sprache* ! (pureté et exactitude de la langue). Cf. notre article *Gottsched législateur...*, *RLC* de janvier-mars 1970, pp. 10-13.

149. Wittekindt a résumé cette préface du second volume dans la biographie précitée, pp 108-109.

pour la comédie française n'était que mode et parti-pris, que la compréhension et le profit moral n'allaient pas en profondeur, parce que celui qui apprécie vraiment le beau le découvre partout où il le trouve. Aussi Krüger fait-il dire par le baron à son compagnon, entêté de comédie française : « Mais les véritables enchantements de l'esprit et du cœur, tu n'en seras point touché dans cette comédie si, voyant une bonne comédie allemande, ces richesses t'échappent et tu repars les mains vides ». Le critère est ainsi déplacé, du plan national au plan individuel : c'est la capacité qu'a chacun de saisir et de sentir qui compte.

En modifiant le Prologue de *L'Ile de la Raison* pour l'adapter aux mœurs allemandes, Krüger en a donc fort bien tiré parti dans le sens de ses convictions. On peut penser qu'il a accueilli sans déplaisir ce plaidoyer de la fierté nationale[150], dont l'Allemagne de cette époque semblait avoir plus besoin que la France : à l'anglophilie française, qui permettait à certains de rabaisser la vivacité de l'esprit français au profit de la réflexion, du flegme, de la sagesse[151] des Anglais, répondait en effet une « francomanie » allemande beaucoup plus répandue et qui accablait plus rudement de ses mépris et de sa dérision les efforts pour doter le pays d'un théâtre national. Krüger n'ignorait pas le mauvais accueil fait par le public parisien à cette comédie, puisque l'auteur l'avait reconnu et même justifié dans sa préface[152] ; mais il traduisait aussi pour les lecteurs, et il est probable que le caractère exemplaire de la première scène du Prologue a fixé son choix, de même que les traits édifiants qui marquent la conversion des « petits hommes ».

III. — *L'EPOQUE DES ADAPTATIONS.*

a) *L'Ile des Esclaves peuplée de bossus, puis d'Indiens.*

La *Chronologie du Théâtre allemand* de Chr.-H. Schmid mentionne pour l'année 1758 deux œuvres de Christian Gottlieb Lieberkühn, « qui n'a laissé aucun genre littéraire sans y toucher » : *Die*

---

150. Dans le texte original, le marquis, dont les convictions sont fragiles, se rallie sans peine, prenant même comiquement le contre-pied de ce qu'il déclarait au début, et saluant le chevalier du titre de « bon citoyen ».

151. Ce sont les termes employés par le marquis, qui vient de vanter les « choses pensées, instructives » qu'il a trouvées chez Swift, au détriment du brillant français.

152. « Elle n'était pas bonne à être représentée, et le public lui a fait justice en la condamnant... » etc. (Cf. *Th.C.*, I, pp. 590-591).

Lissaboner, un drame sur le désastre de Lisbonne, et puis une « copie de Marivaux : *L'Ile des Bossus* » (*Die Insel der Bucklichten*). La réédition de la *Chronologie* signale (p. 279)) que la pièce n'a paru en librairie qu'en 1767, au quatrième tome de la collection *Theater der Deutschen*. C'est en effet là que nous l'avons trouvée, en compagnie de pièces d'ailleurs assez prisées[153]. Il est vrai que l'annonce de Schmid ne semble pas manifester beaucoup d'estime ; correspondances et articles critiques de Lessing et de Nicolai s'accordent au surplus à nous présenter l'auteur comme un littérateur « misérable »[154]. Toutefois, s'il s'agit d'une adaptation qui ne s'avoue pas pour telle — ce qui n'aurait rien de bien surprenant à cette époque —, notre curiosité s'éveille. Qui était donc ce Lieberkühn ? Un prédicant qui fut aumônier du régiment du Prince Henri de Prusse, écrivit des *Chants de guerre* pour la guerre de Sept ans, et traduisit plus pacifiquement les *Idylles* de Théocrite, les *Eglogues* de Virgile ; il rédigea surtout des *Poèmes moraux pour l'exhortation de l'âme*, publiés à Berlin en cette même année 1758[155]. Habituellement, les pasteurs se montraient méfiants à l'égard du théâtre de comédie, surtout de celui qui propageait la « frivolité française » ; comment cet aumônier a-t-il pu en venir à copier Marivaux ?

L'étonnement doit avoir ici ses limites, car la pièce de Lieberkühn, qui est en un acte, serait normalement imitée de *L'Ile des Esclaves*. Or, cette petite comédie, comme on sait, remplit bien la vocation classique du genre : les défauts, pour être corrigés, y sont rendus « un peu risibles », comme dit Trivelin (sc. 4). Ce dernier personnage y fait contre son habitude et suivant la formule du marquis d'Argenson, « la fonction d'un véritable directeur de conscience » : en somme, « rien de plus *moral*, rien de plus *sermonnaire* que cette pièce »[156]. Voilà un jugement que l'intérêt manifesté par un prédicateur luthérien serait bien propre à confirmer ! Il y a dans *L'Ile des Esclaves* beaucoup plus que la satire habituelle des vaniteux et des coquettes, plus même que la critique de l'oppression exercée par les grands et les riches, il y a une véritable éloquence morale :

---

153. La pièce figure en n° 8, précédée de comédies « originales » bien connues : *Die Betschwester* de Gellert (n° 5), *Die stumme Schönheit* de J. Elias Schlegel (n° 6), *Der Teufel ein Bärenhäuter*, de Krüger (n° 7).

154. Cf. les lettres de Nicolai à Lessing (7/9/1757), de Lessing à Gleim (12/12/1757 : « *der Elende...* »), de même que l'article de Lessing dans la *Bibliothek der schönen Wissenschaften und freien Künste*, 1758, VII, 84-103.

155. *Sittliche Gedichte zur Ermunterung des Gemüts*, Berlin, chez Winter, 1758.

156. C'est le jugement de d'Argenson (cf. *Th.C.*, I, p. 511).

« Entendez-vous, messieurs les honnêtes gens du monde...? » (sc. 10). Tout se termine d'ailleurs dans l'attendrissement général, une fois les leçons données et les bonnes résolutions prises ; point de bouleversements, une prise de conscience forcée et le bon cœur suffisent : chacun, maître ou serviteur, reprend ensuite avec soulagement sa place dans la société. Un tel canevas convenait fort bien non seulement aux sermonnaires, mais même à la haute société, si l'on en juge par le succès de la pièce originale dans les Résidences[157] : édifiante, sensible, audacieuse sans être vraiment inquiétante puisque tout rentre dans l'ordre à la fin, elle répondait sans doute au besoin de compensation morale dont les Cours les plus frivoles attendaient la satisfaction au théâtre[158].

Voyons donc ce plagiat. La situation initiale est à peu près la même, mais on ne voit aborder dans l'île que deux hommes, deux Athéniens : Chabrias et son valet Eurot, qui s'interrogent avec crainte sur ses habitants ; de même qu'Arlequin se remet en buvant un petit coup d'eau-de-vie, Eurot est quelque peu rassuré en apercevant une grande quantité de vignes. Nous sommes tentés de dire que la ressemblance, à quelques répliques près, s'arrête là. Il n'y a pas dans cette île de renversement social, permettant de dénoncer les ridicules des maîtres et leur dureté envers ceux qui les servent. Les indigènes sont des bossus qui viennent tour à tour s'esclaffer sur ces nouveaux venus, contrefaits avec leur dos droit : réminiscence peut-être, mais alors de *L'Ile de la Raison*[159]. Dès le début se montre ainsi la moralité de la pièce, que la belle insulaire Ophrys développera très verbeusement dans la dix-huitième et dernière scène : « Quand parmi des hommes tous imparfaits on se trouve le seul parfait, on est aveuglé et l'on se croit soi-même taré, tandis que tous les autres sont bons. Seulement, il suffit de voir l'un ou l'autre qui est fait

---

157. Les annales des Cours, tel recueil de pièces qui y furent jouées en font foi ; c'est ainsi que nous avons trouvé dans un recueil de Gotha (*LB*) *L'Ile des Esclaves*, qui avait été représentée le 20 janvier 1755 pour l'anniversaire du prince héritier ; le duc de Weimar était venu en voisin jouer le rôle d'Iphicrate, le mauvais maître finalement repentant.

158. La Cour du margrave Charles-Alexandre d'Ansbach-Bayreuth, neveu du grand Frédéric, est sans doute à classer parmi celles-là. Melle Clairon, qui avait en 1736 débuté au Théâtre-Français dans le rôle de Cléanthis, y joua souvent la pièce pendant les treize années où elle régna sur son cœur. *L'Ile des Esclaves* eut aussi grand succès dans une ville bourgeoise comme Francfort, où des comédiens français la jouèrent par exemple le 13 juillet 1741, « agrémentée de danses du début à la fin » (*Theaterzettel*, *U.B.* Francfort).

159. Dans *L'Ile de la Raison*, les insulaires s'étonnent de la petitesse de taille des naufragés, mais chez eux c'est la sympathie et la pitié qui l'emportent (I, 3).

comme nous, et alors on commence à entrevoir que cela n'était
point une imperfection et que seule une mauvaise habitude nous le
faisait considérer de cette façon ». Ophrys était auparavant aux prises avec son fiancé Lichas, qui ne pouvait imaginer qu'on fût doué
de raison sans avoir une bosse dans le dos ; sa mère, pour cacher
son déshonneur, l'avait ornée d'une bosse postiche, et elle redoutait
la découverte imminente de sa monstruosité, mais, en s'embarquant
finalement avec Chabrias suivant l'adage « *Qui se ressemble s'as-
semble* », elle échappe à l'opprobre...

Chabrias s'était écrié, à la scène 3 : « Quelle merveilleuse école
de sagesse que cette île ! » et à la scène 11 : « O dieux ! n'est-il pas
étrange que, là où règnent les défauts, les perfections, même les plus
nobles, doivent être si soigneusement dissimulées ? ». L'idée d'avoir
exploité pour la scène le naufrage et le refuge dans une terre d'uto-
pie vient sans doute de Marivaux, mais la « sagesse » qu'en tire Lieberkühn n'a rien à voir avec le « cours d'humanité » que donne *L'Ile
des Esclaves*, ni d'ailleurs avec la laborieuse conversion des folies
que présente *L'Ile de la Raison* : les bossus restent persuadés de
leurs avantages[160]. La faiblesse de cette allégorie sur la relativité
du goût n'est nullement relevée par le sel des répliques. Voici à titre
d'exemple un propos de Chabrias faisant sa cour : « Est-il donc vrai
que réellement ma figure vous plaise tout à fait, belle Ophrys, et ne
nous tenez-vous pas tous deux pour défectueux ? Mais avant toutes
choses : ma personne vous plaît-elle ? »[161] ; ou une saillie du valet
Eurot, qui n'a pas, comme son maître, trouvé sa semblable : « ... Il
pourrait en être de moi comme des chameaux : C'est parce que leurs
femelles ont des bosses qu'ils n'attrapent pas de cornes » (sc. 16).
Le prédicant n'avait visiblement aucun don pour l'un et l'autre genre.
Comment pourrait-on comparer cette allure traînante et la platitude
de ce dialogue à une comédie aussi alerte et significative que *L'Ile
des Esclaves* ?

Golubew écrit à propos de ce piètre ouvrage : « La pièce n'était
pas de nature à répandre l'influence de Marivaux en Allemagne. Elle
ne fut jouée que rarement, probablement à cause de la vilaine
impression que ne pouvait manquer de faire cette foule d'êtres dif-

---

160. Les derniers mots de la comédie sont : « Mais, qu'on en dise ce qu'on
     voudra, je sais bien que ma figure est la plus belle qui soit au monde.
     Venez, préparons un sacrifice aux dieux pour les remercier de nous avoir
     créés si beaux. Pauvre Ophrys ! ».

161. *Die Insel der Bucklichten*, 15 : Chabrias — *Gefällt Ihnen also in der Tat
     meine Gestalt ganz, schönste Ophrys...* etc. On voit que le style pesant
     n'est pas imputable à notre traduction.

formes s'agitant sur la scène »[162]. Il est permis de penser que ce maigre succès avait encore d'autres raisons ; mais surtout, on ne voit pas bien quel effet pouvait avoir sur la réputation de Marivaux en Allemagne une comédie qui ne lui était pas rapportée et qui avait si peu de ressemblance avec les siennes. Il suffisait de lire les versions, si médiocres qu'elles fussent, publiées par Krüger quelques années plus tôt[163], pour se convaincre que Lieberkühn, hélas, n'avait pas voulu copier Marivaux ! Au moment de l'impression de sa pièce dans la série *Theater der Deutschen*, une adaptation avouée de la même comédie se trouvait d'ailleurs sur le marché : *Die Sklaveninsel*, que Pfeffel avait publiée dans le premier tome de sa collection *Theatralische Belustigungen nach französischen Mustern*, en 1765.

Cette version de Gottlieb Konrad Pfeffel nous intéresse d'autant plus vivement qu'il y met en application de nouveaux principes de l'art de traduire. Ils concernent non seulement l'aisance de la langue, qui lui semble plus importante pour le succès d'une pièce, à la lecture comme à la représentation, que l'exactitude, mais aussi l'opportunité de présenter au public ce qu'il attend, ce qui est conforme à ses idées, fussent-elles fausses. Cela peut aller jusqu'à transférer la scène d'une comédie de France en Angleterre, parce que l'un des principaux personnages a un caractère trop honnête, trop sérieux, pour que le public allemand admette aisément de le voir vivre dans « ce galant Paris, qu'un préjugé par trop répandu a peuplé uniquement de fats sautillants »[164]. Le traducteur désapprouve certes un préjugé aussi ridicule, mais estime qu'il doit en tenir compte pour assurer à la pièce en cause un bon accueil... Dyk reprochera plus tard à Pfeffel, tout en le louant d'avoir commencé à libérer les traducteurs de leur asservissement, d'avoir fait de mauvais choix[165]. Qu'est-ce donc qui a séduit Pfeffel dans *L'Ile des Esclaves* ? Il nous le dit dans son avant-propos : « Le canevas de la pièce nous permet déjà de découvrir une fable charmante et

---

162. Golubew, *op. cit.*, pp. 88-89. La raison optique invoquée par le critique s'inspire sans doute de celle qu'indiquait Marivaux dans sa préface pour expliquer l'échec de *L'Ile de la Raison* : « Les yeux ne se sont point plu à cela... » (cf. *Th.C.*, I, p. 590), mais il s'agissait alors de petits hommes « qui devenaient fictivement grands ».

163. *Die Sklaveninsel* avait paru dans le premier tome de ses traductions en 1747 ; *Die Insel der Vernunft, oder die kleinen Leute*, dans le second, en 1749.

164. Cf. l'avant-propos de la traduction d'une comédie de Marin (*Der Triumph der Freundschaft, Le Triomphe de l'Amitié*), qui ouvre le tome 3 de la collection (1767).

165. Dans la préface de sa propre collection *Das komische Theater der Franzosen* (1777).

un champ fécond pour la morale ; mais la façon dont l'auteur met en
œuvre ce plan, le profit qu'il tire des situations, la scène touchante
qu'il fait succéder d'une manière si naturelle aux scènes plaisantes
et qui, éloignant le lecteur du théâtre, le force à rentrer en lui-même,
dans son propre cœur, ce sont là des traits qui trahissent la main
d'un maître et qui m'ont déterminé à me risquer à traduire cette
comédie »[166].

Pfeffel écrit bien : *traduire*. Contrairement à beaucoup de ses
devanciers ou successeurs, cet Alsacien[167] comprenait bien les
détails, les nuances, et savait fort bien les rendre. Golubew lui reproche des termes parfois trop recherchés[168], mais c'est un blâme qui
a été maintes fois adressé à l'auteur lui-même... Aussi bien a-t-il
tenu à être fidèle, sauf quand ses principes étaient en jeu. Marivaux,
expose-t-il, disposait de la liberté absolue qu'autorisait le Théâtre-
Italien : il pouvait s'offrir la fantaisie de faire des portraits de la
société contemporaine dans un cadre antique : un Athénien en petit-
maître de notre époque, une beauté grecque en coquette de salon.
D'autre part, alors que fats et coquettes n'ont pas coutume de
« confier aussi facilement leur précieuse personne à la fureur des
flots », Marivaux n'a pas jugé utile de motiver le voyage qui a provoqué le naufrage. Le public allemand, plus positif, a besoin d'adhérer vraiment à l'intrigue ; tout jeu de ce genre détruit à ses yeux l'illusion. Pfeffel a trouvé sans peine le remède propre à rendre toute
l'affaire plausible : l'île en question est située en Amérique, les navi-
gateurs malheureux sont des aristocrates anglais, Mylord Richmont
et Lady Belfield, accompagnés de leurs domestiques, le motif de cet
imprudent voyage étant de recueillir un gros héritage en Nouvelle-
Angleterre, à Boston. Ainsi, parmi d'autres dissonances, on évitera
de faire dire *vous* par un esclave grec à son maître, ce qui est aussi
incongru que « si un peintre s'avisait de figurer Socrate avec une
perruque espagnole ».

Restait le problème des serviteurs, et surtout du valet. Le traducteur croit à la nécessité de lui laisser « un nom bouffon »[169], mais

---

166. En réalité, le touchant et l'édifiant, appréciés de Pfeffel comme de la
    plupart des critiques allemands de cette époque où triomphe la *sensi-
    bilité*, s'étendent sur trois scènes (9-11).
167. Pfeffel (1736-1809), né à Colmar, avait fait ses études en Allemagne.
168. Golubew, *op. cit.*, p. 87.
169. L'idée est encore qu'un nom anglais s'accorderait mal, dans l'esprit des
    spectateurs, avec un rôle bouffon. L'Arlequin de l'*Ile des Esclaves* sait
    pourtant être *sérieux* et *tendre* ; les indications scéniques mises par
    l'auteur, à la fin de la scène première et au début de la scène 10, suffi-
    raient à le montrer.

il n'accorde pas volontiers droit de cité sur les scènes allemandes à Arlequin, à cause de son « cousinage avec le répugnant *Hanswurst* ». On voit donc qu'il n'a guère été convaincu par les plaidoyers de Krüger et de Möser. A la recherche d'un substitut, il retient... Pantalon ! Visiblement, Pfeffel n'a point d'idées précises sur les masques de la comédie italienne ! L'exécution donne des résultats sur lesquels nous ne nous étendrons pas : quelques exemples suffiront. Les dialogues sont traduits avec conscience, avec élégance parfois, avec plus d'adresse en tout cas que Krüger n'en avait montré près de vingt ans plus tôt. Mais la fiction devant être remplacée par une réalité qui s'impose, le traducteur complète ou modifie pour lui donner le relief et l'agrément voulus. Dès le début, quand Iphicrate demande : « Que deviendrons-nous dans cette île ? » et qu'Arlequin répond : « Nous deviendrons maigres, étiques, et puis morts de faim, voilà mon sentiment et notre histoire », ces répliques sont exactement transcrites, mais Pantalon ajoute : « ... et le papa aurait pu épargner l'argent que nous avons dépensé en études à Oxford et à Londres au jeu ». Quand Iphicrate explique : « Ce sont des esclaves de la Grèce révoltés contre leurs maîtres et qui depuis cent ans sont venus s'établir dans une île... », Lord Richmont n'a que peu de chose à changer : « C'est une bande d'esclaves américains, qui depuis cent ans environ ont secoué le joug des Espagnols... » etc. Aussi bien Pfeffel a-t-il donné un très beau nom au précepteur indien qui ne peut évidemment plus s'appeler Trivelin : Zurack.

Cette modernisation de la fable permettait d'évoquer des problèmes d'actualité, comme on aimait à le faire dans ces années 1760 : l'occasion était trop belle de stigmatiser le trafic des esclaves auquel se livraient les « Européens civilisés » et Pfeffel n'y a pas manqué[170]. D'autre part, la mode des choses anglaises, qui contrebalançait désormais l'influence française et s'accordait bien avec la *sentimentalité* des dernières scènes, le penchant pour l'exotisme se trouvaient également flattés : Pfeffel pensait ainsi, au prix de changements peu importants, repeindre à neuf la petite pièce qu'il admirait, la mettre au goût du jour. Mais l'essentiel reste ce refus du jeu entre l'affabulation antique et la critique de la société moderne, si transparent que fût le voile : en prêtant au public allemand un attachement indéfectible à la logique et à la vraisemblance, Pfeffel se montrait de la lignée de Gottsched, défendant les valeurs de l'*Aufklärung* contre les caprices du style *rococo* avec plus de

---

170. L'exemple de Diderot (dont Lessing avait publié en 1760 les drames et leurs annexes théoriques) a joué un rôle important dans cette orientation vers l'actualité, historique ou « philosophique ».

pédantisme que ne le firent jamais les rationalistes français. On
pourra mesurer le chemin parcouru quand, moins d'un demi-siècle
plus tard, A.-W. Schlegel reprochera à l'inverse à la scène française
de bannir toute fantaisie[171].

b) *Les Fausses Confidences trop sentimentales de Gotter*

Avec la traduction des *Fausses Confidences* par Friedrich Wilhelm Gotter, nous en venons à l'une des œuvres les plus séduisantes de Marivaux et aussi à l'une de ses plus belles réussites en Allemagne. L'auteur était, ainsi que le dit A.-W. Schlegel dans une lettre
à Madame de Staël[172], « un poète assez connu ». Il avait fondé en
1769 l'*Almanach des Muses de Göttingen*, qui devait publier cinq ans
plus tard — l'année même où parut notre traduction — non seulement la poésie lyrique du *Göttinger Hainbund*[173], mais encore des
poèmes de Herder et de Goethe, et *Lenore*, la ballade fameuse de
Bürger ; il est vrai qu'à cette époque Gotter était, avec le titre de
secrétaire privé, de retour à la Résidence de Gotha[174], l'Almanach
étant alors dirigé par Heinrich Christian Boie. Mme de Staël relate
comment elle fut déçue par Gotter quand elle vit au Théâtre de
Francfort une représentation de sa *Mariane* (sic) : « J'avais lu la
vie de ce Gotter où l'on vantait beaucoup le mérite de cette pièce
et, comme on le reconnaissait pour le traducteur de Voltaire, je
croyais *Mariane* originale. J'ai été bien étonnée de reconnaître mot
pour mot *Mélanie* de M. de la Harpe »[175]. Cette mésaventure incite à
trois réflexions : comme bien souvent, l'affiche ne mentionnait pas
l'auteur initial, alors que Gotter, en publiant *Mariane,* n'en avait pas
caché l'origine[176] ; s'il est vrai que Gotter fut traducteur de Voltaire,
il le fut aussi de beaucoup d'autres, et dans tous les genres[177] ; enfin,

---

171. Le doctrinaire du théâtre romantique ne reconnaît que peu d'exceptions :
   Legrand (*Le Roi de Cocagne*), les opéras de Quinault (*C.L.D.*, t. 2, pp. 277-
   278, 291-292).
172. Lettre datée du 3 août 1813, publiée par Mme de Pange dans sa thèse
   Auguste-Guillaume Schlegel et Mme de Staël (Ed. Albert, Paris, 1938, 8°),
   p. 440.
173. Il s'agit du groupe des jeunes disciples de Klopstock, fondé en 1772.
174. Né à Gotha en 1746, Gotter y fit carrière dans l'administration après des
   études de droit à Göttingen, où il séjourna de nouveau en 1769 et eut
   pour ami Boie. Il mourut à Gotha en 1797.
175. *De l'Allemagne*, éd. des Grands Ecrivains, t. I, Appendice I (*Journal sur
   l'Allemagne*), p. 313.
176. *Mariane, ein bürgerliches Trauerspiel in drei Aufzügen*, Gotha 1776, 8°,
   nach der Melanie des de la Harpe.
177. La longue liste des Œuvres de Théâtre de Gotter est la liste de ses adaptations : tragédie, comédie, drame bourgeois, farce, opérette, tout lui

l'expression « *mot pour mot* » est évidemment fort exagérée. Ce n'était pas là sa manière.

L'année de *Werther* n'était plus celle de la fidélité absolue en matière de traduction ; pour les libertés prises avec le texte des *Fausses Confidences*, Gotter sera élogieusement cité par Dyk, en 1777, dans sa préface de la collection *Das Komische Theater der Franzosen*. L'ouvrage est intitulé *Die falschen Entdeckungen* (*Vertrau-lichkeiten* à Vienne et dans divers documents allemands), « de Gotter d'après Marivaux »[178] ; la pièce est parfois désignée aussi sous son titre français, avec le complément : « arrangement allemand (*deutsch bearbeitet*) de M. Gotter »[179]. En tout cas, sous la forme que lui a donnée Gotter pour adapter son style au goût du pays et de l'époque, la pièce de Marivaux est allée loin et a tenu longtemps. Nous l'avons trouvée dans tous les répertoires, souvent avec de flat-teuses mentions : jouée le 19 août 1774 pour la première fois[180], elle fut donnée par exemple le 1er octobre au Kärtnertortheater de Vienne et « très souvent représentée depuis »[181]. Le *Calendrier de Gotha* reproduit en 1791 un extrait d'une lettre de Hermannstadt (Transyl-vanie) disant que la Cie. Seipp y a joué et rejoué la pièce, « et tou-jours avec le même succès »[182]. Elle faisait aussi partie de ces « piè-

---

était bon. Il est vrai qu'il a traduit Voltaire (*Mérope, Alzire, Nanine* qu'il a débaptisée en *Jeannette*, etc.), mais aussi Sedaine (*Le Philosophe sans le savoir, Der Weise in der Tat*), Shakespeare (*La Tempête, die Geisterinsel*), Gozzi et une foule d'autres.

178. *Die falschen Entdeckungen, ein Lustspiel in drey Aufzügen von H. Gotter nach Marivaux*, Gotha, C.-W. Ettinger, 1774, 8°, p. 156, avec la men-tion : « pour le Théâtre de la Cour de Weimar ». L'édition viennoise de la même année reprend le titre antérieur, celui de la version dont parle Lessing dans sa *Dramaturgie* (n° 18). Chr.-H. Schmid, dans sa *Chrono-logie du Théâtre allemand* inscrit également la pièce, en 1774, sous le titre *Die falschen Verträulichkeiten ;* les deux termes alterneront jus-qu'à la fin du siècle. Nous avons eu en main la version viennoise de 1774, intitulée *Die falschen Verträulichkeiten* — le traducteur n'y est pas nommé, mais il l'est sur les affichettes des premières représentations — et un *Regiebuch* de Gotha, datant du début du 19ème s., qui ne semble d'ailleurs pas avoir été utilisé, car il ne comporte aucune rature ; ce manuscrit modifie des détails, rectifie une erreur et, en ce qui concerne le manque de sobriété de la traduction, renchérit plus d'une fois sur le texte imprimé.

179. Nous l'avons trouvée sous cette forme dans la *LB.* de Darmstadt.

180. Cette précision est fournie par une note de la réédition de la *Chronolo-gie* de Schmid, p. 307.

181. Cf. *Historisch-kritische Theaterchronik von Wien* (I. Bandes 2. Teil) n° 11 du 29 oct. 1774. Le nom du traducteur indiqué est Pfeffel, erreur évidente : le dernier vol. de la collection de Pfeffel, publié en effet en 1774, ne renferme pas cette pièce, et les rôles mentionnés (Julie, Riemer...) sont ceux de la version Gotter.

182. 1791, pp. 242-243. C'est une lettre de « l'entrepreneur » du Théâtre, datée du 15 août 1790, au rédacteur du *Calendrier de Gotha*.

ces choisies » que le même document citait comme ayant été présentées au Théâtre de Riga[183]. Dès les débuts de l'installation d'une
troupe allemande à Temeswar (dans le Banat enlevé en 1716 aux
Turcs) en 1795, on y joue *Die falschen Vertraulichkeiten*[184] : il existait pourtant, à cette époque, un répertoire allemand plus original,
mais on était assuré du succès.

On peut dire que, du moins dans la version infidèle de Gotter,
Les Fausses Confidences ont voyagé à travers l'Europe, partout où
se trouvait un public allemand pour l'entendre. En Allemagne même,
le Théâtre National de Berlin qui, fondé après l'époque frédéricienne,
n'était pas naturellement enclin à favoriser le répertoire d'origine
française, donne de nombreuses représentations de la pièce pendant
la Révolution[185] ; en 1793, à l'époque même où à Paris la salle du
faubourg Saint-Germain (l'Odéon) rouvre ses portes en donnant *La
Métromanie* de Piron et *Les Fausses Confidences*, cette dernière
pièce est applaudie dans la version de Gotter sur plusieurs scènes
allemandes[186]. On la trouve dans les *Recueils de Théâtre* avec des
pièces bien postérieures[187], le *Calendrier de Gotha* l'offre encore en
1797 au nom de l'éditeur Ettinger[188] : tout cela montre que sa vitalité
n'était pas épuisée à la fin du siècle ; le *Burgtheater* la jouera encore
à Vienne en 1830[189]. Ajoutons que les rôles en furent souvent inter-
prétés par des comédiens renommés et que, comme il arrive pour les

---

183 *Ibid*, 1780, p. 256.
184. *Ibid.*, 1797, p. 297. Ce théâtre ouvrit ses portes le 22 nov. 1795. Temeswar
    (nom hongrois ; Temeschburg en allemand ; ville aujourd'hui rou-
    maine : Timisvara) avait une forte population allemande, appelée —
    abusivement d'ailleurs — « *Banater Schwaben* ».
185. Le *Calendrier Théâtral de Gotha* (1794, pp. 346-351) cite toute une série
    de représentations de la pièce pendant la saison 1792-1793, avec la dis-
    tribution. Rappelons que le « Théâtre National » de Berlin avait été
    fondé en 1786, après la mort de Frédéric II, et qu'il était à cette époque
    sous la responsabilité du Prof. Engel.
186. A propos de l'inscription des *Fausses Confidences* au répertoire des
    Comédiens Français, en pleine Terreur, voir la monographie de Mme
    Chevalley, *Marivaux*, 1966, p. 43, ainsi que H. Kindermann, *op. cit.*, IV,
    pp. 406-407. Parmi les Théâtres allemands qui représentèrent *Die falschen
    Entdeckungen* en 1793 se trouve notamment le *Städtisches Comödienhaus*
    de Francfort.
187. Un recueil viennois publie par ex. la comédie en 1793, avec deux pièces
    de cette même année (*Theatralische Sammlung*, t. 44, Vienne, chez Joh.
    Jos. Jahn).
188. *Calendrier Théâtral de Gotha*, 1797, p. 329.
189. Les répertoires viennois font état de 44 représentations entre la reprise
    du 9 mai 1810 (la pièce semble avoir été délaissée depuis février 1798)
    et le 11 janvier 1830. La carrière des *Fausses Confidences* à Vienne
    n'était pas terminée ; une version nouvelle due au comte Johann Mailáth
    fut jouée pendant la saison 1833-1834 et reprise en 1856.

pièces marquantes, ces rôles ont été cités comme témoins de leur carrière : ainsi le Calendrier de 1790, retraçant brièvement celle de la Reinecke qui vient de mourir, dit combien on la regrettera dans les rôles de Lady Milford (*Intrigue et Amour*, de Schiller) et de Julie Heiter (Araminte), soit deux rôles typiques de tragédie et de comédie[190]. Ce même personnage a été interprété à Vienne par les dames Stefanie et Sacco ; celui du procureur Riemer (M. Rémy), qui semble avoir attiré les meilleurs comédiens, a été joué par Stefanie cadet à Vienne, par Schröder à Hambourg, etc.

Il est vrai que *Les Fausses Confidences* ne semblent pas avoir reçu des applaudissements aussi unanimes lors de leur reprise, dans une version de Sigrid von Massenbach, au *Landestheater* de Hanovre, le 26 février 1961, puisque le critique du journal *Die Welt* les trouva « doucement soporifiques »[191]. Mais c'est l'adaptation de Gotter qui nous occupe ici et elle fut jugée au contraire pleine de vivacité par les contemporains. Golubew en parle[192] comme d'une version « nationalisée », œuvre d'un homme du monde apte à rendre toutes les finesses de l'original, mais succombant souvent à la manie de le perfectionner (*Besserungssucht*). D'autre part, Gotter qui fut directeur du Théâtre privé de Gotha, familier de comédiens tels qu'Ekhof et Schröder[193], aurait toujours eu une fâcheuse tendance à effacer les caractères individuels des pièces qu'il remaniait au profit de recettes éprouvées, acquises grâce à l'expérience de scène, pour flatter et entraîner le public du moment. Ce sont là des points que son adaptation de la comédie de Marivaux doit permettre d'éclaircir, et il est déjà intéressant de constater que cette « âme sensible », bien en harmonie avec son temps, resta fidèle au théâtre français à une époque où beaucoup d'autres l'accusaient de sécheresse et d'artifice[194].

---

190. *Ibid.*, 1790, p. 224. Le rédacteur ajoute qu'elle « aurait pu le disputer — soit dit sans parti-pris personnel ou national — à la plus célèbre des actrices parisiennes ou lyonnaises ».

191. La pièce a été jouée sous le titre *Die falschen Vertraulichkeiten*, avec l'indication : « *Deutsche Erstaufführung* ». La revue *Theater heute*, dans son numéro d'avril 1961, parle de critiques « aimablement condescendantes » ou « brutalement négatives » : parmi ces dernières, l'article de la *Welt*.

192. Golubew, *op. cit.*, pp. 90-93.

193. Gotter et Schröder ont notamment écrit ensemble une adaptation du *Marchand de Venise*.

194. L'orientation vers l'Angleterre était plus à la mode de l'époque ; à Wetzlar, en 1772, Gotter avait traduit des poèmes anglais avec Goethe. En matière de théâtre, il garda sa préférence aux Français ; Golubew (*loc. cit.*) l'attribue à l'éducation reçue dans la Résidence très francisée de Gotha, au temps de la duchesse Louise-Dorothea.

Ce qui frappe d'abord, quand on compare l'ouvrage de Gotter à son modèle, ce sont les différences dans la liste des acteurs. Marivaux indique d'abord l'essentiel : le couple, Araminte et Dorante, puis les parents de la génération précédente, M. Rémy et Mme Argante, puis les valets en commençant par Arlequin (bien que Dubois soit le moteur de l'intrigue), etc. ; Gotter cite les personnages par groupes familiaux, y compris les domestiques[195]. Un changement dans le degré de parenté : Frau Dünkelin (Mme Argante) n'est plus que la tante de Julie Heiter ; Gotter a-t-il trouvé que la jeune veuve, riche et indépendante, traitait sa mère avec une désinvolture choquante ? Arlequin, dont le personnage se concilie mal avec le goût de la sensibilité, disparaît, germanisé en Steffen. Mais surtout : à Dubois, l'ingénieux et impérieux valet, est substitué l'insinuant Süssholz, un « ami de Dörner déguisé en valet de Julie ». Gotter a sans doute trouvé que ce valet faisait trop l'indiscret et que son rôle dans la « chute » d'Araminte était trop décisif, jusqu'à pouvoir dire au dénouement : « Je mériterais bien d'appeler cette femme-là ma bru ». Il nous semble probable aussi qu'il a voulu exploiter le thème de l'amitié, si prisé pendant ce règne de la sensibilité ; Dubois agissait par affection pour son ancien maître, Süssholz se montre bien entendu plus familier et doit être infiniment plus « touchant »[196].

Gotter n'a pas renoncé à l'artifice des noms significatifs (*bedeutende Namen*), pourtant critiqué bien avant cette date[197]. Pour certains personnages, il choisit un nom allemand proche de leur nom français : Dorante devient Dörner, Rémy Riemer, Marton reste Marthe. D'autres sont pourvus d'un patronyme qui avertit de leur caractère : Julie est gaie (Heiter), l'ami déguisé a un nom qui implique la douceur tout en rappelant le nom de son modèle (Süssholz)[198], Mme Argante devient... Mme Arrogante (Dünkelin) et le comte Dori-

---

195. La liste commence par ex. ainsi : *Julie Heiter, eine Witwe — Frau Dünkelin, ihre Tante — Marthe, ihr Kammermädchen*, etc.
196. Tandis que Dubois donnait comme mobile de son concours : « ... vous m'avez toujours plu, vous êtes un excellent homme, un homme que j'aime... », Süssholz s'assure une position morale : « Vois-tu, s'il s'agissait d'une friponnerie, je me garderais bien d'y servir d'nstrument, à plus forte raison de t'y encourager. Mais il est sans doute permis à chacun d'aider un honnête garçon à faire son chemin au prix d'une ruse innocente... » etc. Il raconte ensuite une histoire bien touchante : il doit à Dörner, qui lui a naguère sauvé la vie, une éternelle reconnaissance (I, 2).
197. Löwen disait préférer encore les noms conventionnels tels que Dorante, Damis, etc.
198. Süssholz (« *Doux-bois* ») signifie réglisse et, au figuré, douceurs, fleurette.

mont, dont elle vantait le « beau nom »[199], est baptisé Graf von
Pfauenschweif : comte de Queue-de-Paon ! Le traducteur, qui a aussi
mis en allemand des farces, s'amuse...

Nous avons établi une comparaison détaillée de la version de
Gotter avec l'original, mais devons nous borner à présenter quelques échantillons significatifs. Dès le début, l'exacte compréhension[200] et l'habileté du traducteur apparaissent. Arlequin dit :
« Nous avons ordre de Madame d'être honnêtes » ; c'est un adjectif
souvent mal compris ; Gotter traduit parfaitement : « *wir sind von
der Madam angewiesen, fein höflich zu sein* » (I, 1). Vient la grande
scène d'exposition où Dubois se révèle le stratège de l'affaire ; il
n'y dit pas un mot de trop et elle garde ainsi un rythme rapide, son
autorité et son optimisme la rendent vraiment dynamique. La dernière réplique (« Oh ! vous m'impatientez avec vos terreurs ; eh que
diantre ! un peu de confiance... » etc.) est un modèle du genre :
longue à première vue, elle est extraordinairement dense, faite de
petites phrases précipitées qui instillent la certitude, contenant en
raccourci le déroulement futur de l'intrigue[201]. Certes, il y a entre
les deux hommes un moment d'épanchement, mais il est bref et
sobre, comme il convient entre un valet et son ancien maître, et
dans une situation qui exige des dispositions immédiates : « ... vous
êtes un excellent homme, un homme que j'aime... » dit Dubois, et
Dorante : « Quand pourrai-je reconnaître tes sentiments pour moi ?
Ma fortune serait la tienne... ».

L'adaptateur, ayant remplacé le valet par un ami tendre, prétend
ajouter à la scène d'autres effets, touchant davantage le public que
la sympathie d'un valet. Dorante, sur la question de Dubois : « Vous
n'avez rien dit de notre projet à M. Rémy, votre parent ? » exposait
la situation et concluait sobrement : « Voilà tout, et je n'aurais garde
de lui confier notre projet, non plus qu'à personne, il me paraît
extravagant, à moi qui m'y prête ». Cette conclusion devient, dans le
texte allemand : « Ah, mon bon Guillaume, comment aurais-je pu lui
confier à lui, comment aurais-je pu confier à quiconque la moindre

---

199. I, 10.
200. C'est une appréciation générale, compte tenu des erreurs qui s'accumu-
laient chez d'autres traducteurs, mais il arrive aussi à Gotter de trébucher. Quand, par exemple, Mme Argante lance à Araminte : « Eh bien !
en avez-vous le cœur net, ma fille ? », il ne comprend pas l'expression
et traduit : « *Nun, Frau Nichte, wie wird Ihr Herz ?* » (III, 8). Le *Regiebuch* de Gotha rectifie, sans rendre pleinement le sens : « *was sagen Sie
nun ?* ».
201. Dubois : « ... je vous conduis, et on vous aimera, toute raisonnable
qu'on est ; on vous épousera, toute fière qu'on est, et on vous enrichira,
tout ruiné que vous êtes, entendez-vous ? »

chose d'un projet qui me paraît à moi-même si romanesque, si témé-
raire, si aventureux ! » Le ton est donné et Gotter peut déployer le
pathos de l'amitié. Guillaume Süssholz : « Et j'ai de toi l'assurance
que tu m'aimes autant que moi je t'aime, et que jamais mes affaires
n'iront mal tant que les tiennes iront bien — Dörner : Je te le jure
dans cette embrassade... » Suit une touchante histoire de dévouement rappelée par Süssholz ; Dörner lui a sauvé la vie naguère, lors
de leurs études communes à Halle : « Toi seul, nuit et jour, restais
assis auprès de mon lit et, quand tous les médecins m'avaient abandonné, en m'ouvrant sur ma prière une veine tu m'as sauvé. Depuis
ce temps je connais ton amitié, aussi sûrement que je sais qu'il y a
un Etre au-dessus de nous pour récompenser des cœurs comme le
tien ». La reconnaissance, qui était le fait de Dorante, change ici de
camp. Nous sommes loin de Marivaux et, plutôt qu'à Halle, le traducteur aurait dû situer cet acte mémorable à Göttingen, parmi les
jeunes disciples de Klopstock !

On revient cependant au texte, mais comment s'étonner après
cela qu'il ait beaucoup perdu de son nerf ? Gotter a d'ailleurs un
goût immodéré de la glose, qui relève sans doute de sa « manie de
perfectionner », d'augmenter les effets. Quand Dubois dit : « Il me
semble que je vous vois déjà en déshabillé dans l'appartement de
Madame », Süssholz traduit : « il me semble que je te vois déjà dans
une robe de chambre damassée, assis sur le canapé auprès de
Madame et prenant ton petit déjeuner ». Le complément de cette pré-
vision : « Vous êtes actuellement dans votre salle et vos équipages
sont sous la remise » est exactement traduit mais on y ajoute un peu
de pétulance : « Ordonnez, Monsieur, que le cocher attelle, ordonnez ! »[202]. Dubois ne se contentait pas de donner du courage à
Dorante, en bon capitaine il s'informait de la situation : « Vous l'avez
vue et vous l'aimez ? », à quoi l'autre répondait : « Je l'aime avec
passion, et c'est ce qui fait que je tremble ». Gotter pense sans doute
que la question est inutile et, dans la réponse, le lien entre la force
du sentiment et la crainte insuffisamment marqué ; Süssholz fait une
sentence : « Tu es amoureux d'elle et, à qui aime, il n'est rien d'impossible » et Dörner dispute en termes de rhétorique : « Erreur !
c'est justement parce que je l'aime avec passion que je tremble
d'autant plus fort... ».

---

202. Le *Regiebuch* renchérit : « Je te vois te lever d'une table richement gar-
nie. Tes gens t'entourent avec respect : « Monseigneur ordonne-t-il qu'on
attelle l'équipage ? Votre Grâce désire-t-elle les bai brun ou les alezans ? »
Il est vrai qu'au 18ème siècle on pouvait, avec de la fortune, se procurer
de la qualité !

Rien ne fait mieux apprécier la sobriété de Marivaux — accusé pourtant de « babil » intarissable par certains critiques allemands — que la lecture de telles traductions. L'allure impérieuse que donnait Dubois à la fin de cette scène s'amollit : la cadence n'y est plus, ni l'énergie des mots. Dubois disait : « Fierté, raison et richesse, il faudra que tout *se rende*. Quand l'amour parle, il est *le maître...* » ; Süssholz : « Il jouera à la fierté, à la raison et à la richesse un tour de sa façon (*ein Schnippchen*). Quand il parle, il gagne sa cause (*behält sie Recht*)... » Ce glissement du vocabulaire est tout aussi net à la fin de l'acte (I, 17) ; Dubois vient de jeter dans l'esprit de Marton le soupçon dont il a besoin et, resté seul, conclut : « Allez, allez, prenez toujours (...). Allons faire jouer toutes nos batteries ». C'est sur cette métaphore militaire que le rideau tombe. Süssholz, conformément au tempérament paisible qu'implique son nom, n'est plus le capitaine qui mène l'action, mais un astucieux pêcheur : « Hardi, hardi, petite demoiselle ! Mordez un peu à l'hameçon ! (...) Il faut que je tende toutes mes lignes ». Ce cauteleux personnage fait valoir, involontairement, l'un des plus beaux rôles écrits par Marivaux : celui de Dubois.

Il est vrai qu'au troisième acte Gotter s'avise enfin du vocabulaire propre à Dubois, quand ce dernier dit à propos d'Araminte : « ... point de quartier. Il faut l'achever pendant qu'elle est étourdie » (III, 1). Il commence même par le cri « A l'assaut ! », mais recule devant « Il faut l'achever ». L'énergie n'est pas le fort de Süssholz : Dorante dit sa crainte qu'Araminte ne le renvoie tout d'un coup et la réplique superbe du valet : « Je lui en défie »[203] est mollement traduite par « Elle s'en gardera sans doute ». Nous ne pouvons qu'acquiescer à l'observation générale de Golubew : un style plein de force dramatique est réduit à l'usage courant, banalisé ; ajoutons qu'une action dépouillée et bien rythmée s'alourdit de fioritures inutiles et vulgaires. Un exemple en est fourni par la fin de cette même scène : alors que nous avons hâte de savoir comment les choses vont tourner, Gotter insère un monologue où Süssholz, dans la perspective d'un échec[204], médite sur sa vie : « ... je crois encore que le métier de soldat était ma vocation. Oui, sans la maudite tante piétiste qui m'a élevé, je serais peut-être aujourd'hui maréchal. Mais elle a fait dévier mon astre ; il fallut étudier, se fourrer jusqu'au cou dans les livres, et je puis encore m'estimer heureux : les marchands de syllogismes ne m'ont pas trop estropié la cervelle... » etc. En somme, un peu de couleur d'époque avec la tante

---

203. C'est bien le texte original et l'usage de Marivaux pour ce verbe (Cf. *Th.C.*, II, p. 885, note 66).

piétiste... Voilà un hors-d'œuvre présenté au plus mauvais moment, tout à fait étranger au ton de la pièce, et l'on s'étonnera que ce soldat manqué soit justement si peu enclin à employer le vocabulaire militaire de son modèle !

Le dénouement des *Fausses Confidences* est acquis au cours de deux scènes : dans la scène 12 de l'acte III, l'une des plus émouvantes de ce théâtre, Araminte prononce son aveu, Dorante confesse à son tour le stratagème auquel il a consenti, s'en disculpe et est pardonné ; la scène 13 est brève : l'accord du couple étant scellé, le reste n'est plus que formalité ; Marivaux, à son habitude, ne s'y attarde pas. Or, que fait Gotter ? Il abrège « la scène de l'aveu » — ou plus exactement des mutuels aveux — et surcharge au contraire la dernière scène des arguments comiques les plus communs ; c'est bien là qu'on peut vérifier cette tendance qu'avait Gotter à effacer la singularité d'une manière pour y substituer des recettes éprouvées. Le lent début de la scène 12, où les deux amants, dominés par l'émotion, ne prononcent plus que machinalement des mots indifférents entrecoupés de silences, a paru à l'adaptateur insignifiant ou trop languissant : il l'abrège. Quand enfin l'aveu éclate, Araminte se parlant comme à elle-même : « Et voilà pourtant ce qui m'arrive », cette réplique capitale est traduite de la façon la plus plate : « *Und doch ist's mein Fall* » (« Et c'est pourtant mon cas »). L'aveu, assorti d'un plaidoyer, de Dorante était difficile à traduire, vu sa richesse rhétorique[205] ; Gotter s'y embrouille. Enfin, la sentence d'acquittement rendue par Araminte était assez nette sans qu'il fût besoin de la renforcer[206].

Si Gotter s'est contenté d'une pâle médiocrité pour le véritable dénouement, il a accordé par contre tous ses soins à la scène 13, dont il a voulu faire une sorte d'apothéose comique. On sait que Marivaux l'avait réduite au strict nécessaire : Araminte congédie courtoisement le comte, qui se désiste en galant homme[207] ; le temps

---

204. Süssholz vient de dire à Dörner : « Si nous culbutons... ». C'est encore un faux-pas du traducteur : l'amant seul doit évoquer la possibilité d'un échec, ce que faisait Dorante : « ... si notre précipitation réussit mal, tu me désespères »

205 La cascade des pronoms relatifs dans la seconde phrase, les harmonieux balancements de la dernière phrase constituaient de sérieux écueils pour le passage dans une langue étrangère.

206. Gotter fait dire à Araminte : « A un amant *tous* les moyens par lesquels il cherche à plaire sont permis, et il peut *toujours compter* sur le pardon lorsqu'il a réussi ».

207. Une sorte d'assaut de générosité, mais extrêmement sobre, a lieu entre Araminte et son ancien prétendant au sujet du litige qui devait être réglé par leur mariage.

d'une brève réplique pour chacun des rôles comiques (Mme Argante, puis les deux valets restés seuls) et le rideau tombe ; Marton est absente, Dorante doit rester discret, l'avenir de Dubois dans cette maison n'est pas évoqué[208]. Mais Gotter pense que le public — et surtout le public viennois — qui a pu suivre les phases subtiles d'une nouvelle *surprise de l'amour* n'a pas eu son compte de drôlerie ; c'est avant de le renvoyer qu'il faut le dédommager. Mme Argante semble toute désignée pour ce faire, avec ses appétits nobiliaires, et *retenant le comte*, elle s'écrie : « Non, non ! Monsieur le comte, comte de mon cœur ! C'est pour vous une nécessité, un devoir que d'entrer dans ma famille. J'ai une fille à Berlin. Son mari est encore vivant, mais voilà des années qu'il s'en va de la poitrine et il ne passera pas l'automne. Ce sera un parti plus riche de 20 000 écus que celui-ci ». Et le comte qui, dans la pièce originale, parlait, comme il est naturel dans sa situation, *tristement*[209], devient ici plaisant : « Si je reste célibataire jusque-là ! » Frau Dükelin insiste : « Avant l'automne, comte de mon cœur, cela ne fait que quelques mois. Promettez-moi d'attendre... » etc. On frise la farce.

Reste Süssholz : Dörner demande à Julie son pardon pour les fausses confidences, et celle-ci, observant que sans lui leur union ne se serait pas accompli, va plus loin : il sera leur homme de compagnie (*Gesellschafter*). Le traducteur ne fait entrer le personnage en scène qu'à ce moment, pour tenir des propos dignes d'Arlequin, alors qu'à l'instant précédent Dörner l'interpellait sur le noble ton de l'amitié (« Mon loyal Guillaume ! Hâtons-nous de lui annoncer son bonheur ») : « Le voici donc, ce triste sire, ce mauvais sujet que vous mettiez tout à l'heure si bas, Madame ! Quant à toi, bravo, camarade ! Alors, on ne va plus chez les Russes[210] ? Je vais prendre la place que tu avais — car je ne veux pas faire chez vous le parasite — et, tout bien pesé, il vaut mieux être intendant dans la maison d'un ami que faire campagne contre les Turcs ». Gotter était sans doute fier de cette ingénieuse solution : la comédie exige que

---

208. A la fois triomphateur et en position délicate vis-à-vis d'Araminte, Dubois n'est pas dans une situation claire. Gotter éprouvera le besoin de la faire préciser.

209. L'indication scénique a été naturellement supprimée par le traducteur.

210. Dorante annonçait dans la lettre habilement mise entre les mains de Marton et que le comte lit en public — faisant ainsi à son insu les affaires de son rival — qu'il était déterminé à s'embarquer. Mais en Autriche, on ne s'embarquait pas, d'où l'adaptation de Gotter : « Auquel cas je n'ai plus que faire à Vienne. Tu dois partir demain pour *prendre du service dans l'armée russe* et je suis déterminé à te suivre ». (III, 8). Le *Regiebuch* de Gotha est fidèle à l'original : « ... je n'ai plus que faire ici. Tu dois partir demain *pour l'Amérique*... » etc.

le sort de chacun soit réglé à la fin, et Marivaux avait négligé ce détail ; le désir de perfectionner l'œuvre d'autrui se trouvait ainsi satisfait. Pourtant, si Dubois avait été pris comme intendant à la place de Dorante, c'eût été une promotion ; pour Süssholz, le compagnon d'études et l'ami, la chose est plus douteuse. Mais Gotter a tout combiné pour que la vraisemblance fût respectée ; dès le début (I, 2), il a fait avouer par Süssholz qu'il s'était mal engagé dans la vie : « ... et le misérable emploi de copiste que j'ai laissé pour exécuter notre petit projet, je le retrouverai partout ».

Golubew a mis en vedette le fait que le traducteur n'était pas cette fois, comme les Krüger et Uhlich d'antan, un comédien besogneux, peu sûr de son français, sans confiance en soi, et ne pouvant observer la bonne société que « de loin et en subalterne » [211], mais au contraire un « honnête homme » amateur de théâtre qui a traité l'original « avec cette même assurance d'homme du monde que devait avoir le secrétaire privé de Gotha quand il accueillait dans le duché des Français de qualité ». Le critique lui décerne une palme en ce qui concerne la connaissance de la langue de Marivaux ; nous serions plus réservé sur ce point[212] ; mais surtout, on est en droit de se demander si cette belle assurance avec laquelle Gotter aborda et remania tant de pièces diverses ne l'a pas desservi quand il s'agissait d'œuvres majeures, que la moindre modification peut abîner. N'y avait-il pas quelque présomption et même du pédantisme dans ce dessein de corriger les « fautes » des auteurs[213], en tout cas d'exploiter mieux qu'eux un sujet et des personnages ? Golubew attribue cette attitude aux traducteurs allemands du siècle dans leur ensemble — il faudrait plutôt dire « du demi-siècle », revanche de l'imitation massive de la période gottschédienne. Elle ne s'accorde guère avec le caractère d'amateur éclairé que souligne Golubew ; l'habitude d'appliquer de vieilles recettes pour attendrir ou faire rire, notamment, aurait été plus compréhensible chez les comédiens professionnels de la génération précédente.

C'est bien pour perfectionner les *Fausses Confidences*, pour leur faire « rendre » davantage lors du spectacle que Gotter a mêlé à la comédie psychologique des ingrédients disparates sans voir qu'elle les supportait mal, au détriment de sa limpidité, de sa rigueur, de son rythme. Il y avait au troisième acte une qualité ori-

---

211. Golubew, *op. cit.*, pp. 91-92.
212. *Ibid.* : « On ne saurait parler, pour Gotter, d'erreurs de vocabulaire, quelles qu'elles soient ». Nous en avons relevé plusieurs.
213. Des phrases interverties dans une réplique, des liaisons logiques plus fortement marquées : bien des petits détails rappellent cette prétention.

ginale d'émotion et Gotter a voulu en augmenter la dose, et dès le début, en utilisant la recette éprouvée de la gratitude et du dévouement de l'ami : d'où la substitution à Dubois, personnage original, de Süssholz, personnage fade et d'une grande banalité à l'époque, dont certains propos peuvent sembler tirés des comédies morales de Gellert ou des drames de Diderot[214]. Il y avait aussi du comique, et du meilleur, ne serait-ce que dans la contestation entre le clan nobiliaire, avec la voix aigre de Madame Argante, soutenue par le comte, et le clan bourgeois que défend d'un ton rogue le « bonhomme » Rémy[215]. Gotter a prétendu renforcer ce comique, fondé sur les tensions à l'intérieur de la société d'alors, par des plaisanteries lourdes et communes, dont certaines semblent venir tout droit de la farce.

A en juger par l'ampleur et la durée de son succès en Allemagne et surtout en Autriche[216], on doit cependant convenir que cette adaptation n'était pas si mal calculée pour ces pays. Il faut savoir gré à Gotter d'avoir procuré aux *Fausses Confidences* une belle carrière devant des publics de langue allemande, de 1774 à 1830, de Riga à Temeswar ; mais il faut bien dire aussi que la lecture de son ouvrage suscite aujourd'hui, à bien des moments, de l'impatience et des hochements de tête. Avec ses fautes de goût et ses erreurs de ton, les mélanges qui compromettent l'unité de la pièce et le pur dessin de l'intrigue, il apparaît certes comme un excellent témoin des tendances de l'époque, qui reste partagée entre le rationalisme de l'*Aufklärung* et une sentimentalité à fleur de peau, qui aime encore le théâtre français de comédie à condition qu'on le rebadigeonne aux teintes du jour, mais comme un pâle reflet du chef-d'œuvre de Marivaux. Il est probable que, les modes qu'il flattait étant révolues et le respect des textes devenu plus exigeant, si on le remettait sur une scène — pour lequel il a d'abord été fait[217] — il passerait diffi-

---

214. Cf. Golubew, *op. cit.*, p. 96. On pourrait ajouter Beaumarchais, dont le drame *Les deux Amis, ou le Négociant de Lyon* avait été édité en 1770 par la Veuve Duchesne et fit carrière en Allemagne dans une traduction du comédien Joh. Christian Bock (*Die beiden Freunde, oder der Kaufmann in Lyon*).

215. *Les Fausses Confidences*, III, 5, 6, 7

216 La version viennoise adapte l'expression et certains détails aux habitudes locales ; nous en avons reconnu bien des traces en lisant *Die falschen Vertraulichkeiten*. Golubew (p. 100) estime que c'est le soin mis à accomplir ce travail qui a gagné à Gotter le cœur du public viennois.

217. Il est curieux de constater que Krüger, dont la connaissance du français était plus aléatoire et l'allemand plus rugueux, a songé avant tout au plaisir et à l'édification de lecteurs (cf. sa préface de 1749), dont il attendait en outre une juste rétribution de son travail, tandis que Gotter, que son aisance rendait plus agréable à lire, a publié et retouché ses adapta-

cilement la rampe... L'expérience ne sera sans doute pas tentée, à moins qu'on ne cherche à dérider le critique qui a trouvé la pièce, dans la version fidèle de 1961[218], « doucement soporifique » ?

c) *Deux versions rivales de La Dispute*

Nous jetterons un simple coup d'œil sur la traduction de *La Dispute* parue chez Melchior à Iéna en 1778 : *Der Streit, oder welches Geschlecht brach zuerst die Treue der Liebe*[219] ? L'intérêt de cette seconde version allemande qui, ainsi que nous l'avons constaté[220], a pu être regardée comme superflue à l'époque et reste ignorée de la critique moderne, c'est son souci d'exactitude en un temps où les traducteurs aimaient remanier librement les pièces étrangères afin de faire preuve de personnalité, montrer que le théâtre allemand avait désormais conquis son indépendance, et flatter dans le public le goût du jour.

Citant en entier la première scène de la comédie, dans l'original puis dans la version fort lointaine du Conseiller Schmidt publiée peu auparavant à Vienne, *Wer ist in der Liebe unbeständig* ? Golubew illustre sans peine son affirmation que cette adaptation en deux actes[221] reflète le « pur dialogue du *Sturm-und-Drang* » : phrases hachées, répétitions de mots, exclamations et points de suspension, ton exagérément passionné, etc.[222] Sourire et fraîcheur ont en effet disparu de la comédie, il ne reste qu'une enquête qui remonte aux sources de la nature humaine pour récolter des vérités amères. Golubew écrit que « de graves soucis semblent assombrir le front du Prince » quand il entre en scène, alors que le personnage de Marivaux adoptait d'emblée le ton aimable avec lequel on converse dans le monde et « qu'il paraît avoir pris à Versailles ». En réalité, l'intention du critique va trop loin dans l'autre sens : le Prince prononce

---

tions toujours en vue de leur représentation sur certains théâtres (Weimar, Gotha, Vienne, etc.).

218. Nous possédons un exemplaire de cette traduction réservée aux Théâtres qui nous a été remis par son éditeur (Ralf Steyer Verlag, à Wiesbaden). Il porte le titre simplifié *Vertraulichkeiten*, alors que le programme de Hanovre a repris le titre classique *Die falschen Vertraulichkeiten* pour présenter la pièce dans cette version.

219. *Ein Lustspiel in einem Aufzug aus dem Fr. des H. Marivaux, Iena, in der Melchiorischen Buchhandlung*, 1778.

220. Cf. notre développement précédent sur les compléments à la liste de Golubew.

221. Deux actes pour distinguer les deux phases : on s'éprend, puis on se quitte.

222. Golubew, *op. cit.*, pp. 105-118.

certes *en riant* sa première réplique[223], mais l'amour qu'il exprime
pour Hermiane et l'expérience qu'il lui annonce ne sont nullement à
considérer comme d'aimables bagatelles ; à la tendance à dramati-
ser le débat que révèle l'adaptation de Schmidt répond la tendance
du critique à en minimiser la portée. Ceci dit, il est vrai que le
pathos ajouté par le « traducteur »[224] ne renforçait en rien l'impression désabusée que laisse cette démonstration de la fragilité de
l'amour ; elle lui nuisait au contraire, dépouillant en même temps la
comédie du charme ingénu qui lui est propre.

La fidélité est au contraire le but annoncé par le traducteur qui
fit imprimer à Iéna : il a repris le titre (*Der Streit*), se contentant
d'y ajouter une glose pour éclairer et allécher le public[225]. Il a d'autre part précisé son intention dans une *Note du Traducteur*, visiblement destinée à prévenir des objections contre le choix de la pièce
et contre certains aspects de son ouvrage : « Ce n'est pas ici le lieu
de faire état de maintes critiques qu'appellerait cette pièce mineure
de M. Marivaux et au surplus ma seule intention a été de la faire
connaître au public exactement telle qu'elle est[226] : je dois toutefois
indiquer pour justifier ma traduction que, dans l'original, les deux
personnages de la dernière scène apparaissent d'une façon encore
beaucoup plus inattendue, les répliques révélant seules qu'il s'agit
de pupilles du Prince comme les autres[227], alors qu'au début, quand
l'affaire est exposée, on parle expressément de quatre enfants, deux
de chaque sexe. Une difficulté à laquelle j'ai tenté de remédier et

---

223. Le Prince, *en riant* : « Tout y est prêt » (*La Dispute*, I, 1).

224. Citons un exemple choisi parmi beaucoup d'autres dans cette première
scène. Au lieu de la réplique discrète d'Hermiane : « Ce discours-là sent
bien l'ironie », voici ce que répond la comtesse au Prince dans la version
de Schmidt (nous traduisons ; le Prince vient de dire : « Comtesse, qui
ne se mettrait du côté des femmes, si c'est vous qui les représentez par
votre exemple ? Mais... mais... ») : « Quelle méchanceté dans votre
mais ! Pourquoi faut-il que vous autres, hommes du monde, vous imagi-
niez les femmes toujours pires qu'elles ne le sont dans la réalité ? Vous
me faites un compliment — mais comme toujours la perfidie masculine
guette en embuscade ». Inutile d'insister sur le fait que ce ton à la fois
brusque et pompeux n'est pas celui de la première scène de *La Dispute*.

225. Le sous-titre : « ou quel sexe a rompu le premier la fidélité en amour ? »

226. Allusion probable à l'adaptation très libre de Schmidt, publiée peu
auparavant.

227. Il s'agit non seulement du couple formé par Meslis et Dina, mais de
« toutes ces figures-là, qui arrivent en grondant » et effrayent les quatre
pupilles du Prince. Leur gouvernante Carise, en disant : « voici de nouveaux camarades qui viennent... », ne les range pas forcément dans la
même catégorie ; il est vrai cependant que cette invasion et ce sauvetage
in extremis de la fidélité sont assez inattendus.

même d'échapper complètement par une traduction plus vague de ce
passage ; j'en ai d'ailleurs traduit quelques autres un peu plus librement à cause de leur obscurité ». Le traducteur sait sans doute par
la critique que Marivaux se distingue par son « obscurité métaphysique » ! On voit en maint endroit le mal qu'il s'est donné pour traduire exactement[228], mais, dans les rares passages où il varie, son
désir de clarification aboutit facilement au contresens…

Nous en donnerons un exemple caractéristique tiré de la première scène. C'est le type même de propos subtil tenu par un amant
et propre à mettre dans l'embarras un traducteur allemand de cette
époque. Quand Hermiane suggère au Prince que c'est « par pure
galanterie » qu'il se dit du même sentiment qu'elle sur la responsabilité première du sexe masculin dans l'infidélité, son interlocuteur
répond : « Si c'est par galanterie, je ne m'en doute pas. Il est vrai
que je vous aime, et que mon extrême envie de vous plaire peut fort
bien me persuader que vous avez raison, mais ce qui est certain,
c'est qu'elle me le persuade si finement que je ne m'en aperçois
pas ». L'analyse de cette adhésion qui, sans être peut-être tout à fait
objective, est du moins désintéressée, est parfaitement conduite par
le Prince de Marivaux. Or, que lui fait dire le traducteur, dans l'intention probable de rétablir la clarté[229] ? Au lieu de : « Je ne m'en
doute pas », voici que le Prince réplique : « *Das geb'ich zu !* » (« J'en
conviens »), soit à peu près le contraire, ajoutant assez comiquement : « Mais je sais bien que cela se produit d'une manière à peine
perceptible »[230]. Marivaux trouvait le moyen de faire passer la déclaration d'amour tout en laissant intacte la sincérité de la conviction
du Prince dans le débat engagé ; le traducteur remplace ce jeu indécis entre le certain et le possible, entre la conscience claire et les
mobiles profonds, par un aveu assorti d'une circonstance atté-
nuante[231], plus net sans doute, mais qui provoque une rupture logi-

---

228. Cet effort n'est pas toujours payant ; en voici un petit exemple : découvrant « quantité de nouveaux mondes », Eglé confie à Carise : « cela me
fait plaisir et peur » (sc. 3). Le traducteur s'applique : « *Jetzt wird
Freude und Furcht zugleich in mir erweckt* » (« Voici que joie et peur
sont en même temps éveillées en moi »). Le souci d'exactitude et de parfaite clarté engendre souvent une laborieuse rhétorique, qui fait penser
aux traductions du temps de Gottsched et est à l'opposé du ton naïf
nécessaire ici.

229. Cette intention nous paraît plus probable qu'une confusion entre « Je ne
m'en doute pas » et « Je n'en doute pas ».

230. « *Das weiss ich aber doch, dass es auf eine kaum merkliche Weise ge-
schieht* » (*Der Streit*, I, 1).

231. Après le « *j'en conviens* », la proposition précitée a exactement la valeur
d'un argument invoqué par le Prince pour diminuer son tort.

que avec ce qui suit, puisque le Prince y réaffirme sa conviction :
« Je n'estime point le cœur des hommes, et je vous l'abandonne »[232].
Il n'est pas rare non plus que le traducteur pèche par simple ignorance, que des nuances du français ou de la langue de Marivaux lui
échappent[233], mais c'est alors un cas bien banal, sur lequel nous
n'insisterons pas.

Le souci de faire connaître la pièce au public allemand « telle
qu'elle est » n'impliquait d'ailleurs pas une fidélité absolue. On le
constate à regret dès qu'est fournie la liste des acteurs : les noms
d'idylle ou de conte qui convenaient si bien aux pupilles du Prince
pour faire reparaître à nos yeux « les premières amours » sont rem-
placés par des prénoms allemands courants, les mêmes que ceux
qu'avait adoptés Schmidt : Therese, Karoline, Theodor, Karl, auxquels s'ajoutent maintenant Sophia et Wilhelm (Dina et Meslis, le
couple modèle de la fin). Sans doute s'agit-il, dans l'esprit du traducteur, d'une concession minime et nécessaire, mais elle a l'inconvénient de faire redescendre au niveau du quotidien tout cet aimable prodige — d'autant plus qu'il n'a pas senti la nécessité de respecter toujours les termes naïfs qu'emploie et répète l'auteur pour
maintenir la fiction du « premier âge du monde ». Ainsi, pour Eglé,
Azor ou Mesrin s'appelle constamment « *l'homme* », une fois seulement « *le joli camarade* » ; pour Azor, Eglé est « *ma blanche* »[234].
Leurs doubles allemands usent du pronom personnel, ou se nom-
ment par leurs prénoms, ou emploient les appellations les plus bana-
les (« *Lieber* », « *mein Mädchen* »)[235]. Des difficultés de traduction
sont sans doute évitées de cette façon, mais les détails gracieux
qui entretenaient le climat de la fable sont supprimés et le charme
propre à cette comédie s'affadit : n'est-ce pas la naïveté pittoresque des propos qui donne à la duplicité des attitudes toute sa réso-
nance ? L'analyse psychologique prend plus de relief sur un fond
de féerie.

---

232. Le Prince revient ensuite par un biais aux propos amoureux. Cette réplique entrelace les deux thèmes : sentiment du Prince pour Hermiane,
sentiment du Prince sur l'infidélité, d'une façon si harmonieuse, que toute
intervention qui la modifie apparaît comme malencontreuse.

233. Un exemple : dans la scène 9, Adine dit à Eglé : «... dès que vous refu-
sez de prendre du plaisir à me considérer, vous ne m'êtes bonne à rien... ».
Ce *dès que*, qui signifie *du moment que*, est traduit par *seitdem*, *depuis
que*, qui ne peut se justifier ici, les deux jeunes filles s'étant considérées
d'emblée avec déplaisir.

234. A la scène 2, le Prince expliquait à Hermiane que Carise et Mesrou
« furent choisis de la couleur dont ils sont (noire), afin que leurs élèves
en fussent plus étonnés quand ils verraient d'autres hommes ».

235. « Cher », « ma bonne amie ».

Encore faut-il que le traducteur — avant que le jeu des acteurs n'intervienne dans le même sens[236] — soit attentif à garder aux rôles principaux ingénuité et fraîcheur, qu'il sente la saveur de certaines répliques et laisse à certains mots leur couleur. C'est en lisant la scène 15, où Carise s'efforce d'éclairer Eglé sur elle-même, qu'apparaît le plus nettement la médiocrité d'un traducteur qui a suivi le plus souvent la lettre sans parvenir à prendre le ton. Ce débat est, selon la manière de Marivaux, à la fois action — Carise cherche à obtenir une résolution d'Eglé, en s'adressant à son « bon cœur » — et découverte psychologique, fine analyse, dissection de l'inconstance, avec les mauvaises raisons qu'elle invoque spontanément pour sa défense, l'embarras et les scrupules fugitifs qu'elle éveille dans une âme encore neuve. Il fallait rendre dans toute leur vivacité les réponses d'Eglé à l'interrogatoire et aux leçons de sa gouvernante pour que cette scène restât vraiment ce qu'elle est : la plus significative de la comédie. On en est fort loin. Lorsque par exemple la jeune fille, s'emparant du mot de Carise : « c'est qu'il a l'avantage d'être nouveau venu », s'écrie : « ... *n'est-ce rien que d'être nouveau venu ? N'est-ce rien que d'être un autre ?* », il fallait sentir que ce redoublement et la nudité de l'expression constituent le commentaire le plus frappant du penchant naturel à l'inconstance. Le traducteur, quant à lui, semble n'y avoir vu qu'une répétition à éviter et un mot vague à préciser ; il écrit : « Une connaissance nouvelle est-elle donc quelque chose d'indifférent ? »[237]. Le sens est rendu, mais la force s'en va.

Carise continuant à guider très sûrement Eglé pour l'aider à se « démêler » et à se raviser, dit : « Ajoutez que ce nouveau venu vous aimera » et Eglé s'empare encore du mot : « Justement, il m'aimera, je l'espère, *il a encore cette qualité-là* ». Trait charmant qui marque au mieux l'égocentrisme de la coquette[238]. Le traducteur a-t-il mal compris ou estimé trop illogique cette confusion entre les mérites de Mesrin et l'amour-propre d'Eglé ? A la recherche d'une réaction moins insolite, tout en restant dans le sens du discours, il a trouvé : « je dois m'y attendre de sa part »[239]. Des exemples de ce genre se présentent fréquemment et nous n'avons pas l'intention de les mul-

---

236. Le *Livre de poche* de 1779, commentant brièvement la pièce dans la version de Schmidt, dit que tout le succès dépend du « jeu naïf et innocent des quatre jeunes pupilles » (p. 294).
237. « *Oder ist eine neue Bekanntschaft etwas Gleichgültiges ?* »
238. Marivaux reprend ce trait dans la scène 16 : Eglé — Son portrait et l'ami d'Adine ! il a encore ce mérite-là ; ah ! ah ! Carise, voilà trop de qualités, il n'y a pas moyen de résister... »
239. « *ich muss das von ihm erwarten* ».

tiplier. Encore un cependant, emprunté à la scène suivante : appre-
nant que Mesrin était l'ami de sa rivale Adine, Eglé se rend sans
combattre. Les deux jeunes gens s'accordent immédiatement pour
présenter leur attirance mutuelle comme une puissance irrésistible,
l'infidélité comme un cas de force majeure : « *Mesrou — Pourquoi
quitter Adine ? avez-vous à vous plaindre d'elle ? Mesrin — Non,
c'est ce beau visage-là qui veut que je la laisse. Eglé — C'est qu'il
à des yeux, voilà tout. Mesrin — Oh ! pour infidèle, je le suis, mais
je n'y saurais que faire. Eglé — Oui, je l'y contrains, nous nous
contraignons tous deux* ». Cette double contrainte est un moyen commode d'effacer la responsabilité de chacun et, si un mot devait être
évité dans la traduction, c'était bien celui de *faute*. Or, se libérant
de sa docilité habituelle, le traducteur écrit : « La faute en incombe
à moi, et finalement à nous deux »[240].

En somme, bien que beaucoup d'autres répliques soient traduites avec un soin louable, quelques-unes même non sans bonheur[241],
c'est souvent devant les paroles les plus originales et les plus significatives que recule la volonté d'exactitude annoncée par le traducteur ; il les remplace par de pâles formules du langage courant,
qu'un matériel rhétorique vient encore alourdir. L'affirmation devenue banale de la singularité du style de Marivaux a incité ses traducteurs les plus fidèles, qu'il faut bien compter au nombre de ses
admirateurs, à neutraliser ce qu'il y a dans son style de plus personnel, partant de plus fin dans ses analyses et de plus nuancé dans
sa pensée[242], ne serait-ce qu'au nom des nécessités de la scène,
pour faciliter la tâche de comédiens et de publics moins raffinés
qu'à Paris. En décidant de transcrire exactement *La Dispute*, au lieu
d'en recomposer le dialogue comme l'avait fait Schmidt, le traducteur n'avait pas choisi la meilleure part : s'il est vrai que les conversations ne s'y déroulent pas, cette fois, entre « gens d'esprit », le
feu et « la naïveté fine et subite »[243] que l'auteur a donnés à ses
personnages rendaient la tâche malaisée ; la pièce la plus « métaphysique » de Marivaux[244] était aussi la plus épineuse pour un traducteur nourrissant l'ambition d'être fidèle.

---

240. « *Die Schuld liegt an mir — und zuletzt an uns beiden* »
241. A la scène 12 par exemple, l'amusant portrait d'Eglé par Adine a été
excellemment traduit.
242. Sur cette solidarité de la pensée et du style, c'est à Marivaux lui-même
qu'il convient de se référer (*Le Cabinet du Philosophe*, 6ème feuille,
pp. 386-388 de l'éd. Garnier).
243. Cf. l'Avertissement des *Serments Indiscrets*, Th.C., I, p. 967.
244. Cf. la notice de F. Deloffre, Th.C., II, p. 596.

d) *Une « nationalisation conséquente »*

La version de *La Fausse Suivante* parue en 1783, au tome IV du recueil du « Théâtre National » de Vienne, sous le titre *Das vermeinte Kammermädchen*[245], correspond, dit Golubew, à une « nationalisation effectuée de façon conséquente »[246]. En effet, l'action se passe « dans une petite ville non loin de Vienne », les valets portent les noms expressifs de Rund, Knall et Fleck, et brodent sur le texte original avec une verve toute viennoise, à la manière des anciens improvisateurs[247]. Le dialogue d'ouverture entre Frontin et Trivelin offre l'occasion de réjouir le public par des allusions à la presse et à la critique dramatique viennoise, de même que l'innocente question d'Arlequin sur la source de « toutes ces pistoles » que Trivelin a tirées de sa poche au cabaret (II, 5) permet un long développement sur les mille façons de se procurer de l'argent, avec des répliques du genre : « As-tu fait un héritage ? — Ma foi non : mes proches ont tous été au service de l'Etat, si bien qu'ils n'ont laissé que des dettes ». Ce Rund, dont le rôle a été joué par le grand Schröder qui aimait la pièce dans cette version, se souvient à coup sûr du récit de sa vie fait par Figaro pour le comte Almaviva : comme lui, il a voulu exercer ses talents littéraires, notamment en faveur du théâtre, et n'en a récolté que dettes et déboires[248].

Cependant, ce qui nous intéresse peut-être le plus dans la scène première du point de vue de Marivaux, c'est la longue suite de répliques consacrée à la *Querelle des Anciens et des Modernes*. Golubew n'en souffle mot ; or, il est significatif qu'un traducteur habituellement si abondant limite à deux répliques, au lieu d'une quinzaine, ces plaisanteries qui n'ont pas l'attrait de l'actualité pour son public ; supprimant tout ce qui concerne la définition des anciens et des modernes, il ne garde que le détail comique du valet flattant à tort et à travers la manie de son maître pour gagner son amitié et se faire confier la clef de la cave[249]. Le traducteur a donné aux

---

245. Nous avons vu à Mannheim un exemplaire du tome IV, daté de 1784, contenant comme quatrième pièce, après une comédie en cinq actes de Gotter d'après Mme de Genlis, *Die Mutter, Das vermeinte Kammermädchen, a.d.F. des Herrn Mariveaux* (sic), *aufgeführt im K.K. National-Hoftheater, Wien, bey Joseph Edlen v.Kurzbek*, 1783.
246. Nos références à Golubew se trouvent dans son ouvrage déjà cité, pp. 57-63, comportant de longs extraits des scènes de valets.
247. Golubew évoque Bernardon, le vieux Théâtre du Kärtner Tor cher aux Viennois, et suggère que les acteurs brodaient eux-mêmes sur les broderies du traducteur.
248. Cf. *Le Barbier de Séville*, I, 2.
249. Sur ce point, le traducteur ajoute de son cru : pour traduire le « je n'avais commerce qu'avec des vieillards » de Trivelin, il fait dire par

maîtres des « noms significatifs » : au comte *Wetterling* (Lélio) s'oppose le baron *Sicherstein* (le Chevalier), le premier changeant et papillonnant, tandis que la demoiselle de Paris travestie en chevalier tient à ne donner sa main et son cœur qu'en toute sûreté[250]. Comme le note Golubew, il n'a pas touché à la marche de la pièce ni aux personnages : « Leur allure aristocratique a dû lui inspirer le respect ; il a dû aussi se rendre compte que le mécanisme des intrigues et des abstractions psychologiques était beaucoup trop délicat et trop bien agencé dans l'original pour ne pas souffrir d'une manipulation inconsidérée ». Sans doute ; il est permis toutefois de ne pas admettre les suppositions émises par le critique pour identifier le traducteur[251].

IV. — *LES AVATARS DU JEU.*

a) *Un Jeu de l'Amour et du Hasard sans amour*

En matière de traduction, surtout dans le domaine du théâtre, il n'est pas rare de trouver des versions infidèles alors que rien ne le laissait présager ; mais le contraire peut aussi se présenter : une « transposition pour la scène allemande » du *Jeu de l'Amour et du Hasard*, qui venait après bien d'autres et fut publiée à Francfort en 1880, nous paraît avoir été la plus exacte des traductions de cette pièce, au moins jusqu'aux versions récentes[252]. Elle avait pour

---

ex. à Rund : « je ne m'éprenais que des vieilles femmes ramassant des chiffons, je ne fréquentais que les vieilles têtes chauves. . . », etc.

250. Le premier nom évoque la girouette et les papillons, le second pourrait se traduire par « Fermeroc ».

251. Golubew pense que cette traduction est l'œuvre d'un acteur du type jovial (*von der* « *lustigen Art* ») et avance les noms de Weisker ou Prehauser. L'étude des répertoires publiée en 1960 par la direction du Burgtheater (175 *ans de Burgtheater*, 1776-1951) cite cette pièce dans le répertoire de 1777 et en attribue la traduction à Stephanie junior (Gottlieb Stephanie der Jüngere), ancien hussard prussien, devenu comme son frère acteur au Burgtheater ; elle ne figure pas dans son *Théâtre Complet*, dont le sixième volume a paru à Vienne en 1787.

252. Des deux versions des années 1960 que nous possédons en édition hors commerce : *Das Spiel von Liebe und Zufall*, par Tilli Breidenbach (R. Steyer Verlag, Wiesbaden), et par Kurt Dörnemann (Kurt Desch, München), la première est la plus exacte ; la seconde, qui fait d'ailleurs état d'un travail de refonte, supprime par exemple les trois portraits de la première scène, pour les remplacer par une synthèse anonyme. Par ailleurs, la tentation de manipuler la pièce ne semble nullement périmée : le dernier avatar du *Jeu* est, à notre connaissance, ce *Spiel mit Liebe und Zufall*, de Volker Erhardt « d'après Marivaux », dont la première fut présentée au *Düsseldorfer Schauspielhaus* (Intendant général :

auteur Anton Bing, s'intitulait *Das Spiel der Liebe und des Zufalls* et, bien qu'elle fût annoncée comme « libre », ne retenait aucune des innovations que les adaptateurs précédents avaient cru devoir introduire dans la pièce[253]. Les trois portraits de mauvais maris brossés par Silvia dans la première scène sont conservés, on ne les a pas

---

Ulrich Brecht) le 23 décembre 1972. Il faut dire que ces dernières années, pour réagir contre une politisation croissante de la scène, on jouait volontiers du Marivaux comme un ballet de figurines de Saxe ou dans le goût du « boulevard », en invoquant ce jeu gratuit de la fantaisie qui caractériserait l'art *rococo*. Dans l'intention, fort louable en soi, de s'opposer à une telle minimisation de la portée de ce théâtre, l'auteur — un étudiant en mathématiques de vingt-cinq ans, dont c'est le coup d'essai — imagine un Marivaux qui conteste toute la hiérarchie sociale de son temps et annonce les bouleversements de la Révolution. Pour preuve, on fournit l'atout d'un « contexte historique » bien sommairement défini : « vu les barrières de classe absolument infranchissables de l'époque, le propos de Marivaux était d'une hardiesse dont nous avons peine à nous faire une idée aujourd'hui ». L'auteur de ce commentaire n'a sans doute pas lu *Crispin rival de son maître*, *Turcaret*, ni tant de comédies de mœurs montrant au contraire combien ces barrières étaient devenues fragiles ! Mais pourquoi s'encombrer du témoignage des moralistes (dès La Bruyère), des constatations des historiens, des multiples intrigues de théâtre fondées sur la confusion de rang ? Bref, de ce renvoi très didactique au milieu ne sort qu'une de ces erreurs qui ont la vie dure... Toujours est-il que, pour mieux dévoiler à nos yeux peu avertis la dynamique révolutionnaire du *Jeu*, l'adaptateur pense devoir écarter le dénouement euphorique, produit de l'optimisme gênant des « Lumières » et, afin d'y échapper, il modifie les données de l'intrigue : Dorante a bien fait le projet de changer d'habit avec Arlequin, mais il y a renoncé, si bien que seules les filles restent déguisées. Ainsi est à nouveau banni — malgré le titre, conservé sans grande logique — ce hasard qui dans l'original remettait les partenaires « but à but », et les maîtres s'éprennent d'authentiques domestiques : cela oblige bien entendu à remodeler les personnages, tandis que le public est lui-même d'avoir à ouvrir des yeux neufs. Naturellement, quand le pot aux roses est découvert, les barrières de classe s'avèrent insurmontables, *même dans l'esprit des amants*. Dorante, lui, estimait pouvoir les franchir sans trop de mal, il se faisait même fort d'y entraîner son père, mais l'amour rend optimiste et la démonstration n'est pas faite... Le dénouement l'en dispense. C'est cette démonstration — en sens inverse — qu'en reprend l'adaptateur, récusant en quelque sorte le témoignage de l'auteur parce qu'il tient à faire valoir, sur la société du temps, des vues plus réalistes. Le malheur est que disparaît ainsi le chef d'œuvre de Silvia, c'est-à-dire l'intérêt propre de la pièce. La difficulté, pour un homme de condition, d'épouser une fille entrée en condition n'était pas niée par Marivaux, tout au contraire : c'est elle qui consacrait le triomphe de l'amour. Une fois encore, le texte est devenu prétexte, la comédie s'enlise dans la banalité du drame : une « modernisation » qui aboutit au mariage d'inclination impossible par préjugé de classe, dans les parages du *Sturm und Drang* et d'*Intrigue et Amour* !

253. Nous avons trouvé le texte de cette version dans un album dramatique édité en supplément de la revue *Wochenschau für dramatische Kunst, Literatur und Musik*, Frankfurt / Main, 1880.

trouvés trop longs ni trop lents pour un début d'action ; Ergaste, l'homme aux deux visages, est devenu le baron Offenau ; Léandre, « l'âme glacée, solitaire » prend l'identité du conseiller Stein ; Tersandre, le fourbe, est l'assesseur von Marbach ; et chaque terme est traduit avec la plus scrupuleuse exactitude. Quand l'intrigue se dessine à la scène 2, c'est bien Silvia — que le traducteur a rebaptisée du joli nom d'Iduna — qui dit à son père : « mais si j'osais, je vous proposerais, sur une idée qui me vient... », et non le père qui suggère ce déguisement ; ce qui permet de reprendre mot pour mot la fameuse réplique de M. Orgon : « Eh bien, abuse, va, dans ce monde il faut être un peu trop bon pour l'être assez ». A la scène 4, l'exposition s'achève par une lecture que fait le père d'Iduna devant son fils Eugen — ce personnage n'a pas été supprimé comme « inutile » — d'une lettre reçue de l'autre père : à « l'imagination qui est venue à mon fils », le traducteur s'est contenté d'ajouter « tout à coup »[254]. Et ainsi de suite. Les bévues d'Arlequin, remplacé comme au siècle précédent par un Peter, sont fidèlement reproduites. L'adaptation à la scène allemande ne semble guère avoir touché que la liste des acteurs, où l'on voit que l'action a été située dans un milieu plus précis : M. Orgon est Herr von Ruhberg, propriétaire terrien[255].

C'est aussi sur une terre noble qu'un siècle plus tôt le libraire de la Cour Electorale de Mannheim, Christian Friedrich Schwan, avait placé l'action de la pièce, en adoptant un ton qui n'était plus du tout celui de Paris. Il avait publié sa version, intitulée *Die Verkleidung* (« Le Déguisement »)[256], en 1777, soit l'année même où un autre libraire, Dyk, commençait à éditer la série du *Théâtre comique des Français*, et il montrait dans un avant-propos qu'il n'était pas plus attaché que lui au respect des textes :

« Je ne crois nullement nécessaire de dire au lecteur que cette comédie nous est venue de Marivaux[257]. Dans l'œuvre de cet auteur

---

254 « *Ich weiss nicht, was Sie von einem Einfalle halten werden, der meinem Sohne plötzlich gekommen .* »
255 La scène du *Jeu* était à Paris. M. Orgon et Dorante pouvaient être des bourgeois fortunés, ayant comme Araminte « un rang dans le monde ». Notons à cet égard que les Comédiens de la Cour Electorale Palatine, sous la direction de Th. Marchand, jouant à Francfort, pendant la saison 1771-1772, le *Jeu* dans une version qui devait être celle de Krüger, indiquent en première ligne de la distribution tantôt « M. Orgon, *un riche bourgeois* » (*Theaterzettel* des 20 sept., 15 et 21 oct. 1771), tantôt « Géronte, *un gentilhomme* » (*Theaterzettel* du 1er mai 1772, *UB* Francfort).
256. *Die Verkleidung, ein Lustspiel in 3 Aufzügen*, Mannheim, bei C.F. Schwan, *kurfürstl. Hofbuchhändler*, 1777. L'avant-propos éclaire sur l'auteur initial et l'adaptateur.
257. Simple clause de style, qui témoigne cependant que cette comédie était des plus connues en Allemagne.

dramatique français, elle porte le titre : *Le Jeu de l'Amour et du Hasard*. Telle que Madame Gottsched l'avait traduite, elle n'arrivait plus à plaire. J'ai pris la liberté de la modifier selon mon goût et si, telle que je la livre ici, elle ne devait pas plaire davantage, personne n'en subirait de dommage que moi. Quand sur un théâtre il faut représenter bon an mal an 150 pièces, il faut bien, quelle que soit la richesse de l'Allemagne en originaux bons ou mauvais, continuer à utiliser les répertoires étrangers et je tiens pour un orgueil ridicule le refus de s'en servir ».

Cette déclaration est intéressante à plus d'un titre. Sur le problème général de la continuité du courant d'influence, elle montre que la liberté d'adaptation revendiquée à cette époque était un moyen de s'opposer au nationalisme littéraire et de sauver au moins le répertoire français de comédie : les besoins de la scène ne constituaient-ils pas le meilleur des arguments ? Alors que Dyk, dans sa préface, indiquait des principes d'adaptation aux mœurs et aux goûts allemands qui pouvaient aller jusqu'à changer en entier des rôles, Schwan n'indique, d'une manière plus modeste ou plus désinvolte, que son goût personnel ; les œuvres étaient considérées comme des objets qu'on est en droit de retailler pour les faire servir à son usage, sans que quiconque puisse se sentir lésé. Le rappel d'une traduction de la *Gottschedin* étonne et semble indiquer que Schwan ne s'était pas penché sur le travail de ses devanciers, ce qui n'aurait rien de surprenant à cette époque. Il faudrait, si ce souvenir était exact, que ladite traduction fût restée inédite, ce qui n'est pas vraisemblable[258] ; il faudrait encore que la *Gottschedin* eût violé les principes du maître, qui rejetaient sans appel les comédies à Arlequin, ce qui l'est encore moins : pour reprendre les termes ironiques de Lessing, « c'était une bien trop gentille épouse pour ne pas se soumettre aveuglément aux sentences critiques de son noble époux »[259]. L'examen détaillé de l'ouvrage de Schwan suggère cependant une explication autre que la simple méprise[260].

---

258. L'œuvre de théâtre de la *Gottschedin* a été naturellement publiée dans la collection de son mari (*Die deutsche Schaubühne*) ; une pièce inédite n'aurait pas été jouée longuement par de nombreuses troupes. La version présentée dans les années 1760 — quand elle est identifiable — est celle de Krüger. C'est le cas pour une représentation donnée par le « Théâtre National » de Hambourg le 27 août 1767, où Ekhof jouait Bourguignon (Arlequin), Böck Dorante, Mme Hensel Silvia, Mme Mécour Lisette (Collection de *Theaterzettel*, *LB* Gotha).

259. *Dramaturgie*, n° 13.

260. Il est patent, quand on étudie l'adaptation de Schwan après la traduction de Krüger, que le premier s'est souvent inspiré du second dans le détail de l'expression, corrigeant de-ci de-là, mais adoptant ses outran-

Cette traduction qui n'arrivait plus à plaire est évidemment celle de Krüger, que Schwan, à trente ans de distance, attribue bien légèrement au clan gottschédien ; en traduisant Marivaux et en plaidant la cause de son Arlequin, Krüger s'en était justement séparé[261]. Sa version du *Jeu* était comme toujours fidèle en intention, mais fautive, maladroite, parfois ridicule[262]. Schwan, en changeant le titre, montrait déjà son indépendance : c'est l'intrigue qu'il mettait en vedette, le déguisement, sans même préciser qu'il était double ; quand on sait l'usage qui en a été fait au dix-huitième siècle dans la comédie, on voit que ce nouveau titre n'individualisait pas la pièce ; il restait neutre, alors que le titre poétique choisi par Marivaux stimulait l'imagination. La lecture de la version de Schwan ne fait que renforcer cette première impression : tout a été neutralisé, affadi, dépoétisé. Les scènes où l'amour naît, croît malgré la fierté qui regimbe, triomphe enfin, sont sacrifiées, écourtées ou bien supprimées ; celles où les serviteurs offrent une parodie du style de leurs maîtres intégralement exploitées. Au lieu d'avouer à la fin du deuxième acte sa véritable identité, le jeune von Ratenau (Dorante) annonce à Julie von Orenberg (Silvia) son départ proche et celle-ci lui dit simplement : « Eh bien ! Je ne veux pas vous retenir plus longtemps, j'ai moi aussi à faire ». Cette scène capitale (III, 12), où Silvia voit enfin clair dans son cœur, mais décide promptement de

---

ces comiques. Un exemple parmi d'autres : quand Arlequin déclare à M. Orgon qu'il n'a « jamais refusé de trinquer avec personne » (I, 10), Krüger traduisait *trinquer* — mot allemand qu'il aurait suffi de reproduire, à défaut d'un terme plus précis — par un mot d'une vulgarité énorme : « *Oh ich habe es noch niemandem abgeschlagen, mich mit ihm vollzusaufen* » (« .. de me soûler avec lui »), et Schwan reprend, se contentant de supprimer la désinence du pronom indéfini. On peut se demander s'il ne feint pas, en parlant de la *Gottschedin*, d'ignorer la traduction qu'il a utilisée.

261. Voir notre étude précédente de la querelle d'Arlequin.
262. Nous avons noté entre autres comment Krüger traduit des passages délicats de la pièce tels que le monologue de Silvia (« Je frissonne encore... », II, 8) et son « morceau de bravoure » où, malgré la feinte sur sa condition, son cœur s'épanche de si émouvante façon («... Mais moi, Monsieur, si je m'en ressouviens... », III, 8), avec la réponse presque énivrée de Dorante, dont la dernière phrase : « J'aurais honte que mon orgueil tînt encore contre toi, et mon cœur et ma main t'appartiennent » est par ex. traduite ainsi : « *Ich müsste mich schämen, wenn sich mein Stolz noch wider Dich halten wollte, und mein Herz und meine Hand gehören Dir eigen* ». L'honnête et gauche traducteur... ! On ne peut guère s'étonner de la lettre adressée le 10 février 1768, de Berlin, par Karl Lessing à son frère et disant que les comédiens de Döbbelin, qui doivent présenter le *Jeu* le lendemain, s'insurgent contre la traduction (vraisemblablement celle de Krüger, cf. *O.C.,* IX, pp. 244-245). Pour le ridicule, cf. Golubew, *op. cit.*, p. 25.

cacher encore qui elle est pour obtenir un mariage d'amour « unique »[263], se trouve réduite à quelques plates répliques, que suit un monologue du jeune homme : « Ah ! que n'es-tu Julie !... Avec quel plaisir j'abandonnerais à mon valet ta stupide maîtresse et t'offrirais ma main, à toi, si je n'avais à craindre la colère de mon père ! Mais il ne me sied pas de rester davantage dans cette maison ; sinon, il faudrait que je commence à y jouer auprès de la chambrière le même rôle que joue auprès de la demoiselle mon faquin de valet ». C'est sur ces pauvretés que le rideau tombe[264].

Il faut bien pourtant que la situation s'éclaircisse et l'acte trois y pourvoit. Aucun problème pour la scène savoureuse où les deux domestiques déguisés en maîtres se dévoilent mutuellement leur « misère » : Schwan l'a adoptée dans tous ses détails. Quant aux maîtres, rien n'avait encore été dit. L'aveu que Ratenau n'avait pas fait à Julie, il va le faire au père de la jeune fille : « Il se passe ici, dans votre maison, des choses que je ne puis regarder plus longtemps d'un œil indifférent... J'ai appris à connaître votre fille — pardonnez-moi d'avoir à vous le dire — du plus mauvais côté. Elle a si peu de goût qu'elle s'est commise avec mon valet sans prendre garde à sa vulgarité... » et, comme le père, entendant cela, éclate de rire et s'écrie « Tant mieux ! », le ton s'aigrit : « M. von Orenberg, je ne sais ce que je dois penser de vous. Je vous prenais pour un homme sensé, mais... » On voit la délicatesse des propos... Le « traducteur » s'empare de propos tenus en une autre occasion, sur un autre ton[265], et ne remarque pas la dissonance. Le père jouit du quiproquo jusqu'à la limite du possible, et apprend enfin au jeune homme qu'il connaissait d'emblée sa véritable identité ; mais celui-ci ne change pas de diapason : « Si vous le saviez, pourquoi n'avoir pas averti à temps votre fille ? Pourquoi tolérer qu'elle se compromît ainsi à fond avec mon valet ? — Bien sûr, si c'était ma fille... » Alors, tout change ; enfin éclairé, Ratenau *se jette au cou* de son futur beau-père, *l'embrasse, l'étreint*[266] : « Oh mon ami très cher ! Mon père, mon tout ce que vous voudrez ! Que

---

263. « C'est un mariage unique » s'écriera Silvia, toute à l'espoir d'achever ce qu'elle a entrepris (III, 4).
264. La scène 13, qui donne à la fin du deuxième acte un rythme d'*allegretto*, Silvia entraînant vivement son frère qui fait semblant de ne pas comprendre, est naturellement supprimée dans l'adaptation, puisque l'aveu de Dorante n'a pas eu lieu.
265. Dorante disait en effet de Lisette : « Je rougis pour elle de le dire, mais ta maîtresse a si peu de goût qu'elle s'est éprise de mon valet au point qu'elle l'épousera si on la laisse faire » (II, 12), mais en s'adressant à Silvia, tandis que Ratenau croit parler de sa fille à un père.
266. Indications scéniques du traducteur.

venez-vous de me dire là ! Oh combien vous me rendez heureux en cet instant ! Lisette votre fille ? Attendez un peu, elle me paiera cela ! » (III, 7).

On se croirait au dénouement d'un drame de Diderot, au moment de la reconnaissance, mais avec un curieux mélange de mots d'Arlequin[267]. Nous noterons que Julie n'a plus aucune part dans l'affaire : tout s'est passé entre hommes. Quand elle revient en scène, elle continue naturellement à jouer son rôle de soubrette, mais Ratenau, péremptoire, l'arrête : « Cessez donc de jouer un rôle qui ne vous convient pas du tout », et, comme elle fait reproche à son père d'avoir tout dit, celui-ci réplique : « La comédie a assez duré, il est bien temps qu'elle finisse ». Cette réplique traditionnelle a probablement ici un sens second : jugeant selon son goût, comme il en avait prévu, Schwan trouvait trop longs les dialogues des amants et notamment le débat décisif de l'acte III. Nous avons constaté qu'il ne s'intéressait pas à la psychologie de l'amour et ne retenait que le comique de situation. Il a donc réduit les scènes où les jeunes gens s'approchent à tâtons l'un de l'autre, avec des scrupules, des refus, mais l'envie toujours renouvelée de se voir et de se parler, et il a carrément supprimé l'aveu que Dorante faisait à Silvia par amour, l'effort qu'il accomplissait sur lui-même en l'épousant malgré son rang, contre sa famille ; le mobile du jeune homme n'est plus que de se libérer d'une responsabilité aux yeux de son père[268]. La signification même de la pièce est donc effacée ; il est à peine besoin d'ajouter que l'émotion qu'elle procure, le « feu » qui pénètre Dorante, le « Que d'amour ! » de Silvia n'ont plus leur place ici. Le triomphe de Julie est alors modeste : « Monsieur, vous avez voulu me mettre à l'épreuve, sans savoir que vous y étiez vous-même. Sans rancune ». Le couple ainsi constitué s'exprime avec moins d'ardeur que son modèle[269] !

---

267. « Mon tout ce que vous voudrez », « elle me le paiera » sont du style d'Arlequin, en complète dissonance avec le personnage et le reste de la réplique.

268. Ratenau vient d'apprendre de la bouche de Franz que celle qu'il croit être la fille de la maison consent à épouser le valet (III, 6 : c'est la scène 7 de l'original). C'est alors qu'il va tout dire au père : « ... Je ne pourrais répondre d'une pareille chose devant vous ni devant mon père ». Sentiment légitime, exprimé d'ailleurs aussi par Dorante : « ... et je vois bien qu'il faudra que j'avertisse M. Orgon » (III, 7) ; mais Marivaux lui fait d'abord rencontrer Silvia...

269. Alors que Marivaux se servait de la dernière scène pour exalter le bonheur des fiancés, avec trois répliques comiques pour la fin et la gambade d'Arlequin, dépouillé de sa « qualité », mais joyeux (« Allons, saute, marquis ! »), Schwan ajoute une scène 9 insipide où Carl (Mario) vient dire que tout le monde reçoit son dû, sauf lui.

Bien d'autres choses importantes ont été changées ou supprimées par Schwan. A ne s'en tenir qu'à la première scène, la réplique de Silvia : « Je vous dis que, si elle osait, elle m'appellerait une
originale » et la vive répartie de Lisette : « Si j'étais votre égale,
nous verrions » disparaissent ; après un demi-siècle, cette pointe
a-t-elle encore paru trop audacieuse au libraire attitré de la Cour
palatine ? Les portraits de maris prévenants et enjoués à l'extérieur,
brutaux ou glacés chez eux — portraits qui ont leur intérêt propre et,
du point de vue dramatique, préparent et justifient la prière que
Silvia va adresser à son père dès la scène suivante — sont à peu
près escamotés : le dernier, qui nous semble le plus significatif
parce qu'il montre la totale désunion du couple[270] et que Silvia s'en
fait l'application directe (« Je la trouvai toute abattue, le teint
plombé, avec des yeux qui venaient de pleurer, je la trouvai comme
je serai peut-être, voilà mon portrait à venir... » etc.), a été carrément supprimé ; le premier est remplacé par des considérations
générales, d'où le mouvement et la vie (« Ergaste s'est marié ; sa
femme, ses enfants, son domestique ne lui connaissent encore que
ce visage-là... » etc.) sont absents ; seul le troisième personnage
est décrit, sans patronyme et avec un faux-sens[271]. Schwan ne présente en somme qu'une caricature de l'intrigue qui lui a paru donner lieu à des situations et à des répliques comiques dignes d'être
reprises sur les scènes allemandes... à condition qu'on la débar-
rasse d'ornements et de discours relevant de la « métaphysique du
cœur » ou des *Caractères*. La pièce modifiée « selon *son* goût » n'a
plus de substance ; elle n'aurait pas même mérité cette rapide étude
si nous ne l'avions trouvée fréquemment dans les répertoires autour
de 1780 et avec la mention « *aus dem Marivaux übersetzt* »[272], ce qui

---

270. Le tableau, fortement contrasté, est frappant : Tersandre (« Sa bouche
      et ses yeux riaient encore ») et sa femme (« toute abattue, le teint
      plombé, avec des yeux qui venaient de pleurer »).
271. Léandre est nommé ici vaguement « Monsieur notre voisin ». Silvia, par-
      lant de l'âme « inaccessible » de ce mari, disait : « sa femme (...) n'a
      point de commerce avec elle » et Schwan traduit : « Il n'a point de commer-
      ce avec elle » (avec sa femme), ce qui est erroné et supprime l'originalité de
      la pensée.
272. La pièce fut jouée durant la saison 1784-1785 à Prague par la Cie.
      Bondini, qui venait de se constituer (*Cal. de Gotha*, 1786, p. 167) ; elle
      appartint de même au premier répertoire de la Cie. Bulla, à Pest et
      Ofen (Buda), en 1788 (*Ibid.*, 1789, p. 177). Elle fut représentée aux Foires
      de Francfort, à partir de 1777, par les Cies. Neuhaus et Grossmann. Une
      affichette de la Cie Böhm, annonçant le spectacle du 24 oct. 1781 dans la
      Ville d'Empire, nous a paru typique : le titre français de la pièce est
      d'abord indiqué, puis sa traduction, d'ailleurs inhabituelle (« *Das Spiel
      der Liebe und des Ohngefährs* »), enfin le titre réel de cette version
      (« *oder die Verkleidung* »). La liste des acteurs confirme qu'il s'agit bien

infirme la parade de son avant-propos : « personne n'en subirait de dommage que moi ».

b) *Un Jeu de l'Amour et du Hasard sans hasard*

Nous abordons, avec la version du *Jeu* écrite par Jünger sous le titre quasi shakespearien *Maske für Maske*[273], le succès majeur de cette comédie et même de Marivaux en pays de langue allemande ; aussi lui accorderons-nous toute notre attention. La pièce a été éditée à Leipzig par Göschen en 1794, mais elle figure avec sa distribution au répertoire du « Théâtre National » de Berlin dès la saison du 1er octobre 1791 au 30 septembre 1792[274]. Sa première à Mannheim eut lieu le 11 décembre 1792, avec Iffland dans le rôle de Herr von Weissenfels (M. Orgon), Mmes Albrecht et Witthöft dans ceux d'Antonie (Silvia) et Sophie (Lisette), début d'une longue série de représentations sur ce Théâtre[275]. La carrière de cette pièce fut en effet brillante et durable. Il suffit de jeter un coup d'œil sur les Calendriers de Théâtre pour la trouver jouée et rejouée dans maintes villes, avec un grand et parfois un extrême succès (*sehr, ausserordentlich gefallen*). Si nous nous référons aux années 1794-1798, nous la trouvons par exemple au « Théâtre National » de Münich[276], tandis que Gutermann la donne à Schwedisch-Pommern, Saarbach et Pilsen[277] ; pendant que, présentée par les frères Schuch, elle reçoit un accueil extraordinaire à Königsberg, Voltolini la monte à Ratisbonne[278] ; on la donne à Brünn et Salzbourg[279], comme à Berlin et

---

de l'ouvrage de Schwan, mais l'affiche ne cite que l'auteur initial (« traduit de Marivaux »), omettant le nom de l'adaptateur...

273. Schröder avait fait une traduction de *Mesure pour Mesure* (*Mass für Mass*) ,parue au premier tome de son *Recueil de pièces pour le Théâtre de Hambourg* (Schwerin et Weimar, 1790-1794), et qui avait eu grand succès. Le titre de Jünger apparaît aussi sous la forme *Masque für Masque*.

274. Cf. *Calendrier de Gotha* de 1793, pp. 317-320. Le *Livre de poche pour les Amis du Théâtre* (*Taschenbuch für Theaterfreunde*), édité par Karl Albrecht à Berlin (1799), cite aussi parmi les pièces représentées dans cette ville en 1792 *Maske für Maske* et *Die falschen Entdeckungen*.

275. Cf. *Taschenbuch fürs Theater* (édité à Mannheim par Schmieder, 1795, p. 71. La distribution de cette première est inscrite à la plume sur l'affichette que nous avons fait photographier (Archives du « Théâtre National », *wissenschaftliche Stadtbibliothek*).

276. *Cal. de Gotha*, 1797, pp. 277-280. C'est le Théâtre dont le comte de Seeau était intendant, nommé par l'Electeur de Bavière, et Zuccarini le directeur. On nomme les comédiens qui tenaient les « principaux rôles », soit Antonie, sa soubrette Sophie et Johann (Arlequin).

277. *Ibid.*, 1797, pp. 268 et 287.

278. *Ibid.*, 1795-1796, pp. 311 et 315.

279. *Ibid.*, 1799, p. 246, et *Taschenbuch fürs Theater*, p. 26. La pièce a été également jouée, d'après le *Calendrier de Gotha* de la même année, par un

à Weimar sous l'Intendance de Goethe[280], etc. Ce succès général ne fut pas un simple engouement : les réimpressions en témoignent[281], ainsi que les reprises au siècle suivant[282].

Ainsi, le dernier quart de siècle, où l'intérêt pour le théâtre français, même de comédie, était déclinant — au point de recourir à un Goldoni, écrivait Wieland en 1784[283] — montra un regain de faveur pour le *Jeu*. Marivaux semble alors se dégager de la foule des auteurs médiocres dont on ne l'avait pas toujours nettement distin-

---

Théâtre de société à Waldenburg (petite ville de Saxe, fief des Princes Schönburg) et par la Cie. dirigée par Mme Tilly à Lübeck et Brunswick, avec *Das Vermächtnis* (*Le Legs*).

280. Cf. *Das Repertoire des Weimarischen Theaters unter Goethes Leitung* p. 140, n° 516. Première le 6 mai 1795, 22 représentations jusqu'en 1815. *Minna von Barnhelm* a été jouée 23 fois pendant la même période.

281. Nous avons trouvé la pièce dans les recueils de comédies édités par Göschen, à Leipzig, jusqu'en 1861. Nous avons eu en main un exemplaire édité à Grätz en 1796, ainsi que l'édition viennoise de Wallishausser (1802) ; ce dernier éditeur fait encore figurer ce titre dans son catalogue des pièces disponibles, modernes « ou bien anciennes, mais restées propres à la scène (*bühnenfähig*) », en 1876, sous le n° 3309, en donnant la précision souvent omise : « d'après Marivaux ».

282. Prenons l'exemple de Mannheim : la pièce, jouée jusqu'en juin 1800, a été reprise en 1812 (avec Thürnagel dans le rôle qu'avait vingt ans plus tôt Iffland, celui de v. Weissenfels-Orgon : nous verrons que la version de Jünger donnait plus d'importance au père) ; elle semble avoir quitté le répertoire à la mort de Thürnagel, en 1834.

283. Dans sa troisième *Lettre à un jeune poète*, déjà citée.

Un des documents les plus intéressants, trouvé dans la collection d'affichettes du Théâtre National de Mannheim, à la *Wissenschaftliche SB* de cette ville : le collectionneur, Stefan Grua, qui fut choriste, chanteur et musicien d'orchestre de ce Théâtre pendant plus de cinquante ans (1812-1864), a reporté à la plume sur une affichette de 1826 les indications concernant la première de *Maske für Maske* sur cette scène (cf. le chiffre 1 dans le coin sup. droit), le 11 déc. 1792 ; il les empruntait au journal tenu par l'acteur J.-W. Backhaus ; de même, la seconde représentation du 10 janvier 1793 a été inscrite sur un *Theaterzettel* de 1832. Il n'existe plus d'affichettes originales de ces années : le souffleur Trinkle a fait, sur l'ordre de l'Intendance, une collection semblable et ce ne sont que copies manuscrites. Cette affiche raturée nous montre à 34 ans d'intervalle les deux distributions, en tête desquelles figurent les deux acteurs les plus célèbres : Iffland et Thürnagel, dans le rôle de M. von Weissenfels (M. Orgon) dont l'adaptation de Jünger renforçait l'importance. $\longrightarrow$

Maske für Maske.

Lustspiel in 3 Abtheilungen, nach dem Französischen: Le jeu de l'amour et du hazard des Marivaux, von Jünger.

Herr von Weissenfels . . . . Herr Störmann (Jlland)
Karl von Weissenfels, sein Sohn . . Herr Dürlinger (Dauphonze)
Antonie, seine Tochter . . . Mlle Sintel (Mad Obbrocht)
Herr von Sillburg, Antoniens be-
stimmter Bräutigam . . . Herr Schottmann (Meyer)
Sophie, in Antoniens Diensten . . Mad. Müppel (M. W. Witho)
Johann, Sillburgs Bedienter . . Herr Unselmann (Leonhard)
Bedienter des Herrn von Weissenfels Herr Sichbes Ballehaus.

gué ; le succès parallèle des *Fausses Confidences* dans la version de Gotter, celui de *L'Epreuve* dans la traduction du Prof. Meyer[284] n'indiquaient-ils pas par ailleurs un fort bon choix ? Après ces essais peu convaincants d'adaptation que sont *Die Verkleidung* en 1777, *Welch ein Spass!* en 1783, la version de Jüngerparut, sans qu'on puisse s'en étonner, bien meilleure : la pièce allemande correspondant à cette ingénieuse intrigue semblait faite. Durant le dernier quart du siècle on trouve ainsi dans les répertoires, successivement et même parfois concurremment, quatre versions différentes du *Jeu*, car l'ancienne traduction (*Das Spiel der Liebe und des Zufalls*), plus ou moins rectifiée, n'était pas encore abandonnée[285]. L'un des exemples les plus patents est fourni par la Compagnie de Wilhelm Grossmann, qui jouait à Mayence et Francfort en hiver, à Bad Pyrmont en été[286]. Nous trouvons *Die Verkleidung* dans son répertoire de 1780, *Welch ein Spass!* dans les pièces mises en répétition en 1784, *Maske für Maske en* 1795 : son public le plus fidèle a dû être un peu déconcerté, car l'affiche invoquait chaque fois le même modèle ; malgré la grande liberté avec laquelle on traitait les œuvres étrangères à cette époque, nous n'avons pas vu, au cours de nos enquêtes sur les répertoires, de cas similaire. Tout se passait comme si l'on appréciait fort certaines idées d'intrigue de Marivaux, tout en jugeant qu'il n'avait pas su en tirer le meilleur parti ; une sorte de concours et de surenchère s'instaurait alors. *Maske für Maske*, malgré ses succès, n'y a même pas mis fin, puique Karl Lebrun, au siècle suivant, refit un *Jeu de l'Amour et du Hasard* « d'après Marivaux et Jünger » ! Les représentations françaises de la pièce, qui avaient été fréquentes en Allemagne entre 1740 et 1770, n'avaient pas tout à fait cessé non plus à l'époque des adaptations successives ; mais elles-mêmes n'étaient pas toujours fidèles, et nous en avons trouvé un exemple curieux[287].

---

284. Rappelons que cette pièce apparaît dans de nombreux répertoires sous des titres différents ; elle avait été publiée en 1783 à Berlin (*Der Versuch* — titre rectifié : *Die Prüfung* dans l'éd. remaniée de 1793) et à Vienne (*Die Versuchung*).

285. *Das Spiel der Liebe und des Zufalls* se trouve dans le *Calendrier de Gotha* en 1775 (représentations de la troupe Seiler à Weimar et à Gotha), etc. ; le *Livre de poche pour le Théâtre* signale cinq représentations de la même pièce dans les premières années du « Théâtre National » de Mannheim, en 1780-1781 (p. 75).

286. Les répertoires de la troupe Grossman ont été étudiés dans la monographie que lui a consacrée Joseph Wolter.

287. Une affichette du mardi 7 nov. 1786 annonce la représentation, au Théâtre de Francfort, du *Jeu d'Amour et du Hazard* (*sic*), comédie en *un* acte, par « la Compagnie française d'enfants » dirigée par M. Pochet. La

L'auteur de *Maske für Maske*, Johann Friedrich Jünger, était un Saxon qui fit carrière à Vienne, où il fut de 1739 à 1794 *Theaterdichter* au Théâtre de la Cour[288]. Il écrivit des comédies et de nombreuses traductions d'auteurs comiques français[289], dont plusieurs tinrent longtemps l'affiche, non seulement à Vienne, mais en Allemagne, notamment à Berlin, à Mannheim, etc. On a reproché à ses pièces — comme à celles de Marivaux — leur uniformité, on les a souvent trouvées pauvres de caractères et d'idées, mais en louant leur verve et leur vivacité. Ce Saxon était proche du tempérament viennois par le sens de la répartie, le goût de la satire et aussi son penchant pour un comique copieux ; c'est la comédie d'intrigue qui l'intéressait, il aimait les déguisements, les mystifications, les méprises. Un article de la revue *Didaskalia*, à propos de la première d'un de ses meilleurs succès, *Der Strich durch die Rechnung*, dans une version remaniée de Lebrun intitulée *Spiele des Zufalls* (« *Jeux du Hasard* »), au « Théâtre National » de Mannheim, s'exprime sur lui, en 1826 (trente ans après sa mort), de la façon suivante :

« Bien que Jünger ne soit pas des plus riches d'invention et qu'il ait le plus souvent puisé à la source des modèles français et anglais esprit et galants propos, il sait toutefois exploiter de façon piquante ce qu'il trouve et, lorsque des comédiens éprouvés présentent avec rondeur les situations comiques qui existent réellement dans ses comédies, les applaudissements ne sauraient leur faire défaut ni le spectateur manquer de se divertir... »[290]

---

distribution est indiquée : M. Orgon, Silvia, etc. ; Frontin se substitue à Arlequin, la fille du directeur joue le rôle de Lisette (*UB* Francfort). Il s'agit sans doute d'une version abrégée. Trente ou quarante ans plus tôt, on jouait volontiers le *Jeu* dans les Cours, notamment à l'occasion des fiançailles et des mariages princiers. Ce fut le cas en 1748 à Bayreuth quand la margrave Wilhelmine, sœur de Frédéric II, maria sa fille à Karl Eugen de Würtemberg.

288. Né en 1759 à Leipzig, donc exactement contemporain de Schiller avec lequel il liera plus tard amitié, il partit pour Vienne en 1787 après un séjour à Weimar ; mort en 1797.

289. Ses comédies originales et ses adaptations ont été éditées à Leipzig (5 vol. en 1785-1789 ; 3 vol. en 1792-1795 : *Maske für Maske*, publiée aussi séparément, se trouve au tome 3), ses *Œuvres de Théâtre posthumes* à Ratisbonne (2 vol., 1803). Wallishausser a édité individuellement ses pièces à Vienne, en 1802-1804. L'une des plus connues, *Die Entführung*, comédie en 3 actes, a été publiée en traduction française (*L'Enlèvement*) à Halle en 1797. Des œuvres de Dancourt, Dufresny, Destouches, Beaumarchais et d'autres ont été — outre Marivaux — adaptées par Jünger.

290. *Didaskalia*, « feuilles pour l'esprit, l'âme et la publicité » (n° 265, samedi 22 sept. 1826). Ce périodique avait une rubrique *Mannheimer Dramaturgie*. L'article sur Jünger a été inséré dans le volume des affichettes de 1827 (Archives du « Théâtre National » du Mannheim).

L'éloge est, comme on le voit, modeste, et il recoupe assez bien ce qu'écrivait Johann Heinrich Schink, jugeant en 1792, dans la *Hamburgische Theaterzeitung*, la pièce originale : il vantait chez Jünger « ce badinage spirituel qui n'est presque jamais à court », une gaîté réjouissante toujours assurée de divertir, « sans d'ailleurs nous mettre dans les transports, sans nous plonger dans l'extase », ajoutant : « La manière propre à mon ami, sa plaisante facilité compensant un certain manque de relief, et sa connaissance du monde et des hommes, les dons qu'il a pour les faire valoir donnent même au déjà-vu l'attrait de la nouveauté »[291].

La question pour nous est bien là : il s'agissait d'une comédie connue en Allemagne depuis quelque soixante ans[292], jouée dans son texte original, en traduction et dans trois adaptations différentes, se succédant en l'espace de quinze ans. N'était-ce pas le cas de parler, comme le fera en 1961 un critique du quotidien *Die Welt* à propos des *Fausses Confidences*, de « jeu usé » ? Homme de l'*Aufklärung*, Jünger était rempli de l'optimisme propre à cette époque : comme Pfeffel, comme Gotter, il pensait qu'une pièce est toujours perfectible et que l'adaptateur doit corriger les fautes ou rattraper les « manque-à-gagner » de l'auteur et éventuellement de ceux qui s'étaient attaqués à cette tâche avant lui-même. Son premier souci était de marquer la volonté de renouvellement par un titre propre à capter l'attention. Choisissant *L'Ingrat* de Destouches — titre classique de comédie de caractère — Jünger trouve un titre de plus d'effet : *Dank und Undank*[293]. Avec son ingéniosité et ses personnages sans grande consistance, Dufresny semblait être plus proche du tempérament de Jünger : il prend son *Faux Instinct* et lui donne un titre de fait-divers : *L'instinct, ou Qui est le père de l'enfant ?*[294].

Pour le *Jeu*, ses prédécesseurs avaient soit traduit littéralement : *Das Spiel der Liebe und des Zufalls*, soit manifesté leur indépendance en trouvant autre chose, sans du reste beaucoup se compromettre : « *Le Déguisement* », « *Quel Amusement !* ». Il faut convenir que le titre de Jünger, *Masque pour Masque*, est moins plat, rend mieux compte du double déguisement, qu'il contient un peu de mystère et une réminiscence shakespearienne, bienvenue à cette épo-

---

291. *Hamburgische Theaterzeitung*, n° 34 du 25 août 1792.

292. C'est en 1735, d'avril à décembre, que la *Neuberin* joua à Hambourg, parmi d'autres pièces de Marivaux, *Das verwirrte Spiel der Liebe und des Zufalles* (trad. non conservée ; cf. Golubew, *op. cit.*, p. 6).

293. « *Gratitude et Ingratitude* » (5ème tome des *Comédies*, Leipzig, 1789).

294. *Der Instinct, oder : Wer ist Vater zum Kinde ?* Comédie en un acte, Vienne, 1785.

que[295]. L'inconvénient était de supprimer à nouveau l'amour dans le titre et, au surplus, d'éveiller des craintes en ce qui concerne le hasard : un tel titre implique en effet une mesure de rétorsion, une revanche. Or, les deux amants du *Jeu* se déguisent l'un et l'autre à l'insu l'un de l'autre, par pure coïncidence : comme le remarque M. Orgon, il n'est « rien de plus particulier que cela » (I, 4). Cette coïncidence n'est d'ailleurs pas tout à fait arbitraire : elle est la marque d'une commune inquiétude et d'une exigence commune face au mariage ; mais c'est sur elle que repose la pièce. Il est probable qu'en bon rationaliste Jünger a voulu introduire dans cette intrigue un mécanisme moins capricieux, moins « bizarre ». Il voyait bien qu'il fallait que chacun des deux amants ignorât le jeu de l'autre ; si le second déguisement est une réplique, l'initiative n'en peut revenir qu'au père, seul au courant du premier. Ainsi, la coïncidence est supprimée, sans que les amants soient au fait ; il ne s'agit plus d'une même « imagination » venue à deux jeunes gens en proie à l'inquiétude, mais d'un coup d'échecs ; le père n'est plus le témoin bienveillant et malicieux du déroulement de l'affaire, c'est lui qui la mène dès le début[296].

Pour étudier la version de Jünger, nous avons disposé de trois documents : un exemplaire imprimé de 1796 et deux manuscrits utilisés par le souffleur (*Soufflierbücher*) qui montrent ce qui en a été retenu à la représentation, le tout appartenant aux Archives du « Théâtre National » de Mannheim[297]. La pièce de Jünger, comme son modèle, est en trois actes, que les manuscrits ont réduits à deux... Nous avons dit déjà que la première scène est une excellente pierre de touche : la vivacité du dialogue, dès l'attaque, les audaces de Lisette, puis un rythme qui s'apaise dans les portraits de maris hypocrites largement brossés par Silvia et ne reprend son allégresse qu'à la réplique finale de la scène, quand Lisette décoche son dernier trait : « Un mari ? c'est un mari ; vous ne deviez pas finir par ce mot-là, il me raccommode avec tout le reste ». Jünger n'a pas senti la nécessité de reproduire les passes rapides de

---

295. Plusieurs titres de l'époque sont du type *Mesure pour Mesure*. Brandes avait sous-titré ainsi l'un de ses drames : *Constanzie von Detmold, oder Mass für Mass* (*Mémoires*, p. 92 de la trad. de Picard).
296. Dans la comédie originale, M. Orgon joue un rôle important, certes, par ses intentions taquines (I, 6 ; II, 10) ou autoritaires (II, 1 ; II, 11). Il aiguille le jeu d'une main sûre vers le but auquel il tient ; mais il n'est pas l'auteur du stratagème et il appartient à Silvia de « se tirer d'intrigue » (I, 4).
297. L'exemplaire imprimé est enregistré sous le n° G 938, les manuscrits du souffleur sont cotés 195a et 195b à la *wissenschaftliche SB* de Mannheim.

cette escrime verbale[298], ni l'acidité, voire l'impertinence des propos de la soubrette ; un malheureuse propension à la facilité, aux
digressions, se montre dès le début et casse le rythme.

Nous ne donnerons que quelques exemples de cette erreur per-
manente. Silvia vient de dire : «... et sachez que ce n'est pas à
vous de juger mon cœur par le vôtre » et Lisette réplique : « Mon
cœur est fait comme celui de tout le monde... » Sophie, elle, répond
à Antonie par un développement rhétorique : « *Bien que* vous soyez
une personne de qualité et que je ne sois moi-même qu'une méchante
servante, nous sommes faites toutes deux, *à n'en pas douter*, de la
même argile... »[299]. L'alerte réplique de la soubrette, à propos d'un
mari bien fait et de bonne mine : « Vertuchoux ! si je me marie
jamais, ce superflu-là sera mon nécessaire » devient : « Pardonnez,
je suis là-dessus d'un avis différent. Si je me marie jamais, cette
chose *accessoire et superflue* sera pour moi une chose *essentielle
et indispensable* »[300] ; la spontanéité, le juron populaire cèdent la
place à une abondance verbeuse. Même diffluence, et plus grave à
notre avis, quand, après les longs portraits de mauvais maris où se
complaît Silvia, Lisette tranche le débat par la brève réplique que
nous citions plus haut. Sophie n'en finit plus : « Si seulement vous
n'aviez pas prononcé ce mot, Mademoiselle ! J'ai bel et bien l'impression qu'une sorte de puissance magique s'y trouve cachée.
J'étais si bien en chemin d'en vouloir de tout mon cœur à l'ensemble du sexe masculin, de déclarer la guerre à tous les hommes, et
voilà que ce simple et pauvre petit mot de mariage désarme tout
mon courroux ». Il s'agissait, non du mariage, mais de la personne
du mari ; et surtout, alourdir ainsi le trait, c'était détruire le rythme
de cette fin de scène.

Si Jünger brode sur la plupart des répliques, il en supprime d'autres, et non des moindres. Les impertinences ou propos un peu les-
tes de Lisette sont sacrifiés. C'est ainsi que la réplique : « Si
j'étais votre égale, nous verrions » (dont nous avions déjà noté la
suppression dans la version de Schwan) et, à propos des attraits
de Dorante : « il n'y a presque point de fille, s'il lui faisait la cour,

---

298. H. Kindermann (*Theatergeschichte der Goethezeit*, p. 475) parle également d'« escrime au fleuret » dans *Mesure pour Mesure* de Shakespeare
(rôle du duc), et c'est ce qui aurait séduit Schröder , qui était aussi
grand admirateur de Marivaux.

299 C'est nous qui soulignons le matériel rhétorique.

300. Ces redoublements pouvant paraître surprenants, nous indiquons les
expressions allemandes correspondantes : « *diese überflüssige Nebensa-
che* », « *eine unentbehrliche Hauptsache* ».

qui ne fût en danger de l'épouser sans cérémonie », ont été effacées. Les portraits, par contre, sont largement exploités, avec la prolixité naturelle à cet auteur. Par des interrogations, des exclamations, Marivaux les avait inclus dans le mouvement dramatique, le personnage participant intégralement, par ses craintes éloquentes, aux « caractères » que peint le moraliste. Jünger, moins vif, plus diffus, donne l'impression de présenter un hors-d'œuvre ; on ne saurait donc s'étonner que, sur le premier manuscrit de souffleur, presque tout soit biffé[301] ; le second, postérieur, ne reproduit même plus les phrases rayées. La référence que Silvia fait à son propre sort après avoir montré le chagrin de l'épouse maltraitée était évidemment essentielle, Marivaux y insistait : « ... Je la trouvai comme je serai peut-être, voilà mon portrait à venir ; je vais du moins risquer d'en être une copie. Elle me fait pitié, Lisette ; si j'allais te faire pitié aussi : cela est terrible, qu'en dis-tu ? ... » Jünger supprime, et l'émotion qui se dégage de ces paroles est perdue. Il ne reprend qu'à : « Songe à ce que c'est qu'un mari », sous la forme : « C'est une grave démarche, terriblement scabreuse, que le mariage ». Sans l'évocation mélancolique de Silvia, la saillie de Lisette qui clôt le débat — délayée de surcroît par l'adaptateur — manque tout son effet.

Mais nous en arrivons à la scène 2, premier temps de l'intrigue : Silvia propose et obtient de se déguiser en soubrette. Après les discours véhéments du *Père de Famille* de Diderot, propagés par Lessing[302], suivis par ceux du *Père de Famille allemand* d'Otto v. Gemmingen[303], la mode n'était plus à la discrète bienveillance paternelle. M. Orgon, qui était pourtant un père moderne selon le cœur de Marivaux et dont les propos ne manquaient nullement de fermeté (« je te défends toute complaisance à mon égard... » etc.), a dû paraître trop passif à Jünger. D'autre part, le hasard lui semblait pouvoir être avantageusement remplacé par un calcul, qui fournirait à l'intrigue un lien plus rationnel. C'est ainsi qu'à l'idée d'une jeune fille un peu romanesque fut substituée l'ingénieuse combinaison d'un

---

301. D'un très long portrait de M.von Ahlraun (Tersandre), il ne reste que la petite phrase d'Antonie (répondant à la supposition de Sophie : « Sa femme doit avoir la vie la plus agréable avec lui... ») : « Mais il la tyrannise d'autant mieux quand il est seul avec elle ».

302. La traduction de la pièce (*Das Theater des Herrn Diderot*, t. 2, anonyme, Berlin, chez Voss, 1760) fut rapidement suivie d'effet (cf. R. Mortier, *Diderot en Allemagne*, pp. 60-65). Dans sa *Dramaturgie* (n° 84), dans la préface, signée cette fois, de la réédition de 1781 (après deux réimpressions), Lessing mettait son autorité de critique et d'auteur dramatique au service de la réputation de Diderot et de son principal drame.

303. Sur ce drame, cf. R. Mortier, *op. cit.*, pp. 120-122.

père déjà au courant du travesti de son futur gendre : « Je voudrais
te proposer un petit moyen qui te permettrait d'observer ton fiancé
sans te compromettre le moins du monde... » et Antonie de s'écrier :
« Quelle merveilleuse idée ! Comment pourrais-je assez vous remer-
cier de tout cela ? » Les rôles étant ainsi renversés, la fameuse
réplique : « Eh bien, abuse, va, dans ce monde, il faut être un peu
trop bon pour l'être assez » n'a évidemment plus sa raison d'être ; à
sa place vient une diatribe qui la fait regretter : « Pourquoi donc te
marierais-je, sinon pour faire ton bonheur ?... Vois-tu, c'est ainsi que
je pense, moi, et les pères qui pensent autrement sont ou bien
d'obstinés imbéciles ou bien d'égoïstes coquins ; et l'on devrait,
dans un Etat policé, les traiter absolument comme on traite les criminels, parce qu'ils sont les perturbateurs de la tranquillité et de la
félicité publiques ; car je n'ai encore jamais vu, de toute ma vie,
que d'un mariage forcé fût sorti quelque chose de sensé... » etc.
Estimable éloquence, qui rappelle que nous sommes dans les années
1790 et que les rodomontades (*Poltern*) étaient alors le propre d'un
personnage de père.

On ne saurait trop tenir rigueur à Jünger d'avoir adapté la pièce
de Marivaux au goût de son époque pour la déclamation, qui non
seulement trouvait un écho dans le public, mais flattait les habitudes des comédiens allemands[304]. Tout au plus pourrait-on s'étonner
qu'un père aussi noble perde aussitôt toute dignité, car M. von Weissenfels, *partant d'un grand éclat de rire,* s'exclame au début de la
scène 4 : « Heureusement qu'elle est sortie ! Je n'aurais pu y tenir
plus longtemps, j'aurais crevé de rire. Tu me regardes, Carl (Mario),
et ne sais que penser de moi. Ecoute un peu, on va bien s'amuser... »[305], et de lire les nouvelles de l'autre père. Dans le comique, qu'il a toujours tendance à épaissir, comme dans le sérieux, où
il devient volontiers emphatique, Jünger est rarement au diapason de
son auteur. Aussi bien travaille-t-il pour son public, et seulement
d'après Marivaux. En supprimant la coïncidence, il a cru sans
conteste améliorer la pièce, rendre plus plausible la situation initiale. Il voyait une faiblesse dans ce que Marivaux aimait tant à souligner, la complicité du hasard. Ainsi disparaît le « caquet du cœur »

---

304. Parmi beaucoup de critiques dans le même sens, une lettre publiée par
le *Theaterjournal für Deutschland* (n° 18, 1781) oppose aux outrances
des acteurs allemands : emphase, exubérance, grimaces, la décence et la
mesure des comédiens français, qui n'empêchent nullement un jeu
expressif (*Ausdruck und Anstand*).
305. Dans l'original, c'est Mario qui parle de divertissement à son père, et
non l'inverse.

de Silvia[306] savourant à l'avance son triomphe : « ... c'est le coup de hasard le plus singulier, le plus heureux, le plus... », et avec lui une part importante du sens et du sel de la comédie. Les « coups de hasard » ne sont pas rares dans le théâtre de Marivaux[307] ; ils n'y sont pas des moyens de sortir d'intrigue, comme ces invraisemblables « reconnaissances » qui amènent un heureux dénouement[308], mais au contraire le moyen de nouer l'intrigue, la poésie d'une rencontre peu commune qui permet à l'amour de naître[309]. Quand un personnage de Marivaux interroge : « Connaissez-vous rien de plus particulier ? », l'auteur ne s'excuse pas d'avoir mis un pur hasard à l'origine de l'aventure, il s'en targue.

Dans la pièce originale, M. Orgon veillait sur le déroulement d'une intrigue dont il possédait la clef sans avoir eu l'initiative ; dans la version de Jünger, M. von Weissenfels couve pour ainsi dire son œuvre et, comme l'adaptateur ne l'a pas fait aussi discret que son modèle, il étale à la fin sa satisfaction d'auteur : « Nous avons usé de représailles. Je suis bien content d'avoir eu cette idée bouffonne : *Masque pour Masque* » (III, 9). Jünger eût été sans doute mieux avisé de laisser la bouffonnerie au valet. Plus d'un détail montre qu'il a eu l'idée — contraire à nouveau aux intentions de Marivaux — de faire manier par les maîtres déguisés des locutions, des jurons populaires pour mieux donner le change. Ainsi, quand, au cours de la première passe d'armes, Silvia dit à Dorante, sur le ton du monde : « Le trait est joli assurément... » (I, 7), Antonie jure : « *Der Tausend !* (à peu près : « Nom d'un petit bonhomme ! »). Cette galanterie-là t'a sûrement coûté un terrible casse-tête ! ». Même lorsque les complices parlent ensemble et qu'il n'y a donc plus aucune illusion à soutenir, le langage des maîtres laisse à désirer : « Tais-toi — disait à Arlequin Dorante — voici M. Orgon qui vient » (I, 9) et Sillburg dit à Johann : « Tais-toi. Voici le vieux qui vient ». Marivaux avait compté sur l'imitation des maîtres par les domestiques — l'occasion étant meilleure que jamais — pour faire rire le parterre ; Jün-

---

306 « Ah ! Ah ! Ah ! que ton cœur a de caquet, ma sœur, quelle éloquence ! » (III, 4)

307. Cf. *La Méprise* (sc.1 : « ... ce fut par un coup de hasard que nous les rencontrâmes... »), *Le Prince Travesti* (Lélio, après avoir retrouvé Hortense à la Cour : « Voici un coup de hasard qui change mes desseins... » I, 7) etc.

308. Ainsi les reconnaissances au dénouement de *L'Avare*, ou des drames de Diderot.

309. Dans *La Surprise de l'Amour*, la rencontre de la Comtesse et de Lélio est célébrée par le baron, dans une tirade humoristique, comme l'aventure la plus extraordinaire (I, 8) ; c'est le point de départ de leur amour.

ger semble avoir voulu y ajouter l'imitation inverse, pour corser le comique, sans voir qu'il compromettait ainsi la délicate histoire d'amour, et d'abord l'étonnement de chacun des deux jeunes gens devant la distinction de l'autre[310]. Mais le comique de situation, l'exploitation intégrale du double déguisement lui importaient visiblement plus que les finesses psychologiques.

Dans ce domaine du comique, Jünger a fait bonne mesure et les manuscrits du souffleur, si avares de répliques dès qu'il s'agissait des scènes entre les amants, ont respecté et parfois renforcé l'abondance de sa verve. Nous ne pouvons en donner ici que quelques aperçus. L'exclamation d'Arlequin : « Ah, les sottes gens que nos gens ! » devient : « Ah, pourquoi faut-il qu'il y ait en ce bas-monde toute cette vermine de valets ! » ; le ton change et l'effet est plus gros[311]. La présentation d'Arlequin comme prétendant fournissait l'occasion d'effets comiques très sûrs, mais qui restent chez Marivaux d'une sobriété remarquable. Il n'en est pas de même, on s'en doute, dans la version de Jünger. Les deux brèves répliques d'Arlequin à la fin du premier acte[312] se transforment, grâce à la faconde de Johann, en discours continu : « Ah, puisqu'il en est ainsi, ne la dérangeons pas[313] ! Du Tokay, avez-vous dit ? Voilà justement mon vin préféré. Sus, allons-y ! (*A Sillburg*) Johann, tu peux venir, tu auras toi aussi un verre de mon beau-père, du moment que je le lui demande. (*A Weissenfels*) Comme vous voyez, je traite mes domestiques aussi amicalement que possible, cela éclaircit la bile, car, plutôt que d'être servi à contre-cœur, je préférerais ne pas être servi du tout ».

Il y a dans les comédies de Marivaux de petites scènes intermédiaires rondement menées, où une courte réplique fait mouche. C'est le cas de la deuxième scène de l'acte II. Un rapide dialogue s'engage, en présence de Lisette entre Arlequin qui vient d'entrer et M. Orgon qui s'esquive : « ... Adieu, mes enfants, je vous laisse

---

310. Cf. le *Jeu*, I, 7.

311. L'exclamation française peut être lancée sur un ton de dédain, à la façon des petits marquis. La traduction a trop de violence, elle suppose la colère ; il est vrai que Jünger l'a déplacée, la mettant à la fin de la scène 3 (et non plus 6) de l'acte II, quand Sophie annonce la venue de Sillburg, qui dérange Johann dans ses hyperboles.

312. « Oh ! je n'ai jamais refusé de trinquer avec personne » et, M. Orgon ayant pensé aussi à désaltérer le faux Bourguignon, « Le gaillard est gourmet, il boira du meilleur » (I, 10).

313. Weissenfels vient de dire que sa fille « est encore près de sa table de nuit » ; les manuscrits remplacent par « à sa toilette » ; M. Orgon disait plus précisément : « elle s'habille », avec un clin d'œil au public.

ensemble ; il est bon que vous vous aimiez un peu avant de vous marier — Je ferais bien ces deux besognes-là à la fois, moi — Point d'impatience, adieu ». Jünger, même dans ce cas, ne peut guère contenir sa loquacité : « Apprendre d'abord à se connaître ? Oh, beau-papa ! Des gens de tête, comme nous le sommes, auraient besoin de tant de façons ? C'est en se mariant qu'on apprend à se connaître ! — Point de précipitation, Monsieur mon gendre. Il faut le temps pour tout ». Là encore, Weissenfels subit la contagion de la familiarité alors que M. Orgon, traitant Arlequin avec une condescendance souriante, n'y cédait jamais. Ajoutant sans cesse à la plaisanterie, Jünger ne sait pas toujours conserver du moins les meilleures. Avant le rideau du premier acte, quand M. Orgon demandait « mille pardons » de l'avoir fait attendre, Arlequin, croyant se hausser à la politesse du grand monde, répliquait : « Monsieur, mille pardons, c'est beaucoup trop *quand on n'a fait qu'une faute* ; au surplus, tous mes pardons sont à votre disposition ». Le traducteur ne laisse pas échapper l'occasion, mais il n'a visiblement pas vu où se trouvait la bévue majeure et ne rend, avec l'habituelle surcharge, que la seconde partie de la réplique : « toute la réserve de pardons dont je dispose actuellement et celle que je pourrais encore recevoir sont à votre service ; disposez-en vous-même à votre entière fantaisie ».

Les scènes où Arlequin et Lisette échangent de tendres propos, à la fois ravis et inquiets de leur bonne fortune et s'essayant à « faire l'amour à la grande manière », ont été tirées vers le burlesque et souvent le trivial. Marivaux y parodiait les formules ampoulées de la vieille galanterie, rendues plus saugrenues encore par le contraste de locutions populaires. Arlequin est bien le personnage de telles discordances ; cependant, il n'est nullement grossier : réjouissant seulement par ses prétentions aux sentiments éthérés et au beau langage, constamment démenties par des rechutes dans son naturel, fait d'appétits immédiats et de mots familiers. Du côté allemand, il manquait la tradition du Théâtre-Italien, si bien acclimatée en France ; Arlequin avait été contaminé par la vulgarité de *Hanswurst*, et Vienne n'était pas en retrait à cet égard ; Jünger n'avait pas non plus la touche de Marivaux, ni affaire à un public aussi délicat. La comparaison de ces scènes dans l'original et l'adaptation fait ressortir mieux que toute autre étude la discrétion de l'auteur initial[314].

---

314. Quant à la vulgarité et à la bouffonnerie, le manuscrit 195b renchérit sur le texte imprimé. Par exemple, les interruptions successives par Dorante, puis par Silvia, des doux entretiens des deux domestiques, qui constituent dans cette version la fin d'un premier acte allongé (les larges sup-

Jünger n'a toutefois pas manqué d'ingéniosité pour résoudre certaines difficultés de traduction : dans la scène où Arlequin doit découvrir sa véritable identité et tâche en vain d'éviter la rime qu'il redoute avec « coquin » — elle tombe inexorablement : « Faquin ! » — le plus fidèle de tous les traducteurs de Marivaux, voulant garder tout l'effet, était tombé dans la pire vulgarité[315]. Plus habile, Jünger donne l'exemple d'une véritable adaptation : Johann se dit *Kabinettsrat* (conseiller de cabinet) de Monsieur, et Sophie, pour ne pas être en reste, *Staatsrätin* de Madame, en jouant sur le double sens du mot *Staat* : conseillère sur les affaires d'Etat, ou plus modestement en matière de toilettes[316].

Mais le *Jeu*, c'est avant tout une histoire d'amour : un amour qui naît au milieu des scrupules et des débats, parce qu'il heurte ce qui est convenable et concevable dans cette société, ce à quoi tiennent les intéressés eux-mêmes ; un amour qui s'affirme dans la joie, mais non sans avoir paru frôler l'échec : joie de Silvia quand Dorante se nomme, joie de Dorante en croyant tout sacrifier pour elle, joie des deux amants au dénouement, à cause des gages qu'ils se sont mutuellement donnés de leur amour et qui rendent leur union plus prometteuse. Un mariage de convenance familiale devient, avec la connivence du hasard, une union véritable, où l'on s'est vraiment choisi, contre les apparences. Cette signification de la pièce, Jünger ne semble pas s'y être autant attaché qu'aux situations amusantes issues de l'intrigue, ou aux possibilités de discourir et d'émouvoir à bon compte qu'offrait la distance sociale séparant les amants. La preuve en est qu'il néglige, lui habituellement si disert, des répli-

---

pressions faites dans les scènes des maîtres le permettaient !). Johann profère contre Antonie d'énormes jurons (« *Mord Pestilenz* !... ») et la traite à part de « sorcière » ; elle doit sortir, alors que Silvia évinçait Arlequin (II, 6). Avant le baisser du rideau, on va déjeuner et la perspective de se consoler avec du Tokay des impertinences de la valetaille fait délirer Johann : «... Oh quelles délices, quelle volupté m'enfièvre ! Sur mon honneur, ma divine, aussi vrai que je me nomme Johann von Sillburg, je vous trouve très... là, très... oh oui ! » etc.

315 Cherchant une rime à Bourguignon (prononcé à l'allemande), puisque, malgré son plaidoyer pour Arlequin dans la préface, il nommait ainsi le valet, Krüger n'avait pas eu la main heureuse : dans la crainte que Lisette ne riposte immédiatement « *Hurensohn* ! » (« fils de p... »), Bourguignon parle comme dans l'original de « soldat d'antichambre », Dorante étant son capitaine, et pour parfaire la rime le traducteur lui fait ajouter : «... *und gibt mir Lohn*, » (« et je suis à sa solde »). C'est alors que tombe la réplique : « *Coujon* ! » qu'il est inutile de traduire.

316. « J'ajuste ses toilettes, je coiffe sa chevelure, j'ai l'inspection de sa garde-robe : je suis bien authentiquement la conseillère de ses atours ». (*Maske für Maske*, III, 6).

ques essentielles, ou les noie dans un langage neutre qui leur ôte leur force. Quant aux manuscrits, ils reflètent le souci d'abréger la pièce, en l'allégeant de tout ce qui exprime ce qui se passe dans les cœurs, en supprimant les « détours » si souvent reprochés à Marivaux, les péripéties de la partie engagée par Silvia pour conquérir Dorante sous son costume de soubrette. On n'en conserve que les répliques nécessaires au progrès de l'intrigue et celles que Jünger a pu ajouter pour complaire au goût du jour.

Dès que Silvia expose à son père et à son frère son plan de bataille : « ... je ne serais pas fâchée de subjuguer sa raison, de l'étourdir un peu sur la distance qu'il y aura de lui à moi ; si mes charmes font ce coup-là, ils me feront plaisir... », on ne trouve dans le texte allemand qu'un bien faible écho de cette pétulance[317]. Quand, au lieu de captiver ainsi le prétendu maître, Silvia s'est laissée aller à écouter le valet et s'effraie des paroles offensantes de Lisette — et, au fond, de sa propre incertitude — Jünger omet l'essentiel : « Il s'agit d'un valet : ah l'étrange chose ! » Ce monologue capital (II, 8) subit d'ailleurs dans les manuscrits des fortunes diverses : complètement supprimé, puis rétabli, enfin tronqué[318] ; on a dû pressentir son importance, mais, dans la comédie, le public est mieux tenu en éveil par un dialogue piquant que par la réflexion, même brève comme c'est ici le cas, d'un personnage sur ce qu'il ressent. Quand Dorante se jette aux genoux de Silvia après le long et douloureux débat sur le « ... je ne te hais, ni ne t'aime, ni ne t'aimerai, à moins que l'esprit ne me tourne » de la jeune fille, les manuscrits gardent le jeu de scène qui permet l'effet comique de l'entrée du père et de Carl juste à ce moment-là[319], mais suppriment le débat

---

317. « ... si Sillburg tombait amoureux de moi telle que je suis là, je crois que cela ne me serait pas absolument désagréable ; je crois que je me mettrais alors à tirer quelque vanité de mes modestes charmes ». Les notions essentielles, qui seront reprises par la suite, (« subjuguer sa raison », « distance » sociale) s'effacent, et toute l'acidité du ton, le « caquet » de Silvia disparaissent.

318. Ms. 195a : monologue barré ; puis la dernière phrase a été encadrée au crayon avec la mention bl. (conservé) : « Je pourrais presque lui en vouloir, mais ce n'est pas sa faute, le pauvre garçon, ce serait injuste de m'en prendre à lui » Ms. 195b : le monologue est rétabli en entier.

319. II, 9. Entrée silencieuse, remarquée du seul public. Silvia dit, l'instant d'après : « Bourguignon, je t'en conjure ; il peut venir quelqu'un ». Lorsque les deux témoins s'avancent (sc. 10), la situation émouvante des amants fait place à une situation de pure comédie, qui se développera à la scène 11 : embarras inavoué de Silvia, pointes provocantes de M. Orgon et de Mario, etc. Un détail intéressant : sur le ms. 195a on avait biffé les répliques qui suivent l'entrée des deux personnages ; ils prenaient immédiatement Antonie « sur le fait ». Elles ont été rétablies (« bleibt »),

avec ses répliques pourtant significatives : « Ah ma chère Lisette, que je souffre ! » et « J'amuserai la passion de Bourguignon ! ».

Certes, Jünger lui-même est plus fidèle, mais la surabondance de son texte[320] forçait le directeur de jeu à trancher dans le vif, et on ne peut s'étonner qu'il ait conservé ce qui paraissait le plus efficace du point de vue comique, sacrifiant les parties les plus originales et les plus fortes. L'art de délayer, d'affadir tout en amplifiant se montre au mieux dans la scène 12 de l'acte II, où Dorante, sachant qu'il pourrait être aimé s'il était « d'une condition honnête », se décide à révéler son identité. Le bref monologue de Silvia qui ouvre ce premier entretien décisif entre les amants : « Ah, que j'ai le cœur serré... » est d'autant plus émouvant qu'il reste sobre : l'angoisse ne porte pas à discourir. Et voici comment Jünger fait parler son Antonie : « Que je suis contente qu'ils soient enfin partis[321] ! Au moins, maintenant, je puis soulager un peu mon cœur. De ma vie, je ne me suis sentie si oppressée. Ce que je ressens est si étrange, si étrange, que *dût-il m'en coûter la vie,* je ne pourrais décrire cette impression-là à personne... » etc. Au moment de la révélation de Sillburg, l'exclamation d'Antonie en aparté : « *Halte dich, mein Herz !* » (« Mon cœur, retiens-toi ! ») est émouvante, mais on a changé de registre : Silvia *voyait clair* dans son cœur ; un trait de ce genre suffirait à marquer la différence des époques.

Jünger profite de l'occasion qui lui est offerte par le jeu de Silvia après cette révélation — elle sait maintenant qu'elle a affaire au maître, elle peut remplir le programme qu'elle annonçait au premier acte : « subjuguer sa raison, (...) l'étourdir un peu sur la distance qu'il y aura de lui à moi » — pour exploiter dans le ton du drame bourgeois cette distance et les sacrifices qu'elle impose. Là où Silvia, poursuivant la feinte, présentait en termes sobres un simple argument : répondre à l'amour de Dorante serait lui faire tort[322],

---

et maintenues sur le ms. 195b : l'entrée inaperçue est plus comique, et le demi-aveu que Sillburg tire d'Antonie tremblant d'être surprise explique sa décision de se découvrir quand ils reprennent leur conversation (sc. 12).

320. 156 pages de format in-8° dans l'édition de 1794 à Leipzig ! ...

321. Weissenfels et Carl, qui viennent de sortir après avoir poussé ses nerfs à bout.

322. Le style de la réplique de Silvia (« Un cœur qui m'a choisie dans la condition où je suis est assurément bien digne qu'on l'accepte, et je le payerais volontiers du mien, si je ne craignais pas de le jeter dans un engagement qui lui ferait tort ») est d'une rhétorique un peu froide : en rapport avec son attitude calculée, comme le note F. Deloffre (*Th.C.*, I, p. 1105, note 51).

Antonie trouve d'emblée des accents pathétiques, qui la classent parmi les comédiennes : « ... je dirais peut-être que je vous aime, si j'en avais le droit — Si tu en avais le droit ? Et pourquoi donc n'en aurais-tu pas le droit ? — Non, monsieur, je n'en ai pas le droit. Songez à l'effroyable distance qui est entre nous. Voulez-vous, à cause de moi, renoncer à toutes vos relations ? Non, monsieur, ne faites pas cela ! Ne précipitez rien, car un homme d'honneur ne saurait ensuite reprendre sa parole. Si j'ai été assez heureuse pour faire quelque impression sur vous, le temps passera et la réflexion viendra qui affaibliront cette impression. Vous trouverez une jeune fille, plus digne dans tous les sens du terme de votre choix, et quand un jour vous serez en pleine possession de votre bonheur, oh alors pensez, pensez de loin en loin à la pauvre Sophie, dont les bons souhaits y auront peut-être été pour quelque chose ! » L'auteur a transcrit dans le registre sentimental la « noblesse » que Dorante admirait chez Silvia, et l'évocation mélancolique de la fin ne pouvait manquer d'attendrir.

Il est vrai que Marivaux avait montré, lui aussi, une Silvia entrant dans la « peau » d'une soubrette courtisée par un « honnête homme », puis délaissée, et qu'elle avait alors trouvé des accents bien émouvants (III, 8), mais c'était seulement après avoir dû trembler de tout perdre, et non d'entrée de jeu ; l'émotion éprouvée au moment du faux départ de Dorante, l'instant décisif pour son bonheur rendaient plausible ce phénomène d'une sincérité profonde s'exprimant à travers un personnage fictif, tandis que Jünger, pressé de tirer l'effet, a placé la tirade d'Antonie trop tôt, commettant une erreur tant du point de vue psychologique que du point de vue dramatique. Quand il en arrive au dénouement, le public risquait fort d'avoir l'impression d'une redite. Aussi bien a-t-il traduit faiblement, prosaïquement, l'admirable plaidoyer de Silvia et, comme suite en quelque sorte logique, il n'a su rendre pleinement la ferveur de la réponse : « ... tes paroles ont un feu qui me pénètre... »[323]. Or, le sens de la pièce

---

323. Une simple phrase que nous traduisons dans la tirade de Silvia montrera la différence : « Mon Dieu ! cette effroyable distance entre vous et moi ! Ayez donc pitié d'une pauvre fille ! ». Sillburg n'est pas mieux inspiré : « Sophie, comme tu m'enchantes, divine fille ! mon rang, ma fortune, je mets tout à tes pieds. Mon cœur, tu l'as déjà, et... voici ma main. Tope-là ! ». Aux objections de Sophie, il a un argument supplémentaire à opposer : « S'il (mon père) allait être l'esclave des préjugés courants, eh bien, j'ai ma fortune *maternelle*, qui est plus que suffisante pour subvenir à nos besoins. Ainsi donc, Sophie, tope-là ». Ce marché familier n'a plus rien à voir avec l'extase de tendresse qui règne à la fin de la scène correspondante du *Jeu*.

est là, les facettes brillantes de l'intrigue ont moins d'importance que cette exaltante union des cœurs à laquelle elle conduit.

La médiocrité, l'atonie de la traduction font que la scène a paru trop longue : les manuscrits en suppriment une bonne moitié. Sill-burg fait mine de partir (« Adieu, Sophie ! »), revient, et déjà sa résolution est prise : « Mon rang, ma fortune, je mets tout à tes pieds » Le second manuscrit (195b) ajoute une simple phrase de liai-son entre son faux départ et sa capitulation : « Non, je ne puis me séparer de toi ». Attitude très logique : puisqu'il n'est pas capable de la quitter, pourquoi tarder davantage à tout lui sacrifier ? Ainsi sont gommés tous les « détours » que Marivaux a insérés entre le faux adieu de Dorante et sa reddition : le monologue où Silvia, suivant des yeux Dorante qui hésite, exprime ses émois (« S'il part, je ne l'aime plus, je ne l'épouserai jamais... »), la jalousie et la demande d'éclaircissements de Dorante, l'aveu d'amour le plus persuasif, que Silvia met derrière un *si* (« Savez-vous bien que si je vous aimais, tout ce qu'il y a de plus grand dans le monde ne me toucherait plus ? »), l'enivrement de Dorante (« ... je t'adore, je te respecte ; il n'est ni rang, ni naissance, ni fortune qui ne disparaisse devant une âme comme la tienne... »).

Dans la dernière scène, on ne s'étonne plus de ne pas trouver trace de la joie de Silvia ni du bonheur de Dorante[324], mais une futile satisfaction de vanité : « Eh bien, mon père ! Eh bien, mon frère ! Puis-je me glorifier du pouvoir de mes charmes, oui ou non ? » L'adaptateur fait ainsi écho aux paroles de reproche du père (« ... quelle insatiable vanité d'amour-propre ! » III, 4) au lieu de faire écho, comme l'auteur, aux espoirs vibrants naguère exprimés par Silvia et qui sont devenus maintenant des certitudes : « ... si vous saviez combien tout ceci va rendre notre union aimable ! Il ne pourra jamais se rappeler notre histoire sans m'aimer, je n'y songerai jamais que je ne l'aime... » (*ibid.*)[325]. La dernière réplique de l'hé-roïne commençait déjà par un rappel du point de départ de l'intri-gue, qui n'est plus de mise dans cette version-ci (« Oui, Dorante, la même idée de nous connaître nous est venue à tous deux... ») et cela suffisait sans doute à la faire rayer.

---

324. III, 9, : « Ah, mon père, (...) venez voir votre fille vous obéir avec plus de joie qu'on n'en eut jamais ». — « Je ne saurais vous exprimer mon bonheur, Madame... »

325. L'inquiétude du début sur les risques du mariage (I, 1) est entièrement dissipée, remplacée par la certitude du bonheur. Le plaisir d'amour-propre n'est évidemment que secondaire par rapport au « *Que d'amour !* »

Nous n'en dirons pas davantage sur les faiblesses de cette adaptation. Il est clair, l'étude une fois faite, que Jünger a choisi cette pièce pour son intrigue, qu'il jugeait piquante et qu'il a voulu « perfectionner » en la fondant sur autre chose qu'une simple rencontre d'idées : l'ingéniosité d'un père qui déjoue l'entreprise un peu hasardeuse du prétendant de sa fille et évite à celle-ci des contacts infamants en rétablissant la hiérarchie sociale par une initiative parallèle. Golubew estime que c'est « une grave faute », parce que Marivaux a accoutumé de placer les fils de l'intrigue entre les mains délicates d'une femme et de les faire ensuite « pour ainsi dire tisser par d'invisibles dieux de l'amour »[326] ; mais les fils de l'intrigue sont souvent tenus par des mains masculines, pendant deux actes Dorante et Silvia sont à égalité d'initiative et M. Orgon, secondé par Mario, apporte un renfort non négligeable aux « dieux invisibles » ; Jünger n'a pas prétendu *traduire* Marivaux, et enfin la surprise de l'amour n'est pas moins forte dans sa version, puisque chacun des deux jeunes gens continue à ignorer le déguisement de l'autre. Il n'en est pas moins vrai qu'en supprimant la complicité du hasard dans l'union du couple[327], Jünger a commis une infidélité volontaire. Le hasard était dans le titre de la comédie, et l'adaptateur l'y a remplacé par une notion que M. von Weissenfels précise au dénouement, celle de « *représailles* » : masque pour masque. Or, nous doutons que cette notion soit aussi plaisante pour l'esprit — et même plus réaliste — qu'une coïncidence, explicable d'ailleurs par un commun désir ; qu'on mette ce changement sur le compte de la vraisemblance ou, mieux encore, comme l'a fait le *Journal Littéraire de Halle*, de la « décence »[328], une impression de pédantisme s'en dégage.

Il y a des « fautes » qui, à la lecture de la version de Jünger, nous ont frappé davantage. Derrière la coïncidence de leur idée de déguisement se trouvait justement la volonté de chacun des deux jeunes gens d'user de la liberté que leur laissait leur père pour

---

326. Golubew, *op.cit.*, p. 122. L'auteur ne consacre qu'une page à une adaptation de Marivaux qui a été jouée partout pendant un demi-siècle : n'ayant pas réussi à trouver la pièce imprimée, il ne pouvait raisonner sur les seuls ms. de Mannheim, qu'il décrit comme « des morceaux d'une figurine de porcelaine, qui a été cassée et remontée avec de la colle et du papier ».

327. Hasard initial dans la rencontre d'idées, bien entendu. Dès que commencent les dialogues des jeunes gens, les affinités sont à l'œuvre et mènent à l'aveu mutuel par une voie au contraire très sûre.

328. Le *satisfecit* décerné par la *Hallesche allgemeine Literaturzeitung* du 31 août 1796 (« *in der Tat viel anständiger* ») est cité par Golubew, *loc. cit.*

conclure une union selon leur cœur. La comédie est la réalisation
de ce vœu, et, malgré ses péripéties, elle doit apparaître comme
immanquable ; comment ce choix s'impose, c'est-à-dire comment
les affinités électives[329] se dégagent au cours de l'action dans les
conditions les plus défavorables, telle est la démonstration de la
pièce. Or, Jünger a traduit les scènes entre amants sans grand soin,
dans un style lâche et diffus qui masque les progrès de cette
conquête mutuelle. Visiblement, il n'y voyait qu'un jeu, et celui des
domestiques lui semblait plus digne de ses efforts, parce que plus
sûr de ses effets. Une contrepartie sérieuse ne pouvait être fournie,
à ses yeux, que par l'attendrissement, et son Antonie sollicite la
pitié de Sillburg... et des spectateurs : contresens — bien d'époque
— sur le personnage.

Il ne semble pas avoir discerné, sous l'apparente frivolité de la
donnée initiale : une partie de masques acceptée et soutenue par
les pères, la gravité de l'enjeu, la recherche du vrai visage de l'autre, la décision la plus émouvante à prendre. Il n'y avait pas de raison que les responsables de scène, obligés de toute façon de supprimer une grande partie d'un texte qui s'étale, eussent une optique
différente de la sienne ; au contraire, l'efficacité comique (ou touchante) leur tenait encore plus à cœur. C'est ce qui fait que la pièce
qui a été réellement jouée devant les publics allemands et autrichiens était bien différente de celle de Marivaux[330]. On a peine à la
reconnaître... Elle a plu cependant et s'est maintenue, sans doute
à cause de ses trahisons mêmes : un comique grossi, une profusion
de langage familier, une diatribe contre les pères abusifs, l'attendrissement sur l'inégalité, l'élagage des scènes qui exigent l'écoute
la plus attentive et un esprit délié, tout était susceptible d'y concou-
rir.

c) *Une remise au goût du jour*

Lorsque *Maske für Maske* eut perdu de sa séduction, Karl
Lebrun, co-directeur du Théâtre de Hambourg, pensa redonner
vigueur à ce vieux succès en le remaniant quelque peu ; il était cou-

---

329. Nous employons ce terme à dessein, comme le montrera notre étude sur
     Goethe et Marivaux et la discussion de l'hypothèse d'Ernst Barthel
     (*Goethe, das Sinnbild deutscher Kultur*, p. 260).
330. Il est plus que probable que la pièce de Jünger a été allégée sur toutes
     les scènes et dans le même sens, sans être forcément réduite à deux
     actes (le second de 16 scènes) comme c'est le cas dans les *Soufflierbücher*
     que nous avons vus à Mannheim.

tumier de telles rénovations[331]. C'est quarante ans après la publication de la pièce que parut sa propre version, qui revenait en principe à l'original, si l'on en juge par le titre : *Der Liebe und des
Zufalls Spiel* (donc, le titre primitif, avec une élégante inversion),
oder *Maske für Maske*, comédie en deux actes d'après Marivaux et
Jünger[332]. Un avant-propos nous éclaire sur ses intentions : il s'agissait de « rapprocher des exigences de notre temps une comédie
excellente dès l'origine ». Le sort du *Jeu* en Allemagne aura donc
été cette mise au goût du jour, d'époque en époque ; c'était du
moins le signe d'une estime peu commune. « Le dialogue — ajoute-
t-il — a été abrégé et modernisé, un personnage inutile (le frère
d'Antonie) éliminé ». La pièce est réduite à deux actes, comme sur
les manuscrits de scène de Mannheim ; ce raccourcissement devait
être de pratique courante, mais Lebrun voulait substituer aux coupures arbitraires et raccords maladroits un travail plus réfléchi ; tel
était certainement le but d'une publication qui n'apportait rien de
très neuf. La plupart du temps, Lebrun s'en tenait en effet au texte
de Jünger, un peu émondé de-ci de-là. Le discours tonitruant de
M. von Weissenfels contre les pères « criminels » (I, 2) est par
exemple remplacé par un langage plus posé : « Ce mariage doit fonder ton bonheur, et toute contrainte le fait envoler ; donc, encore
une fois, examine et décide toi-même ». Le goût du discours moral,
de la déclamation et des rodomontades était moins vif en 1830 qu'en
1790...

Lebrun pensait que Marivaux accordait trop de temps aux
détours, aux scrupules, aux précautions oratoires, aux arabesques
du discours, et ralentissait ainsi l'action ; toute la critique précédente pouvait le confirmer dans cette opinion. Jünger, quant à lui,
se laissait trop aller à sa faconde naturelle, qu'il s'agissait de réfré-
ner un peu. Rien ne vient confirmer ce que semblait indiquer le
titre : un recours à l'original pour corriger l'adaptation. Au contraire,

---

331. L'abondante œuvre dramatique de Lebrun, publiée à Mayence chez
Kupferberg en 1822, 1825, 1830, etc., comporte beaucoup d'adaptations
— ou de remaniements d'adaptations — de pièces françaises, depuis le
Tartuffe jusqu'à des œuvres de Scribe et Casimir Delavigne, en passant
par la fameuse *Brouette du Vinaigrier* de L.-S. Mercier, dont il a repris
une précédente version abrégée, sous le titre *Vater Dominique, oder
Sauer ist Süss*. Pour justifier sa tentative sur le *Jeu*, Lebrun se réfère
dans son avant-propos au « succès unanime que son remaniement de la
comédie de Jünger *Der Strich durch die Rechnung* a remporté sur toutes
les scènes ».

332. La pièce a été publiée chez Hoffmann & Campe, à Hambourg, en 1834,
dans la partie posthume du recueil fondé par Kotzebue : *Almanach dramatischer Spiele zur geselligen Unterhaltung auf dem Lande.*

Lebrun s'éloigne de plus en plus de Marivaux : il supprime Mario, il remet totalement l'initiative entre les mains paternelles. Le ton de familiarité un peu vulgaire du dialogue de Jünger lui semblait probablement plus moderne et convenant mieux à son public que la « tenue » du dialogue de Marivaux. La « modernisation » recherchée par Lebrun est d'ailleurs peu exigeante. En voici, dans la première scène, quelques effets : « *Antonie* — Ainsi, je ne ressens pas encore le besoin d'abjurer ma liberté dorée devant la Haute-Cour du mariage — *Sophie* — N'est-ce pas notre lot, pauvres agneaux que nous sommes, prêts pour le sacrifice ? Mais n'y a-t-il pas pourtant quelque chose de poétique dans cette effrayante destinée, que nous ne redoutons pas du reste tellement ? — *Antonie* — De poétique ? Dans le mariage ? Alors que c'est la prose la plus plate qui nous attend ? *Sophie* — C'est ce qui fait que nous la comprenons si bien... » etc. Ton de boulevard. Un peu plus loin : « *Sophie* — Eh bien, voilà du nouveau, qu'une fille ait de la répugnance pour un bel homme, *et pourtant nous sommes bien en* 1833 ! » Tel est à peu près le rajeunissement. D'ailleurs, dans son avant-propos, Lebrun avait écrit: « Les scènes entre Johann et Sophie (Arlequin et Lisette) sont déjà si remarquables chez Jünger que je me suis bien gardé, à part quelques additions, de vouloir les rendre encore meilleures » — ce qui veut dire qu'il conserve et même accroît à l'occasion l'abondance comique, et que l'élagage porte sur les scènes où les maîtres s'approchent à tâtons l'un de l'autre. Praticien du théâtre, Lebrun sait que le succès de *Maske für Maske* est toujours venu des propos et des mines des domestiques contrefaisant les maîtres, puis obligés de se démasquer.

Vu sa docilité générale envers le texte de Jünger, il fallait bien que Lebrun, qui publiait une version nouvelle du *Jeu*, fît quelques modifications dans l'intrigue. Il a d'abord eu l'idée de parfaire l'œuvre de son prédécesseur en donnant l'initiative du stratagème non seulement au père que l'on voit sur scène, mais à celui dont on se contente de parler, et Weissenfels confie au public : « Je ne fais que copier le travail préliminaire de mon ami d'enfance Sillburg, en faisant de ma fillette une suivante comme il a fait endosser la livrée à son garçon ». Ainsi, on revient à égalité, l'imagination romanesque des deux jeunes gens devient l'astuce des deux pères, sans coïncidence bien entendu, mais à titre de compensation ou de « représailles » ; les pères, ayant « arrêté » un mariage qui scellait leur amitié, se rachètent en fournissant eux-mêmes à leurs enfants le moyen d'exercer leur liberté de décision. C'est peut-être très satisfaisant pour l'esprit logique, mais le charme ne disparaît-il pas avec « l'imagination » venue à deux jeunes gens soucieux de leur bonheur, et acceptée avec un sourire par des pères indulgents ? Lebrun, qui fait demander par Sophie s'il n'y a pas quelque poésie dans le mariage, ne se serait-il pas montré mieux inspiré en ne détruisant pas celle qu'y avait mise le premier auteur ?

L'élimination du personnage de Mario (Carl dans la version de Jünger) est une erreur plus grave. L'adaptateur ne s'explique pas sur son inutilité, comme s'il s'agissait d'un fait patent. Il est vrai que c'était un bon moyen d'abréger la pièce : la nouvelle idée qui vient à Silvia quand elle apprend qu'elle a affaire à Dorante lui-même (« ... il faudra feindre de m'aimer, vous en avez déjà dit quelque chose en badinant »,II, 13) est exploitée au troisième acte, et la suppression du rôle fait tomber tout un pan de cet acte. Comme Lebrun ne s'intéresse pas outre mesure à la façon dont Dorante en vient à prendre Silvia sous l'habit de soubrette, le ressort essentiel de la jalousie dont souffre le jeune homme[333] lui paraît superflu ; peut-être pense-t-il même que ce rôle de soupirant que Mario ou Carl joue avec conviction est malséant... En tout cas, la progression dramatique entre la scène 12 du deuxième acte, où Dorante disait : « ... puisqu'il ne m'est pas possible d'unir mon sort au tien » et l'instant décisif où il proclame :« ...mon cœur et ma main t'appartiennent » (III, 8) n'a plus de cause bien définie — d'autant plus que la belle tirade qui, auparavant, représente le suprême effort de Silvia est en grande partie sacrifiée.

Il y a une autre raison qui fait apparaître cette élimination comme regrettable : les rapports du frère et de la sœur ajoutent un sel particulier à la pièce ; affection et persiflage, taquinerie incisive, rien de plus vivant. Que le déroulement de l'intrigue soit suivi non seulement par un père attentif et plein d'humour, mais encore par un frère qui « ne passe rien »[334] à sa sœur, est loin d'être indifférent ; cet accent de jeunesse donne le ton majeur de la comédie. Certaines scènes en fournissent un témoignage particulier : la scène 4 du premier acte, où Mario conseille un père hésitant et prévoit ce qui va se passer[335] ; la scène 11 du deuxième acte, où la

---

333. « Dorante, *à part* — Je souffre » (III, 3). N'oublions pas la conversation précédente entre les deux rivaux : « *Dorante* — ... mais, Monsieur, vous l'aimez donc beaucoup ? — *Mario* — Assez pour m'attacher sérieusement à elle, dès que j'aurai pris certaines dispositions ; comprends-tu ce que cela signifie ? » (III, 2). Cet exemple n'est pas sans valeur pour expliquer le sacrifice auquel va se décider Dorante.

334. « *Silvia* — Vous ne me passez rien ». (III, 4).

335. « *Mario* — Il faudra bien qu'ils se parlent souvent tous deux sous ce déguisement, voyons si leur cœur ne les avertirait pas de ce qu'ils valent ».

causticité de Mario est indispensable pour pousser à bout l'exaspé-
ration salutaire de Silvia[336] ; la scène 4 du troisième acte, où l'ironie de Mario excite le « caquet » de Silvia : duo sur un rythme d'al-
legro, où le père mêle de temps en temps sa voix plus grave. Le
résultat le plus clair de la disparition de Mario est de changer sensiblement le personnage du père. On sait combien Marivaux tenait
à ces pères bienveillants, amis de leurs enfants[337] ; M. Orgon a des
répliques qui expriment l'amour paternel, la bonté, le consentement ;
quand il esquisse un léger reproche, c'est toujours en souriant[338].
Weissenfels couvre pour ainsi dire les deux personnages, témoins
et soutiens de l'action : il perd ainsi de son indulgence et même de
sa dignité, se targue d'être « juste » au lieu de se contenter d'être
bon, manifeste dans le cours de l'intrigue une sorte d'agressivité qui
convenait mieux au juvénile Mario. Dès la présentation de Sillburg
sous le nom de son valet Johann, c'est lui qui oblige Antonie au
tutoiement, à lui qu'elle en fait le reproche à voix basse[339]. Il assume
de bout en bout (sauf bien entendu l'incitation à la jalousie) le rôle
plus provocant du frère.

La fortune de cette version « perfectionnée » au second degré,
où le stratagème des amants est l'invention des pères et d'où disparaît, par l'élimination de Mario, la gaîté moqueuse de la jeunesse
ne semble pas avoir été des plus brillantes. Dans la collection d'affichettes du Théâtre de la Cour de Weimar, après comme avant 1834,
c'est *Maske für Maske* de Jünger que nous avons trouvé[340]. Le *Jeu*
figure encore aux archives du même Théâtre sous la forme d'un
Regiebuch, dans une traduction de J. Savits, qui y était comédien

---

336. L'embarras où Silvia a été jetée par les insinuations de Lisette, par l'élan
    de Dorante s'agenouillant devant elle et la brusque apparition de son
    père et de son frère devient crise au cours de cette scène : Silvia est
    « outrée », et c'est Mario qui, par l'acidité de ses propos, en faisant une
    continuelle surenchère sur ceux de son père, a joué le rôle essentiel de
    provocation.

337. Cf. *Le Spectateur Français*, 16ème feuille (« ... ne soyez que leur père,
    et non pas leur juge et leur tyran », etc.), *J.O.D.*, pp. 204-205.

338 Cf. notamment I, 2, et III, 4.

339. « *Mario* — Votre serviteur, ce n'est point encore là votre jargon, c'est ton
    serviteur qu'il faut dire. — *M. Orgon* — Ah ! Ah ! Ah ! — *Silvia, bas à
    Mario* — Vous me jouez, mon frère ». (I, 6). Version de Lebrun : « *Weis-
    senfels* — Me permettez-*vous*.. ? Et pourquoi pas me permets-*tu*...?
    Où vas-tu chercher ce *vous* empesé ? — *Antonie, bas à M. Weissenfels* —
    Ménagez-moi, mon père ! — *Weissenfels, ne faisant nulle attention à elle*
    — Allons, faites donc un peu entendre le ton que vous prendrez en vous
    tutoyant ! »

340. L'adaptation de Jünger restait au répertoire (*Theaterzettel* du 16 mars
    1836, du 6 avril 1840, etc.).

et metteur en scène[341] ; la première est annoncée pour le 8 octobre 1881. Il ne s'agit plus alors d'une mise au goût du jour, mais d'un retour à la source : il avait fallu plus d'un siècle pour que la fidélité redevînt la règle... Une lecture rapide montre déjà que les noms d'origine ont été rétablis, que Silvia reproduit avec exactitude les portraits de maris brutaux à la première scène, que M. Orgon accepte bien que sa fille « abuse » de sa bonté, qu'il lit à Mario la lettre de l'autre père et que le moyen pour se mieux connaître a été imaginé par les deux jeunes gens. Toutefois, si le traducteur Savits a respecté l'original, le metteur en scène du même nom a fait couper et les portraits et... la fameuse sentence du père : « Eh bien, abuse, va, dans ce monde, il faut être un peu trop bon pour l'être assez ». Le trait qui barre cette brève réplique prouve mieux que tout autre argument que la fidélité à l'esprit de Marivaux n'était pas encore bien assurée ; en Allemagne on continuait notamment à trouver plus efficaces sur une scène des pères plus fermes, plus bourrus au moins en apparence, plus imbus de leurs prérogatives.

V. — *CONCLUSION SUR LES TRADUCTIONS.*

Nous nous sommes efforcé d'établir, grâce aux Recueils, Calendriers et Almanachs de Théâtre, aux éditions de pièces isolées ou réunies en collection, aux études de répertoires et affichettes, et malgré la dispersion de ces documents, une liste aussi complète que possible des comédies de Marivaux traduites ou adaptées pour la scène allemande : cette liste fait apparaître les insuffisances des Lexiques[342] et même d'une enquête comme celle de Golubew. Elle met du même coup en évidence, bien au-delà de la période où le

---

341. Le *Regiebuch* porte le n° 1220 ; l'affichette montre que Savits jouait aussi le rôle d'Arlequin.

342. Insuffisance radicale en ce qui concerne par ex. le *C.G. Kaysers Lexicon* publié en 1834-1835 chez Ludwig : bien qu'il promette sur sa page de titre d'énumérer tous les textes imprimés depuis 1750 jusqu'à 1832 et tous les auteurs, anonymes et pseudonymes compris, il ne dit mot de Marivaux. alors qu'il traite abondamment Voltaire, Diderot, Marmontel... et n'oublie pas Destouches, Mme de Graffigny, etc. Prenons un ouvrage plus récent, *das Lexicon der Weltliteratur* (Stuttgart, 1963) : des pièces de Marivaux traduites en allemand, il ne mentionne qu'une seule version du *Jeu* (*Maske für Maske*), date l'adaptation des *Fausses Confidences* de 1798 au lieu de 1774, omet les deux versions (outre celle de Krüger) de *La Fausse Suivante* (*Die falsche Bediente* de 1756, *Das vermeinte Kammermädchen* de 1783), ne cite des pièces en un acte que *L'Héritier de Village* et *L'Epreuve*, ignorant que *L'Ile des Esclaves*, *La Dispute*, *Le Legs* ont été publiés en traduction dans la seconde moitié du 18ème siècle.

flot des productions étrangères submergeait le pays, la vitalité d'un théâtre qui semblait pourtant peu fait pour plaire au public allemand : dans le dernier quart du siècle, résurgences et découvertes sont significatives à cet égard. La qualité des traductions et adaptations a cependant paru décevante ; mais nous en avons jugé par comparaison avec des originaux consacrés aujourd'hui par la renommée, selon une conception moderne de l'art de traduire qui est à base de respect, d'exactitude, de volonté de sauvegarder le style d'un auteur. Peut-être ce jugement a-t-il été trop rigoureux ; nous pouvons toutefois invoquer, pour l'axamen d'une traduction dans son ensemble et certains de ses détails, pour l'attention prêtée aux titres et pour cette rigueur même, le parrainage de Lessing[343].

Dès 1747 — l'année où Krüger publiait, en traducteur zélé et souvent maladroit, son premier volume des comédies de Marivaux — Johann Elias Schlegel suggérait la nécessité d'adaptations en écrivant : « Il est bien rare qu'une pièce faite pour une nation plaise entièrement à une autre »[344]. Mieux qu'aucun autre pays, l'Allemagne pouvait à cette époque en faire l'expérience ; le besoin de mieux assimiler l'énorme provende étrangère allait s'imposer au cours de la seconde moitié du siècle. L'histoire de l'absorption des répertoires français de comédie se divise ainsi en deux périodes : une première où l'on cherchait à être fidèle sans bien y réussir, une seconde où, l'échec des traductions trop dociles étant considéré comme un fait acquis et d'ailleurs normal, l'infidélité fut stimulée non seulement par la pratique théâtrale, la connaissance des habitudes des comédiens et des goûts du public, mais aussi par une doctrine de *germanisation* où l'amour-propre national trouvait son compte. La première étape coïncide en gros avec l'ère gottschédienne ; notre étude des conditions de vie du théâtre allemand a suffisamment montré que, dans le système des troupes ambulantes, les traducteurs n'avaient ni le loisir, ni la capacité de traduire correctement des comédies où les idées, les sentiments, le dialogue

---

343. Dans la *Dramaturgie*, l'examen des traductions de la *Gottschedin* (celle de *La Fausse Agnès* de Destouches et surtout celle de *Cénie* de Mme de Graffigny) est sans indulgence ; Lessing critique longuement le titre allemand donné par Krüger au *Dénouement Imprévu* (*Der unvermutete Ausgang*), alors que la traduction exacte était *Die unvermutete Entwicklung* (f. n° 13, 20, 73). « On dit des traducteurs, même des meilleurs, qu'ils sont des massacreurs » rappelle ironiquement Lessing avant de présenter sa propre traduction du cours inaugural en latin de Gellert : *De comoedia commovente* (cf *Gesammelte Werke*, éd. du Hanser Verlag, I, p. 928).

344. J.-E. Schlegel, *Réflexions à l'occasion de l'ouverture du Théâtre danois.*

reflétaient une vie de société dont ils ignoraient les raffinements. Tout ce qui a été écrit à ce sujet par les contemporains allemands ou autrichiens, férus de théâtre — Chr.-H. Schmid, Wieland, Sonnenfels, etc. — doit revenir en mémoire ; l'instrument faisait lui aussi défaut, la langue non encore rompue à l'art de la conversation « se roidissait » — pour reprendre une expression de Madame de Staël[345] — quand on prétendait la plier aux feintes, aux sous-entendus, aux nuances de la comédie relevée.

Krüger fournit le type des traducteurs de cette époque : hâtif, péchant souvent par ignorance et risquant parfois l'absurde[346], ne trouvant guère le ton juste, obligé de grossir (*vergröbern*) pour complaire à un public dont il déplore le matérialisme, peu doué d'ailleurs pour les grâces. De bons juges le classent malgré tout dans l'élite, surtout sur le vu de ses traductions de Marivaux[347], qu'il admirait parce que ce théâtre est formateur aussi bien pour le cœur que pour l'esprit ; mais justement : l'auteur considéré dans son propre pays comme maniant le style le plus singulier, qu'on ne peut même pas songer à imiter, résiste plus que tout autre à la traduction. Traduire est d'abord élucider et Krüger accumule les liaisons logiques, devient si explicite et pesant que tout le charme s'envole. Il y a quelque chose de touchant et de pénible à la fois dans ce combat que l'inclination, l'honnêteté, l'effort constant n'empêchent pas d'être le plus souvent perdu. Quel mérite cependant ! ... Les deux volumes de Krüger ont répandu plusieurs comédies de Marivaux en tous pays où l'allemand était compris, même si leur transparence était altérée. De toutes façons, on n'émettait pas alors la prétention de « jouter avec son original », on ne se faisait pas fort de le per-

---

345. *De l'Allemagne*, éd. des Grands Ecrivains, I, chap. 12 (*Langue allemande et esprit de conversation*), p. 189.

346. La lettre de Karl Lessing à son frère (datée de Berlin, 10 fév. 1768 ; *O.C.* de Lessing, K.. Lachmann, rééd. de 1968, t. XIX, p. 245) à propos d'absurdités contenues dans une traduction du *Jeu* (*Das Spiel der Liebe und des Zufalls*) — « *solch sinnloses Zeug* » — semble bien concerner l'ouvrage de Krüger. Wittekindt, plein de mansuétude pour l'auteur dont il écrit la biographie, voir aussi des non-sens (*Widersinn*) en plus d'un endroit (*Joh.Chr. Krüger, sein Leben und seine Werke*, p. 110). Krüger semble avoir ignoré par exemple le sens de *feux* et d'autres termes du beau langage.

347. Chr.H. Schmid, dans un article sur les *Progrès de l'art dramatique en Allemagne depuis Gottsched*, excepte de la piètre qualité des premières traductions celles de J-E. Schlegel et de Krüger (*Cal. de Gotha*, année 1783, p. 85, n° 2). Publiant les œuvres de ce dernier en 1763 à Leipzig, Löwen s'était montré moins positif ; il écrivait toutefois dans son introduction : « C'est sans doute à la traduction de Marivaux qu'il a mis le plus de temps et de soin ».

fectionner ; « ne pas tomber trop au-dessous des originaux », ainsi que s'exprimait le Prof. Hausen, de Leipzig, écrivant à Fontenelle[248], tel était le but plus modeste de tels essais.

Gottsched, comme y insiste très justement Erich Schmidt, nourrissait déjà l'ambition de « nationaliser » un répertoire étranger choisi : son recueil mixte qu'il intitule *De deutsche Schaubühne* en apporte le témoignage ; du moment que la clarté ne pâtissait pas de la transplantation, peu importait l'élégance[349], qu'on avait tendance à regarder comme du brillant superflu, un aspect du formalisme cher aux Français, mais dont pouvait se passer la saine robustesse allemande. La *germanisation*, qui s'impose peu à peu à partir des années 1760 ne fait donc que poursuivre ce mouvement — même si ces initiateurs s'en prennent à « l'esclavage » précédent, à ces « gaucheries d'un autre âge »[350] — en l'infléchissant vers une doctrine qui recommande et justifie la libre manipulation des œuvres au nom de l'indépendance du jugement des Allemands sur ce qui leur convient, et pour suivre aussi l'évolution des esprits, marquée par l'influence grandissante de la sentimentalité anglaise. Les traducteurs sont désormais gens mieux rentés, plus cultivés, admis dans le « monde », ils disposent d'une langue assouplie et seraient mieux armés pour transcrire un dialogue où l'auteur a « tâché de saisir le langage des conversations » dans les salons parisiens. Ils ont cependant d'autres visées : donner aux personnages « l'air allemand »[351], qu'on a cessé de regarder comme un signe d'infériorité, rénover ce qui leur semble avoir vieilli en ajoutant quelques couleurs à la mode, changer au besoin les données et la marche de l'intrigue suivant la tendance perfectionniste de l'époque, pour « corriger les fautes des auteurs ».

---

348. Lettre du 19 oct. 1729 : Hausen rapporte l'opinion de Gottsched, traducteur de Fontenelle (Cf. *O.C.* de Fontenelle, 1766, t. 11, p. 116, XLII).

349. Erich Schmidt (*Lessing*, I, p. 121) donne des exemples amusants de ce mépris de l'élégance au profit d'une clarté très crue.

350 « Il est vrai que jusqu'ici on a traduit tout ce qui vous tombait sous la main, avec une telle fidélité d'esclave... » (Dyk, préface de la collection du *Théâtre comique des Français pour les Allemands*, 1777). « Le temps des traductions littérales est révolu. Notre public n'aime plus ces gaucheries d'un autre âge » (« *diese altfränkischen Steifigkeiten* ») (Reichard, préface du *Théâtre Etranger*, 1778).

351. L'expression « *das einheimische Ansehen* » est employée par Lessing, qui loue dans sa *Dramaturgie* (n° 17) l'auteur de la version allemande d'une comédie de l'Affichard (*La Famille, Ist er von Familie ?*) de s'être écarté de l'original, mais de telle façon que la pièce en profite, car elle acquiert ainsi « cet air allemand qui manque à presque toutes les pièces empruntées au théâtre français ».

Ces transformations paraissent parfois systématiques, comme si l'on voulait renouveler à tout prix, manifester sa capacité d'invention tout en empruntant à autrui ; et chacun coule son propre style dans le moule d'une intrigue plus ou moins respectée. En ce qui concerne le cas bien particulier de Marivaux, le résultat le plus évident de telles manipulations est d'abord de remplacer la sobriété et la discrétion propres à cet auteur par une verve ou une affectivité débordante : le « babil » parisien, que lui reproche une critique qui prend pour du bavardage les nuances et détours de la psychologie amoureuse, tient peu de place quand on le compare à la loquacité intempérante qui allonge certaines répliques. Mais surtout le centre de gravité, l'équilibre, l'économie des pièces sont modifiés, et non à leur avantage : on abrège le chemin qui mène l'un vers l'autre les amants, on coupe leurs entretiens, quelquefois pour placer des effets sentimentaux à l'écart de leur aventure, donc parasites[352], et toujours pour mettre en vedette un comique de situation et de mots qui est par contre exploité à fond, en guise de dédommagement pour ce qui reste des finesses de l'analyse... Il y a donc encore grossissement — cette *Vergröberung* qu'on incriminait dans les anciennes traductions — non plus par inaptitude, mais de propos délibéré. L'un des aspects de cette vulgarisation, ce sont les « noms significatifs », sorte d'enseignes que portent les personnages pour avertir et divertir le public populaire[353].

La pente de la facilité, l'opportunisme à l'égard du parterre ont orienté dans la pratique la germanisation. Sur ce point comme sur bien d'autres, on trouve dans l'ouvrage *De l'Allemagne* d'utiles éclaircissements : Madame de Staël y oppose par exemple à la gaîté française la gaîté allemande, ou plus encore la gaîté autrichienne, telle qu'elle se reconnaît « dans des scènes comiques fortement caractérisées et qui représentent la nature humaine avec vérité, mais non la société avec finesse ». Egalement juste est l'observation que « l'on attache plus d'importance au style en France qu'en Allemagne ;

---

352. C'est le cas des effusions de la reconnaissance et de l'amitié dans la version des *Fausses Confidences* qu'a donnée Gotter, en faisant du valet maître d'intrigue un ancien et cher compagnon d'études (voir notre étude de cette pièce).

353. *Ibid.* (Mme *Arrogante*, le tendre ami *Doux-bois* remplaçant Dubois !) On trouve toute une variété de ces noms dans la comédie de l'époque : l'avare Vielgeld, le cocu Stockblind (« totalement aveugle »), de même qu'en France — mais à la Foire — le Dr. Tuetout, etc. Lessing exploite un effet comique analogue, mais moins primitif, quand l'aventurier français Riccaut prétend se nommer « de la Marlinière, seigneur de Prêt-au-vol, de la branche de Prensd'or », *Minna v. Barnhelm*, IV, 2).

c'est une suite naturelle de l'intérêt qu'on met à la parole dans un pays où la société domine »[354]. De telles remarques, faites au début du 19e siècle, montrent à quels écueils se heurtait l'adaptation de pièces comme celles de Marivaux. Lessing, critiquant la version allemande d'une comédie touchante française, observait de son côté dans sa *Dramaturgie* qu'il est « plus facile de traduire une facétie qu'un sentiment »[355] ; nous ajouterions volontiers qu'il est plus facile d'offrir en pâture aux acteurs et au public de comédie une répartie bouffonne qu'une réplique suggérant quelque fine nuance de la vie affective ; dans les scènes proprement divertissantes, au lieu du comique chatoyant et délié qu'on trouve chez Marivaux, une traduction insistante éveille souvent l'impression de « *français appesanti* »[356].

Ainsi, en lisant les adaptations qui ont donné au théâtre de Marivaux, dans le dernier quart du 18e siècle, un renouveau d'actualité, on éprouve un peu de malaise à voir une exubérance qui vise au rire facile remplacer la sobre vivacité des réparties et même la finesse des aperçus, faite pour susciter un sourire plus intérieur ; il est vrai que la critique, celle de La Harpe entre autres, trouvait ce sourire voisin de l'ennui... Les « traducteurs » du nouveau style ne voulaient plus — reprenons encore une jolie expression de Madame de Staël — « faire aller les mots allemands du train de la conversation française »[357], intention sans doute légitime, mais qui n'obligeait pas à dénaturer la manière de l'auteur. La médiocrité des adaptations semble d'autant plus décevante que plusieurs d'entre elles ont été confectionnées par des écrivains ayant quelque réputation, tandis que, par comparaison, les rares œuvres allemandes qui ont paru en français à la même époque ont eu des traducteurs obscurs[358].

Le traitement un peu cavalier infligé à des comédies que nous aimons dans leur intégrité a cependant permis la nouvelle floraison

---

354. *De l'Allemagne*, I, pp. 143-145. (*Etrangers voulant imiter l'esprit français*) et II, p. 16 (chap. I : *Les Français et la Littérature allemande*).

355. *Dramaturgie*, n° 20. C'est la *Gottschedin* qui est attaquée pour sa traduction de *Cénie* (1753) ; Lessing ajoutera : « Le sens est intégralement transcrit, mais l'esprit s'est envolé ; un déluge de paroles l'a noyé ».

356. *De l'Allemagne*, I, p. 37.

357. *Ibid*, I, p. 186.

358. *Hermann*, tragédie de J. Elias Schlegel sur le héros national (*Deutsche Schaubühne*, t. 4, n° 20, 1743), a été « ajustée tant bien que mal au théâtre français » par un vieux bonhomme (...) appelé Bauvin » (*Correspondance Littéraire* du 1er oct. 1772, t. 10, p. 68 de l'éd. M. Tourneux). *Minna* (*Les Amants généreux*) fut représentée à Paris, le 13 oct. 1774, dans une méchante adaptation du « fabricant de pièces » Rochon de Chabannes (Cf. Erich Schmidt, *Lessing*, I, p. 486).

dont nous parlions, dans un pays qui ne semblait pas avoir de vocation particulière pour apprécier ce théâtre ; la « nationalisation »,
avec ses remaniements arbitraires et son peu de souci des dissonances, a été sans conteste à l'origine d'un regain d'intérêt en sa
faveur... Les sondages effectués dans les répertoires de comédie
nous ont montré que la création et le développement des « Théâtres
Nationaux », qui ont été suivis d'une élimination progressive des
auteurs français autrefois en renom — et notamment de Destouches,
rival heureux de Marivaux — n'ont en aucune façon mis fin à la carrière de ce dernier. Alors qu'en 1781 une lettre publiée par le *Journal de Théâtre pour l'Allemagne* constatait avec une grande amertume le mauvais accueil fait à une pièce de Destouches[359] et considérait son déclin comme un fait accompli, la période qui suit est
tout au contraire remplie de Marivaux : souvenons-nous entre autres
de cette année 1783, où l'on découvre *L'Epreuve,* publiée à la fois
à Berlin et à Vienne et qui sera insérée plus tard dans le recueil des
Contributions à la scène de la patrie, tandis que paraît à Vienne *Das
vermeinte Kammermädchen,* troisième version allemande imprimée de
La Fausse Suivante, et à Berlin une version du *Jeu* qui est au moins
la quatrième[360], mais non la dernière, *Welch ein Spass !*

---

359. *Ehrsucht und Schwatzhaftigkeit* (*L'Ambitieux et l'Indiscrète*) avait eu
le sort qu'ont désormais « beaucoup de bons produits français, qui est
de déplaire »

360. Ont précédé : *Das verwirrte Spiel der Liebe und des Zufalls,* titre de la
version attestée par les affichettes de Hambourg (1735, tournée Neuber) ;
Das Spiel der Liebe und des Zufalls (Krüger, éd. en 1747) ; *Die Verkleidung* (Schwan, éd. en 1778).

BIBLIOGRAPHIE

N.B. — Cette bibliographie concerne l'ensemble de notre ouvrage. Nous ne reproduisons pas ici la bibliographie générale des études sur la vie et l'œuvre de Marivaux, ni celle des études sur les relations littéraires entre la France et l'Allemagne, particulièrement nombreuses à la fin du 19ème siècle.

I — EDITIONS FRANCAISES DE MARIVAUX QUE NOUS AVONS UTILISEES :

a) *THEATRE* :

1. *Théâtre de M. de Marivaux*, Arskstée & Merkus, 4 vol. in-8, Amsterdam et Leipzig, 1754. (rééd. 1756, 1770).

2. *Les Serments Indiscrets*, préc. de l'*Avertissement*, La Haye, chez Benjamin Gibert, 1736, in-16 ; *L'Ecole des Mères*, nouvelle éd. Utrecht, chez Etienne Néaulme, 1737, in-16 ; réunis avec *Annibal* au t. IV du *Nouveau théâtre français*, chez B. Gibert, 1738 (tomes IV à XI à la *LB* weimar). Le tome V (Utrecht, chez Et. Néaulme) contient : *Le Dénouement imprévu* (sans indication d'auteur, « Pierre de Marivaux » au crayon) ; le tome VI (*id.*),*L'Ile de la Raison* et *L'Heureux Stratagème* ; le t. VIII, *La Mère Confidente*.

3. *Pièces de Théâtre*, Gotha, imprimées par J.C. Reyher, t. III, s.d. : *L'Ile des Esclaves*, *L'Ecole des Mères* (*LB* Gotha, sceau de la bibliothèque ducale. Il s'agit des pièces jouées aux fêtes de la Cour : *L'Ecole des Mères* suit par ex., comme lors de la représentation du 25 avril 1760, *Alzire ou les Américains*, tragédie de Voltaire)[1].

4. *Théâtre Complet*, éd. de F. Deloffre, 2 vol. in-8, Garnier fr., 1968.

5. *Le Petit-Maître corrigé*. Texte publié avec Introd. et commentaire par F. Deloffre, Genève, Droz, et Lille, Giard, 1955, in-12.

---

1. Il s'agit d'exemples de réimpressions de pièces de Marivaux, faites en Hollande et en Allemagne, et utilisées dans ce dernier pays.

b) *THEATRE, EDITIONS UTILISEES POUR LEUR INTRODUCTION OU LEURS NOTES :*

6. *Théâtre Complet,* prés. par J. Fournier et M. Bastide, 2 vol. in-8, Ed. Nationales, 1947 (*Hommage à Marivaux,* par Jean Giraudoux, en tête du tome premier).

7. *Le Jeu de l'Amour et du Hasard, La Double Inconstance, L'Epreuve,* prés. par Gabriel Marcel, Paris, éd. des Loisirs, 1947 in-16.

8. *Théâtre Complet,* texte prés. et annoté par M. Arland, éd. de la Pléiade, Gallimard, 1949.

c) *ŒUVRES COMPLETES, JOURNAUX ET ROMANS :*

9. *Œuvres complètes de Marivaux,* nouvelle éd., par M. Duviquet (tome premier, notice de P. Duviquet, Paris, Haut-Cœur et Gayet jeune, 1825).

10. Marivaux, *Journaux et Œuvres diverses,* éd. de F. Deloffre et M. Gilot, Garnier fr. 1969.

11. Marivaux, *Romans,* texte prés. et préfacé par M. Arland, éd. de la Pléiade, Gallimard, 1949.

II — TRADUCTIONS DE MARIVAUX IMPRIMEES OU MANUSCRITES (REGIE =, SOUFFLIERBUECHER DES THEATRES) :

a) *THEATRE — RECUEIL DE KRUEGER :*

12. *Sammlung einiger Lustspiele aus dem Französischen des Herrn von Marivaux übersetzt* (Joh.Chr.Krüger) Hanovre, bei Joh.Adolph Gerckens sel. Witwe, 2 vol. in-8, 1747-1749 (tome I : *Das Spiel der Liebe und des Zufalls, Der Betrug der Liebe, Der andere Betrug der Liebe, Der durch die Liebe gewitzigte Arlequin, Die Sklaveninsel, Der Bauer mit der Erbschaft,* soit : le *Jeu,* la première et la seconde *Surprise, Arlequin poli par l'Amour, L'Ile des Esclaves, L'Héritier de Village* — tome II : *Die beyderseitige Unbeständigkeit, Das falsche Kammermädchen oder der bestrafte Betrüger, Das bekehrte Petitmaitre, Die Insel der Vernunft oder die kleinen Leute, Der unvermutete Ausgang, Die Wiedervereinigung der Liebesgötter,* soit : *La Double Inconstance ou le Fourbe puni, Le Petit-maître corrigé, L'Ile de la Raison ou les Petits hommes, Le Dénouement imprévu, La Réunion des Amours*).

b) *THEATRE — PIECES TRADUITES INDIVIDUELLEMENT :*

(*Annibal*)

13. *Hannibal,* d'après Marivaux, par G.E. Lessing (fragments en alex.), in : *G.E.Lessings sämmtliche Schriften,* éd. Karl Lachmann, tome III, Stuttgart, Göschen, 1887 (Theatralischer Nachlass, pp. 235-246).

(*La Dispute*)

14. *Wer ist in der Liebe unbeständig, sinds die Mannspersonen, sinds die Frauenzimmer?*, ein L. in zween Aufzügen von H.Rath Schmidt, frey aus Marivaux nachgeahmt, in : K.K. Nationaltheater, 1.Band, Wien, in der Gräfferischen Buchhandlung, 1778.

15. *Der Streit, oder welches Geschlecht brach zuerst die Treue der Liebe?* Lustspiel in einem Aufzuge, a.d.f. des Herrn Marivaux, Jena, bei Melchior, 1778, 8°.

(*La Double Inconstance*)

16. *Die doppelte Unbeständigkeit*, Marivaux / F.W.Weisker, 5 Aufz., Vienne, 1752 (signalé dans le *Wiener Theater-Spielplan* pour la saison 1752-1753, texte non trouvé)

(*L'Ecole des Mères*)

17. *Die Mütterschule*, ein Lustspiel a.d.Franz, 1753, 8° (trad. : Conrad Ekhof).

18. *Die Mütterschule*, ein Lustspiel, aus dem Franz. des H.von Marivaux übersetzt von H.Conrad Ekhof, einem der berühmtesten deutschen Schauspieler, 1764, Wien, Krauss, 8°. Die Couplets sind aus Hagedorn entlehnt (éd. viennoise).

(*L'Epreuve*)

19. *Die Versuchung*, L. nach Mariveaux (*sic*), Wien, Kurzböck, 1783, 8°.

20. *Der Versuch*, L. in 1 Acte, v.F.L.W. Meyer, Berlin, 1783, 8°.

21. *Die Prüfung*, Lustsp. in 1 Aufzuge, nach Marivaux (in : *Beyträge, der vaterländischen Bühne gewidmet*, von F.L.W.Meyer, Berlin, 1793, bei Joh.Friedrich Unger, n° 4) — Rééd. in : *Neue Sammlung deutscher Schauspiele*, n° 33, Grätz, 1798.

(*Les Fausses Confidences*)

22. *Die falschen Entdeckungen*, ein L. in 3 Aufz, nach Marivaux von F.W.Gotter. Für das Hoftheater von Weimar, Gotha, Ettinger, 1774, in-8.

23. *Die falschen Vertraulichkeiten* (ou *Verträulichkeiten*), Ein L. in 3 Aufz. nach Marivaux, Wien, 1774 ; *Theatralische Sammlung*, t. 24, Wien, 1793, bei Joh.Jos.Jahn ; *Neue Sammlung deutscher Schauspiele*, n° 30, Grätz, 1798.

(*La Fausse Suivante*)

24. *Die falsche Bediente, oder der bestrafte Betrüger*, ein Lustspiel des H.von Marivaux in drey Aufz., übersetzt von G.A.O. (Lessing rectifie : H(einrich) A(ugust) O(ssenfelder) Wien, Krauss, 1756 ; et dans *Die Deutsche Schaubühne zu Wienn*, 1749, I, 4.

25. *Das vermeinte Kammermädchen* ein L. in 3 Aufz. nach dem Franz. des H. Marivaux. Aufgeführt im K.K.Nationaltheater, Wien, bei Joseph Edlen von Kurzbek, 1783.

(*L'Ile des Esclaves*)

26. *Die Sklaveninsel*, dans : *Theatralische Belustigungen nach französischen Mustern*, tome I, n° 3, Frankfurt u. Leipzig, 1765 (adaptateur : Gottlieb Konrad Pfeffel)

(*Le Jeu de l'Amour et du Hasard*)

27. *Die Verkleidung*, ein L. in 3 A., nach *Marivaux' Jeu de l'Amour et du Hasard*, bei C.F.Schwan, kurfürstl. Hofbuchhändler, Mannheim, 1777, 8°.

28. *Welch ein Spass* ! Lustsp. in 3 A. nach Marivaux, vom verstorbenen H. Lotich, Berlin, 1783, 8°.

29. *Maske für Maske*, Lustsp. in drey Aufzügen nach Marivaux, Leipzig, bey Georg Joachim Göschen, 1794, 8° ; et dans J.F.Jünger, *Comisches Theater*, Leipzig, tome III, n° 2, 1794 (rééd. en 1821 et 1861).

30. *Maske für Maske*, ein L. in 3 Aufz. nach Marivaux von J.F.Jünger, Grätz, 1796, 8°.

31. *Maske für Maske*, ein Lustspiel in drey Aufzugen, nach *Le Jeu de l'Amour et du Hazard* des Merivaux (*sic*), für die K.K.Hoftheater, Wien, 1802, auf Kosten und im Verlag bey J.B.Wallishausser.

32. *Maske für Maske* (J.F.Jünger) Soufflierbücher 195a — 195b *Wiss. LB* Mannheim (mss. utilisés pour la scène).

33. *Der Liebe und des Zufalls Spiel, oder Maske für Maske*, L. in zwei Aufz., nach Marivaux und Jünger, von C. Lebrun, dans : *Almanach dramatischer Spiele zur gesellschaftlichen Unterhaltung auf dem Lande*, Hambourg, Hoffmann & Campe, 1834.

(*Le Legs*)

34. *Das Vermächtniss*, aus dem Franz. des Marivaux, gedruckt (indication du *Calendrier Théâtral de Gotha*, 1776, p. 177, sous le nom de Joh. Joachim Christoph Bode, librairie à Hambourg ; joué sur de nombreuses scènes ; texte non trouvé).

(*La Mère Confidente*)

35. *Die vertraute Mutter*, aus dem Marivaux, dans : Adam Gottfr. Uhlich, 2. *Sammlung neuer Lustspiele, theils übersetzt, theils selbst verfertiget*, Danzig-Leipzig, 1747 (n° 9), et : L. in 3 Handlungen, Breslau, Leipzig, Pietsch, 1748.

36. *Ein seltener Fall, oder die Mutter die Vertraute ihrer Tochter*, L. in 3 Aufzügen, Wien, Wallishausser, 1803, 8° ; et Joh. Friedr. Jünger, *Theatralischer Nachlass*, Regensburg, Montag u. Weis (tome premier, 1803, n° 3).

(*La seconde Surprise de l'Amour*)

37. *Solche Streiche spielt die Liebe*, nach dem Franz. des Herrn Marivaux frey bearbeitet, von Matthias Georg Lambrecht — Aufgeführt auf der Churfürstlichen Nationalschaubühne in München, Augsburg, bey Conrad Heinrich Stage, 1786.

38. *Das Recidiv*, L. in drey Aufz., frey nach Marivaux, Wien, 1803, Wallishausser, 8° ; et dans J.F.Jünger, *Theatralischer Nachlass*, tome I, n° 5, Regensburg, Montag u. Weis, 1803[2].

---

2. A cette liste on peut ajouter les traductions postérieures à notre période de référence, notamment celles des années 1880 : *Die Schule der Mütter*,

c) ŒUVRE ROMANESQUE, ADAPTATION POUR LA SCENE :

39. *Marianna, die glückliche und unglückliche Waise, oder die Schule für alle schönen Mägden, wie sie zu grossem Glück und Ehre gelangen können*, dt. Com. in 3 Aufz., von Marivaux / Heubel (Cf. *Wiener Theaterspielplan*, 1758).

d) ŒUVRE ROMANESQUE, TRADUCTIONS :

(*Le Paysan parvenu*)

40. *Der emporgekommene Landmann*, v. W.C.S.Mylius u. Lotich, 2 vol. in-8, Berlin, Rellstab, 1787.

(*La Vie de Marianne*)

41. *Leben der Marianne, oder Begebenheiten der Gräfin von xxx*, Braunschweig, Schröder, 1764.

42. *Josephe*, nach dem Franz. v. Joh.Christian Friedrich Schulz, tomes II et III des *Kleine prosaische Schriften*, in-8, Weimar, Hoffmann, 1788 (rééd. en 1791 et 1793) ; Mannheim, 1801.

43. *Marianens Begebenheiten*, aus dem Franz. des Marivaux, v. Friederike U(nger) geb. R(othenburg), 3 vol. Berlin, Unger, 1791/1792.

(*Pharsamon*)

44. *Pharsamons Abentheuer, im Geschmack des Don Quixote*, 2 vol., Altona, Hemmerich, 1793/1794.

(*La voiture embourbée*)

45. *Die steckengebliebene Kutsche*, eine Geschichte nach Marivaux, Breslau u. Leipzig, Korn, 1794 ; Wien, Alberti 1794[3].

III — OUVRAGES GENERAUX CONCERNANT LES PIECES ET LES REPERTOIRES ALLEMANDS :

a) INDEX, CHRONOLOGIES, ALMANACHS, COLLECTIONS D'AFFICHETTES, ETUDES DE REPERTOIRE :

L. in 1 Akt aus dem Franz. des Marivaux, von Karl Saar (Wien, Wallishausser, s.d.) ; les nouvelles versions du *Jeu* (*Das Spiel der Liebe und des Zufalls*, Anton Bing, Francfort, 1880 ; J. Savits, *Regiebuch* n° 1120, 1881, archives du Théâtre de Weimar), ainsi que les traductions faites autour de 1960 : *Das Spiel von Liebe und Zufall* (trad. Kurt Dörnemann, Theaterverlag Kurt Desch, München, Wien, Basel 1961 - trad. Tilli Breidenbach, Ralf Steyer Verlag, Wiesbaden, s.d.) ; *Vertraulichkeiten* (*Les Fausses Confidences*), trad. de Sigrid von Massenbach, Ralf Steyer Verlag, Wiesbaden, s.d. ; *Trau, schau, wem ? oder Unbestand auf beiden Seiten*, La Double Inconstance, même trad., même éd., s.d. ; *Die Listen der Liebe* (*La seconde Surprise de l'Amour*), même trad., même éd., s.d. (toutes ces brochures à l'usage exclusif des Théâtres)., etc.

3. Cette liste de traductions de l'œuvre romanesque de Marivaux ne prétend pas être exhaustive. Notons dans la période postérieure les nouvelles versions du *Paysan Parvenu* et de *La Vie de Marianne* publiées en 1867 dans la « Bibliographie des meilleures œuvres des 18e et 19e s. », t. 11 à 14, chez Weigand à Leipzig.

46. *Nöthiger Vorrath* zur Geschichte der deutschen dramatischen Dicht-
    kunst, oder Verzeichniss aller deutschen Trauer=,Lust=und Sings-
    piele, die im Druck erschienen, um 1450 bis zur Hälfte des jetzigen
    Jahrhunderts, gesammelt u. ans Licht gestellet von Johann Chris-
    toph Gottscheden, Leipzig bei Joh.Michael Teubner, 2 vol. in-8,
    1757-1765.

47. Joh.Jost Anton v. Hagen : *Magazin zur Geschichte des deutschen The-
    aters*, 1. St., Halle, bey Joh.Jacob Curt, 1773, 8°.

48. Christian Heinrich Schmid, Prof. zu Giessen : *Chronologie des deut-
    schen Theaters* (1775), rééd. de P.Legband, Coll. de la *Ges. f. Thea-
    tergeschichte*, t. 1, Berlin, 1902.

49. *Anweisungen der vornehmsten Bücher in allen Theilen der Dichtkunst*,
    même auteur que 48., Leipzig, in der Weygandschen Buchhandlung,
    1781.

50. *Der Gothaer Theaterkalender* 1775-1800, Herausgeber : Heinrich August
    Ottokar Reichard, Bibliothekar zu Gotha.

51. *Taschenbuch für Schauspieler und Schauspielliebhaber*, Hg. : Joh.
    Gottlieb Bärstecher, Offenbach / Main, bey Ulrich Weiss, 1779.

52. *Taschenbuch fürs Theater*, Hg. : Heinrich Gottlieb Schmieder, Mann-
    heim, 1795.

53. *Taschenbuch für Theaterfreunde* auf das Jahr 1800, v. Karl Albrecht,
    Berlin, 1799.

54. *Almanach für Theater und Theaterfreunde*, hg. von Aug.W.Iffland,
    Berlin, 1807-1809.

55. *Der Theaterfreund*, Handbuch für Theaterdirektoren, Schauspieler,
    Theaterfreunde, Buchhändler und Leihbibliotheken, I-III Theil, in
    einem Bande enthaltend die dram. Erscheinungen des Buchhandels
    bis zum Jahre 1848, v. L.Fernbach jun., Berlin, 1860, Eduard Bloch.

56. *Wallishausser, Theaterkatalog*, Neue Folge, n° 6, Wien 1876 (cf.
    n° 2991, 3309, 4315).

57. *Theaterzettel*, collections de : *UB* Francfort, *LB* Gotha (Ekhof), *Wiss.
    SB* Mannheim (archives du « Théâtre National »), Hoftheater Wei-
    mar, etc.

58. *Die Protokolle des Mannheimer Nationaltheaters unter Dalberg aus
    den Jahren* 1781 *bis* 1789, hg. von Max Martersteig, Mannheim,
    J. Bensheimer 1890.

59. *Das Repertoire des Mannheimer Hof=und Nationaltheaters der Dal-
    berg=Zeit* 1779-1803, M. Plasch, Diss., Wien, 1912.

60. *Das Repertoire des Weimarischen Theaters unter Goethes Leitung*
    (1791-1817), von Dr. C.A.H. Burkhardt, Hambourg & Leipzig, 1871,
    Verlag von Leopold Voss.

61. *Chronik des Weimarischen Hoftheaters* 1817-1907, Festschrift zur
    Einweihung des neuen Hoftheaters-Gebäude (11 jan. 1908), v. Adolf
    Bartels, Weimar, Hermann Böhlaus Nachf. 1908.

62. *Höfisches Theater in Wien zur Zeit der Maria Theresia — Der Wiener
    Theaterspielplan* 1741-1765, v. Dr. Harald Kunz, in : Jahrbuch der
    Ges. für Wiener Theater=Forschung 1953/1954, Verlag : Notring der
    wissenschaftlichen Verbände Oesterreichs, Wien, 1958.

63. 175 *Jahre Burgtheater* (1776-1951), Einf. von Ehrard Buschbeck, 1960, Druck P.Strohal, Wien.

b) *NOMENCLATURES D'ŒUVRES ORIGINALES OU TRADUITES :*

64. *C.G.Kaysers Lexikon,* Leipzig, Ludwig Schumann, 1834-1835.

65. *Grundriss zur Geschichte der deutschen Dichtung,* von K. Goedeke, 2ème éd. t. III et VII, Dresde, Verlag v. LS. Ehlermann, 1887-1900 ; 3ème éd. t. IV, 1916 (réimp. de 1955), Akademie-Verlag Berlin.

66. *Bibliographie deutscher Ubersetzungen aus dem Französischen,* 1700-1948, bearbeitet von Hans Fromm, tome IV, 1951, Verlag f. Kunst und Wiss., Baden-Baden.

67. *Lexikon der Weltliteratur,* hg. von Gero v. Wilpert, Stuttgart, Alfred Kröner-Verlag, 1963.

c) *RECUEILS ALLEMANDS DE THEATRE :*

68. *Deutsche Schaubühne* nach den Regeln der alten Griechen und Römer eingerichtet, hg. von Joh.Chr. Gottscheden, 6 vol. in-8, Leipzig, 1740-1745.

69. *Die Deutsche Schaubühne zu Wienn nach alten und neuen Mustern,* Wien, bey Joh.Paul Krauss, 1749.

70. *Neue Sammlung von Schauspielen,* Welche auf der K.K. privil. deutschen Schaubühne zu Wien aufgeführet Worden, 12 vol. in-8 Krauss, Vienne, 1764-1769 (à la fin du t. VII : *die Mütterschule,* trad. Ekhof).

71. Pfeffel, C., *Theatralische Belustigungen nach französischen Mustern* 5 vol. in-8, Francfort & Leipzig 1765-1774 (au 1er tome, n° 3 : *Die Sklaveninsel).*

72. *Theater der Deutschen,* Berlin & Leipzig, bey Joh.Heinrich Rüdigern. t. IV in-8, 1767 (pp. 381 et suiv. : *Die Insel der Bucklichten,* ein L. von Lieberkühn).

73. *Hamburgisches Theater,* gedruckt bei J.J.C. Bode, und im Verlag der Theatral-Direction (Fr. Schröder), 4 vol. in-8, Hambourg, 1776-1781.

74. *Komisches Theater der Franzosen Für die Deutschen,* hg. von J.G.Dyk. 10 vol. in-8 Leipzig, im Verlag der Dykischen Buchhandlung (t.I, 1777, Vorrede).

75. *Theater der Ausländer* hg. von Reichard & Mylius, Gotha bey C.W. Ettinger, t.I in-8 1778 (Vorrede).

76. K-K.Nationaltheater, 6 vol. in-8, Gräfferische Buchhandlung, 1778-1782 (au tome I, n° 2 : *Wer ist in der Liebe unbeständig ?...).*

77. *Beyträge, der vaterländischen Bühne gewidmet,* von F.L.W. Meyer, Berlin, 1793 bey Joh.Friedrich Unger, in-8 (contient en n° 4 *Die Prüfung).*

78. *Theatralische Sammlung,* in Wien verlegt, und zu finden bei Joh. Jos. Jahn, tome XXIV in-12, 1793 (n° 3 : *Die falschen Verträulichkeiten,* Wien, 1774).

79. *Almanach dramaticher Spiele zur geselligen Unterhaltung auf dem Lande*, begründet v. Aug.v.Kotzebue, hg. von mehreren, 32. Jahrgang, Hamburg, bei Hoffmann & Campe, 1834 (contient *des Zufalls und der Liebe Spiel, oder Maske für Maske*, v. C. Lebrun).

IV — OUVRAGES, PERIODIQUES, LIBELLES ALLEMANDS (18ème ET DEBUT DU 19ème s.) :

a) *OUVRAGES :*

BERTRAM, Chr. Aug.

80. *Beiträge zur Geschichte des deutschen Theaters*, Berlin, 1766.
81. *Ephemeriden der Literatur und des Theaters*, Berlin, 1785-1787.

BRANDES, Joh.Christian.

82. *Meine Lebensgeschichte*, 2ème éd., 3 vol.in-8, Berlin, 1802/1805.
83. *Mémoires de Brandes*, coll. des Mémoires sur l'Art dramatique, 6ème livraison, Notice de Picard, 2 vol. in-8, Paris, Etienne Ledoux, libraire rue Guénégaud n° 9, déc. 1823.

ECKERMANN, Johann Peter.

84. *Conversations avec Goethe* dans les dernières années de sa vie, trad. Jean Chuzeville, 2 vol. in-8, édit. Henri Jonquières, Paris, 1930.

EICHENDORFF, Joseph Freiherr von,

85. *Die Freier*, L. in 3 Aufz., Stuttgart, Fr. Brodhag'sche Buchhandlung, 1833.

FREDERIC LE GRAND

86. *Œuvres*, 30 vol. in-8, Berlin, ch. Rodolphe Decker, imprimeur du Roi, 1846-1857. (au tome VII (1847), p. 89 et suiv. : *De la littérature allemande, des défauts qu'on peut lui reprocher, quelles en sont les causes et par quels moyens on peut les corriger* ; les tomes XVI-XXVII / 1-2 contiennent la correspondance en français).

GELLERT, Christian Fürchtegott

87. *Lustspiele*, fac-similé de l'éd. de 1747, postface de H.Steinmetz, 1 vol. in-12, Stuttgart, J.B.Metzler, 1966.
88. *Leçons de morale* ou Lectures académiques faites dans l'Université de Leipzig par feu M.Gellert, 2 vol. in-8, Utrecht, van Schoohoven, 1772.

GOETHE, Joh.Wolfgang v.

89. *Sämtliche Werke* (Jubiläums=Ausgabe), 40 volumes, in-8, J.G.Cotta succ. Stuttgart u. Berlin, s.d.
90. *Der junge Goethe* hg. v. Hanna Fischer-Lamberg, grand in-8 1er tome. Walter de Gruyter & C°, Berlin 1963.
91. *Aus meinem Leben — Dichtung und Wahrheit* mit Einleitung und Anmerkunegn von G. von Loeper, Berlin, Ferd.Dümmlers Verlag, s.d., 4 vol. in-12.

92. *Tagebücher*, Weimar, H.Böhlau, (t.3 : 1801-1808), 1889.

93. *Briefe*, Weimar, H.Böhlau, t. 14 (1799), 1893.

94. *Bekenntnisse zum deutschen Theater*, zusammengestellt von Erich Behne, mit einer Einführung von Herbert Eulenberg, Die Fähre, Düsseldorf.

95. *Des hommes célèbres de France au dix-huitième siècle et de l'état de la Littérature et des Arts à la même époque, par M.Göthe* — traduit de l'allemand par MM. de Saur et de Saint-Géniès et suivi de notes des traducteurs, etc.).. A Paris, chez Antoine-Augustin Renouard, 1823[4].

96. *Drames de Jeunesse*, introd., trad. et notes de H.Lichtenberger, Paris, Aubier, 1929.

97. *Les Affinités Electives*, trad. originale et introd. par J.F.Angelloz (dans la série : Les romans célèbres dans les Littératures étrangères), Paris, Aubier, 1942.

98. *Théâtre*, Introd. d'André Gide, coll. de la Pléiade, Paris, Gallimard, 1951.

GOEZE, Hauptpastor Johann Melchior

99. *Theologische Untersuchung der Sittlichtkeit der deutschen Schaubühne*, 2 vol. in-8, Hambourg, D.A.Harmsen, 1770.

GOTTSCHED, Prof. Joh.Christoph

100. *Die vernünftigen Tadlerinnen* (1725-1726), hg. von Eugen Reichel, in « Gottscheds Gesammelte Schriften », Ausgabe der Gottsched-Ges., Berlin, Gottsched-Verlag, s.d.

101. *Versuch einer kritischen Dichtkunst, durchgehend mit den Exempeln unserer besten Dichter erläutert* — Anstatt einer Einleitung ist Horazens Dichtkunst übersetzt und mit Anmerkungen erläutert, von Johann Christoph Gottsched, 4. sehr vermehrte Auflage, mit allergnädigster Freyheit, Leipzig 1751, verlegts Bernhard Christoph Breitkopf.

HERDER, Joh. Gottfried

102. *Sämtliche Schriften* éd. v. B.Suphan (t.II-III-IV), Berlin, Weidmann, 1877-1878.

103. *Journal de mon voyage en l'an* 1769, trad. avec des notes et une introduction par Max Rouché, Paris, Aubier, 1942.

104. *Une autre Philosophie de l'Histoire* \(*Auch eine Philosophie der Geschichte zur Bildung der Menschheit*, 1774) — Trad. avec notes et Introduction par Max Rouché, Paris, Aubier, s.d.

IFFLAND, August Wilhelm

105. *Meine theatralische Laufbahn*, 1 vol. in-8, Leipzig, Göschen, 1798.

---

4. Sur cette « traduction », notre étude ultérieure sur *Goethe et Marivaux* (voir p. 9) apportera les éclaircissements nécessaires.

106. *Mémoires d'Iffland*, collection des *Mémoires sur l'Art dramatique*, 5ème livraison, 1 vol. in-8, présenté par Picard, Paris, Ponthieu, lib. au Palais-Royal, nov. 1823.

JAKOBS, Friedrich
107. *Nachträge zu Sulzers allgemeiner Theorie der Schönen Künste*, t. 2 1er fas., & t.6, 1er fasc., Leipzig, J.G.Dyk, 1793-1800.

JUENGER, Johann Friedrich
108. *Lustspiele*, 5 vol. in-, Leipzig, Dyk, 1785-1789.
109. *Comisches Theater*, 3 vol. in-8, Leipzig, Göschen, 1792-1795 (contient notamment *Maske für Maske*, t.III) ; 1821; 2 vol., 1861.

KRUEGER, Joh.Christian
110. *Johann Christian Krügers poetische und theatralische Schriften*, hg. von Friedrich Löwen, Leipzig, M.G. Weichmanns Erben & Reich, 1763.

LENZ, Jakob Michael Reinhold.
111. *Anmerkungen übers Theater*, 1 vol. in-8, Leipzig, in der Weygandschen Buchhandlung, 1774.

LESSING, Gotthold Ephraim
112. *Sämtliche Schriften*, hg. von Karl Lachmann, 23 vol. in-8, Stuttgart, Leipzig, Berlin & Leipzig, Göschen, 1886-1924.
113. *Auswahl in drei Bänden*, Bibliographisches Institut, Leipzig, 1952.
114. *Gesammelte Werke*, 2 vol. in-8, Münich, Carl Hanser, 1959.
115. *Hamburgische Dramaturgie*, introd. et comm. d'Otto Mann, Stuttgart Alfred Kröner Verlag, 1958.
116. *Minna de Barnhelm ou Les Aventures des militaires*, 1 vol. in-8, trad. de Grossmann, Berlin, Aug.Mylius, 1772.
117. *Minna et Teleim ou les Amants généreux*, 1 vol. in-8, trad. de Rochon de Chabannes, à Paris, chez la Vve Duchesne, 1774.
118. *Minna von Barnhelm*, introd., trad., notes par H.Simondet, Paris, Aubier, 1954.
119. *Théâtre choisi de Lessing et de Kotzebue*, de MM. de Barante et Félix Frank, 1 vol. in-8, Paris, Librairie académique, 1870.

LIEBERKUEHN, Christian Gottlieb
120. *Die Insel der Bucklichten*, Lustspiel, in : Theater der Deutschen (t.I, pp. 381-412), Berlin & Leipzig, bei Joh.Heinrich Rüdigern, 1767.

LOEWEN, Johann Friedrich
121. *Geschichte des deutschen Theaters* (Hambourg, Michael & Christian Bock, 1766), rééd. par H.Stümcke, dans la coll. « *Neudrucke literarhistorischer Seltenheiten* », Berlin, Ernst Frensdorff, 1905.
122. *Die Comödie im Tempel der Tugend*, Hambourg, 1766, 8°.

MEYER, Frdr.Ludw.Wilh.
123. *Friedrich Ludwig Schröder*, Beitrag zur Kunde des Menschen und des Künstlers, 2.Teil 1.Abteilung, neue, wohlfeile Ausgabe, 1 vol. in-8 Hambourg, August Campe, 1823.

MOESER, Justus

124. *Sämmtliche Schriften*, 9. Teil (*Harlequin, oder Verteidigung des Groteske-Komischen*, 1761) & 10. Teil, hg. v. B.R.Abeken, Berlin, Nicolaiische Buchh., 1843.

MOLL, J.A., Souffleur

125. *Tagebuch des Grossherzoglichen Hoftheaters*, Darmstadt, 1811 (*LB* Darmtsadt).

PLUEMICKE, C.M.

126. *Entwurf einer Theatergeschichte v. Berlin*, Berlin, 1781.

REICHARD, Heinrich Aug. Otto

127. *Selbstbiographie*, refondue par Hermann Uhde, 1 vol. in-8, Stuttgart, Cotta, 1877.

SCHILLER, Friedrich

128. *Sämtliche Werke* (Horenausgabe), hg. v. Conrad Höfer, 22 vol. in-8, Georg Müller Verlag, Münich & Liepzig, puis Propyläen-Verlag Berlin, 1910-1926.

129. *Werke* (Nationalausgabe), t. V, hg. v. H.O.Burger & W.Höllerer, Weimar, Hermann Böhlaus Nachf., 1957.

130. *Briefe*, éd. Fritz Jonas, Critische Gesamtausgabe, t. 7, Deutsche Verlagsanstalt, Stuttgart, Leipzig, etc., s.d.

SCHLEGEL, August Wilhelm

131. *Kritische Schriften und Briefe*, hg. v. Edgar Lohner, 4 vol. in-8, Stuttgart, W.Kohlhammer Verlag, 1964.

132. *Uber dramatische Kunst und Literatur*, Vorlesung, II. Theil, Heidelberg, bei Mohr & Zimmer, 1809 (11. Vorles., pp. 224-272); rééd. du Kohlhammer Verl., 1967.

133. *Cours de Littérature dramatique*, traduit de l'allemand (par Mme Necker de Saussure), 3 vol. in-8, à Paris, chez .J-J. Paschoud, et à Genève, chez le même, 1814.

SCHLEGEL, Friedrich

134. *Kritische Schriften*, 1 vol. in-12, Munich, Carl Hanser Verlag, 1956.

135. *Werke*, krit. Ausgabe, hg. v. Ernst Behler unter Mitwirkung v. J.-J. Anstett & Hans Eichner, t.VI, Munich, Paderborn, Vienne, Verl. Ferdinand Schöningh ; Zurich, Thomas-Verlag, 1961.

136. *Histoire de la littérature ancienne et moderne*, trad. de William Duckett, Paris, Th. Ballimore, et Genève, Cherbulliez, 1829.

SCHLEGEL, Joh. Elias

137. *Werke*, hg. von Johann Heinrich Schlegeln, 5 vol. in-8, Kopenhagen u. Leipzig, im Verlage der Mummischen Buchhandlung, 1761-1770.

SONNENFELS, Joseph von (anonyme à la parution)

138. *Briefe über die wienerische Schaubühne* (« aus dem Franz. übersetzt ») Vienne, Joseph Kurtzböck, 1768 ; 2ème éd. remaniée, 1784 ; rééd. dans la série « *Wiener Neudrucke* », n° 7, 1884.

STEGER, Adrian Deodat

139. *Vernunftgemässe Beurteilung zweier Schreiben, die Leipziger Bühne betreffend*, in-8, Leipzig, bei Joh.G.Büschel, 1753.

SULZER, Johann Georg

140. *Comödie, eine Abhandlung des H.Prof. Sulzer zu Berlin*, in : Taschenbuch f. Schauspieler und Schauspielliebhaber, Offenbach / Main, 1779.

WIELAND, Christoph Martin

141. *Gesammelte Schriften*, t. 14 & 15, in-8, hg. von W.Kurrelmeyer, Berlin, Weidmann, 1928-1930.

142. *Briefwechsel*, hg. von H.W.Seiffert, Berlin, Akademie-Verlag, 1963 (t.I & II in-8).

b) *PERIODIQUES (D'APRES LE LIEU DE LEUR PUBLICATION)* :

143. Leipzig : *Beiträge zur Historie der deutschen Sprache, Poesie u. Beredtsamkeit ; Neuer Bücher-Saal der schönen Wissenschaften und freien Künste ; Neuestes aus der anmutigen Gelehrsamkeit* (Gottsched, 1732-1762) — *Bibliothek der schönen Wissenschaften und der freien Künste* (Nicolai & Mendelssohn, puis Chr.Fel.Weisse, 1757-1765) — *Almanach der deutschen Musen* (Chr.H.Schmid, 1770) — *Thalia* (Schiller, 1785-1787, éd. de J.G.Göschen reprod. à Berne, par Herbert Lang, t.1, 1969).

144. Brême et Leipzig : *Neue Beiträge zum Vergnügen des Verstandes und des Witzes* (« Bremer ou Bremische Beiträge », Gärtner, Rabener, Cramer, Joh.Ad. & Joh.Elias Schlegel, Zachariä, etc. éd. Nathanael Saurmann, 1744-1748).

145. Stuttgart : *Beiträge zur Historie und Aufnahme des Theaters* (Lessing & Chrislob Mylius, éd. Metzler, 1750).

146. Hambourg : *Hamburgische Unterhaltungen* (imitation du *Mercure*) (hg. v. Joh.Joachim Eschenburg, 1766-1769) — *Hamburgischer unparteiischer Correspondent* (1766) — *Hamburgische Theaterzeitung* (Joh. Friedr.Schink, éd. Joh.Peter Treder, 1792).

147. Francfort : *Frankfurter Gelehrte Anzeigen* (Merck, Schlosser, Goethe, puis Bahrdt, etc., éd. Eichenberg, 1772-1790).

148. Berlin : *Berlinische privilegierte Zeitung* (chez Voss, art. de Lessing, 1751-1755) — *Briefe, die neue Literatur betreffend* (Lessing, Mendelssohn, Nicolai, Sulzer, etc. 1759-1765) — *Allgemeine deutsche Bibliothek* (Berlin & Stettin, Fr.Nicolai, 1765-1796) — *Das berlinische literarische Wochenblatt* (Chr.Aug.Bertram, 1776-1777) ; *Literatur und Theaterzeitung* (id., 1778-1784).

149. Weimar : *Der teutsche Merkur* (Wieland, 1773-1789).

150. Gotha : *Theaterjournal für Deutschland* (H.A.O.Reichard, 1777-1784)

151. Vienne : *Historisch-Kritische Theaterchronik von Wien*, nebst einigen Nachrichten von erbländischen und fremden Theatern (verf. von Freunden der Schaubühne, éd. Emerich Felix Bader, 1774) — *Deutsches Museum* (Friedrich Schlegel, Camesina'sche Buchhdlg., 1812-1813).

c) *LIBELLES (FLUGSCHRIFTEN)* :

152. *Freundschaftliche Erinnerungen an die Kochsche Schauspieler-Gesellschaft bei Gelegenheit des Hausvaters des Herrn Diderots,* Francfort & Leipzig 1766 (Löwen).

153. *Schreiben an einen Freund über die Ackermannsche Schaubühne zu Hamburg* (Löwen) Hbg. und Leipzig, D.Schütte, 1766.

154. *Schreiben an einen verstorbenen Marionnettenspieler im Namen des Ackermannschen Lichtputzers* (Löwen), Brême, 1766.

155. *Erste u. letzte Antwort auf die ungegründete Beurtheilung des 4. Teils der Löwenschen Schriften in dem 191sten Stücke des sogenannten Hamburgischen unparteiischen Correspondenten in diesem Jahre,* 1766, Hambourg.

156. *Ueber die Leipziger Bühne,* an Herrn J.-F. Löwen zu Rostock, erstes & zweites Schreiben (signés : Siegmund von Schweigerhausen), Dresde, 1770.

V — AUTEURS FRANÇAIS (17ème, 18ème et début du 19ème s.) :

ALEMBERT (Jean Le Rond d')
157. *Œuvres Complètes,* Paris, Belin 1821-1822, 5 vol. in-8 (t. III et IV).
158. Discours Préliminaire de l'*Encyclopédie,* Paris, Gonthier, 1965.

AUBIGNAC (abbé Hédelin d')
159. *Pratique du Théâtre,* 1 vol. in-8, Paris, Antoine de Sommaille, 1657.

BAILLET, Adrien
160. *Jugements des savants sur les principaux ouvrages des Auteurs,* revus, corrigés et augmentés par Mr. de la Monnoye, nelle éd. 4 vol. in-4 (tome troisième), aux dépens de la Cie, Amsterdam, 1725.

BATTEUX (abbé Jean-Baptiste)
161. *Les Beaux-Arts réduits à un même principe,* 1 vol. in-12, Paris, chez Durand, 1746.
162. *Einschränkung der schönen Künste auf einen einzigen Grundsatz,* trad. de Joh.Adolf Schlegel, 1752 — Abrégé de Gottsched : *Auszug aus Batteux' schönen Künsten,* 1754.

BEAUMARCHAIS (Pierre-Augustin Caron de)
163. *Théâtre Complet,* éd. de la Pléiade, Paris, Gallimard, 1957.

BOISSY (Louis de)
164. *Œuvres de théâtre,* 6 vol. in-8, Prault père, 1738.
165. *Der Franzose zu London* (*Le Français à Londres*), Francfort & Leipzig, Heinr.Gottlob Fuchs 1753 ; *Der Schein betrügt, oder der Weltmann* (*L'Homme du jour, ou les dehors trompeurs*), in : *Sammlung einiger franz. Lustspiele, für das deutsche Theater,* Recueil de Walz, Brême, 1766.

BOS (abbé Jean-Baptiste Du)
166. *Réflexions critiques sur la poésie et la peinture,* 7ème éd., 3 vol. in-12, Paris, Pissot, 1770.

BOUHOURS (P. Dominique)

167. *Les Entretiens d'Ariste et d'Eugène*, 5ème éd., 1 vol. in-12, Paris, S.Mabre-Cramoisy, 1683.

CAILHAVA (Jean-François C. de l'Estendoux)

168. *De l'Art de la Comédie, ou détail raisonné des différentes parties de la Comédie...*, 2 vol. in-8, Paris, Vve Duchesne, 1786.

CLEMENT (Jean-Marie Bernard) et LA PORTE (abbé Joseph de)

169. *Anecdotes dramatiques*, 3 vol. in-8, Paris, Vve Duchesne, 1775.

DANCOURT (Florent Carton dit)

170. *Théâtre choisi* nouvelle édition précédée d'une Notice, par M. Francisque Sarcey, 1 vol. in-12, Paris, Laplace, Sanchez et Cie., 3 rue Séguier, 1884.

DESTOUCHES (Philippe Néricault)

171. *Théâtre*, éd. de l'Imprimerie Royale, 4 vol. in-4, Paris, 1757.

172. *Des Herrn v.Néricault Destouches sämtliche theatralische Werke*, a.d. Frz., 4 vol. in-8, Leipzig & Göttingen, 1756.

173. *Destouches für Deutsche*, von W.C.S.Mylius & A.G.von Meissner 1. Teil, 8°, Berlin, 1779.

DIDEROT (Denis)

174. *Œuvres esthétiques*, éd. Paul Vernière, Paris, Garnier fr., 1965.

175. *Le Neveu de Rameau*, éd. crit. par Jean Fabre, Genève, Droz ; Lille, Giard, 1950 (Textes litt. fr., 37).

176. *Das Theater des Herrn Diderot*, 2 vol. in-8, Berlin, Chr.Fr.Voss, 1760 (2ème éd., préface et trad. de G.-E. Lessing, 1781).

DORAT (Claude Joseph)

177. *La Déclamation théâtrale*, poème didactique, précédé d'un discours..., Paris, Séb.Jorry, 1767.

DUFRESNY (Charles Rivière)

178. *Œuvres*, 6 vol. in-12, Paris, Briasson, 1731.

179. *Die Spielerin* (*La Joueuse*, trad. par B.G.Straube) et *Die Widersprecherin* (*L'Esprit de contradiction*, trad. par la Gottschedin), in : *Deutsche Schaubühne*, t. 1, Leipzig, 1742.

FAVART (Charles Simon)

180. *Œuvres choisies*, 1 vol. grd. in-8, avec des remarques, notices et examen de chaque pièce par Ch.Nodier et P.Lepeintre, Paris, 1824.

181. *Soliman II, oder die drei Sultaninnen* (trad. de Rudolf Erich Raspe, 1765) in : *Sammlung einiger franz. Lustspiele für das deutsche Theater*, Brême, 1766. *Die Schnitter* (*Les Vendanges*, adapt. de Joseph Gottwill von Laudes), Vienne, 1769.

FENELON (François de Salignac de la Mothe)

182. *Œuvres*, 9 vol. in-4, Paris, Didot, 1787-1792 (au t.3, la *Lettre à l'Académie sur ses occupations*).

FONTENELLE (Bernard Le Bovier de)

183. *Œuvres*, nouvelle édition, chez les Libraires associés, 11 vol. in-12, Paris, 1766 (t. 7 et 11).

FRERON (Elie-Catherine) et LA PORTE (abbé Joseph de)

184. *Lettres sur quelques écrits de ce temps*, t.4, Genève, et, à Paris, chez La Vve Cailleau, 1751.

185. Fréron (E.C.) *Opuscules*, 3 vol. in-12, Amsterdam, Arsktée & Merkus, 1753.

GEOFFROY (Julien-Louis)

186. *Cours de Littérature dramatique*, 2ème éd., 6 vol. in-8, Paris, P. Blanchard, 1825.

GRIMM (Frédéric Melchior)

187. *Correspondance littéraire, philosophique et critique* par Grimm, Diderot, Raynal, Meister, etc..., éd. Maurice Tourneux, 16 vol. in-8, Paris, Garnier fr., 1877-1882.

HUGO (Victor)

188. *Cromwell* (préface), éd. Garnier-Flammarion, 1968.

JUVENEL DE CARLENCAS (Félix de)

189. *Essais sur l'histoire des belles-lettres, des sciences et des arts*, 2 vol. in-12, Lyon, Duplain, 1740-1744.

LA BRUYERE (Jean de)

190. *Les Caractères ou les Mœurs de ce siècle*, coll. des Grands classiques français et étrangers, 1 vol. in-8, Paris & Lille, s.d.

LA CHAUSSEE (Pierre-Claude Nivelle de)

191. *Œuvres choisies*, 2 vol. in-18, Paris, Didot, 1810.

192. *Das Vorurteil nach der Mode* (*Le Préjugé à la mode*), *Die Mütterschule* (*L'Ecole des Mères*), etc. in : *Sammlung einiger franz. Lustsp. für das deutsche Theater*, Recueil de Walz, Brême, 1766,1768.

LA HARPE (Jean-François de)

193. *Lycée, ou Cours de Littérature ancienne et moderne*, chez H.Agasse, 16 vol. in-8, Paris, an VII — an XIII ; rééd. par Emler fr., 14 vol. in-8, Paris, 1829.

LAMOTTE (Antoine Houdar de)

194. *Les Paradoxes littéraires de Lamotte* ou discours écrits par cet académicien sur les principaux genres de poèmes, réunis et annotés par B.Jullien, Paris, Hachette, 1859.

LA ROCHEFOUCAULD (François, duc de)

195. *Maximes*, suivies des *Réflexions diverses*, etc. prés. par Jacques Truchet, Paris, Garnier fr., 1967.

LEGRAND (Marc-Antoine)

196. *Œuvres de Le Grand*, comédien du Roi, nelle. éd. (par l'abbé de la Porte), 4 vol. in-12, avec 134 pages de musique gravée, Paris, Compagnie des Libraires, 1770.

197. *Die beyderseitige Probe* (*L'Epreuve réciproque*), L.a.d.Franz. des Le Grand, übers. von A.W., Hambourg, 1749.

LESBROS DE LA VERSANE

198. *Esprit de Marivaux ou Analectes de ses ouvrages*, précédés de la vie historique de l'auteur, 1 vol. in-8, à Paris, chez la Veuve Pierres Libraire rue Saint-Jacques, 1769.

LISLE DE LA DREVETIERE (Louis-François de)

199. *Comédies* in : *Nouveau Théâtre Italien*, ou Recueil général des comédies représentées par les Comédiens Italiens ordinaires du Roi, 8 vol. in-12 (t. IV, V, VII), Paris, Briasson, 1729.

200. *Poésies diverses*, 1 vol. in-8, Paris, Prault, 1739.

MARMONTEL (Jean-François)

201. *Œuvres Complètes*, nelle. éd. en 18 vol. in-8, Paris, chez Verdière, Quai des Augustins, 1818.

202. *Dichtkunst* (*Eléments de Littérature*), übers. mit Anmerkungen (Gottl.Benedikt von Schirach), 3 vol. in-8, Brême & Leipzig, 1766-1768.

203. *Uber die dramatische Dichtkunst* (*Recherches sur le Théâtre*), trad. : Friedr.Justin Bertuch), 1 vol. in-8, Leipzig, Schwickert, 1774.

MAUVILLON (Eléazar de)

204. *Lettres françaises et germaniques*, ou Réflexions militaires, littéraires et critiques sur les Français et les Allemands, ouvrage également utile aux officiers et aux beaux-esprits de l'une et l'autre nation, 1 vol. in-12, Londres, F.Allemand, 1740.

MERCIER (Louis-Sébastien)

205. *Du Théâtre, ou Nouvel essai sur l'Art dramatique*, Amsterdam, chez van Harrevelt, 1773.

206. *Neuer Versuch über die Schauspielkunst* a.d.Franz. (trad. : Heinrich Leopold Wagner), mit einem Anhang aus Goethes Brieftasche, Leipzig, 1776.

MOLIERE (Jean-Baptiste Poquelin)

207. *Théâtre*, 6 vol. in-8, Paris, Classiques Plon, s.d.

208. *Des Herrn Molière sämmtliche Lustspiele*, nach einer freien und sorgfältigen Uebersetzung (Friedrich Samuel Bierling), 4 vol. in-8, Hambourg, Chr.Herold, 1752.

PALISSOT (Charles P. de Montenoy)

209. *Mémoires pour servir à l'histoire de notre littérature depuis François Ier jusqu'à nos jours*, nelle édition, revue et corrigée, tome 3ème. A Paris, de l'imprimerie de Monsieur, 1788.

PETITOT (Claude-Bernard)

210. *Répertoire du Théâtre Français,* ou recueil des tragédies et comédies restées au théâtre depuis Rotrou, avec des Notices sur chaque auteur et l'examen de chaque pièce, nelle. éd., t.8 in-8, Paris, Foucault, 1817.

REGNARD (Jean-François)

211. *Œuvres,* nouvelle éd., 4 t. in-12, à Paris, par la Cie. des Libraires, 1742.

212. *Sämtliche theatralische Werke,* aus dem Franz. übersetzt, 2 vol. in-8, Berlin, 1757.

RICCOBONI (Louis, dit Lélio)

213. *Réflexions historiques et critiques sur les différents théâtres de l'Europe,* avec les Pensées sur la Déclamation, Paris, Jacques Guérin 1738.

ROUSSEAU (Jean-Jacques)

214. *Œuvres Complètes,* préf. de Jean Fabre, prés. de Michel Launay, 3 t. in-8 parus (au t. 2, le *Discours sur les Sciences et les Arts*), Paris, éd. du Seuil, 1967-1971.

215. *Lettre à d'Alembert,* éd. de M.Fuchs, Lille & Genève, 1948.

216. *La Nouvelle Héloïse,* publiée par D.Mornet, éd. des Grands Ecrivains de la France, 3 vol. in-8, Paris, Hachette, 1925.

SAINTFOIX (Germain-François Poullain de)

217. *Œuvres de Théâtre,* 3 vol. in-12, Paris, de l'Imprimerie Royale, 1774.

218. *Des H. v. Saintfoix theatralische Werke,* a.d.Franz. übersetzt (trad. : Johann Elias Schlegel), 2 vol. in-8, Leipzig, 1750.

STAEL (Germaine Necker de)

219. *De l'Allemagne,* nelle éd. par la Ctesse J. de Pange (Les Grands Ecrivains de la France), 5 vol. in-8,Paris, Hachette, 1958-1960.

STENDHAL (Henri Beyle)

220. *Racine et Shaekspeare,* éd. de P. Martino, Paris, H.Champion, 1925.

TRUBLET (abbé Nicolas, Charles, Joseph)

221. *Essais sur divers sujets de littérature et de morale,* 2ème éd., 1 vol. in-12, Paris, Briasson, 1737.

VOLTAIRE (François-Marie Arouet)

222. *Œuvres Complètes,* préc. de la *Vie de Voltaire* par Condorcet (*Théâtre*, 6 vol. in-8, Paris, Garnier fr., 1877).

223. *Correspondance,* éditée par Théodore Bestermann, 98 vol. in-8 (vol. 3, 5, 26, 51, 69 etc). Institut et Musée Voltaire, les Délices, Genève, 1953-1964.

224. Article *Goût,* in : *Encyclopédie, ou dictionnaire raisonné...,* t. VII, Paris, chez Briasson, etc., 1757.

225. *Der verlorene Sohn (L'Enfant prodigue),* L. von 5 Aufzügen, Danzig, Rüdiger, 1757 ; L. in 5 Aufzügen aus dem Franz. des v. Voltäre, Aufgef. in dem K.K. privil. Theater, Vienne, Logenmeister, 1774.

226. *Das Kaffeehaus oder die Schottländerin* (*Le Café ou l'Ecossaise*), L. in 3 A., von Voltaire nach Hume, in : *Neue Sammlung v. Schauspielen*, die auf der K.K. deutschen Schaubühne zu Wien... etc., t. 1, Vienne, Krauss, 1761.

227. *Jeannette* (*Nanine*) *oder das besiegte Vorurtheil*, L. in 3 A., deutsch v. Gotter, in : *Hamburgisches Theater* (F.L.Schröder), t. 2, à Hambourg, J.-J. Bode, 1777.

VI — OUVRAGES FRANCAIS ET ALLEMANDS DES 19ème ET 20ème s., ETUDES HISTORIQUES ET CRITIQUES :

ADAM (Antoine)
228. *Baroque et préciosité,* in : *Revue des Sciences humaines,* juil.-déc. 1949, pp. 208-224.

ANGELLOZ (Jean-François)
229. *Goethe,* Paris, Mercure de France, 1949.

ARLAND (Marcel)
230. *Marivaux,* Paris, NRF, Gallimard, 1950 (Les Essais, XL).

BARTHEL (Ernst)
231. *Goethe, das Sinnbild deutscher Kultur,* Darmstadt & Leipzig, Ernst Hofmann & Co. 1930.

BARTELS (Adolf)
232. *Chronik des Weimarischen Hoftheaters* (1817-1907), Festschrift zur Einweihung des neuen Hoftheater-Gebäudes am 11 Jan. 1908, Weimar, Hermann Böhlaus Nachf., 1908.

BAETE (Ludwig)
233. *Justus Möser, advocatus patriae,* Francfort et Bonn, Athenäum Verlag, 1961.

BOUCHER (Maurice) et LACANT (Jacques)
234. *Littérature allemande,* in : Encycl. « Clartés », t.XV, fasc. 10, Paris, Editions Techniques, 1966.

BRADY, Valentini Papadopoulou
235. *Love in the theatre of Marivaux,* Genève, Droz, 1970.

BRECHT (Bertolt)
236. *Schriften zum Theater* (1918-1933), 1 vol. in-12, Francfort, Suhrkamp, 1963.

237. *Ecrits sur le Théâtre* (trad. de J.Tailleur, G.Eudeline, S.Lamare), 1 vol. in-12, Paris, L'Arche, 1963.

BRUNETIERE (Ferdinand)
238. *Nouvelles études critiques sur l'histoire de la littérature française,* Paris, Hachette, 1882.

CAZES (André)

239. *Grimm et les Encyclopédistes* — Thèse, Paris, PUF, 1933.

CHEVALLEY (Sylvie)

240. *Marivaux, monographie,* textes de X.de Courville, F.Deloffre, L.Desvignes, M.-J.Durry, M.Gilot, J.Schérer, Paris, Comédie-Française, 1966.

COURVILLE (Xavier de)

241. *Un apôtre de l'art du théâtre au* 18ème *siècle : Luigi Riccoboni dit Lélio,* Paris, E.Droz (in : *Bibliothèque de la Soc. d'Histoire du Théâtre,*), 1943.

CURTIUS (Ernst Robert)

242. *Europäische Literatur u. Lateinisches Mittelalter,* 2te, durchgesehene Auflage, Berne, Francke Verlag, 1954.

DEDEYAN (Charles)

243. *Vérité et Réalité dans les Fausses Confidences,* Mélanges Mornet, 1951, pp. 119-132.

244. *Marivaux à l'école d'Addison et de Steele,* Annales de l'Université de Paris, Janvier-mars 1955.

DELOFFRE (Frédéric)

245. *Sources romanesques et création dramatique chez Marivaux,* in : *Mélanges d'histoire littéraire offerts à M. Paul Dimoff,* Annales Universitatis Saraviensis, t.III, pp. 59-66.

246. *Une préciosité nouvelle — Marivaux et le Marivaudage,* Annales de l'Université de Lyon, fasc. 27, Paris, Les Belles-Lettres, 1955.

247. *Etat présent des études sur Marivaux,* in : *L'Information Littéraire,* 1964, pp. 191-199.

DESCOTES (Maurice)

247 bis. *Les grands rôles de Marivaux,* NRF, 1972.

DESVIGNES-PARENT (Lucette)

248. *Marivaux et l'Angleterre,* Thèse, Paris, Klincksieck, 1970.

DEVRIENT (Eduard)

249. *Geschichte der deutschen Schauspielkunst,* éd. remaniée et complétée par W.Stuhlfeld, Berlin & Zürich, Eigenbrödler-Verlag, 1929.

DEVRIENT (Hans)

250. *Johann Friedrich Schönemann und seine Schauspielergesellschaft,* ein Beitrag zur Theatergeschichte des 18. Jahrhunderts, Hambourg & Leipzig, Verlag v. Leopold Voss, 1895 (Theatergeschichtliche Forschungen, hg. von Berthold Litzmann, volume XI).

DEHXEIMER (Philipp)

251. *Die dramatische Technik Marivaux',* diss. Marburg, 1924.

DIEBOLD (Berthold)

252. *Das Rollenfach im deutschen Theaterbetrieb des* 18. *Jahrhunderts* Theatergeschichtliche Forschungen, XXXV), Leipzig & Hambourg, Leopold Voss, 1913.

EHRHARD (Auguste)

253. *Les comédies de Molère en Allemagne,* Thèse, Paris, Lecène & Oudin, 1888.

EICHHORN (Herbert)

254. *Konrad Ernst Ackermann und die Ackermann'sche Gesellschaft deutscher Schauspieler,* 1957 (Thèse de la Freie Univ. Berlin, non imprimée).

FABRE (Jean)

255. *Stanislas-Auguste Poniatowski et l'Europe des Lumières* — Etude de cosmopolitisme. Thèse, Paris, 1952, Les Belles-Lettres.

256. *Marivaux,* article du *Dictionnaire des Lettres Françaises* : Le 18ème s., tome 2 (pp. 167-188), Paris, Arthème Fayard, 1960.

FETTING (Hugo)

257. *Conrad Ekhof — Ein Schauspieler des* 18. *Jahrhunderts,* Berlin, Henschelverlag, 1954.

FINGERHUT (Margret)

258. *Racine in deutschen Uebersetzungen des* 19 *und* 20 *Jahrhunderts* (dans la série : Romanistische Versuche & Vorarbeiten, n° 29), Univ. de Bonn, 1970.

FISCHER (Kuno)

259. *G.-E. Lessing als Reformator der deutschen Literatur,* 1. Teil, Stuttgart, J.G.Cotta, 1881.

FONTANE (Theodor)

260. *Vor dem Sturm,* Roman, 1 vol. in-8, Nymphenburger Verlagsbuchhandlung, Münich, 1957.

FRANCOIS-PONCET (André)

261. *Les Affinités Electives de Goethe,* Paris, Alcan, 1910.

FRENZEL (Herbert A.)

262. *Brandenburg-preussische Schlosstheater,* Berlin, 1859 (Schriften der Gessellsch. für Theatergeschichte, Bd. 59).

FRIEDERICI (Hans)

263. *Das deutsche bürgerliche Lustspiel der Frühaufklärung* (1736-1750) VEB Max Niemeyer Verlag, Halle / Saale 1957.

FRIEDRICHS (Friedhelm)

264. *Untersuchungen zur Handlungs- und Vorgangsmotivik im Werke Marivaux',* diss., Heidelberg, 1965.

FUCHS (Albert)

265. *Les apports français dans l'œuvre de Wieland*, Thèse, Paris, Champion, 1934.

GAIFFE (Félix)

266. *Le drame en Francé au* 18ème *s.*, Thèse, Paris, Armand Colin, 1910.

GAXOTTE (Pierre)

266 bis. *Histoire de l'Allemagne* (t. II : « Le Temps des *Lumières* »), Flammarion, 1963, Paris.

GAZAGNE Paul

267. *Marivaux par lui-même*, Paris, éd. du Seuil, s.d.

GILLIES (Alexander)

268. *Herder, der Mensch und sein Werk*, Hambourg, Marion v. Schröder Verlag, 1949.

GOLUBEW (Viktor)

269. *Marivaux's Lustspiele in deutschen Ubersetzungen des* 18. *Jahrhunderts*, diss. Heidelberg, éd. Karl Winter, 1904.

GONCOURT (Edmond et Jules Huot de)

270. *La femme au* 18ème *siècle*, Paris, Flammarion, 1882.

271. *Les actrices du* 18ème *siècle — Melle Clairon*, Paris, Flammarion Fasquelle, s.d.

GOSSOT (Emile)

272. *Marivaux moraliste*, 1 vol. in-12, Paris, Didier, 1881.

GRAEF (H.G.)

273. *Goethe über seine Dichtungen* (t. 3 à 6 : « die dramatischen Dichtungen ») Frankfurt / Main, Literarische Anstalt, Rütten & Loening, 1903-1906.

GRAPPIN (Pierre)

274. *La théorie du génie dans le préclassicisme allemand*, Thèse, Paris, PUF, 1952.

275. *Le dix-huitième siècle* in : *Littérature Allemande* (pp. 331-495), Paris, Aubier, 1970.

GREENE (E.J.H.)

276. *Marivaux*, University of Toronto Press, 1965.

HAAC (Oscar A.)

277. *Marivaux and the* « *honnête homme* » in The Romanic Review, vol. L, n° 4, déc. 1959.

HANKISS (Jean)

278. *Philippe Néricault Destouches, l'homme et l'œuvre*, 1 vol. in-8, Debreczen, Fr. de Csáthy, 1918.

Heinemann (Karl)

279. *Goethe*, 2 vol. in-8, Leipzig, Verlag Seemann, 1895.

Hinck (Walter)

280. *Das deutsche Lustspiel des 17. und 18. Jahrhunderts und die italienische Komödie — Commedia dell'arte und Théâtre Italien*, Stuttgart, Metzler, 1965.

Holl (Karl)

281. *Geschichte des deutschen Lustspiels*, Leipzig, Verlagsbuchhandlung J.J.Weber, 1923.

Holzbecher (Karl)

282. *Denkart und Denkform von Pierre de Marivaux*, diss., Berlin, 1936.

Jahn (Otto) & Abert (Hermann)

283. *Wolfgang Amadeus Mozart*, Leipzig, Breitkopf, 1921.

Jouvet (Louis)

284. *Marivaux — Le théâtre et ses personnages*, in : Conferencia, n° du 15 juin 1939, pp. 17-36.

Kindermann (Heinz)

285. *Theatergeschichte der Goethezeit*, Vienne, H.Bauer-Verlag, 1948.

286. *Theatergeschichte Europas*, vol. IV et V (von der Aufklärung zur Romantik), Salzbourg, Otto Müller-Verlag, 1961-1962.

Klemperer (Victor)

287. *Geschichte der französischen Literatur im 18. Jahrhundert*, t.I, Berlin, deutscher Verlag der Wissenschaften, 1954.

Klingenberg (Karl-Heinz)

288. *Iffland und Kotzebue als Dramatiker*, Beiträge zur deutschen Klassik, Weimar, Arion Verlag, 1962.

Lacant (Jacques)

289. *A propos de la domination du théâtre français en Allemagne : un témoignage*, in : Etudes Germaniques 1969, pp. 372-377.

289 bis. *Gottsched législateur du théâtre allemand : la nécessité et les bornes de l'imitation du théâtre français*, in RLC, janvier-mars, 1970, pp. 5-29.

289 ter *Lessing et Marivaux*, in : Cahiers de l'Association Internationale des Etudes Françaises, n° 25, « Les Belles Lettres », mai 1973, pp. 161-175.

Lagrave (Henri)

290. *Marivaux et sa fortune littéraire*, St. Médard-en-Jalle, 1970.

Lalo (Charles)

291. *Eléments d'esthétique*, Paris, Vuibert, 1926.

LARROUMET (Gustave)

292. *Marivaux, sa vie et ses œuvres*, Thèse, Paris, Hachette, 1882.

LEBEGOTT (Erna)

293. *Musset und Marivaux*, diss. Marburg, 1921.

LEPINTE (Christian)

294. *Goethe et l'occultisme* Public. de la Fac. des Lettres de l'Université de Strasbourg, fasc. 134, Paris, Les Belles-Lettres, 1957.

LOTE (René)

295. *La France et l'esprit français jugés par le Mercure de Wieland* (1773-1797), Paris, Alcan, 1913.

MANN (Thomas)

296. *Esquisse de ma vie* (avec Erika Mann : *La dernière année*, et deux essais), trad. Louise Servicen, Paris, Gallimard, 1967.

MARTERSTEIG (Max)

297. *Die Protokolle des Mannheimer Nationaltheaters unter Dalberg aus den Jahren* 1781 *bis* 1789, Mannheim, J.Bensheimer, 1890.

MCKEE (Kenneth)

298. *The Theater of Marivaux*, New York, University press, 1958.

MEISTER (Anna)

299. *Zur Entwicklung Marivaux'*, diss. Zürich ; Berne, Francke Verlag, 1955.

MENTZEL (E.)

300. *Geschichte der Schauspielkunst in Frankfurt am Main*, Francfort, K.Th.Völker's Verlag, 1882.

MONGREDIEN (Georges)

301. *Recueil des Textes et des Documents du XVIIème siècle relatifs à Molière*, Ed. du CNRS, 1965.

MORTIER (Roland)

302. *Diderot en Allemagne* (1750-1850), Paris, PUF, 1954.

303. *Un précurseur de Madame de Staël : Charles Vanderbourg* (1765-1827). *Sa contribution aux échanges intellectuels à l'aube du XIXème siècle*, Paris, Didier, 1955 (Etudes de littér. étrangère et comparée, t.28).

304. *Les Archives Littéraires de l'Europe* (1804-1808) *et le cosmopolitisme littéraire sous le premier Empire*. Mémoires de l'Académie Royale de Belgique, tome LI, Bruxelles, 1957.

NEWALD (Richard)

305. *Geschichte der deutschen Literatur* (De Boor-Newald), vol. V et VI / 1, C.H.Beck Verlag, Munich, 1960-1964.

OLIVIER (J.J.)

306. *Les Comédiens français dans les Cours d'Allemagne au XVIII*[e] *siècle*, 4 vol. in-4, Paris, Soc. Française d'Imprimerie et de Librairie, 1900-1905.

PANGE (Comtesse Jean de)

307. *Auguste-Guillaume Schlegel et Madame de Staël,* éd. Albert, Paris, 1938.

PFUNDT (Walter)

308. *Das komische Element in den Komödien Marivaux's,* diss. Leipzig, E.Glausch, 1913.

PICHOIS (Cl.) et ROUSSEAU (André-M.

309. *La Littérature Comparée,* Paris, Armand Colin (coll. U2), 1967.

PINATEL (Joseph)

310. *Le drame bourgeois en Allemagne au 18ème siècle,* Thèse, Lyon, Bosc fr., 1938.

POMEAU (René)

311. *Marivaux : la surprise et le masque,* in : *The Age of the Enlightenment,* Studies presented to Theodore Bestermann, Edinburg-London, 1967, pp. 238-251.

PREVOST (Jean)

312. *Jean Giraudoux et la préciosité,* in : « Confluences », numéro d'Hommage à Giraudoux, 1944.

PRINTZEN (Wilhelm)

313. *Marivaux, sein Leben und seine Werke,* diss. Münster, Brunn'sche Buchdruckerei, 1882.

QUERARD (Joseph-Marie)

314. *La France littéraire,* ou dictionnaire bibliographique..., t.V, Paris, F.Didot, 1833.

REBOUL (Pierre)

315. *Aspects dramatiques et romanesques du génie de Marivaux,* in : L'Information Littéraire, 1949, pp. 76-79.

RILLA (Paul)

316. *Lessing und sein Zeitalter,* Berlin, Aufbauverlag, 1960.

ROY (Claude)

317. *Lire Marivaux* (66ème Cahier du Rhône, avril 1947), Neuchatel, éd. de la Baconnière, Paris éd. du Seuil.

RUPPERT (Hans)

318. *Goethes Bibliothek, Katalog,* hg. von den Nationalen Forschungstätten der klassischen deutschen Literatur, Weimar, Arion Verlag, 1958.

SAINTE-BEUVE (Charles-Augustin)

319. *Causeries du Lundi,* t. 7 et 9, Paris, Garnier fr., 1853-1856.

SAYOUS (André)

320. *Le 18ème siècle à l'étranger,* 2 vol. in-8, Paris, Amyot, 1861.

SCHERER (Jacques)

321. *Analyse et mécanisme des Fausses Confidences*, Cahiers Renaud-Barrault, n° 28, janv. 1960, pp. 11-19.

SCHOETKE-SCHROEER (Charlotte)

322. *Marivaux und die Probleme der Marivaudage*, in : *Stil-und Formprobleme in der Literatur* (Actes du VIIIème Congrès de l'Association intern. des langues et littératures modernes, Heidelberg, Carl Winter-Universitätsverlag, 1959, pp. 230-238).

SCHMIDT (Erich)

323. *Lessing*, Geschichte seines Lebens und seiner Schriften, 2ème éd., 2 vol. in-8, Berlin, Weidmann, 1899.

SCHOEFFLER (Herbert)

324. *Deutscher Geist im 18. Jahrhundert*, Göttingen, Vandenhoeck & Ruprecht, 1956.

SCHULZE VELLINGHAUSEN (Albert)

325. *Theaterkritik* 1952-1960, Hanovre, Erhard Friedrich-Verlag, 1961.

SEAILLES (André)

326. *De Marivaux à Giraudoux, une famille d'esprits français*, in : *L'Information Littéraire*, 1952, pp. 78-83.

TRAHARD (Pierre)

327. *Les maîtres de la sensibilité française au 18ème siècle*, 4 vol. in-8, Paris, Boivin, 1931-1933 (t.I, pp. 29-88).

VERMEIL (Edmond)

328. *La Nouvelle Héloïse et son influence sur l'œuvre de Goethe*, in : Actes du Congrès International de Strasbourg, Paris, Les Belles-Lettres, 1958.

VIAL (Francisque) et DENISE (Louis)

329. *Idées et doctrines littéraires du 18ème siècle*, 5ème éd., 1 vol. in-12, Paris, Delagrave, 1930.

WAIS (Kurt)

330. *Das Schrifttum der französichen Aufklärung in seinem Nachleben von Feuerbach bis Nietzsche*, ein Kapitel deutsch-französischer Begegnung, in : *Forschungsprobleme der vergleichenden Literaturgeschichte*, II. Folge, Tübingen, Max Niemeyer-Verlag, 1958.

WALTER (Friedrich)

331. *Archiv und Bibliothek des Grossh. Hof-und Nationaltheaters in Mannheim* 1779-1839 (tome I : Das Theaterarchiv), Leipzig, Verl. von S.Hirzel, 1899.

WANIEK (Gustav)

332. *Gottsched und die deutsche Literatur seiner Zeit*, Leipzig, Breitkopf und Härtel, 1897.

Wetz (Wilhelm :)

333. *Die Anfänge der ernsten bürgerlichen Dichtung des* 18. *Jahrhunderts*
1 vol. in-8, diss. Strasbourg, Worms, P.Reiss, 1885.

Wittekindt (Wilhelm)

334. *Johann Christian Krüger, sein Leben und seine Werke,* Berlin, Mayer
& Müller, 1898.

Wlassak (Ed.)

335. *Chronik des K.K. Hofburgtheaters,* Vienne, 1876.

Wolter (Joseph)

336. *Gustav Friedrich Wilhelm Grossmann* — ein Beitrag zur deutschen
Literatur=und Theatergeschichte des 18. Jahrhunderts, diss., Cologne, W.Hoster, 1901.

Wustmann (G.)

337. *Verbannung des Harlekin* (Schriften der Ver. für Geschichte der
Stadt Leipzig, t.II) Leipzig, 1878.

N.B. — Quelques emprunts ont été faits en outre à des revues françaises
(*Revue de Littérature comparée, Etudes Germaniques* etc.) ainsi qu'à des
journaux et périodiques allemands récents : *Frankfurter Allgemeine
Zeitung, Die Welt, Theater heute,* etc.

INDEX DES NOMS PROPRES

N.B. Pour éviter de l'allonger démesurément, nous n'avons pas compris dans cet Index les noms des éditeurs — sauf au sens de l'allemand *Herausgeber*, c'est-à-dire celui qui présente un texte ou publie un journal — ni les personnages de théâtre, à l'exception de quelques types comiques qui ont joué leur rôle dans l'histoire de l'accueil ou de l'interprétation des pièces de Marivaux. Par contre, nous y avons inclus, afin qu'on puisse apprécier la diffusion et la répartition géographique, les noms des villes allemandes et des villes où ont joué des troupes allemandes. Les titres originaux des œuvres de Marivaux, qu'ils apparaissent dans notre texte sous cette forme ou en traduction, y figurent également. Les noms des comédiens, *Principaux* des troupes, directeurs ou *Intendants* des Théâtres sont signalés par une abréviation en italiques (*com., Princ., dir., Int.*) ; la mention *trad.*, suivant un nom, indique qu'il s'agit d'un traducteur *de Marivaux*. Enfin, nous rappelons les variations de la graphie des noms propres, tant en Allemagne qu'en France, au 18ᵉ s. ; nous en signalons d'ailleurs quelques-unes.

TABLE DES MATIÈRES

N.B. La suite de l'ouvrage comprend une deuxième partie consacrée à la critique de Marivaux en Allemagne, par comparaison avec la critique française des contemporains ; après une introduction (l'œuvre dans sa singularité, le théâtre de Marivaux témoin dans une cause plus générale, évolution de la critique, schéma historique), l'étude est menée sous deux grandes rubriques : *Marivaux moraliste, ou l'immoralité de Marivaux* ? (avec une enquête, notamment, sur « Amour et Vertu » et sur les « dégradations de l'Amour » dans les comédies de Marivaux) et *La « futilité » de Marivaux* (miroir de la société française de la Régence et du règne de Louis XV, « efféminé », problèmes du style dit *rococo*, etc.). La troisième partie, consacrée aux rapprochements, comprend notamment une enquête sur *Gœthe et Marivaux : les problèmes du couple*, depuis *Le Caprice de l'Amant* jusqu'aux *Affinités Electives* (examen de l'hypothèse d'E. Barthel à propos du *Jeu*). Une conclusion générale, d'une trentaine de pages sur le manuscrit, distingue les divers plans du débat autour du « plus français des auteurs », essaie d'apprécier la valeur des rapprochements, montre que Marivaux constitue en même temps un exemple représentatif d'une époque et un cas particulier, esquisse les perspectives actuelles.

ACHEVE D'IMPRIMER
EN AVRIL 1975
SUR LES PRESSES
DE L'IMPRIMERIE DU
CHAMP DE MARS
09700 SAVERDUN
—

N° d'impression : 6178

Dépôt légal :
2ᵐᵉ Trimestre 1975